질서의 구축과 균열
— 조선후기 호적과 여성들

정지영

1967년에 태어나 서강대학교 사학과와 같은 대학 대학원을 나왔다. 현재 이화여자대학교 여성학과 부교수로 재직하고 있으며, 한국여성학회 총무위원장 및 연구위원장, 한국사회사학회, 문화사학회 편집위원 등을 역임하였다. 저서로 『젠더·경험·역사』(편), 『동아시아 기억의 장』(편), 『한국의 규방문화』(공저), 『임진왜란, 동아시아 삼국전쟁』(공저) 및 *Women and Confucianism in Chosŏn Korea*(공저), *Korean Buddhist Nuns and Laywomen: Hidden Histories, Enduring Vitality*(공저) 등이 있다.

서강학술총서
071

질서의 구축과 균열

조선후기 호적과 여성들

정지영 지음

서강대학교 출판부

서강학술총서 071

질서의 구축과 균열

—조선후기 호적과 여성들

초판발행 | 2015년 2월 28일
지 은 이 | 정지영
발 행 인 | 유기풍
편 집 인 | 우찬제
발 행 처 | 서강대학교 출판부
등록번호 | 1978년 9월 28일 제313 – 2002 – 170호

주 소 | 서울특별시 마포구 백범로 35번지
전 화 | (02) 705 – 8212
팩 스 | (02) 705 – 8612

ISBN 978 – 89 – 7273 – 255 – 6 94910
ISBN 978 – 89 – 7273 – 139 – 9(세트)

값 25,000원

* '서강학술총서'는 SK SUPEX 기금의 후원으로 제작됩니다.

책머리에

나는 박사학위 과정까지 역사학을 전공했고, 그 이후 10년이 넘는 시간 동안 여성학 연구자로 활동했다. 사학과에서는 왜 여성을 보아야 하는지, 여성학과에서는 왜 역사연구가 필요한지를 설명해야 했다. 나는 역사학과 여성학 모두 '변화'와 '차이'에 대한 학문이라고 대답하곤 한다. 역사학은 구체적인 시공간 속의 사건과 서로 다른 사람들의 삶을 다룬다. 역사는 얼핏 '유구한'과 같은 수식어와 어울리는 듯하지만, 오히려 영원할 듯이 보이는 것들도 시간의 흐름 속에 흩어졌거나 달라졌음을 말해줄 뿐이다. 하나의 기준으로 단순하게 규정할 수 없는 복잡다기한 움직임들이 전해 주는 힘과 희망 또한 역사 속에 있다.

내가 생각하는 여성사 연구의 의미는 '성별'의 구조, 단단해 보이는 지배 질서나 규범이 '한 시대의 특수한 어떤 것'임을 밝히는 데 있다. 남녀라는 성별에 대한 규정도 만들어졌고 또 변화한다. 시간의 조건 속에 그것이 만들어지고 유지되는 수단과 효과를 분석하는 것에서 다른 방식의 관계를 만들 수 있는 가능성이 열린다. 과거의 여성에 대해 고정된 인식을 퍼뜨리는 지식의 생산과 유통의 체계에 개입하여, 다른 결에서 논의할 수 있는 근거 또한 역사 속에 있다.

이 연구를 시작한 것은 1994년도로 거슬러 올라간다. 박사과정 1학기를 보낸 여름방학이 끝나갈 무렵에 지도교수인 정두희 선생님께서 방으로 나를 부르셨다. 그리고 여성사 연구로 학위논문을 쓸 것을 권하셨다. 눈앞이 환해지는 느낌이었다. 그 다음 학기에 『경상도단성현호적대장』을 분석하는 수업이 개설되었다.

호적대장을 처음 보았을 때 나는 여성이 호주로 기재된 경우가 많다는 것, 또 호적대장에 대한 연구는 많은 데 비해 여성호주를 다룬 연구는 없다는 것에 놀랐다. 강렬한 첫 만남의 대가로 길고도 지루한 작업을 해야 했다. 1995년부터 5년 동안 『단성호적』의 전산화에 매달렸다. 당시에 수업을 들었던 몇몇이 나누어 맡아, ACCESS프로그램에 호구에 대한 정보를 입력했다. 그것은 호적대장을 작성한 사람들의 글씨를 해독하고 의미를 파악해야 하는 고난이도의 작업이었다. 호적대장을 입력하는 구조를 만들고, 또 그 빈칸을 채우는 작업 자체가 호적대장에 대한 1차 분석이기도 했다.

그러는 동안 나는 『단성호적』에 기재된 사람들을 직접 대면하는 것 같은 느낌을 갖기도 했다. 동사무소 직원이 된 것처럼 17, 18세기에 단성현 사람들의 집안 사정을 들여다보며 누구들이 함께 사는지, 누가 떠나고, 들어오고, 태어나고, 죽었는지를 알아내곤 했다. 그때 품은 흥미와 궁금증들은 이 책에 담긴 다양한 방식의(어찌 보면 너무 세세한) 표를 만드는 바탕이 되었다.

호적대장은 묘한 자료다. 국가의 공식적인 행정문서이므로 무미건조하게 호구 정보가 담겼을 뿐이다. 그런데 그렇기 때문에 한 고을의 사람들이 신분, 성별 등의 차이를 넘어 일정한 틀 속에 균질적으로 남을 수 있었다. 지루한 행정문서이면서 생생한 인물들의 이력서이기도 한 것이다. 그 속에 남은 정보는 지나간 사람들이 남긴 발자국 같다. 사연은 없고 그저 묵묵한 자국만 남은 것이다. 하지만 자세히 보면 그 크기, 바닥의 무늬, 보폭, 향해 간 곳들이 다 다르다.

그 기록에서 나는 과부 또는 재혼한 여성들에 주목했다. 과부는 '남편 없는 부인'이라는 경계 위치에 서 있다. 남편을 대신하기에 부녀의 한계를 넘어서기도 하지만, 부녀이기에 그 넘어설 수 있는 범위가 제한되기도 한다. 그녀들은 재혼하기도 했다. 그것은 수절에 대한 규범과 실질적인 조건 사이에서 선택되었다. 조선후기에 부계질서를 강조하는 일은 그녀들의 지위를 재설정하는 것을 통해서 이루어졌다. 그녀들은 질서의 안과 밖에 한 발씩을 걸치고 있었다. 그 이중적 지위 속에서 긴장이 발생한다. 나는 그 긴장을 읽어내고 싶었다.

이 책의 기본 구도는 2001년 8월에 제출한 박사학위논문 「조선후기 여성호주 연구: 『경상도단성현호적대장』의 분석을 중심으로」에서 가져왔다. 논문이 제출되던 당시에 호주제 폐지에 대한 논쟁이 펼쳐지고 있었고 그것은 논문의 내용에도 영향을 주었다. 당시에 호주제 존속을 주장하는 측에서 '호주제는 우리의 전통'이라는 것을 가장 중요한 근거로 제시하였다. 나는 그것을 '우리의 전통'이라고 단순하게 볼 수 없음을 자세히 밝혔다. 많은 분들의 노력으로 '호주제'는 폐지되었다. 처음엔 호주제 폐지운동에 대해 알지 못하고 연구를 시작했지만, 그 변화의 흐름에 함께 했던 것은 뿌듯한 기억이다.

그로부터 10년이 훌쩍 넘었다. 그 세월 동안 이 작업을 손에서 놓아본 적이 없다. 듬성듬성 이가 빠진 어려운 퍼즐을 풀면서 그 퍼즐의 흐려진 무늬에 땀땀이 수를 놓은 기분이다. 표를 만들고, 사례를 찾아 넣고, 그것에 의미를 부여하는 것 모두 공임이 많이 들었다. 2006년, 2012년, 2014년은 내내 이 책을 수정하는 데 주력했고 매번 출간 직전까지

갔다가 한 번만 더 고친다고 하고는 다시 원고를 붙들고 여기까지 왔다.

이렇게 수정하는 과정에서 내용과 분석은 상당히 달라졌다. 개별 논문으로 보완하여 발표하며 새로운 논점들을 찾고 정리하였다. 책으로 만들면서 호 단위로 묶인 가족의 구성에 대한 내용을 더하고 호적에 기재된 사례들을 자세히 드러냈다. 부계질서를 강조하는 국가의 정책이 호적의 기재를 바꾼 점을 부각시켰고, 호적 기재에서 보이는 신분별 차이를 자세히 나뤘다. 또 가장과 호주의 문제는 박사학위논문을 쓰던 당시에 아무리 머리를 짜내도 해결할 수 없었던 문제였지만, 이제는 국가의 호적 정책 및 여성호주와 관련지어 설명할 수 있게 되었다. 이렇게 하여 이 책은 조선후기 사회에 '진행 중'에 있던 유교적 지배체제의 구축 과정과 성별화, 그 안에 살았던 다양한 여성들이 보인 움직임에 대해 좀 더 세밀하게 그리는 보고서로 수정되었다.

2013년 가을부터 1년 동안 캐나다의 토론토 대학(University of Toronto)에 교환교수로 머물렀는데, 그 기간 동안 토론토 대학과 브리티시 콜럼비아 대학(The university of British Columbia)에서 발표할 기회를 가졌다. 그때 나는 박사학위 논문과 2014년 현재 출판용 원고를 대비하며, 같은 자료를 다루면서도 어떻게 다르게 해석하게 되었는지를 다루었다.

그 발표를 통해 정리한 바, 10여 년 사이에 달라진 점을 간단히 이야기하면 이렇다. 2001년 당시에 나의 관심사는 조선후기, 유교화가 이루어지면서 여성의 지위에서 나타난 변화를 여성호주의 수치를 통해 밝히는 데 있었다. 그래서 호적대장에 여성호주가 줄어든 1717년에 의미를 부여하여, 17세기 말에서 18세기 초에 이르는 시기에 나타난 변화를 강조했다. 또 비록 행정 문서인 호적의 기재에서는 여성호주가 감소하는 변화가 보이지만 하층 여성의 삶과 습속은 그 영향을 크게 받지 않았음을 밝히기도 했다.

지금 생각하면 그때의 분석은 제도와 습속을 나누어서 본 것이며, 호적대장을 제도화가 반영된 기록물로만 본 것이었다. 현재는 제도와 삶이 맞부딪혀서 만들어지는 굴절, 호적대장이 매개가 되어 설정된 새로운 위계질서의 내용을 보게 되었다. 이 책은 조선후기 호적대장에 보이는 일관되지 않은 변화, 만들어지는 과정 속의 질서, 국가의 호적 정책이 성별 위계를 설정한 방식, 여러 입장의 차이들, 질서의 불안정성, 주변화된 사람들의 다기한 흔적을 담은 내용으로 바뀌었다.

질서가 만들어지는 울퉁불퉁한 과정에 관심을 두게 되면서, 여성호주의 수치에 큰 변화를 보인 1717년뿐 아니라 일관성 없는 1759년, 1789년의 흐름에 주의를 기울이게 되었다. 호적에 기재된 사람들의 다층적인 반응, 일목요연하게 설명할 수 없는 움직임을 적극적으로 읽게 된 것이다. 또 조선후기에 부계질서가 강조된 것이 막연히 유교라는 사상이 확산된 결과가 아니라, 국가적 기획으로 추진된 것임을 드러내었다. 그리고 그 질서가 구축되는 과정에서 예상치 못한 균열도 함께 만들어졌음을 보게 되었다. 이제는 하층민의 생활습속뿐 아니라 양반층의 호적 기재에서도 유교질서가 만들어 낸 효과는 모호한 것이었음을 알게 되었다.

이러한 작업은 곧 조선후기 사회를 '전통사회', '유교사회', '전근대시기'라는 용어로 규정하는 방식에 대한 문제제기와 닿아 있다. 조선후기 사회를 유교사회로 보는 것은 틀린 것이 아니지만 단순하기 때문에 문제가 된다. 유교적인 측면들만을 부각시키는 것은 지배 질서 속에 포섭되지 않은 움직임이 보여주는 가능성을 차단하고, 차이를 덮는다. 이 책은 유교 전통의 논의로부터 조선후기 사회를 구출하기 위한 작업인 셈이다. 조선후기 사회를 유교사회로 보는 지배적 지식은 근대사회에서 성별 관계를 설정하는 근거로 활용되었다. 나는 이 작업을 통해 그렇게 통용되는 지식에 개입하고, 교란하고, 탈구축하고 싶었다.

이 책이 나오기까지 많은 도움을 받았다. 어린 시절부터 나는 역사에 관심이 많았는데, 유난히 역사를 좋아한 오빠와 나눈 이야기들이 그 바탕이 되었다. 또 중, 고등학교 시절에 역사 선생님들의 자극도 컸다. 역사학자의 꿈을 품고 서강대 사학과에 들어갔을 때는 인생에서 가장 기뻤던 순간이다. 사학과 선생님들의 가르침과 질책 속에 학문의 엄격함, 책임감, 그리고 아주 가끔 맛보는 즐거움을 배웠다. 또 부전공으로 학부에서 사회학을, 박사과정에서 서양사를 선택한 덕분에 이른바 서구의 이론과 연구들을 다각도에서 접할 수 있었다. 서양사 수업에서 나탈리 데이비스(Natalie Zemon Davis), 조안 스콧(Joan W. Scott) 등의 글을 읽었는데, 이 책의 분석 곳곳에는 그로부터 얻은 시각이 스며 있다.

좋은 길동무가 있다는 것은 마음 든든한 일이다. 김영두는 이 책에 인용한 사료의 번역문을 검토해주었다. 오류가 있다면 그것은 당연히 나의 책임이다. 고민을 들어주고, 원고를 읽어주며 이 책을 쓰는 긴 시간을 함께 해 준 동학들에게 고마움을 전한다.

이 책을 수정하기 시작할 무렵부터 나는 이화여자대학교 여성학과에서 일하고 있다. 여성주의 학문공동체 안에서 여성학의 이론과 관점을 가지고 역사 자료를 읽는 것이 나에게는 즐거운 도전이었다. 박차민정과 최금영을 비롯한 학생들의 꼼꼼한 지적과 '채찍질'을 받는 것도 작업을 하는 동안 맛본 행복 가운데 하나다.

끝이 없을 것만 같던 이 작업이 정리될 수 있었던 것은 연구년 동안 머물렀던 토론토 대학의 학술적이고 안정적인 환경 덕분이다. 후지타니(Takashi Fujitani), 요네야마(Lisa Yoneyama) 선생님의 배려와 보살핌은 지도교수님이 떠난 자리를 메워준 듯 따스했다. 한국사 연구자라는 동료의식 속에, 슈미드(Andre Schumid) 선생님과 연구에 대한 고민을 나누며 배웠던 것도 그 시절의 보람이었다.

내가 열정을 갖고 이 연구를 진행했던 것은 '조선시대사'라는 견고한 연구 분야에서 여성사를 한다는 것이 당시로서는 학제의 벽에 틈을 내는 하나의 도전이었기 때문이다. 나의 지도교수이신 정두희 선생님은 그런 선택을 할 수 있도록 길을 열어주시고, 나의 생각을 마음껏 펼칠 수 있게 도와주셨다. 역사가는 지나간 시간의 그늘진 곳에 빛을 비추는 사람이라는 가르침으로부터 나는 여성사 연구자로 성장할 수 있었다. 이 책의 출간을 너무도 기다렸던 분이지만, 생전에 드리지 못하고 두 번째 돌아오는 기일에 즈음하여 책을 내게 되었다.

이제는 책이 언제 나오는지 묻기를 포기해버린 내 곁의 소중한 사람들 모두에게 고맙다. 작업이 지루할 때마다 나를 웃게 한 나의 개 '쎄리'에게도. 만년필과 노트북을 언급하는 것으로, 세상이 준 물질적 지원에 인사를 전한다. 나의 아버지 정진우 님은 내가 초등학교 때 가정환경조사서에 종교를 굳이 '유교'라고 쓰셨을 만큼 어떤 면에서 보수적인 분이다. 내가 조선시대를 전공하겠다고 할 때, 족보를 연구할 것으로 기대하고 기뻐하셨지만, '이름도 없고 성도 없는 사람들'에게 더 관심이 많은 딸의 박사논문을 읽은 뒤부터 호주제는 폐지되어야 한다고 역설하고 다니셨다. 아버지의 물심양면의 지원은 내가 마음의 중심을 잃지 않고 버틸 수 있는 힘이었다. 그리고 한경자 님께는 '엄마'로부터 이 모든 것이 가능했다는 말씀을 전하고 싶다.

책을 낼 수 있도록 지원해준 서강학술총서 기획위원회, 그리고 책을 만들어주신 서강대학교 출판부에 깊이 감사드린다.

2015년 1월

차례

표 목록

서론

제1부 호적, 호, 호주

제1장 호적제도와 호의 구성

제2장 여성호주와 남성호주

제3부 과부의 선택지

제1장 과부의 삶과 처지

제2장 재혼한 사람들

서론

1. 문제의 제기

'조선후기'는 이른바 '유교적 전통'의 시대였다. 조선후기에 만들어진 제도와 관행들은 현대 한국 사회에서 '전통'을 이루는 요소로 인식된다.[1] 우리의 전통이라고 이야기되는 것들을 보면 삼국시대나 고려시대가 아닌 조선시대, 그 중에서도 조선후기의 것들을 근거로 삼는 경우가 많은 것이다.[2] 이때 조선후기의 전통을 구성하는 요소들 가운데 유교적인

1 우리가 '전통'이라고 부르는 과거의 관습, 관행이나 제도 등은 과거로부터 면면히 내려와 여기에 도달한 것이 아니라, 과거의 다기한 시공간에서 펼쳐진 모습들 가운데 특정한 요소가 채택되어 근대사회에서 만들어진 것이다. 이에 대해서는 에릭 홉스봄 외 지음, 박지향·장문석 옮김, 『만들어진 전통』, 휴머니스트, 2004 참조.

2 한국의 근대화 과정 속에서 '전통'에 대한 논의가 이루어진 방식에 대해서는 박정희 시대 '정신근대화' 기획과 전통문화정책에 초점을 맞춘 연구가 이루어졌다(오명석, 「1960-70년대의 문화정책과 민족문화담론」, 서울대학교 비교문화연구소, 『비교문화연구』, 제4호, 1998). 또한 한국전쟁 후 국가재건 윤리로서 전통론이 대두된 맥락에 대한 연구(김은경, 「한국전쟁 후 재건윤리로서의 '전통론'과 여성」, 숙명여자대학교 아시아여성연구소, 『아시

이념과 규범은 그 핵심적인 자리를 차지한다.[3]

이러한 유교적 규범을 바탕에 둔 조선후기 사회는 남성 중심적인 사회로 인식되었다. 그 속에서 여성은 묵묵히 희생을 감내했다는 것이 한국 전통사회의 남녀에 대한 하나의 고정관념이다. 이러한 인식은 단순한 상식의 차원을 넘어 현대 한국 사회에서 성별에 따른 관계·규범·제도들이 만들어지고 유지되는 하나의 근거로 작동한다.[4] 그런데 조선후기의 모습은 그렇게 단순하지 않다. 그 시기의 움직임을 면밀히 분석해 보면, 당시의 가부장제 및 여성에 대한 기존의 인식들이 그다지 확고한 기반 위에 놓인 것이 아님을 알게 된다.

아여성연구』, 제45집 2호, 2006), 한국 근대사회 속 남성민족주의 집단에서 어떻게 전통여성의 이미지를 만들고 여성을 동원하고 활용했는가에 대한 연구가 이루어졌다(일레인 김·최정무 편저, 박은미 옮김, 『위험한 여성』, 삼인, 2001). 특히 조선시대 여성을 '이조여인'으로 호명하면서 한국의 국가 발전, 민족의 번영의 이념을 강조하는 데 동원되었는지에 대해서는 정지영, 「1970년대 '이조여인'의 탄생: '조국근대화'와 '민족주체성'의 타자들」, 『여성학논집』 24－2, 2007 참조.

3 '전통'이라고 이야기되는 것들의 일부는 근대사회의 구조를 정당화하고 민족국가 단위의 통합된 공동체 구성하는 과정에서 상상적으로 만들어진 것이다. 이러한 전통의 '발명'에 대한 연구는 1980년대, 1990년대 이후 많은 역사가들의 관심을 끈 주제이다. 이와 관련한 연구의 목록은 Werner Sollor, ed. *The Invention of Ethnicity*(N.Y. and Oxford: Oxford University Press, 1989), pp. 238～239 참조. 이는 다카시 후지타니 지음, 한석정 옮김, 『화려한 군주: 근대 일본의 권력과 국가의례』, 이산, 2003. p. 307, 서문의 주 1에서 재인용. 후지타니의 이 연구 또한 일본 근대사회에서 천황과 관련한 전통이 발명되고 내셔널리즘이 구성되는 과정과 그 특이성에 대한 분석을 담고 있다.

4 조선후기라는 저장소에서 가져온 이른바 '전통', '미풍양속'이라는 말은 한국사회에서 법적·사회적·문화적으로 가치 판단의 근거로 효력을 갖고 있다. 일단 대한민국 헌법 제9조에 "국가는 전통문화의 계승·발전과 민족문화의 창달에 노력하여야 한다(헌법 제10호 1987. 10. 29. 전부개정)라고 규정한 것을 볼 수 있다. 2000년, '호주제' 폐지를 둘러싼 논쟁에서도 호주제의 존속을 주장하는 측에서는 호주제가 우리의 전통적인 가족제도라는 가설 하에 헌법 제9조를 호주제 존속의 헌법적 근거로 제시하였다(정기웅, 「호주제의 역할: 호주제폐지론에 대한 검토를 중심으로」, 『고시계』 2000년 10월호, 22쪽).

조선후기 사회와 그녀들을 다르게 읽기 위하여, 이 책에서는 1678년에서 1789년 사이의 호적대장에 기재되어 있는 '여성호주'에 주목한다. 여성호주는 이 시기의 호적에서 전체 호주의 약 6~10% 정도로 보인다. 달리 호주가 될 만한 남성이 없어서 그녀들이 호주로 기재된 것만도 아니었다. 조선후기에 여성은 어떻게 호의 첫머리에 기록될 수 있었으며, 그 수치의 변화가 의미하는 바는 무엇일까.

이러한 질문에서 출발하여 조선후기 사회에서 유교적 지배질서가 구축되는 과정을 살펴보고, 그 과정에서 성별에 따라 지위를 나누는 일이 어떻게 강조되었는지,[5] 그것이 어떤 파장을 만들었는지 검토할 것이다. 그리고 그 속의 사람들 특히 여성들이 지배질서의 경계를 오가며 균열을 만들고 틈새를 열어 가는 모습에 주목할 것이다.[6] 다시 말해서

---

5 이는 조선후기 사회를 '젠더사'의 관점에서 분석하여 성별 및 '여성'이 특정한 역사적 국면 속에서 구성된 방식을 분석하고 또 사회를 통제하는 기제로 작동된 방식을 읽어보기 위한 것이다. 젠더사는 '여성'을 하나의 정체성을 가진 집단으로 고정되게 이해하는 것을 넘어, 여성과 여성성에 대한 관념들이 시간에 따라 변화되었다는 것, 그리고 인종·계급·국적 등 집단들 사이에서도 다양하다는 것을 밝히는 데 주의를 기울인다. 이에 '여성'이라는 개념 자체의 의미가 역사적으로, 담론적으로 구축되며 다른 변화하는 개념들과 상호작용하여 변화한다는 데 주목한다. 여성이 살았던 상이한 맥락, 그리고 그들이 삶을 경험한 상이한 방식, 여성의 행위에 대해 사회가 고안한 규범에 동의하고 저항한 데 대한 상이한 영향들을 검증하는 것을 통해서 '여성'이라는 정체성이 특정한 방식으로 만들어지는 (또는 만들어지지 않는) 조건을 역사적으로 분석하는 것이다. '젠더사'의 의미와 그 분석 방법에 대해서는 Joan W. Scott, "Gender: A Useful Category of Historical Analysis," in *Gender and the Politics of History*, ed. Joan W. Scott (Columbia University Press, 1988); Joan W. Scott, "Introduction," in *Feminism and History*, ed. Joan W. Scott (Oxford University Press, 1996) 참조.

6 이는 여성주의에서 '행위성'을 논의하는 것과 관련된다. 필자가 논의하고자 하는 '행위성'은 근대적 주체성, 곧 이상적인 도덕적 행위자로서의 자율적 자아 개념에 대한 비판에서 출발한다. 이는 사회적이고 역사적인 환경, 담론의 체계에서 분리될 수 있는 자율적 주체, 개인이 존재할 수 있는지에 대한 의문과 관련된 것이다. 이 글에서는 초월적인 개인주체가 아닌 다른 지층의 '복수적 위치'에 있는 여성들의 전략적 개입과 저항지점에 대한 탐색을

조선후기 사회에서 언제, 어떤 과정을 거쳐 유교적 가부장제가 구축되었는지, 구체적으로 어떤 내용으로 남녀의 위치를 구분하는 위계가 만들어졌는지, 그리고 사람들에게 질서가 어떤 모습으로 도달했는지 분석해보고자 한다. 이때 질서가 만들어지고 현실 속에 작동하게 될 때 예상치 못한 반응들과 마주치면서 일어난 '흔들림'에 관심을 기울일 것이다. 이를 통해 성별위계에 바탕을 둔 지배체제가 조선후기의 구체적인 시공간 속에 특정한 방식으로 만들어진 것이며, 그것이 안정적인 것이 아니라 예측불가능성을 내포한 유동적인 것임을 밝히고자 한다. 이는 조선후기의 가부장제를 '역사화'하기 위한 것이며, 근대사회에서 조선후기 사회를 전통의 시대로 부르며 탈각시킨 그 시대의 다기한 움직임을 읽기 위한 것이다.

이러한 문제의식에는 조선후기 사회를 '유교화' 또는 '유교적 전환'이 이루어진 시대로 보는 것에 대한 의문이 들어 있다. '유교화'는 도이힐러가 그의 저서 제목으로 유교적 변환(Confucian Transformation)을 쓰고, 또 그 본문에서 유교화(Confucianization)라는 표현을 쓴 데서 가져왔다.[7]

'행위성'으로 논의하고자 한다. 이러한 논의를 통해, 사회구조 안에 살아가는 개인들은 구조적 강제에 제한을 받지만 단순하게 제약을 받는 데 그치지 않고 생각하고, 상상하고, 행동하고, 저항하는 등 예측할 수 없는 움직임을 보인다는 점에 주목할 수 있다. 그 움직임은 구조 안에서 작동하면서 동시에 그 구조에 균열을 내는 틈새를 만들기도 하며, 변화의 가능성을 만들어낸다. 근대 주체에 대한 비판에 대해서는 미셸 푸코, 이진우 옮김, 「주체와 권력」, 『포스트모더니즘의 철학적 이해』, 서광사, 1993 참조. 여성주의 행위성 논의는 로지 브라이도티 저, 박미선 옮김, 『유목적 주체』, 여이연, 2004; Donna Haraway, "Situated Knowledges: The Science Question in Feminism and the Privilege of Partial Perspective," *Feminist Studies* 14, no. 3 (1988); Susan Hekman, "Subjects and Agents: The Question for Feminism," in *Provoking Agents: Gender and Agency in Theory and Practice*, ed. Judith Kegan Gardiner(Urbana: University of Illinois Press, 1995) 등 참조.

7 Martina Deuchler, *The Confucian Transformation of Korea: A Study of Society and Ideology*(Cambridge: Harvard University Press, 1992). 번역본은 마르티나 도이힐러 지음,

그의 논의 이후, 조선전기에 국가의 제도를 통해 추진된 유교적 질서의 영향력이 확산되어 시간이 흘러 차츰 유교적 관행이 사회에 자리 잡았다는 설명은 조선후기 사회를 보는 견고한 틀처럼 되었다. 후속 연구들은 그러한 전제 하에, 유교화의 영향으로 생활의 관행이 어느 정도 바뀌었는지, 또는 바뀌지 않은 것은 무엇인지를 밝히는 작업을 진행했다고 할 수 있다. 유교화의 시기와 요인, 정도에 대해 다른 의견이 있을 뿐, 이른바 '전근대' 사회를 유교의 시대로 단순하게 보는 인식 자체에 대한 비판적 논의는 이루어지지 않은 것이다.[8]

이렇듯 조선후기를 유교화의 시대로 설명할 경우, 그 시대를 유교라는 이념의 영향이 지배하는 통합체로 보게 만들 수 있다. 이는 다층적인 시공간 속에 복수적으로 존재한 비유교적 삶들을 보지 못하게 하고, 지배 이념의 영향력을 지나치게 강력한 것으로 보는 것이기에 문제가 있다. 조선시대에 국가의 지배이념으로서 유교가 채택되었음을 부정하자는 것이 아니라 조선후기 사회가 유교라는 틀 속에 과도하게 규정된 것이 아닌가를 질문할 필요가 있다는 것이다.

이는 조선후기 사회를 움직인 근본적인 동력으로 유교라는 사상, 이념이 설정되는 것이 적절한가에 대한 질문과 관련된다. 유교화에 대한 논의는 조선후기 사회에서 유교라는 사상이 사회를 움직이는 주된 요인인 것처럼 보이게 만든다. 흥미롭게도 조선전기의 유교화를 논의할 때 국가의 정책이 강조되었던 것과 달리, 조선후기에 대해서는 유교에 기반을 둔 양반들의 생활 관행을 중심으로 설명되었다. 조선후기에

이훈상 옮김, 『한국사회의 유교적 변환』, 아카넷, 2003.

8 조선시대의 비유교적 전승에 대한 논의를 열 필요가 있다는 것은 "Introduction" in *Culture and the State in Late Chosŏn Korea*, ed. JaHyun Kim Haboush and Martina Deuchler (Harvard University Asia Center, 1999)에서 제시된 바 있다.

국가의 정책이 어떻게 유교적인 원리를 담아내고, 추동하고, 작동하게 했는지에 대한 분석은 생각보다 많지 않다. 조선후기에 각각의 국면마다 구체적인 정책과 제도를 통해 세밀하게 유교적 관계를 설정하는 장치들이 만들어지고 또 실패하는 과정 속에 있었다. 그러므로 그러한 정책의 내용과 효과에 대하여 분석할 필요가 있다. 이때 제도화의 효과가 어느 정도 성공적이었는지는 쉽게 판단할 수 없는 것이며, 사람들의 움직임들을 읽는 것으로부터 유보적으로 가늠해볼 수 있을 뿐이다.

이 책에서 이러한 문제에 대해 탐색하기 위해 분석할 자료는 조선후기 경상도의 한 향촌 마을 사람들을 기록한 호적대장인 『경상도단성현호적대장』(慶尙道丹城縣戶籍大帳)[9]이다. 호적대장이라는 자료는 남성과 여성 그리고 양반뿐 아니라 양인, 천인에 대한 기록이 상대적으로 고르게 담겨 있는 자료라는 점에서 독특한 가치를 지닌다. 이 자료를 활용할 경우, 조선의 지배층인 양반뿐 아니라 소위 피지배층의 삶의 흔적을 읽을 수 있다. 곧 기존에 조선후기의 유교적 전환에 대한 논의가 족보, 재산 상속 문서, 제사의 상속 등 '양반의 생활 관행'을 중심으로 진행된 것과는 다른 차원의 접근이 가능하다.

호적대장의 기재 내용에서 조선후기 사회의 구성원들이 국가 행정문서에서 배치된 방식, 그리고 그 기재 내용 속에 담기게 된 그들의 움직임 등을 볼 수 있다. 그 속에 기재된 여러 정보 가운데 특히 호주(戶主)[10]의

---

9 『경상도단성현호적대장 CD－Rom』(동방미디어, 2001)을 기본 자료로 활용한다. 이는 『慶尙道丹城縣戶籍大帳(上)(下)』(한국정신문화연구원, 1980)을 바탕으로 서강대학교 단성호적연구팀에서 Access프로그램을 이용해서 작성한 것이다.

10 조선시대 호적대장에 호의 첫머리에 기재된 존재를 '호주'라고 표현한 것은 四方 博의 1938년 논문(四方 博, 「李朝人口に關する身分階級別的觀察」, 『朝鮮經濟研究』 第3, 京城帝國大學 法學會論集 第10策, 1938)에서 보이며, 이후 조선시대 호적을 연구하는 연구자들은 그 용어를 사용해왔다. 조선시대에 호적대장에는 '호주'라는 말은 보이지 않고,

성별에 주목하여, '여성'11으로서 호주로 기재된 경우를 탐색의 실마리로 삼을 것이다. 이에 호의 구성원 가운데 누가 호주로 기재되었으며, 어떤 경우에 여성이 호주로 기재되었는지, 그 여성들의 지위는 어떤 것이었는지 등을 살필 것이다. 그 기재 내용에 담긴 호적을 만드는 입장과 호적에 기재되는 사람들의 이해관계가 마주친 흔적을 읽을 것이다. 호적대장은 단순히 수취를 위한 부세대장이 아니라 국가가 추구하는 지배질서에 따라 인민을 배치한 통제의 장치이다. 이렇게 보는 것은 호적대장의 연구를 인구수나 신분에 대한 것에서 국가의 통치질서와 그것이 만든 파장, 민간의 대응 양상을 보여주는 것으로 확장하는 것이기도 하다.

"第1戶某某"라는 방식으로 표기하였지만, 조선시대의 자료들에서 호의 첫머리에 오는 존재는 '호주' 또는 '주호' 등으로 표현되었다. 주호는 '호를 주관한다'는 의미로 쓰이기도 하고, '호의 맨 앞에 기재된 사람'으로 사용되기도 했다. 호의 첫머리에 오는 존재를 '호주'라고 표현한 것은 19세기 이후의 일이므로, 조선시대에 호주라는 용어를 쓰는 것이 적절하지 않을 수도 있지만, 이 글에서는 호적대장에서 호의 첫머리에 기재된 사람을 가리키는 일반적 의미의 용어로 '호주'를 사용할 것이다. '주호'의 경우, 학계에서 협호, 또는 객호 등과 구별되는 의미로 사용되므로 혼동을 줄 수 있기 때문이다. 이 글에서는 '호주', '가족', '여성' 등 근대사회 속에서 등장한 용어를 조선시대의 상황을 설명하는 데 사용하는 경우가 있는데, 이는 분석의 도구로서 일반명사로 사용하는 것일 뿐 그것이 근대의 것과 같은 의미로 쓰였다고 단순하게 전제하거나, 그 의미를 그대로 대입하고자 하는 것은 아님을 밝혀둔다.

11 조선시대에 '여성'이라는 말은 쓰이지 않았다. 전통시대에 "여"(女), "부녀"(婦女), "모"(母) 등이 친족 범주 안에서의 위치에 따라 불리었을 뿐, 추상적으로 모든 여성을 아우르는 개념의 '여성'은 없었던 것이다. 이와 관련하여, 중국 사회에서 '부녀'와 '여성'의 호칭이 구성된 과정을 논의한 연구를 참조할 수 있다. 이에 따르면 20세기 초, 서구의 영향을 받은 탈유교적 지식인들이 새로운 주체의 기호로 'nuxing(女性)'을 만들어냈고, '여성'은 반유교의 틀 속에서 근대성의 기호로 설정되었다는 것이다. Tani Barlow, "Theorizing Woman: Funu, Guojia, Jiating(Chinese Women, Chinese State, Chinese Family)," in *Feminism and History*, ed. Joan W. Scott (Oxford University Press, 1996), pp. 54~60. 이러한 논의를 염두에 두고, 이 글에서는 유보적으로, 현재의 관점에서 그 성별이 '여'로 판단되는 조선시대의 존재들을 '여성'으로 통칭하는 것임을 밝힌다.

한편, 여성호주가 대체로 '과부'12라는 것에도 관심을 기울일 것이다. 과부 가운데는 여성호주로 기재되지 않은 경우도 많고, 여성호주라고 해서 모두 과부는 아니다. 하지만 호적에서 호주를 기재하는 방식이 달라지는 것과 과부의 입지가 달라지는 문제는 밀접하다. 과부는 남편 없이 남편을 대신한다는 이중적 위치에 서 있었다. 이에 부계적 원리에 입각한 사회제도들이 만들어지는 과정에서 그 입지와 권한 등에 대한 제약을 직접적으로 받게 되는 존재였다. 그녀들은 재혼을 하여 과부의 처지에서 벗어나기도 했다. 이러한 유동적인, 그녀들의 입지가 달라지는 모습은 조선후기 성별 정치의 작동방식을 읽어낼 수 있는 재미있는 통로이다. 호적에 기재된 내용을 통해 유추할 수 있는 다양한 형편들을 추적하면서 그녀들이 남편 또는 아들 등 다른 가족원 사이에서 겪는 지위의 변화를 읽어볼 것이다.

호적대장을 만드는 것은 현실 속에 살고 있는 사람들을 국가에서 설정한 '호'라는 틀 속에 배치하는 작업이다. 조선후기의 국가는 호적의 기재에 성별질서를 도입하는 것으로 사회 구성원들의 관계를 재조직하고자 했다. 이때 성별질서는 남성과 여성 사이의 위계를 설정하는 것뿐 아니라, 국가의 구성원들을 정교하게 구별 지어 국가의 통제력을 확보하기 위한 것으로 정치적 지배의 문제와 관련된다. 사람들은 그 질서에 따르기도 하고, 규범이 내포한 모순을 드러내며 교란을 만들어내

12 寡婦는 결혼을 했다가 남편이 죽어서 혼자가 된 여성을 의미한다. 여기서는 호적대장에 '寡婦' 또는 '寡女'로 표시된 경우뿐 아니라 그러한 표시는 없지만 남편이 죽고 혼자가 된 것으로 추정되는 경우를 포함하여 논의할 것이다. 여성호주는 대체로 과부이지만, 모두 과부는 아니다. '독녀'로 기재된 경우도 있는데 이는 대체로 혼인을 하지 않은 경우로 생각되지만, 혼인했는지 여부를 정확히 알 수 없는 경우라고 보는 것이 적절할 것이다. 뿐만 아니라 여성호주 가운데는 '남편'을 호의 구성원으로 둔 경우도 있다.

기도 했다. 그러한 과정 속에 그 기획은 단선적이고 매끄럽게 성취된 것이 아니라 모순과 역설을 산출하며 굴절되었다. 그 속에서 하나로 묶어서 설명할 수 없는 다기한 균열들이 만들어졌다.

그 속의 긴장과 쟁투를 읽어내기 위해, 이 책에서는 호적대장에 기입된 사례들을 세세하게 읽어볼 것이다. 그것들은 단편적이고 때로는 사실과 다를 수도 있지만, 조선후기 향촌에 살던 사람들의 삶이 담긴 것이다. 그 속에는 잠정적이고 일시적으로 구성되었다가 흩어진, 그러나 때로는 긴 파장들을 만들어 낸 질서 구축의 흔적도 남아 있다. 그것은 복잡하게 얽혀 있으므로 깔끔하게 분석하기 어려운 것이 사실이다. 정갈한 해석은 현실의 복잡한 맥락을 솎아낼 때만 얻을 수 있는 것이다. 이질적인 것들을 하나의 줄에 꿰어 맞추지 않고 불순하게 남겨진 것들로부터 새로운 질문을 만드는 것, 그래서 조선후기 사회에 대한 다른 논의의 가능성을 여는 것에서 이 책의 의미를 찾을 수도 있을 것 같다. 조선후기 사회를 안정적으로 유지하기 위한 움직임들과 그 움직임이 설정한 경계를 넘나든 사람들의 궤적을 좇는 것에서 조선후기 사회를 다른 각도에서 읽는 실마리를 찾아보고자 한다.

2. 기존 연구의 검토

1) 호적대장과 사회사

호적대장은 조선시대 사회사 연구의 자료로 일찍부터 많은 주목을 받았다. 조선후기의 호적대장은 대체로 경상도 지역에 많이 남아 있는데, 대구호적·단성호적·울산호적 등이 연구자들에 의하여 분석된 바 있다.[13] 호적대장에 대한 연구에서 가장 뚜렷한 족적을 남긴 것은 일본 학자인 시카타 히로시(四方 博)이다. 1930~1940년대에 그는 『대구호적』을 분석하여 신분과 인구에 대한 방대한 연구를 진행하였다.[14] 사실, 최근까지도 호적대장의 자료에 대한 종합적 검토라는 측면에서만 보자면, 그 연구를 넘어서는 작업이 진행되었다고 보기 어려울 정도이다. 그 연구의 결과는 조선후기 사회의 통치체제에 결함이 있었으며, 문란한 상황이었음을 보여주는 증거로 활용되었다.

해방 이후 한국 근대사회에서 조선후기는 정치적 입장에 따라 다음과 같이 상이한 관점에서 다루어졌다. 한편에서는 사회경제적 조건의 변화에 따라 신분제가 문란해져서 양반 중심의 지배체제에 '변동'이 나타난 지배질서의 해체기로, 다른 한편에서는 양반들의 지배층으로서의 지위가 견고하게 유지되고 사족 지배 질서가 강화된 시기로 논의되었다. 호적대장은 조선후기 사회에서 나타난 신분제의 변화를 설명하는 데 핵심적인 자료로 활용되었다. 그 대표적인 연구자인 김용섭은 양안과 호적대장을 활용하여 토지소유와 신분을 해명을 통해 농업경영의 변화가 이루어졌음을 밝혔다. 또 정석종은 호적대장을 통해 양반호의 격증, 상민호의 격감, 노비호의 실질적 소멸 등이 나타남을 드러내어 조선후기

13 호적대장 연구의 흐름에 대해서는 鄭杜熙, 「朝鮮後期 戶籍硏究의 現況과 課題」, 『韓國史硏究』 101, 1998을 참조할 것.

14 四方 博은 호적에 보이는 혼인관계, 가족구성, 노비의 良賤交婚 등에 대한 연구, 직역 분석을 통해 신분 변화를 밝힌 연구, 도시와 농촌의 인구문제에 대한 연구 등을 진행하였다. 그 연구들은 다음과 같다. 四方 博, 「李朝人口に關する一硏究」, 『朝鮮社會法制史硏究』, 京城帝國大學法學會論集第九冊, 1937; 「朝鮮に於ける大家族制と同族部落」, 『朝鮮』 第270号, 1937; 「李朝人口に關する身分階級別的觀察」, 『朝鮮經濟硏究』 第三, 京城帝國大學法學會論集 第十策, 1938; 「李朝時代の都市と農村に關する一試論: 大丘戶籍の觀察を基礎として」, 『京城帝國大學法學會論集』 第十二冊, 1941. 이상의 논문들은 『朝鮮社會經濟史硏究(中)』, 1976에 실려 있다.

사회에서 하층민이 성장하였으며 사회신분제가 붕괴되었음을 주장하였다.[15]

한편 한영국은 울산호적 등을 분석하여 호구의 구성방식, 혼인관계, 노비의 실태 등에 대한 연구를 다각도에서 진행하였다.[16] 또 호적이 작성된 방식과 원칙에 대한 통사적 연구는 최홍기에 의해 진행되었다.[17] 이후 2000년대에 임학성·김준형 등이 단성호적을 분석하여 신분변동 및 사회 변화와 양반층의 대응방식 등에 대한 연구를 진행하였고 2003년에 호적대장 연구팀에서 단성호적의 호구파악 방식 등을 검토한 성과를 내기도 했다.[18] 이러한 연구들은 호적대장의 기재 내용과 그 속에 기재된 사람들의 신분과 혼인 관계를 인구통계학적으로 분석하고 시기별 변화를 밝힌 의미 있는 성과였다.

---

15 金容燮, 「朝鮮後期에 있어서 身分制의 動搖와 農地占有」, 『史學硏究』 15, 1963; 鄭奭鍾, 「朝鮮後期社會身分制의 崩壞: 蔚山府 戶籍大帳을 中心으로」, 『大東文化硏究』 제9호, 1972. 또한 조선후기 지방사회에서 사족지배질서가 변화하는 양상에 대한 구체적 연구들이 진행되었다. 이러한 연구로는 이해준, 『조선시기 촌락사회사』, 민족문화사, 1996; 金炫榮, 『朝鮮時代의 兩班과 鄕村社會』, 集文堂, 1999 등이 있다. 이러한 논의와 대립하여 조선후기에 양반층의 지위가 유지되었다고 보는 입장은 宋俊浩, 『朝鮮社會史硏究』, 一潮閣, 1987의 연구가 대표적이다.

16 韓榮國의 호적연구로는 다음과 같은 논문 등이 있다. 「朝鮮中葉의 奴婢結婚樣態(上): 1609년의 蔚山戶籍에 나타난 事例를 중심으로」, 『歷史學報』 75·76합, 1977; 「朝鮮中葉의 奴婢結婚樣態(下): 1609년의 蔚山戶籍에 나타난 事例를 중심으로」, 『歷史學報』 77, 1978; 「朝鮮後期의 雇工: 18·19世紀 大邱府戶籍에서 본 그 實態와 性格」, 『歷史學報』 81, 1979; 「朝鮮後期의 挾人·挾戶: 彦陽縣戶籍大帳의 挾人口를 中心으로」, 『千寬宇先生 還曆紀念韓國史學論叢』, 1985; 「朝鮮初期 戶口統計에서의 戶와 口」, 『東洋學』 19, 단국대학교, 1989.

17 崔弘基, 『韓國戶籍制度史硏究』, 서울대학교 출판부, 1997[1975].

18 林學成, 「17·18세기 丹城地域 住民의 身分變動에 관한 硏究」, 인하대학교 박사학위논문, 2000; 金俊亨, 「조선후기 丹城지역의 사회변화와 士族層의 대응」, 서울대학교 박사학위논문, 2000; 호적대장연구팀, 『단성 호적대장 연구』, 성균관대학교 대동문화연구원, 2003.

하지만 조선시대 호적대장 그 자체의 내용을 세밀히 분석하여 호적대장이 작성된 방식, 그 안에 기재된 사람들의 미세한 관계를 다룬 연구는 여전히 과제로 남아 있는 셈이다. 또 이러한 연구들은 호적에 기재된 사람들 모두에 대한 것이라기보다는 호주로 기재된 사람들을 중심으로 한 것이었다. 특히, 호주의 직역에 대한 분석을 통하여, 조선후기의 신분 변화를 해명하는 데 초점을 맞추었다. 결국 호적대장에 대한 연구는 한 호의 대표, 그 대표의 혼인과 신분 문제를 해명하는 데 집중되어 있었다고 할 수 있다. 요컨대, 호적대장을 자료로 한 연구는 대체로 인구 파악 실태와 신분 변화의 문제에 집중되었고, 여전히 호적이라는 자료가 줄 수 있는 다양한 정보들은 충분히 밝혀지지 않은 상태이다.

이러한 호적 연구의 경향은 조선후기 사회사 연구의 전반적 흐름과 밀접하게 관련되어 있다. 조선후기에 대한 연구들의 중심 주제는 지배집단의 '변화와 지속'의 문제를 해명하는 데 있었다.[19] 이때, 그 변화와 지속의 문제를 특히 사회구성원의 신분 변화 및 신분제도의 변화 또는 향촌사회에서의 실질적 주도권 장악 여부 등의 문제를 통해 설명해왔다.[20] 결국 조선후기 사회사는 어느 계층이 어떻게 성장하여 향촌사회에서 주도권을 쥐고 경제적인 이득과 정치적인 영향력을 확보할 수 있었는가를 설명하는 데 초점을 맞추었으며, 호적 연구 역시 그러한 사회사 연구방법론의 틀 속에서 진행되었다.

---

19 조선후기 사회사 연구의 동향에 대해서는 李泰鎭, 「朝鮮後期 兩班社會의 變化: 신분제와 향촌사회 운영구조에 대한 연구를 중심으로」, 『韓國社會發展史論』, 一潮閣, 1992, 129~226쪽을 참고할 것.

20 양반층의 族的 結合 또는 촌락의 구조 등 향촌사회의 다양한 문제에 접근하는 연구들이 이루어졌다. 이에 대해서는 이해준, 「조선후기 사회사 연구의 성과와 전망(1989~1993)」, 『韓國史論』 24, 國史編纂委員會, 1994 참조.

이와 같은 사회사 연구는 결국 조선후기 향촌사회사를 새로운 집단의 등장 및 기존 세력의 소멸 등 권력관계의 측면에서 분석하는 데 집중한 것이고 이는 거시적 차원의 사회변동론에 대한 논의와 맞닿은 것이었다. 이러한 연구를 통해서 조선후기에 새로운 사람들이 주도권을 갖게 되는 변화가 이루어졌음이 밝혀졌지만, 관심의 초점이 여전히 '주도권'을 가진, 또는 갖고자 하는 사람들에 맞추어져 있다는 것에는 변함이 없었다. 주도권과 무관한 사람들의 상태와 삶, 움직임은 관심의 대상이 아닌 것이다. 이러한 맥락 속에서 호적 기재 속의 성별의 문제, 호주와 호구성원 사이의 관계, 여성의 지위 변화 등의 미시적 논의에 대한 관심도 적었던 것이다. 호적대장 연구에 등장하는 여성들은 주요 연구 문제로 다루어지지 않았고, 인구학적 통계 속에서 여성들의 혼인 연령에 대한 수치가 제시되었을 뿐이다. 호적에 보이는 남녀의 혼인관계를 다룬 논문도 보이지만 그러한 혼인 문제에 대한 관심도 결국엔 혼인을 통한 호주인 남성의 신분 규명에 초점이 맞춰진 것이었다.[21] 남편의 처로 기재된 여성의 성(姓) 뒤에 붙은 호칭에 대한 연구[22]가 이루어졌는데 이는 처(妻)의 호칭을 통해 그 남편의 신분을 짐작할 수 있기 때문이다. 이는 여성의 삶 또는 그 처지를 이해하려는 것과는 거리가 멀었다.

21 호적대장에서 혼인문제를 다룬 연구로는 다음 것들이 대표적이다. 韓榮國, 앞의 논문, 1977, 1978; 朴容淑, 「朝鮮後期의 婚姻實態: 1717年의 『丹城戶籍』을 中心으로」, 『釜山史學』 4, 1980.

22 四方 博은 양반 신분을 추정하는 데 있어서 호주의 妻·母·父·嫂 등의 姓에 氏를 붙이고 있는 것을 확실한 양반 신분의 하나로 추정하였다. 그리고 씨 호칭을 夫職에 준하는 것으로 파악하였다(四方 博, 앞의 논문, 1976[1938], 115~116쪽). 李俊九는 四方 博의 견해를 비판하면서 부녀자의 호칭은 親家와 관련된 것임을 밝혔다. 그리고 "그러나 이 역시 身分內婚制 사회라는 점을 감안할 때 남편의 신분적 지위를 이해하는 데에는 중요한 근거가 될 수 있음은 물론이다라고 설명했다(李俊九, 『朝鮮後期身分職役變動硏究』, 일조각, 1993, 15~19쪽).

물론 인구사적 연구들에서 남성과 여성을 모두 아우르는 통계들이 제시되었지만,[23] 그러한 연구들에서 '성별'이라는 것은 인구를 구분하는 하나의 기준일 뿐이다.

물론 호적대장의 직역을 분석하는 여러 연구들에서 호의 첫머리에 기재된 여성이 있다는 사실 정도는 밝혀져 있다. 예를 들면, 최재석이 인조 8년(1630)의 『산음장적』(山陰帳籍)에 보이는 710개 가족을 분석한 연구에서, 「가구주의 성」이라는 표를 제시하여, 여자 가구주의 비율(10.91%)을 제시한 바 있다.[24] 또 김영하·허흥식은 당(唐)·송(宋)의 호적제도와 고려의 호적제도를 비교하면서 각 경우의 여성호주에 대해 설명한 바 있는데, 이에 따르면 고려시대에 양인 남자를 포함한 경우에도 연장자인 여성이 호주가 된 경우가 있음을 알 수 있다.[25] 또 허흥식은 현존하는 고려시대의 호구단자 16건 가운데 여자가 호주인 경우는 3건이며, 모(母)가 생존해 있는데 그 자식 중에서 연장자가 호주로 된 예는

23 인구학적 연구에서 호적대장에 기재된 가족구성원의 다양한 실태를 검토한 흥미로운 연구가 진행된 바 있다. 嶋陸奥彦, 「大丘戶籍にみる朝鮮後期の家族構造の變化: '父と同居する子'を中心に」, 『朝鮮學報』 144, 1992; 은기수, 「조선후기 호적과 족보를 이용한 인구와 가족의 재구성」, 『韓國의 社會와 文化』 25, 1998.

24 崔在錫, 「朝鮮時代의 身分階級과 家族形態」, 『人文論集』 21, 1976; 「身分階級과 家族形態」, 『韓國家族制度史硏究』, 1983, 399쪽의 표 참조.

25 그의 설명을 인용하면 다음과 같다. "호주는 唐代에는 여자인 예도 있으나, 독신이거나 여자만으로 가구를 구성하였을 경우이며, 良人 남자가 있으면 반드시 남자가 호주로 되어 있다. 『國寶戶籍』에는 여자가 호주가 된 예는 없으나, 이보다 앞서 작성된 호구단자인 『驪州李氏族譜』에 실린 호적에서는 양인 남자를 포함한 경우에도 연장자인 여자가 호주가 되었고, 이러한 예는 조선 초의 『海州崔氏大同譜』에 실린 宋氏戶口에서도 확인된다. 『국보호적』에서는 여자가 혼자서 호구를 구성한 예는 없으며, 여자만으로 구성된 호구도 없다. 따라서 고려의 호적은 남자의 역을 파악하려는 의미가 컸고 호구의 구성도 역을 진 남자를 포함하여 구성하도록 법제화된 듯하다(金英夏·許興植, 「韓國中世의 戶籍에 미친 唐宋戶籍制度의 影響」, 『韓國史硏究』 19, 1978, 44쪽).

없음을 밝혔다.[26] 호적제도를 연구한 최홍기도 고려 말과 조선 초의 호적에 여성이 호주로 된 경우가 있음을 지적했다.[27] 이준구는 그의 책 『조선후기신분직역변동연구』[28]에 부표 <시기별 호주의 신분·직역 일람>을 제시해놓았는데 그 안에 과부·과녀·비 등의 여성호주를 직역 일람표의 한 부분에 별도로 모아서 표시한 바 있다. 이러한 연구들은 여성이 호주로 기재되어 있다는 사실을 언급하였을 뿐, 그 구체적인 실태와 의미에 대해서 본격적인 분석을 시도한 것은 아니었다.

기존의 호적연구의 대부분이 '호주'에 주목한 것이었지만, 호주의 성별은 연구대상으로 주목받지 못했으며, 여성호주 역시 관심의 대상이 되지 못했다.[29] 호적대장을 한번이라도 본 사람은 알 수 있겠지만, 호적대장에서 호주는 매우 눈에 잘 띄고 호의 구성원과 뚜렷이 구분되는 것이어서 남성호주가 그렇듯, 여성호주를 찾는 것도 매우 쉬운 일이다. 그렇듯 쉽게 파악되며, 또 호적에 따라 6~10%로 적지 않은 수치를 보이는 여성호주에 대한 연구가 진행되지 않은 것은 우선, 조선후기 호적 연구자들에게 '여성'이 역사적 분석의 대상이 아니었기 때문이고, 또한 성별의 문제가 한 사회의 체제를 설명하기 위해 갖는 중요성에 대한 이해가 부족했기 때문이라고 생각된다.

---

26 許興植, 『高麗社會史硏究』, 亞細亞文化社, 1981, 299쪽

27 崔弘基, 앞의 책, 1997[1975], 41~50쪽 및 100쪽 참조.

28 李俊九, 앞의 책, 1993.

29 한 경제사 연구자가 <단성호적>을 바탕으로 '호적'에 대한 저서를 출간한 바 있다. 그 가운데 여성호주(여성주호)에 대한 내용이 포함되어 있는데, 이는 필자가 2001년도에 제출한 박사학위논문의 논의를 넘어서는 독자적인 분석을 담고 있는 것은 아니다. 이 저서는 필자뿐 아니라 다른 연구자의 연구 결과에 대해서도 학술적으로 통용되는 적절한 인용 없이 활용하여 비판을 받은 바 있다. 이에 대해서는 임학성, <'호적' 다룬 유일한 저서… 오류 많아 아쉬움: 서평 『호적』 손병규 지음 | 휴머니스트 | 2007>, ≪교수신문≫, 2007년 6월 11일자 참조.

한편, 조선시대 호적대장에 대한 관심은 한국 근대사회의 '호주제'의 역사를 이해하는 것과 관련되어 있었다. 21세기를 전후한 시기에 대두된 호주제 폐지를 둘러싼 논쟁에서, 호주제 존속을 주장한 측에서는 그 호주제가 우리의 '전통'이라는 것을 중요한 근거로 제시한 바 있다. 이러한 입장에서는 근대의 호주제가 조선시대 호적제도와 동질적인 요소를 많이 갖고 있는 것으로 보았다.[30] 다른 한편, 호주제 폐지를 주장하는 측에서는 호주제가 일본 식민 지배의 유산이며, 조선시대의 호적제도와 다른 제도라는 점을 강조했다.[31]

이러한 두 입장은 대립되지만 다른 한편에서는 모두 근대사회의 필요에 따라 조선시대의 제도를 재단한다는 점에서 같은 선상에 서 있다. 호주제 존속을 주장했던 입장에서 근대 호주제를 우리의 전통이라고 주장하면서, 조선시대에 호적제도가 있었으며 부계 중심으로 운영되었음을 강조한다. 이는 조선시대 호적제도에 대한 면밀한 검토에 근거한 것이라기보다는 '현재'를 정당화하기 위해 '과거'의 제도와 의미를 전유하는 것일 뿐이다. 20세기 호주제와 조선후기 호적제도는 국가가 인민을 파악하여 기재한 문서라는 점에서 어떤 공통적 요소를 갖고 있겠지만, 이를 근거로 호주제를 조선시대부터 오랫동안 이어온 '전통'이라고 설명하는 것은 적절치 않다. 다른 한편, 호주제 폐지를 주장하며 그것을 일본 식민지배의 유산으로 보는 입장에서는 근대 한국의 호주제와 조선의 호적제도가 '다름'을 강조하는 논의가 이루어졌다. 전통시대와 근대

30 이러한 입장에서 나오는 주장들은 <호주제는 우리의 가족제도입니다>라는 모임의 인터넷 카페(http://cafe.naver.com/hojujedo)에 정리되어 있다.

31 그러한 견해는 호주제 폐지를 주장한 사람들에게 중요한 역사적 근거가 되었다. 이에 대한 대표적 논의는 김상용, 「다시 호주제 폐지를 말한다」, 『호주제도 관련 토론회 자료집: 호주제도, 무엇이 문제인가』, 법무부, 2000 등이 있다.

이후의 제도 사이에 '단절'을 강조하기 위해 조선시대 호적, 호주 등에 대해 근대 호주제와 다른 점을 부각시키는 것에 집중하였던 것이다.

이 책에서 주요하게 분석한 조선시대 호적대장의 '여성호주'에 대한 연구가 이루어지지 않았던 것도 이러한 20세기의 한국 호주제를 이해하는 두 가지 방식과 관련이 있다. 호주제 존속을 주장하며 그것을 우리의 '전통'으로 보는 입장에서는 조선시대에도 여성은 부득이한 경우가 아니면 호주가 되지 않았고, 대부분 그 집안의 장남이 호주를 이었다고 보았다. 이에 조선시대 여성호주는 '예외적'인 존재로만 여겨졌고 특별한 분석 대상이 되지 못했다. 호주제 폐지를 주장한 측에서는 조선시대에 지금과 같은 호적제도는 없었다고 보았으므로, 호주의 승계 문제 등에 대해서는 본격적으로 조명하지 않았다. 곧 호주 지위의 승계, 상속 등이 모두 일본에서 이식된 호주제에서 새롭게 만들어진 것이므로 조선시대 호적대장 속에서 누가 호주로 기재되는가의 문제에 관심을 기울일 필요가 없었던 것이다.

사실 호적대장에 기재되어 있는 '여성호주' 또는 '호주승계 방식'에 대한 연구를 하다 보면, 조선시대의 호적대장의 모습이 이러한 대립적 입장 가운데 어느 한쪽을 뒷받침하지 않으며, 어느 쪽이든 온전히 편들기 어려운, 복잡한 상황을 보여주고 있음을 알게 된다. 이 책에서 다룬 내용은 조선후기의 호적대장의 구조를 세밀하게 드러내는 것으로, 조선시대의 호적제도와 일본 지배 이후의 근대사회의 호주제가 어떻게 연결되면서 또 새로운 차원의 제도로 재구성되었는지를 논의할 수 있는 근거를 찾아보고자 한다.

한편 이러한 조선시대 호적대장과 호주에 대한 이해는 조선시대의 '가장'에 대한 연구에도 영향을 주었다. 지금까지 조선시대의 가장은 형식적·대외적 대표권만 가질 뿐 실질적인 의미는 없는 것으로 간주되었다.[32] 일본의 가부장권이 20세기 이후에 도입된 것을 강조하기 위해 조선의 가장권의 의미는 과소평가되었고 역사적 분석 대상이 되지 못하였다. 이러한 평가는 20세기 일본 식민지기에 '호주의 권한'을 통해 설정된 강력한 가장권과 조선시대의 가장권이 다르다는 것을 강조하기 위한 것이었다. 그런데 조선후기에 유교 질서에 따른 '가부장제'가 강조되었다고 하는데, 과연 가장이 형식적인 의미만 지닌다고 할 수 있을까.

조선시대 법전에 기재된 가장이 어떤 성격을 가진 존재인지를 검토하고, 가장과 호주가 어떻게 설정되었는지를 밝히는 것은 조선시대 '가'와 국가의 통치 체계를 이해하기 위한 기초적 지식을 제공하는 중요한 주제이다. 이 책에서는 주로 호적대장의 '호주'를 중심에 두고 분석하지만, 호주로 기재되는 일의 의미를 가늠하기 위해 조선시대 '가장'의 법적 지위를 함께 고려할 것이다. 이에 조선 국가에서 '가'의 상태를 파악하여 그들을 호의 기재를 통해 배치하고 통치하는 방식을 읽고, 그 속에서 가, 호의 대표를 설정할 때 성별의 위계가 작동하는 방식을 읽을 것이다.

호적대장 속의 여성호주와 호 구성원으로 기재된 사람들 등에 대해 관심을 기울이는 것은 호적대장 연구의 방향을 신분 및 지배체제 변화의 해명, 근대 호주제의 유지/폐지를 위한 근거 찾기 등의 차원이 아니라

---

32 이러한 견해는 법사학 연구자인 박병호에 의해 제기되었다. 그는 조선시대 '가장'의 개념을 설명하면서 '가장'을 '호주(戶主)' 또는 '호수(戶首)'라고 불리는 존재라고 보았다(박병호, 「한국의 전통가족과 가장권」, 『한국학보』 2, 1976, 70~74쪽). 그의 분석에 따르면, 조선시대 가장은 '집의 어른'이라는 의미만 지닐 뿐이었는데, 일제 식민지 시대에 들어서서 가장에게 가족을 지휘, 통솔할 수 있는 권한이 주어졌다고 한다. 그리고 조선시대에 오직 공법상의 관계에서 국가가 개개의 가를 가의 책임자, 대표자인 호주 또는 가장으로 파악했을 뿐이었다고 설명했다(위의 글, 92쪽). 하지만 이러한 분석이 조선시대의 법적인 규정들에 대한 자세한 분석에 기반한 것인지에 대해서는 좀 더 논의가 필요하다.

조선후기 국가의 통치체계, 일상적 삶과 관계의 구조를 들여다보는 것으로 돌리는 것이다. 이는 근대 한국 사회의 필요에 따라 재단되고 추상적으로 논의된 조선후기 사회의 제도를 그 시대의 맥락 안에서 다시 읽는 작업이기도 하다.[33]

성별의 문제, 호를 구성한 사람들의 관계 변화 등은 조선후기 사회의 변화 또는 지속의 문제를 논의하는 데도 의미 있는 근거를 제공할 수 있다. 사회의 변화 또는 지속의 문제는 하나의 지표로 선명하게 줄을 그어 설명하기가 어려운 것이다. 변화와 불변의 사이에 있는 조짐들을 읽는 것만이 답에 다가서는 길일 수 있다. 이는 조선후기와 근대사회의 차이에 대해 논의할 때도 마찬가지이다. 이 책에서 조선후기의 구체적 양상을 드러내는 것으로부터 20세기 일본 식민지배기에 만들어진 제도들의 특징을 밝혀내고, 그것이 한국 근대사회에서 다양한 갈래로 잔존하

33 최근 양현아 교수는 식민지시대 가족법 구성과정에 대한 기존의 논의들이 조선의 전통이 식민지배에 의해 왜곡된 것으로 보는 시각에서 이루어졌음을 지적하고, 이를 '관습 왜곡론'으로 명명하면서, 식민지기의 가족법이 구성되는 과정을 일본 제도의 이식과 조선적인 것의 착종을 통해 논의할 필요가 있음을 제기하였다(양현아, 『한국 가족법 읽기: 전통, 식민지성, 젠더의 교차로에서』, 창비, 2011, 105~111쪽). 이러한 주장은 관습을 해석하는 방식에 대한 비판을 담은 것으로 이론적으로 의미 있는 진전을 이룬 것으로 평가된다. 그런데 정작 그의 저서에서 조선시대의 가장에 대해 설명할 때 '조선'이라는 시대를 단순하게 '혈통'과 '관습'의 영역으로 배치한 것을 볼 수 있다. 곧 그는 조선시대의 가장권을 제사승계자(종자, 종손)와 동일한 것으로 보고 그 권위의 유래가 친척집단에 있으며, 주요한 역할은 조상봉사이고, 혈통에 의해 선정되며 문중 단위를 기반으로 한다고 주장했다. 이는 식민지기의 호주가 국가와의 관계에서 정해지고, 재산의 운용이 핵심이며, 혈통의 제약을 벗어나며, 개별 가족을 단위로 한다는 것과 구별된다는 것이다(위의 책, 163~167쪽) 하지만, 필자가 이 책에서 다룬 내용 및 조선시대 '가장권'의 법규 및 조정의 논의들을 기반으로 분석한 결과를 보면 이러한 설명은 적절하지 않다. 조선시대 가장에 대한 양현아의 입장은 그가 스스로 비판한 바 있는 관습왜곡론과 지식의 기반을 공유한 것으로 보이며, 이러한 결과는 조선시대의 자료를 그 시대의 맥락에서 역사적으로 검토하지 못한 탓이라고 생각된다.

는 양상을 비판적으로 읽어내는 작업으로 이어질 수 있으리라 생각된다.

2) 조선시대의 유교화

조선의 사회 변화를 설명할 때 신분질서의 동요와 함께 중요한 요소로 논의된 것이 유교이념 및 그에 근거한 제도적 변화와 관련한 문제들이다. 제사와 재산의 상속, 족보 기재 등에 대한 연구들이 진행되면서 유교화가 실질적인 영향을 발휘하여 생활관행에 변화를 주는 것은 조선중기 이후의 일이며, 조선후기에 이르러 주자학적 원리가 강조됨에 따라 적장자 중심의 부계질서가 강화되었다는 논의가 이루어졌다.[34]

이 문제를 인류학적 관점에서 다룬 도이힐러는 조선의 건국과 함께 사회를 유교적으로 바꾸기 위한 제도들이 만들어졌고, 조선전기에는 그것이 고려의 제도들과 충돌하지만 17세기 중반에 그 목적을 달성하게 되어 신유학적 질서에 맞는 부계 혈족집단을 중심으로 한 사회로 재편성되었다고 보았다. 이에 제사, 장례, 상속, 혼인, 여성의 지위, 친족집단의 형성 등의 문제에 대한 사회인류학적 분석을 시도하여 조선사회의 변화 양상을 규명하였다. 아울러 신유학의 이념이 조선 사회를 효과적으로 바꿀 수 있었는지를 밝히기 위해 시간의 흐름에 따라 축적된 변화들과

34 이러한 논의는 崔在錫의 연구에서 시작되었다. 그는 「朝鮮時代의 相續制에 관한 硏究: 分財記의 分析에 依한 接近」, 『歷史學報』 53·54合輯, 1972에서 여성에 대한 재산상속이 조선초기와 중기에 변화되는 것을 밝혔다. 이후 고려 및 조선시대의 가족, 친족구조를 연구하여 『韓國家族制度史硏究』, 一志社, 1983을 묶어내었다. 또한 와그너는 『文化柳氏世譜』와 『安東權氏世譜』 등 족보에서 여성이 기재되는 방식을 분석하여 조선초기와 조선중기 이후에 기재 순서 등이 달라졌음을 밝혔다. Edward W. Wagner, "Two Early Genealogies and Women's Status in Early Yi Dynasty Korea," in *Korean Women: View from the Inner Room*, ed. Laurel Kendall and Mark Peterson(New Haven: East Rock Press, 1983).

함께 정치 사회적 권력의 이동을 추적하였다.[35]

이 연구는 유교적 문화가 자리 잡는 것과 관련하여 조선전기와 조선후기 사회의 차이를 드러냈다는 점에서 의미가 있다. 또한 유교 지배이념이 영향력을 끼치는 과정에서 조선시대를 살았던 사람들이 몸에 익히고 있던 조선시대 이전의 생활방식과 충돌을 일으켰음을 다룬 것도 중요한 논의이다. 1990년대 이후, 조선후기 사회에 대한 연구는 이러한 '유교적 변환'을 염두에 두고 진행되었다고 해도 과언이 아니다. 조선후기에 유교적인 관행이 나타나는 양상과 그 변화의 과정이나 배경, 시기 등을 해명하기 위한 연구들이 진행된 것이다.[36]

이 책에서는 도이힐러의 '유교화' 또는 '유교적 변환'에 대한 논의에 대해 비판적 입장을 취하며 다음과 같은 문제를 던져보고자 한다. 첫째, 그의 논의는 조선후기 사회를 단일한 통합적 틀 속에 이해한 것이다. 유교화 정책과 관련하여 조선전기에 나타난 다양한 제도들과 개혁을 강조한 것과 달리, 17세기 이후의 조선후기 사회는 유교에 기반 한 부계질서가 자리 잡은 시대로 단순하게 처리하였다. 또한 그는 고려에서 조선으로 넘어가는 시기가 아닌 조선중기 이후에서야 유교적 변화가 나타났다고 보았는데 이는 '유교'의 정착시기를 늦춰 잡은 것에 지나지

35 마르티나 도이힐러 지음, 이훈상 옮김, 앞의 책, 2003. 마르티나 도이힐러의 저서에 대한 서평은 백승종, 서평, 『역사학보』 141집, 1994 참조.

36 이와 관련하여 1990년대 이후 고문서 연구를 통한 구체적인 문중의 상속 관행 등의 사례들을 밝힌 연구들이 활발하게 이루어진 점이 고무적이다. 이러한 연구들은 조선중기 이후 상속제의 변화를 다루면서도 개별 가문들의 구체적인 양상은 상이했음을 논의하여 많은 시사점을 준다. 2000년대 많은 성과들 가운데 몇 개를 나열하면 다음과 같다. 전경목, 『고문서를 통해 본 우반동과 우반동 김씨의 역사』, 신아출판사, 2001; 이수건 외, 『16세기 한국 고문서 연구』, 아카넷, 2004; 문숙자, 『조선시대 재산상속과 가족』, 경인문화사, 2004.

않는다. 이는 과거의 한 시대를 하나의 일관된 시간의 흐름 속에 설명하려는 시도라는 점에서 같은 기반 위에 있다.

역사 속에 살았던 사람들의 삶은 같은 방향으로 흘러가기도 하지만, 단절되거나 다기한 방향으로 뻗치는 다층적 국면들이 펼쳐지기도 한다. 조선후기의 17, 18세기 사회에서도 여전히 주자학적 질서는 구축되는 과정 속에 있었으며 동시에 그와 다른 움직임들과 경향과 경합을 벌이고 있었다. 조선후기 사회를 유교화가 이루어진 시대로 결론 내리기보다는 한편에서는 주자학적 질서를 정착시키려는 제도적 장치들이 만들어지고 문화적 관행들이 자리를 잡아가지만 다른 한편에서는 오래된 비유교적 전승들이 이어지고, 그 사이의 긴장 속에서 다기한 반응들이 일어났던 시대로 읽을 필요가 있다.

둘째, 조선후기에 유교적 사회로 변환되었다고 할 때, 그 기준을 무엇으로 삼을 것인가에 대한 고민이 필요하다. 지금까지 논의된 바에 따르면, 그 변화는 대개 재산 상속과 제사상속에서 이루어진 것들인데, 그렇다면 그것은 양반과 같은 지배층에게 의미 있는 문제였다. 그러므로 이러한 연구에서 밝힌 변화는 양반 지배층 사이에서 나타난 변화를 의미할 뿐이다. 그 안에서도 지역과 문중에 따라 다양한 시차가 있다는 점을 차치하더라도, 사회의 변화를 논의하려면 적어도 하층민에게 주자학적 생활 관행은 어떤 의미였는지에 대해서도 고려할 필요가 있다.[37]

---

37 이와 관련하여, 김자현은 18세기를 중요한 변화의 시기로 보았는데 그 근거로 하층민들도 양반의 관행을 모방하여 제사를 지내는 것이 일반화되었다는 것을 제시하였다. JaHyun Kim Haboush, "The Confucianization of Korean Society," in *The East Asian Region: Confucian Heritage and Its Modern Adaptation*, ed. Gilbert Rozman(Princeton University Press, 1991). 하층민의 제사가 과연 얼마나 '일반화'되었는가에 대해서는 세밀한 논의가 필요하다고 생각되지만, '제사'와 같은 유교적 관행이 하층민에게 받아들여졌는가의 여부를 변화의 기준으로 삼은 것은 의미 있는 지적이라고 생각된다.

상층 양반들이 채택한 방식이 하층민에게 영향을 주었을까, 그랬다면 어떻게 그런 변화가 일어난 것일까, 주자학적 질서가 만일 사회의 말단에까지 미치게 되었다면 어떤 방식으로 파급될 수 있었을까, 또 반대로 만일 주자학적 질서가 하층민에게 별 영향을 미치지 못했다면 하층민들은 어떻게 그 나름대로의 삶을 꾸렸을까.[38]

셋째, 조선후기에 부계직계의 원리가 강화되는 등 변화가 나타났다고 할 때, 그것을 유교 '이념'이나 '관행'이 확산된 결과로 설명하는 것은 충분치 않다. 또 유교 문화의 확산을 강조할 경우 조선 사회를 움직이는 동인을 '유교'라는 사상에서 찾는 것이 될 수 있다. '유교'는 조선시대 통치이데올로기로서 지배체제를 구성하고 강화하는 데 중요한 역할을 했지만, 유교사상이 점차 퍼져서 사회가 변화되었다고 보는 것은 사상의 영향을 과도하게 강조하는 것이다. 조선시대의 지배적 이념과 가치, 생활 관행이 달라지는 과정은 어떤 것이었는지, 그러한 과정에 국가가 어떤 방식으로 개입하고 변화를 추동했는가의 문제에 주목할 필요가 있다. 조선전기뿐 아니라 조선후기에도 사회질서를 주자학적 질서에 맞게 정비하려는 다양한 제도적 장치들이 마련되고 있었으며, 그러한 정책들은 실패와 성공 사이를 오가며 변개되고 있었다.

38 도이힐러 또한 이 문제에 대해 언급을 하였다. "평민들은 족보도 갖지 못했으며, 따라서 출계를 인식할 수 있는 세계도(世系圖)도 없었다. [……] 종족 조직은 단지 사회의 엘리트 계층에게만 전형적인 것이었다. 다시 말해 이는 왕조의 창건 이후 신유학에 의하여 고무된 사회 개혁으로 움직이기 시작한 발전 과정의 산물이다. 한국 사회의 유교화 과정은 상층 계급의 현상이다. [……] 유교는 아래로 침투하면서 평민이나 노비에 대해서도 양반과 마찬가지로 일상생활에 대한 문화적 지침을 제공하였다. 그럼에도 상층 계급이 행사할 때만이 사회 정치적이며 도덕적인 잠재성이 최고 수준에 도달할 수 있는 다가(多價)의 도구였다"(마르티나 도이힐러, 앞의 책, 2003, 28~29쪽)라고 하여, 유교화는 상층 계급의 현상이라고 본 것이다. 이러한 전제로 그는 하층민에게 유교가 어떤 의미였을지에 대해서는 고려의 대상에 두지 않았다.

이 책에서 주목하는 호적대장과 그 속에 기재된 여성들의 위치는 '유교화' 문제를 다른 각도에서 조명하기 위한 것이다. 호적대장에서 하나의 호 안에 묶인 사람들 사이의 관계, 기재의 순서 등은 현실 속의 '가' 구성원의 관계 및 국가에서 그것을 어떤 구조 속에 기재했는가를 보여준다. 또한 호적대장의 기록을 통해 조선 국가에서 유교라는 이념에서 가져온 요소를 어떻게 제도적 장치 속에 적용했는지를 읽어볼 수 있다. 그러한 제도적 변화가 어떻게 작동했으며, 그 변화가 어떤 새로운 관계의 방식을 창출했고 또 예측하지 못한 대응을 낳았는지 등을 논의하는 것으로 조선후기 사회의 움직임을 살펴볼 수 있는 것이다.

이는 조선전기에서 중기를 지나 후기에 이르러 유교 질서가 점차 정착되었다고 보는 것과는 다른 각도에서 조선후기 사회의 변화를 조명하는 것이다. 조선전기부터 추진된 정책들의 효과가 지연되어 나타난다고 볼 경우, 조선후기의 유교적 질서를 오래되고 견고한 것, 앞의 시대에서 도래한 것, 거스를 수 없는 흐름의 결과인 것처럼 보이게 만들 수 있다. 반면에 조선후기의 구체적인 상황과 맥락 속에서 당시의 필요와 요구에 따라 특정한 제도를 통해 구축된 것으로 본다면, 그것은 국면에 따라 특정한 방식으로 만들어지고 다시 바뀔 수 있는 일시적인 것, 변화 가능한 것으로 논의될 수 있게 된다. 이러한 관점은 단지 유교화의 확산 정도에 대하여 의문을 제기하는 차원이 아니라, 조선후기 사회를 설명할 때 '유교화'라는 틀 속에 결박되는 인식 자체를 재고할 것을 요청하는 것이다.

3) 조선시대 여성의 지위

조선시대 여성의 지위에 대한 연구는 유교이념 및 유교화, 그에 근거한 여성에 대한 규제들과 관련하여 논의되었다.[39] 유교적인 제도들로는 친영제의 시행 추진, 내외법(內外法), 부녀상사금지법(婦女上寺禁止法) 및 재가녀자손금고법(再嫁女子孫禁錮法) 등을 들 수 있다.[40] 이에 따르면 조선전기까지 여성은 남성과 거의 동등한 상속분을 가졌으며, 재혼도 자유롭게 하였고, 가족 안에서도 강한 발언권을 가지고 있었다고 한다. 그런데 주자학이라는 사상이 확산되면서 조선중기 이후에 여성의 상속권, 재산권은 축소되고, 족보에 기재되는 순서에서도 여성은 뒤로 밀려나게 되었다는 것이다.[41] 이러한 유교 이념에 따른 성차별적 제도와 관행들이 여성을 '집안'으로 가두었으며, 유교화가 진행되면서 여성의 지위가 더욱 낮아지게 되었다는 것이 조선시대의 여성에 대한 일반적인 논의이다.[42]

---

39 조선시대 여성사에 대한 개설적 저서로는 梨花女子大學校 韓國女性史編纂委員會 編, 『韓國女性史 2』, 이화여자대학교 출판부, 1972; 朴容玉, 『李朝女性史』, 한국일보사, 1976; 亞細亞女性問題研究所, 『李朝女性研究』, 韓國女性研究叢書 제1집, 1976; 金用淑, 『한국女俗史』, 민음사, 1989; 한국여성연구소 여성사연구실, 『우리 여성의 역사』, 청년사, 1999 등이 있다. 또 최홍기 외 저, 『조선전기 가부장제와 여성』, 아카넷, 2004 등의 연구서들에서 조선시대 가부장제 및 여성에 대한 다양한 분석을 시도하였다.

40 이러한 유교적 제도화와 관련해서는 장병인, 『조선전기 혼인제와 성차별』, 일지사, 1997; 李舜九, 「朝鮮初期 內外法의 成立과 展開」, 『청계사학』 5, 1988; 金用淑, 『한국女俗史』, 민음사, 1989 등의 연구들이 참고된다. 조선시대 여성에 대한 규제에 대한 관심은 일찍부터 있었다. 부녀상사금지법은 李能和가 『朝鮮女俗考』(1927) 제20장 「禁閑婦女儒教之制」에서 옥교, 장의 등 여성의 탈것과 의복 등에 대한 제약과 함께 다룬 바 있으며, 과부 재가 금지에 대해서는 1937년에 이상백이 재가금지습속의 유래를 밝히는 글(李相佰, 「再嫁禁止習俗의 由來에 대한 研究」, 『東洋思想研究』 1, 1937: 『李相佰著作集 1권』, 을유문화사, 1978)에서 『經國大典』의 법조문에 대한 해석을 내린 바 있다.

41 이에 대해서는 이순구, 「朝鮮初期 朱子學의 普及과 女性의 社會的 地位」, 『청계사학』 3, 1986 참조. 또한 마크 피터슨은 특히 양자제와 상속제를 중심으로 하여 17세기 말경에 적장자 중심의 사회로 되었음을 밝혔다. 그리고 재산 상속에서 여성의 몫이 줄어드는 과정을 사례를 통해 증명하였다(마크 피터슨 지음, 金惠貞 옮김, 『儒教社會의 創出』, 一潮閣, 2000).

42 이러한 논의는 1970년대 조선시대 여성사에 대한 선구적인 저술을 낸 朴容玉이 목차를

그런데 한편에서는 유교사회의 여성들이 억눌리기만 한 것이 아니라 유교적 합리성에 근거하여 나름대로 안정적 지위를 누렸다고 보면서,[43] 유교와 여성의 관계를 새롭게 해석하여 유교로부터 "삶의 모형적 진실들"을 찾아내자는 주장도 제기되었다.[44] 이러한 주장을 반박하는 쪽에서는 유교에 근거하여 성차별적 위계가 강조된 점을 들어 유교를 재해석하는 작업의 위험성과 허구성을 비판하였다.[45] 이렇듯 조선시대 여성과 유교의 관계는 '보호'와 '억압'이라는 두 가지 대립되는 관점에서 해석되었다.

조선시대 여성들의 지위는 누구의 눈으로 어떤 각도에서 보는지에

구성한 방식에서도 볼 수 있다. 그 목차는 "1. 가부장권 확립과 여성의 예속 / 2. 유교적 여성관의 확립 / 3. 유교적 부처(夫妻)제도의 확립 / 4. 부녀 재가 금지와 열녀관의 확립 / 5. 여성의 사회적 지위 / 6. 유교적 여성관의 동요 / 7. 유교적 여성관의 붕괴과정"(朴容玉, 앞의 책, 1976)으로 짜여 있다. 이 목차의 제목만으로도 이 저술에서 조선시대 유교적 사회질서가 정착되는 과정과 그에 따른 여성의 지위를 어떻게 이해했는지 알 수 있다. 곧, 유교적 사회질서는 16세기 중엽까지 확립되었고 16세기 말에서 17세기 중엽에 걸친 왜란·호란의 양대 국난에 의해 양반관료체제, 정치·경제·사회구조의 변질을 경험하게 되어 유교질서가 동요되었다고 본 것이다. 그리고 유교적 여성관은 여성의 '예속'과 관계가 깊은 것으로 논의된 것을 알 수 있다.

43 이순형, 「조선시대 가부장제의 유학적 재해석」, 『한국학보』 71, 1993.

44 "우리도 오늘날 우리 모습을 형성하는 데 직접적이고 핵심적인 역할을 수행한 유교 전통을 새롭게 해석해내고, 거기서 지금까지 남성들이 보지 못했고 왜곡했던 삶의 모형적 진실들을 찾아내어서 우리의 양식으로 삼을 수 있어야 한다"는 주장이 그것이다(이은선, 「다시 만나야 하는 유교와 페미니즘」, 한국유교학회 편, 『유교와 페미니즘』, 철학과 현실사, 2001, 287쪽).

45 허라금은 유교에서 삶의 모형을 찾아야 한다는 주장에 대해 "이는 추상적이고 원칙적인 수준의 유교의 본래정신을 앞세워 그것이 내장하고 있는 위계적이고 차등적인 질서에 기반한 관계 맺음의 방식을 여성주의적 관계의 윤리와의 유사성으로 동질화하는 우를 범하고 있다"고 지적하면서, "가부장적 유교주의자들의 보수적인 관점과 유사하다"고 비판한 바 있다(허라금, 「유교와 페미니즘의 만남: 그 의미에 관하여」, 위의 책, 2001, 294쪽).

따라 다르게 평가되었다. 먼저 '우리의 전통'이라는 것을 지키고자 하는 입장에서는 유교에 기반한 조선 사회에서 여성을 우대하고 보호했다고 보았다. 이에 그들은 이른바 전통의 방식, 곧 여성은 집안에 머물면서 집안에서 힘을 발휘하는 방식이야말로 여성에게 좋은 것이라고 주장한다. 여성을 보호한 유교 사회의 전통은 현대사회에서 재해석되어 계승되어야 한다는 것이 전통과 유교를 긍정적으로 보는 입장에 있는 사람들의 견해이다. 반면에 '페미니즘'의 관점에서는 유교를 '근대 이전' 사회의 잔재이며 가부장제 질서를 함축하고 있는 것으로 보았다. 이 입장에서는 조선시대 유교는 현실적으로 여성을 억압한 것이며, 그러한 가치는 폐기되어야 한다고 주장했다.

이러한 논쟁에서 조선시대 여성들의 지위에 대한 판단은 조선시대의 실상에 대한 고민보다는 근대 또는 전통, 페미니즘 또는 유교적 가치를 추구하는 입장의 차이에서 비롯된 것으로 보인다. 당시의 논쟁에서 두 입장은 날카롭게 대립하였지만, 두 입장 모두 '근대의 눈'으로 조선시대 여성을 지위를 본다는 점에서 같은 기반 위에 서 있다. 조선시대 여성의 입장, 지위에 대한 면밀한 분석에 근거하기보다는 유교 및 전통에 대한 가치 판단에 따라 다른 평가를 내린 것이다. 그 판단의 기준은 근대로부터 온 것이다. 근대적 관점이 투영된 논의 속에서 조선이라는 사회는 근대의 시선, 근대의 필요에 의해 재단되었다. 조선시대의 여성들은 근대 여성의 정체성을 특정한 방식으로 구성하기 위한 거울로 활용되었을 뿐이다. 그러한 상태에서는 조선시대의 다기한 여성들이 알려주는 지식의 힘을 얻을 수 없다. 그녀들의 지위는 조선시대의 역사적 문맥 속에서 다시 논의될 필요가 있다.

이러한 논쟁에서 여성들 사이의 차이가 중시되지 않았다는 점도 짚어야 한다. 조선시대 여성들이 신분, 생애주기, 혼인의 조건 등에서 볼 때 하나의 동질적인 집단이 아니다. 조선시대 여성은 다양한 처지에 놓여 있었다. 여성은 신분에 따라 양반·양인·천인으로 나뉜다. 또 여성은 그 생애주기에 따라 딸·부인·어머니이기도 하고, 며느리·시어머니이기도 하다. 혼인 관계에 따라 독신·첩·과부·재혼녀일 수도 있다. 당연한 말이지만, 어떤 입장에 서 있는가에 따라 그 처지는 다를 수 있다. 여성들 사이의 '차이'를 염두에 두지 않고 여성의 지위를 판단하여 말하면, 공허한 대답이 될 수밖에 없다. 그러므로 신분과 생애주기, 다양한 처지 등에 따라 여성을 나누어 그 차이를 드러내는 관점이 반드시 필요하다. 유교화 과정 속에 일어난 변화들에 대한 다양한 반응을 살펴보면, 모든 여성이 같은 조건으로 억압 또는 보호받지 않았다는 것을 알 수 있다. 그렇다면 유교가 여성을 보호했다 또는 억압했다고 논의할 때, 그 '여성'이라는 이름으로 불러내는 그들이 누구인지에 대한 질문을 던지게 된다.

'여성'이라는 개념은 전체 여자를 포괄하는 말 같지만, 그 개념과 의미는 특정한 방식으로 구성된 사회문화적 소산이다.[46] 조선시대의 '여성'을 다룬 근대의 연구들에서 여성이라는 이름으로 불러낸 존재들을 보면, 조선사회 속의 그녀들 모두를 포함하지 않는다. 오히려 역사가가 살고 있는 당대의 가치와 규범 속에서 정실부인과 같이 '정상적 여성'이라고 간주되는 존재를 염두에 두고 과거의 여성을 다루고 있는 경우가 많다.[47] 물론 여성을 말하면서 정실부인을 상정하는 것이 근대의 창안물

46 이에 대해 '젠더'에 대한 논의들에서, 여성과 남성이라는 개념이 고정적이거나 자연스러운 것이 아니며 여성과 남성을 사회 내에 배치하여 위치를 만드는 일련의 방식이라는 논의가 참고가 된다(이에 대해서는 Joan Scott, 앞의 논문, 1988 참조).

47 예를 들면, 조선시대 여성사 서술에서 조선시대 정처를 여성과 동일시하여 서술한 경우들을 볼 수 있다. 예를 들면 「처와 첩의 지위」라는 제목의 단락에서 정처와 첩 사이에 엄격한

인 것은 아니다. 조선시대에 '부녀'(婦女)는 엄밀한 의미에서 누군가의 부인이거나 딸을 지칭하는 말이다. 부녀라는 말 자체가 규범을 반영하고 있는 것이다. 그러한 표현을 받아들여서 그대로 사용할 경우, 양반가의 딸·어머니·부인·며느리 등 안정적인 위치에 놓인 존재들만을 분석의 대상으로 삼게 되므로, 이에 대해 거리를 둘 필요가 있다.

조선의 현실 속에 여성들의 위치와 그녀들을 대우하는 방식은 다양했다. 그녀들에 대한 대우는 친가의 위세에 따라 좌우되기도 했고, 혼인 상태 및 아들 출산 여부에 따라서도 달랐다. 그리고 그 위치들 사이에 위계가 작동했다. 부계질서가 강조된다는 것은 남성 사이의 관계가 중심이 되고, 여성은 그 관계의 계승 등에서 부차적인 존재로 밀린다는 의미이다. 하지만 부계질서를 유지하기 위해서는 모든 여성을 배제할 수는 없었다. 유교적 지배질서를 강화하는 데 협조하거나, 또는 순응한 경우 그 여성에 대해 보호와 존중이 이루어졌다. 조선시대에 모든 여성을 똑같이 억압하거나 보호하는 일은 일어나지 않았다. 조선시대에 여성이 보호를 받을 수 있는 기본 조건은 누군가의 부인이 되는 것이었다.[48]

'부인'이라는 지위로 그녀들을 일반화하여 논의하는 것은 '안방'이라는 공간에 있는 존재로 조선의 여성을 설정하는 것과 연계되어 있다.

신분적 구분이 있었으며, 처의 지위는 보장받았다는 설명 뒤에, "이씨 조선 여성들의 정치적·사회적 지위는 물론 전혀 보잘것없는 상태였으나, 가정 내의 지위는 요즘 흔히 생각하고 있듯이 그렇게 열악한 상태는 아니었다는 것이다"(하현강, 「조선시대」, 이화여자대학교 한국여성사편찬위원회, 『한국여성사』, 1972, 이화여자대학교 출판부, 461쪽)라는 설명을 덧붙인 것을 볼 수 있는데, 이때의 여성은 '첩'을 포함하지 않은 것이다.

48 이와 달리 혼인을 하지 않은 여성의 경우, 사회를 위험에 빠뜨릴 수 있는 존재, 그러므로 구제되어야 할 존재로 여겨졌다. 정숙한 여성과 음란한 여성, 혼인한 여성과 독신여성, 정실부인과 첩, 수절한 과부와 재가한 여성, 아들을 낳은 경우와 그렇지 않은 경우 등과 같은 다양한 위계가 만들어졌다. 이에 대해서는 정지영, 「조선시대 변두리 여성들: 과부, 재혼녀, 첩, 독신녀」, 『젠더, 경험, 역사』, 서강대학교 출판부, 2004 참조.

조선시대에 여성과 남성의 영역을 안팎으로 나누는 것을 통해 여성의 영역을 규방으로 제한한 것은 사실이다. 그러므로 '집안'에서 여성들에게 부여된 권한, 여성들에게 부과된 규범들, 그들의 일상생활이 어떤 것인지 등에 주된 관심을 둔 연구들이 진행되었다.[49] 조선시대에 집안, 가족 안에 여성이 배치된 점을 고려할 때 이는 의미가 있다.

그런데 그 규방이라는 것은 양반에게 주어질 수 있는 공간이다. 규방이라는 경계 안의 여성을 다룰 경우, 그 자체가 양반의 딸이나 부인을 연구의 대상으로 삼는 것이 된다. 그 동안의 연구에서 여성의 지위를 가늠하는 주제로 주로 재산의 상속 및 제사의 권한, 족보 기재 등이 논의되었던 것도 이러한 점에서 비판적으로 돌아볼 필요가 있다. 이러한 관행의 변화가 의미를 지닌다는 점에 대해 부정할 수는 없지만, 그것은 양반 여성에게 해당된다는 점, 그러므로 여성 일반의 지위를 보여주는 문제가 아니라는 점에 민감해져야 한다. 여성이 어떤 위치에 있을 때 어떤 방식으로 배제되고 보호받았는가의 문제로 지위의 변화와 의미를 구체적으로 논의해야 한다.

이렇듯 가족 및 친족관계의 문제를 중심으로 여성사를 이해할 경우, 자칫하면 가족 관계가 여성의 모든 것인 것처럼 다루게 될 소지가 있다. 이에 대한 지식은 근대사회 속에서 확대 재생산되어, 조선시대에 여성의 바깥출입이나 다양한 정치적 행위 등에 대한 상상을 제한하였다. 이러한 제한된 상상은 조선시대 여성의 자리를 가족 안으로 고정시켜서 논의하게 만든다. 이러한 논의 구조에 갇히게 되면, 조선시대의 여성을 논의할 때 지배적 담론 체계를 벗어날 가능성은 차단된다. 조선시대 여성을

49 이순구, 「조선후기 양반가 여성의 일상생활 일례: 『丙子日記』를 중심으로」, 『朝鮮時代의 社會와 思想』, 집문당, 1998.

협소한 조선시대의 규범적 담론 안에서 바라보게 되는 것이다. 가족의 경계를 떠나서 조선시대의 여성을 논의하기 어려운 것은 사실이다. 하지만 이 경우에 규범적 가족의 틀에 균열을 내는 여성들의 움직임에 대해 놓치고 있는 것은 아닌지 고민해 볼 필요가 있다.

여성의 지위와 관련하여 유교라는 지배 담론의 영향력을 어떻게 볼 것인지에 대해서도 짚을 필요가 있다. 조선시대 유교를 중심으로 여성의 지위를 논의하다 보면, 그것이 여성들을 어떻게 다루었는지를 분석하게 된다. 이는 유교라는 이념 또는 유교 사상을 표방하는 국가 및 지배적 지위의 남성을 주체로 하고, 여성을 객체로 두는 것이다. 이러한 구도에서 조선시대 여성은 남성 주체에 의해 보호를 받기도 하고 억압을 당하기도 하는 존재일 뿐이다. 결국 유교 이데올로기에 기반을 둔 사회질서의 변화 속에서 여성은 사회 변화의 영향을 받아 지위가 저하되거나 억압받거나 보호받는 대상으로 이야기되는 것이다.

그런데 앞에서 보았듯이 기존의 연구에서 조선전기의 여성들은 남성과 거의 동등한 상속분을 가졌으며, 재혼도 자유롭게 하였고, 가족 안에서도 강한 발언권을 가지고 있었다고 밝혔다. 만일 그렇다면 그러한 여성들이 조선후기에 왜 그토록 무기력하게 남성들의 질서 속으로 숨어들었는지 의문이다. 활발하고 적극적인 조선전기의 여성들이 조선중기 이후가 되면 왜 무기력하게 자신의 권한 또는 지분을 문중과 같은 남성 중심의 관계망 속에 넘겨줄 수밖에 없었을까. 조선후기에 주자학적 질서가 확산되었다고 하더라도 여성이 단지 그 추세에 떠밀려 자신의 몫을 빼앗기기만 한 것이 아니라, 나름대로 이전과 다른 방식으로 그들의 영역을 확보했을 수도 있다.[50] 만일 조선시대에 여성의 권한을 보장한

50 이러한 고민 속에서 조선후기 여성의 '呈訴'에 주목한 연구가 진행되기도 했다. Jisoo

측면이 있다면, 그것은 유학자인 남성들이 아량이 있어서, 또는 유교 자체가 포용의 철학이기 때문에 그러했던 것이 아니라 여성들의 입지를 보장하지 않을 경우 가부장제 체제를 효과적으로 유지시키고 안정화시킬 수 없었기 때문이다. 또는 질서에 포섭되지 않는 여성들의 은근하고 내밀한 '비틀기'가 효과를 낸 것일 수도 있다. 조선시대 여성의 지위는 억압 또는 보호라는 이분법적 결론이 아니라, 그들이 어떻게 생애 전략을 구사하고 살아남았는가의 문제를 통해 새로운 각도로 조명되어야 한다.

한편 생애 전략에 초점을 맞춘 흥미로운 연구가 진행되어 눈길을 끈다. 이이효재는 조선시대 여성의 지위와 관련하여 '조선후기에 왜 가부장제가 강화되었는가'라는 질문을 던지면서, 그 구조적 요인을 하층신분의 여성이 신분상승을 위해 양반 문화를 적극적으로 따른 점에서 찾았다.[51] 이 연구는 가부장제 문화가 상층신분뿐 아니라 하층신분에게 확산되었다고 전제한 뒤에 하층 여성들이 정절을 지키는 등 가부장제 문화를 수용하고 스스로 실천하였으며, 이러한 실천이 가부장제의 확산에 중요한 기여를 했다고 보았다. 이 연구 이전에 조선시대 여성사 연구에서는 대개 가부장제와 여성을 대립적인 것으로 설명하였던 것과 달리 그 둘의 연관 관계를 드러낸 것이었다. 이 책에서 저자는 신분상승을 위해 여성 스스로 가부장제를 내면화한 경우가 있다고 지적했다.[52] 그는 "이에 천민층 여성들 사이에서도 열녀와 효부의 미덕이 생명보다 중요한 가치를 이룬 것이다. 이로써 가부장제는 우리 가족사에서 뿌리 깊은 전통으로 자리 잡게 되었다"[53]고 주장하였다. 그는 가부장제가

Kim, *Voices Heard: Women's Right to Petition in Late Choson Korea*, Columbia University, 2010.

51 이이효재, 『조선조 사회와 가족: 신분상승과 가부장제문화』, 한울아카데미, 2003.

52 위의 책, 22쪽.

전통이 된 과정을 비판적으로 이해하고자 한 것이다. 그런데 그 과정에서 가부장제를 '뿌리 깊은 전통'으로 단정적으로 이야기하였다. 이렇게 단정하는 것은 의도치 않게 가부장제의 '외부'를 볼 수 있는 가능성을 차단할 수 있으므로 유의해야 한다.

그의 주장대로 조선후기 가부장제의 강화에 하층 여성들이 공모한 측면이 있다는 것은 어느 정도 사실일 것이다. 여성의 협조가 전혀 없다면, 그것이 지배적 원리로 자리 잡기 어려웠을 것이다. 조선시대에 국가에서는 주자학적 규범을 사회 전반에 확산시키고자 했고 또 그것이 어느 정도 효과를 거두었을 수 있다. 하층 여성들도 그러한 사회적 변화로부터 완전히 자유로울 수는 없었다.

하지만 과연 하층 여성이 가부장제를 스스로 내면화했는지에 대해서는 많은 논의가 필요하다. 일단 내면화 여부를 판단하는 기준이 무엇인지 애매하다. 그녀들이 만일 가부장제의 확산에 기여했다면 그들이 그렇게 해야 했던 사회적·문화적 맥락과 가부장제의 구조에 대한 분석이 정교하게 이루어질 필요가 있다. 그 이전에 지배 담론과 실제의 간극에 대해서 고민해야 한다. 그녀들이 열녀가 되었다는 것은 누구의 지식인가. 정절을 지켜서 포상 받은 여인들에 대한 기록이 아닌, 의미를 부여받지 못한 주변적 여성들의 삭제된 모습에 눈길을 돌릴 필요가 있다.

이 책에서 다루는 호적대장 속에는 하층 여성들의 정제되지 않은 모습이 담겨 있다. 여성들은 유교라는 지배 이념의 틀과 자신들의 조건 사이에서 줄다리기를 했다. 이를 읽기 위해서는 조선후기 사회의 유교적 지배담론, 가부장제라는 것을 '뿌리 깊은 것'으로 보는 전제를 유보하고 '구축 중'인 상태에 있는, 불안정한 것으로 볼 필요가 있다. 호적대장에

53 위의 책, 12쪽.

담긴 여성들의 중층적인 모습에서 그 과정의 역동을 읽을 수 있다. 이는 곧 역사 속에 뚜렷한 족적을 남기지 않은 지방적이고 '주변적'인 존재의 움직임에 조명을 비추어 보는 것이다. 그 속에서 '가'(家)의 울타리, 성별 또는 다양한 방식으로 설정된 경계를 넘나든 여성을 만나게 될 수도 있다.

3. 연구의 방법과 내용

1) 자료 소개

조선시대에 작성된 호적대장은 전국의 호구를 행정구역별로 조사한 내용을 담은 행정문서이다.[54] 호적대장 속에 담겨 있는 정보는 조선 국가에서 현(縣)·면(面)·리(里)·통(統)·호(戶)의 단위 속에 주민들을 배치한 내용을 보여준다. 하나의 호에 기록된 내용을 보면, 호의 첫머리에 기재된 호주와 호 구성원들의 신분, 직역, 이름, 나이, 거주, 혼인, 이동, 사망, 호에 소속된 예속인 등 다채로운 정보가 담겨 있다. 얼핏 보면 호적대장 속에는 조선시대 사람들의 삶을 짐작할 수 있는 '이야기'는 없고 좀처럼 연결되지 않는 단편적인 정보들만이 나열되어 있는 것처럼 보인다. 하지만 일면 단편적으로 보이는 자료 속에는 조선시대 한 향촌마을에 살았던 사람들의 가족 관계 및 거주 상태, 혼인관계, 이주의 흔적, 국가가 그들을 파악하고 기재한 방식, 또 기재 대상인 사람들의 대응 등 다양한 정보들이 숨어 있다. 호적대장은 누가 어떤

54 호적자료에 대한 기초적인 소개와 정보는 한영국, 「朝鮮王朝 戶籍의 基礎的 硏究」, 『韓國史學』 6, 1985에 잘 소개되어 있다.

문제에 관심을 기울이고 어떤 눈으로 비추어 들여다보는가에 따라 그 색깔을 달리하며 다양한 빛을 발하는 자료의 보고라고 할 수 있다.

이 책에서 분석할 『경상도단성현호적대장』(慶尙道丹城縣戶籍大帳)[55](사진)은 조선후기에 만들어진 호적대장으로는 보존 상태가 좋은 편이다. 그 가운데 1678, 1717, 1759, 1789년의 대장을 집중적으로 분석할 것이다.[56] 그 4개 식년의 호적을 선택한 것은 그것이 현재 남아

55 『경상도단성현호적대장』은 시도유형문화재 제139호로 1976년 4월 15일에 "단성현호적장부"(丹城縣戶籍帳簿)라는 명칭으로 지정되었으며, 원본은 경상남도 산청군 단성면 강누리 단성향교에 소장되어 있다(사진의 출처는 문화재청 인터넷 사이트 http://www.cha.go.kr/의 '문화유산정보서비스' <시도유형문화재 제139호 단성현호적장부(丹城縣戶籍帳簿)>).

56 그 4개 식년의 호적대장의 정확한 제목 및 연도를 열거하면 다음과 같다. 『慶尙道丹城縣戊午式年戶籍大帳』(숙종 4년: 1678), 『慶尙道丹城縣丁酉式年戶籍大帳』(숙종 43년: 1717), 『慶尙道丹城縣己卯式年戶籍大帳』(영조 35년: 1759), 『慶尙道丹城縣己酉式年

있는 『단성호적』[57] 가운데 상태가 양호한 편이기 때문이기도 하고, 대략 30~40년 간격으로 시기를 나누어 세대별 변화를 추적하기에 적절하기 때문이다.

조선시대의 단성현은 현재의 경상남도 산청군 지역에 해당된다. 지리산 근처에 자리하여 토지가 비옥하고 경제적으로 풍족한 지역이라고 할 수 있다. 조선시대 단성현은 사족들이 거주하며, 관아가 있고 여러 신분이 모여서 사는 향촌의 모습을 보여준다.[58] 단성현(丹城縣)은 8개의 면(面)으로 구성되어 있다. 그 면의 이름을 나열하면 다음과 같다. 원당면(元堂面), 현내면(縣內面), 북동면(北洞面: 1678년은 北面北洞), 오동면(梧洞面: 1678년은 東面梧洞), 도산면(都山面: 1678년은 東面都山), 생비량면(生比良面: 1678년은 東面生比良), 신등면(新燈面: 1678년은 北面新燈), 법물야면(法勿也面: 1678년은 北面法勿也)이 그것이다. 각각의 면은 다시 리로 나뉘고 리는 통으로 통은 호로 나뉘어 기재되어 있다. 개별 호를 묶어 통을 만들고, 통을 묶어 리를 만들고, 리를 묶어 면을 만들고, 면을 묶어 현을 만든 것이다. 각 면의 호수는 200~300여 호에 달한다. 1678년의 예를 들면, 원당면의 경우 292호가 들어 있고, 그 해 전체 단성현의 총 호수는 2,188호이다.[59]

戶籍大帳』(정조 13년: 1789).

57 이 글에서 『경상도단성현호적대장』을 『단성호적』이라고 줄여서 표시한다. 『단성호적』의 기록을 인용할 때, 그 출처 표기 방식은 다음과 같다. 『단성호적』 상권의 100쪽 상단(하단)의 1678년 도산면 제1리 1통 1호의 기록일 경우, 『단성(상)』, 100a(b), 1678, 도산, 01-01-01이라고 표시한다. 단, 본문 등에서 연도, 면, 리, 통, 호 등에 대한 서술이 있을 경우 생략할 수 있다. 또 호적대장을 인용할 때 '이름'을 밑줄로 표시할 것이다.

58 조선시대 단성현의 지역적 특성과 사족의 구성 등에 대해서는 김준형, 앞의 논문, 2000 참조.

59 『단성호적』에 수록된 식년의 목차 및 기재에 대한 자세한 내용은 한영국의 해제(한영국, 『경상도단성현호적대장(하)』, 한국정신문화연구원, 1980)를 참고. 각 식년의 말미에는

[표 1]은 『단성호적』의 호수와 구수를 대비해놓은 것이다.

[표 1] 『단성호적』의 호와 구

연도	호(戶)	구(口)
1678	2,188	11,927
1717	2,564	17,181
1759	2,764	15,953
1789	2,683	14,309

위의 표를 보면, 같은 단성현의 호적대장인데 각 연도별로 파악된 인구의 수가 다르다. 특히 1678년과 1717년 사이에 그 수에 큰 차이를 보인다. 그것이 실제로 단성현의 인구가 늘어났기 때문만은 아닐 것이다. 아마도 1678년에 비하여 1717년에 호적을 더욱 철저하게 기재하였기 때문으로 생각된다. 1759년과 1789년은 점차 파악된 인구수가 줄어들었다. 특히 1789년의 호적대장을 보면, 1759년보다 더 줄어든 것을 볼 수 있다. 1789년 호적대장의 경우 이와 같이 파악된 인구의 수가 적을 뿐 아니라 전반적인 기록에서 앞의 식년과 비교해볼 때 호(戶)의 변화에 대한 자세한 기록을 담고 있지 못하다.

이러한 상황은 그 직역 호칭의 다양성에서도 읽을 수 있는데, 호주의 신분과 역할 등을 표현한 직역(職役)의 종류가 1678년과 1759년에 대략

일종의 통계와 같은 정보들을 정리해놓았다. 사암(寺庵)이라고 하여 단성현에 있는 율곡사(栗谷寺) 등의 절에 속한 승려의 명단이 따로 기록되어 있으며 그 뒤에 절호질(絶戶秩), 도합(都合) 등이 붙어 있다.

600종류 정도인데, 1717년에는 900여 개 정도로 가장 많고, 1789년에는 350여 개 정도로 적다. 또 호 구성원의 호칭 역시 1678년에 70여 개, 1759년에 100여 개 정도인데, 1717년에 140개 정도로 가장 많고, 1789년에 60개 정도로 가장 적다. 물론 여기서 제시한 개수는 유사한 것들을 하나로 묶지 않고 조금이라도 표기가 다르거나, 다른 설명이 곁들여진 경우 등을 각각 계산한 것이므로 그것을 유형에 따라 분류하여 모으면 그 수치는 줄어든다.

여기서, 직역의 종류나 호 구성원의 호칭 기재의 수가 보여주는 양상이 비슷하다는 것에서 하나의 시사점을 얻을 수 있다. 기재가 자세하고 호칭의 개수가 많다는 것은 그만큼 세밀하게 조사하고 구체적으로 호적을 기재했음을 의미하는 것으로 생각된다. 그렇다면 1717년의 호적 기재는 상세하고 1789년에는 소략한 것이라고 볼 수 있다.

호적이 작성된 시기에 따라 호적 기재 내용의 정확도와 그 기재의 면밀함이 달라진 것을 이해하는 것은 그 기재 내용을 분석하기 위해 매우 중요하다. 예를 들어, 도망노비에 대한 기재를 보아도 1678년에 1,109명이 파악되고, 1717년에 969명, 1759년에 1,232명이 파악되었는데 1789년에는 425명만이 기재되어 있다. 이러한 수치를 이해하기 위해서 먼저 1789년에는 도망노비 자체가 줄었을 가능성을 생각해볼 수 있다. 단순하게 1789년의 호적 기재가 허술했기 때문이라고 단정할 수는 없는 것이다. 하지만, 이 수치의 의미를 해석하기 위해, 1789년의 호적 기재가 앞선 시기에 비해 여러모로 소략한 경향이 있다는 점을 감안할 필요가 있다. 이 책에서 제시한 여성호주 등에 대한 1789년의 수치를 이해할 때도 마찬가지이다. 하지만, 그렇다고 해서 1789년의 기재를 단순한 '오기'로만 볼 수는 없다. 이와 관련해서는 호적대장이라는 자료가 특정한 시대적 상황 속에 구성된 것임에 유념할 필요가 있다. 1789년에 호적의 기재가 느슨해졌다면, 그것은 그 시기의 사회 및 정치적 상황과 국가의 행정 등에서 나타난 변화를 반영한 것이라고 볼 수 있다. 결국 현실에서 실제로 일어난 변화와 기재 방식의 변화, 호적이라는 자료가 만들어진 맥락 등이 복합적으로 고려될 때 그러한 수치의 의미에 다가설 수 있다.

호적대장의 기록은 당시 사람들의 거주 상태가 그대로 반영된 것이라기보다는 국가의 호구 파악 정책과 행정력 및 향촌사회의 복잡한 현실 등이 개입되어 구성된 하나의 창안물이라고 할 수 있다. 또 그 결과로 만들어진 호적대장은 당대의 복잡한 현실 역학관계를 고스란히 담고 있는 자료이다. 그러므로 호적에 기재된 내용이 그 자체로 당시의 사정을 사진 찍듯이 그대로 보여준다고 할 수는 없지만, 호적대장이라는 자료가 구성된 과정을 이해하면서 그 안에 기재된 내용을 보면, 호적 안에 당시에 살았던 사람들의 삶의 흔적이 담겨 있음을 알게 된다. 모든 기록이 그렇듯이, 현실을 그대로 담을 수는 없지만 나름의 원칙과 지침을 통해 파악하고 기록하는 과정에서 걸러지지 않은 '현실'의 일단이 반영되는 것이다.

호적의 기록 속에는 다른 자료들에서는 볼 수 없었던 정보들이 담겨 있다. 조선시대의 자료는 대부분 문자를 남길 수 있는 양반의 이야기를 담고 있다. 그런데 호적대장에는 양반뿐 아니라 양인과 천인도 주인공으로 등장한다. 또 남성뿐 아니라 여성도 함께 들어 있다. 다시 말해서 호적은 원칙적으로 당시에 살았던 대다수의 사람들을 기재한 자료이다.[60] 현실에서 그러하듯, 호적대장에서도 여성이 전체 인구의 50%

60 호적에는 누락된 사람도 있으므로 모든 주민이 들어 있다고 볼 수 없다. 이는 전근대 사회에서 인구를 파악하여 기록하는 일이 근대사회의 그것만큼 치밀할 수 없다는 점을

이상을 점하고 있다. 조선시대의 여성에 대한 상세한 기록을 찾는 것은 쉽지 않은 일이고, 여성에 대한 기록이 있다고 해도 남성을 중심에 두거나 남성의 시선으로 본 여성에 대한 서술인 경우가 많다. 하지만, 호적대장의 경우 국가의 호구 조사 자료라는 특징 때문에, 남성뿐 아니라 여성에 대해서도 상당히 자세하게 기록되어 있다. 그러므로 그것을 어떻게 분석하는가에 따라 지금까지 다른 문헌 자료에서 볼 수 없었던 새로운 사실들을 찾아낼 수 있다.

그렇다면 호적대장의 기재를 어떻게 이해해야 할까. 이를 논의하기 위해서는 먼저 호적대장에 기재된 '호'가 어떤 방식으로 조사되고 기재되었는지 고민해볼 필요가 있다.[61] 호적대장의 호의 성격에 대한 논의는 크게 '편제호'[62]로 보는 입장과 '자연호'[63]라고 보는 입장으로 대비된다.

생각하면 당연한 일일 수 있다. 호적에서 누락된 사례에 대한 자세한 검토는 은기수, 앞의 논문, 1998 및 鄭震英, 「18세기 호적대장 '戶口' 기록의 검토: '族譜'·'同案'類와의 비교」, 『李樹健敎授停年紀念 韓國中世史論叢』, 2000 등을 참고할 수 있다. 그런데 이러한 연구가 호적대장의 누락에 대한 적절한 정보를 제공하는지는 의문이다. 특히 '족보'에 기재된 내용과 비교한 대목을 보면, 거주 상황을 기반으로 한 호적과 족원의 계보를 기록한 족보의 차이를 고려하지 않고 분석한 것으로 호적대장의 누락을 검증하기엔 부족하다.

61 호적에 호를 기재하는 원칙과 실제에 대한 연구는 많은 연구자들의 관심을 끌어온 문제이다. 이와 관련하여 다음의 연구 성과가 대표적이다. 四方 博, 「李朝人口に關する一硏究」, 『朝鮮社會經濟史硏究(中)』, 1976[1937]; 渡邊業志, 「朝鮮に於ける戶籍制の變遷(1)~(9)」, 『戶籍』 4－6～9, 11～12, 1944～1945; 李光麟, 「號牌考」, 『庸齋白樂濬博士還甲記念 國學論叢』, 1955; 有井智德, 「李朝初期の戶籍法について」, 『朝鮮學報』 39·40, 1966; 李樹健, 「朝鮮初期 戶口硏究」, 『영남대학교 논문집(인문과학편)』 5, 1971; 崔弘基, 앞의 책, 1975; 韓榮國, 앞의 논문, 1985; 한영국, 앞의 논문, 1989; 崔承熙, 「戶口單子·准戶口에 대하여」, 『奎章閣』 7, 서울대학교, 1983; 鄭德基, 「朝鮮後期 戶口制度 考察」, 『魯山劉元東博士華甲紀念論叢 韓國近代社會經濟史硏究』, 1985; 李榮薰, 「朝鮮後期 農民經營에서 主戶: 挾戶關係」, 『朝鮮後期社會經濟史』, 1988; 李榮薰, 「韓國經濟史 時代區分 試論: 戶의 歷史的 發展過程의 觀點에서」, 『韓國史의 時代區分에 關한 硏究』, 한국정신문화연구원, 1995.

자연호로 보는 입장에서는 호적의 호에 당시에 사람들이 '가구'(家口) 또는 '식구'를 구성하여 살았던 현실이 반영되었다고 보는 것이다. 이와 달리 호적대장이 호를 '편제'된 것으로 보는 측에서는 호적대장에 기록되어 있는 '호'가 특정한 방식으로 재구성된 것으로 보았다.

호적대장의 호가 "편제호-법제호"라고 보는 김건태 등은 호적대장에 호를 기재할 때 현실에 존재하는 3가를 묶어 1개의 호를 만든다는 주장을 폈다.[64] 이에 복수의 가족을 하나의 호로 묶으면서 대표적인 가족만을 부부와 미혼 자식으로 구성하여 기재하고 때에 따라서는 기타 가족의 구성원을 개별적으로 등재하는 형식을 띠고 있다고 주장하였다. 곧 이들은 국가에서 현실의 가호(家戶)를 파악한 뒤 그것을 바탕으로 수취의 편의를 위해 호적대장에 인위적으로 호를 만들어서 기록했다고

---

62 이는 국가가 파악한 戶口가 전체 호의 일부분에 지나지 않는다는 사실에 주목한 것이다. 이와 관련하여 이수건은 조선초기의 戶首에 대해 "각종 力役과 貢物 등의 부과단위로서 실제 호구수를 참작한, 위로부터 각도 각 官別로 배정되어 定額된 戶數"라고 이해했다(李樹健, 앞의 논문, 1971). 하지만, 이는 조선전기에 수취를 위해 각 지방에 정액으로 할당된 호수가 있다는 점을 논의한 것일 뿐, 조선후기의 호적대장에 기재된 '호'가 정책적으로 배정된 상태로 기재된 것임을 말한 것은 아니다.

63 조선시대 호적에 관한 최초의 연구자인 四方 博을 비롯하여, 韓英國 등 주요 호적 연구자들이 이러한 입장을 가졌다(四方 博, 앞의 논문, 1976[1937], 19~20쪽; 韓榮國, 앞의 해제, 1980, 873쪽). 이러한 시각은 호적대장을 신분 판별과 역 부과의 기본 대장이라고 본다. 호적대장을 통해 신분변화를 규명하려고 시도한 대부분의 연구들은 호적의 호를 자연호로 보고 연구를 진행한 셈이 된다.

64 이러한 논의는 2000년대부터 『단성호적』의 전산화 작업을 바탕으로 단성호적의 호구 실태와 현황에 대한 연구를 진행한 성균관대학교 단성호적 연구팀에서 주도하였다. 이러한 주장은 처음 <제43회 성균관대학교 동양학 학술회의 발표요지문>(2000)에서 제기된 후 호적대장연구팀, 『단성 호적대장 연구』, 성균관대학교 대동문화연구원, 2003으로 묶여서 출판되었다. 이들의 설명은 매우 복잡하므로, 필자는 그 주장을 제대로 이해하기도 어렵다. 김건태 등의 주장은 호적대장에 기재된 호에 누락이 있다는 것을 지나치게 의식한 결과라고 생각된다.

본 것이다.[65] 이들의 호적대장에 대한 기본적인 관점은 조선시대의 호적대장이 수취를 위한 자료라는 것, 호적대장에 기재된 호가 당시에 존재한 호 전체를 담고 있지 않다는 것이었다. 그리고 그것은 조선왕조의 호구 파악 능력이 결여되었기 때문이 아니라 모든 호를 파악했지만 그 가운데 특정한 방식으로 재조직된 호만을 호적대장에 기록한 결과라는 것이다. 이러한 주장을 받아들인다면, 호적대장에 다양한 방식으로 존재하는 호는 모두 국가가 인위적인 편제 과정을 거쳐 특정한 방식으로 재구성한 결과를 보여주는 것이 된다.[66]

호적대장의 기록을 세밀하게 읽어보면, 이들의 주장이 호적대장에 기재되어 있는 호를 설명하는 것과 거리가 멀다는 것을 쉽게 알 수 있다. 기본적으로 호적대장 속에 기록된 호는 어떤 의미에서는 그 자체가 편제호이다. 현실에 다양한 형태로 존재하는 가호를 파악하여 국가가

65 논의를 명확히 하기 위해 김건태 등이 주장한 편제호를 '인위적 편제호'로 명명할 필요가 있다. 한편, 이러한 주장을 편 김건태 등은 단성호적의 호는 '편제호'이므로, 조선후기 가호의 실태를 보여주는 것이 아니라고 보았다. 하지만 호적대장의 기재 내용을 자세히 들여다 본 사람이라면, 누구라도 그러한 주장에 납득하기 어렵다. 이 책의 2부 1장에서 다룬 '호주'가 바뀌게 된 사정에 대한 자세하고 구체적인 기재 내용만 보아도 호적에 기재된 호가 그러한 재편성의 결과라고 보기 어렵다.

66 이러한 논의에 기반 하여 김경란은 「朝鮮後期『丹城縣戶籍大帳』의 女性把握實態研究」(고려대학교 박사학위논문, 2003)에서 여성주호에 대한 연구를 진행하였는데, 그 내용은 호적대장에 기재된 과부나 여성호주의 분석을 통해 사회 문화적 의미를 찾기 어렵다는 것을 증명하기 위한 것이었다. 그 논의의 핵심은 기재 사항의 변화는 단지 '호구정책'에 따른 것이라는 데 있으므로, 필자의 여성호주에 대한 연구가 성립될 수 없다는 데 있었다. 호적의 여성 기재는 배우자의 군역 초정을 위한 것이고, 과부와 과녀는 구휼을 위한 것이며, 천인여성은 호구정책에 따라 기재가 바뀐 것이므로 사회의 실태를 반영하지 못한다는 것이 그의 주장이다. 그런데, 필자가 여성호주의 수치 변화 등을 통해 논의를 펼칠 때, '호구정책' 등의 문제를 배제한 것이 아니다. 오히려 정책의 변화와 그것이 호적 기재의 변화에 반영되는 방식 등을 복합적으로 연계하여 성별 위계의 설정 과정을 분석한 것이므로, 그의 비판은 의미를 지니지 못한다.

정한 일정한 호적 작성 지침에 맞게 호를 기재하는 것 자체가 '호의 편제'인 것이다. 하지만 국가에서는 그 편제 과정에서 최대한 가구의 현실을 담아내는 방향으로 기재하고자 하였다. 물론 당시의 모든 개별 가호가 호적에 있는 그대로 기재되었다고 보기는 어렵다. 그렇다고 해서 호의 구성원 자체가 현실과 다르게 조작되어 만들어진 것도 아니다. 가호를 파악할 때, 국가에서 정한 틀, '호구식'에 따라 호 구성원을 배치하여 기재하고, 그것을 면·리·통·호의 순서로 정렬한 것은 '편제'이지만, 호의 구성원을 낱낱이 파악한 뒤 다시 몇 개의 호를 합치거나 나누어서 새로운 호를 구성한다는 의미의 호에 대한 '인위적 편제'는 이루어진 바가 없는 것이다.67

호적대장의 호는 실제의 거주상태와 행정적 파악 및 기재 사이의 긴장이 반영된 복합적 역사적 자료라고 보아야 한다. 실제 거주와 문서의 기재, 그 사이에서 밀고 당긴 결과가 호적대장의 호로 남게 된 것이다. 이러한 점을 염두에 두고, 이 글에서는 호적대장에 기재된 호가 실제로 거주와 생계를 함께 하는 사람들의 거주단위와 다를 수 있다는 점을 고려하여 '호'와 '가호'를 구분해서 사용할 것이다. '호'는 호적대장에 기재된 단위 그 자체를 지칭한다. 이 글에서 '가호'는 호적대장의 '호'에 기재된 것과 일치할 수도 있지만, 일치하지 않을 수도 있는 당시 사람들

67 한편, 조선후기에 작성된 호적대장의 호를 '編制戶'라고 보는 본격적인 연구는 처음에 이영훈의 문제 제기로부터 시작하였다. 이영훈은, "조선국가의 호구파악은 있는 그대로의 自然戶를 대상으로 함이 아니라, 그 과정에서 자연스레 위와 같은 編制的 형태를 결과하고 있었다. 이는 조선초기부터의 원칙적 현상이었는데…"(李榮薰, 앞의 논문, 1988, 272쪽)라고 하여 호구파악의 원칙이 '편제적'인 것이었음을 주장하였다. 하지만 이후 이영훈은 김건태 등이 주장한 '인위적 편제호' 논의에 대해서는 명확하게 반대 입장을 표명하였다. 호적의 '호'에 대한 이러한 논의는 이영훈, 「조선시대의 주호-협호관계 재론」(『고문서연구』, Vol. 25, 2004)에 상세하게 담겨 있다.

이 묶여서 살았던 실제의 관계, 가구를 의미한다. 곧 '호'라는 단위로 기재되었을 것으로 간주되는, 하지만 '호'와는 달랐을 수 있는, 실제로 하나의 가옥에 함께 거주하며 한솥밥을 먹는 사람들의 단위를 표현하기 위해 잠정적으로 '가호'라는 표현을 쓸 것이다. 이러한 구분을 통해 호적대장의 호를 역사적 자료로 활용하면서도, 그것이 실제의 관계를 그대로 담은 것은 아닐 수 있음을 인식하면서 자료에 대한 일정한 '거리두기'를 하고자 한다.

호적대장에 기록된 호가 현실의 가호를 그대로 기록한 것은 아니지만, 그렇다고 해서 국가와 지방관에 의해 특정한 방식으로 인위적으로 만들어진 것도 아니라는 점은 분명하다.[68] 호적대장의 호는 고도로 상징화된 텍스트로 국가가 민을 파악하고 통제하기 위하여 그들을 특정한 질서에 맞게 배치한 과정이 담긴 역사적 기록물이다. 그것을 기록할 때 기재하는 규칙이 설정되었지만, 그러한 배치가 이루어졌다고 해서 인위적으로 호를 만든 것이라고 볼 수는 없다. 오히려, 있는 그대로 가호를 파악하는 것이 원칙으로 제시된 상황에서 균질적이지 않은 다양한 개입과 변형이 반영된 상태가 호적 대장에 담겨 있다고 보아야 한다. 호적대장이 호의 현실을 '그대로' 담고 있지 않지만, 현실을 그대로 기재하는 것이 국가의 기본 방침이었다는 것, 그리고 호적 작성 과정에서 실제로 많은 현실적인

68 이러한 점을 밝히는 과정에서 필자는 김건태 등의 주장을 비판하기 위해 "있는 그대로의 호를 기재하는 것이 원칙이었다"라는 표현을 쓴 바 있다(정지영, 「17,8세기 丹城戶籍에 기재된 戶의 성격」, 『경제사학』 32, 2002). 하지만 그것은 호적대장에 기록된 호가 당대에 존재한 가호를 사진을 찍은 듯이 그대로 옮겨놓았다는 것을 의미한 것이 아니었다. 호 기재의 기본 원칙이 실제의 거주를 기반으로 한다는 것일 뿐, 각각의 호에 당시 사람들의 실태가 그대로 반영되었다는 의미는 아니다. 다만, 호적대장의 호 구성원을 인위적인 규칙에 따라 재구성하여 만든 것은 아님을 분명히 하고자 한 것이다. 호 기재의 규정 및 기재 내용 등에 대해서는 이 책의 1부 1장에서 자세히 다룰 것이다.

변조가 이루어졌다는 것을 인정할 때 중층적 현실을 담은 호적대장의 사료적 가치가 더욱 빛을 발하게 될 것이다.

이렇듯 호적대장은 당시 사람들의 삶의 현실과 관에서 주도하여 문서로 만드는 과정에서 일어난 변형이 얽힌 자료이다. 그런데 여기서 중요한 것은 그러한 '변형' 또한 현실을 담고 있다는 것이다. 문제는 삶의 실제와 문서 사이의 간극을 우리가 어떻게 읽을 수 있는가 하는 점이다. 이는 호적대장뿐 아니라 모든 역사적 자료가 내포하고 있는 문제이다. 이 문제에 대해 연구자가 가질 수 있는 최선의 태도는 자료에 대한 '거리두기'일 수도 있다. 남겨진 자료는 누군가의 의도에 따라 '인위적으로 만들어진 것'이며, 그것이 있는 그대로의 현실을 우리에게 전달해주지 않는다는 것을 인식할 필요가 있다. 하지만, 그 만들어진 자료 속에 현실이 담겨 있다는 것 또한 사실이다. 어떤 특정한 형식 속에 문서화하였다는 것, 그리고 그 기재 내용 속에 실제 삶의 한 단면이 어떤 식으로든 반영되어 있다는 것 모두가 사실이다. 그러한 간극을 인식하는 것을 통해 역설적으로 그 자료들은 우리에게 당시의 실상을 말해줄 수 있다.

한편, 이러한 자료가 당시의 있는 그대로의 현실을 전달해주지 못한다고 해서, 그것을 미흡한 자료라고 취급할 수는 없다. 무엇인가를 제도적 규칙에 따라 기록하고 그것을 문서화하는 것은 현실을 담아내는 것이고 또 현실을 담는 그릇을 만들어내는 과정이기도 하다. 인구를 파악하고 기재하는 호적대장도 마찬가지다. 당시에 사람들이 실제로 살고 관계 맺는 방식이 호적대장의 기록 속에 반영되지만, 호적대장에 호를 기재하는 형식과 기재에 대한 규정은 '호'에 대한 지식을 만드는 일이며 그것은 사람들의 관계를 재조합하거나 새로운 질서를 만들어내기도 한다.

이 책에서 호적대장을 다룰 때, 그 속에 담긴 삶의 모습 자체를 읽을 뿐 아니라 호적대장을 기재하는 방식의 변화 속에 담긴 '질서'와 기록의

'구조', 그것이 구성해낸 관계의 틀을 읽는 것에 관심을 기울이고자 한다. 이에 당시의 국가가 인민의 상태를 파악해서 어떠한 구조 속에 묶어내고자 했는지, 그리고 그 구조가 어떠한 원리를 담은 것인지, 그러한 문서화 과정에서 새로운 원리들이 도입될 때 그것은 어떤 변화들을 가져오는지 등을 염두에 둘 것이다. 여기서 그 모든 것들이 구성되는 과정 속에 있었다는 것을 인식하는 것은 특히 중요하다. 호적대장에 기재된 사람들이 문서 속에 배치된 방식을 통해 부계질서와 성별질서 등 사회의 지배적 질서가 구성되는 과정을 구체적으로 논의할 수 있다. 이는 미시적 차원에서 사람들의 관계를 다루는 것이면서 거시적 차원의 국가 지배 체계가 만들어지고 관철되는 양상을 논의하는 것이기도 하다.

이러한 자료의 의미를 읽기 위해서는 근대의 용어와 법적 체계에 대한 기준 속에서 재단하지 말아야 한다. 근대적 제도에서 사용하는 '호주' 또는 '호주 상속·승계' 그리고 '가족', '인구' 등의 개념을 그대로 대입하여 조선시대 호적제도를 설명하는 것은 근대적 체계 속에 조선시대 호적대장의 기재 내용을 끼워 맞추는 작업이 될 수 있다. 근대적 용어는 근대적 제도 속에서 의미를 갖는 것이므로, 분석을 위해 근대적 용어를 사용하더라도 조선시대의 그것과는 그 내용과 의미가 전혀 다를 수 있음에 유념해야 한다. 호구를 파악한 범위와 그 정확도 등에 대해서도 근대의 기준으로 보면, 조선시대의 호적은 오류투성이로 보이게 된다. 조선시대 호적자료에 담긴 호가 현실을 그대로 담지 않았기 때문에 부실하다던가, 또는 조선시대에 전 인구를 파악한 뒤에 그것을 선별하여 '인위적으로 만든 호'를 편제하여 기입한 것이라고 보는 것 모두가 근대적 기준에서 조선시대의 자료적 가치를 평가하는 관점에서 나온 것이다. 조선시대와 근대 이후의 시대는—물론 조선사회와 마찬가지로 근대사회라는 것도 하나일 수 없지만— 그 물적 조건이 다르다는 것을 전제로 하면서, 각각의 시대적 조건 속에서 정교하고 체계적인 시스템을 마련해가는 중에 있었음을 인식하는 것은 과거의 시대를 읽는 기초이다. 이에 조선시대의 행정력과 언어 체계가 근대의 것과 다르다는 점에 유념하여 조선의 시대적 맥락 속에서 호적제도를 평가할 필요가 있다.

2) 통계와 사례

앞서서 호적대장에 대한 연구가 주로 호주의 직역(職役) 분석을 통한 신분 판별에 집중되어 이루어졌음을 지적한 바 있는데, 이는 호적에 대한 관심이 주로 신분 변화의 문제와 관련하여 일어났기 때문이기도 하지만, 호적대장에 기재된 내용 가운데 호주의 직역이 아닌 다른 가족구성원의 문제까지 다룰 경우, 그 자료의 양이 너무도 방대하기 때문이기도 했다. 이러한 어려움에도 불구하고 호주가 아닌 사람들에 대한 기록까지 활용하여 호적에 나오는 가족 구성, 혼인 관계, 주거 이동 등 다양한 사실을 밝힌 선구적인 연구들이 진행되기도 했다.[69] 또 특정 신분이나 가계를 추적하거나, 한 인물의 흔적을 추적해나가는 구체적인 사례 연구도 이루어졌다.[70]

그러한 연구들은 호적 연구에 대한 새로운 방법론과 관점을 제공하는 의미 있는 시도였다. 그러나 몇몇의 사례만으로 대세를 판단하기 어렵다

69 호적대장에 보이는 노비의 결혼, 고공의 실태, 협인·협호의 기재상황 등에 대해 연구한 韓榮國의 작업이 대표적이다. 관련 연구물에 대해서는 앞의 주 16 참조.

70 신분 변화 문제에 대해 다루면서도 호주의 직역에 대한 연구에서 벗어나 특정 가계를 추적해나가는 방식으로 진행한 시도가 이루어진 바 있으며 이는 호적대장 연구에 대한 매우 의미 있는 성과라고 생각된다. 대표적인 연구로 白承鍾, 「慶尙道 丹城縣 都山面 文太里의 私奴 興宗과 興龍 一家: 1678년부터 1789년까지」, 『震檀學報』 70, 1990 및 임학성, 앞의 논문, 2000 등이 있다.

는 점에서 한계를 지닌다. 때로는 호적의 어느 면(面)을 선택하는가,[71] 어떤 가문을 선택하는가에 따라 그 결론이 달라질 수도 있다. 또 적은 양의 자료를 갖고 분석하다 보면 큰 흐름에서 벗어난 사례들은 무시될 수도 있다. 예를 들면 처가(妻家)의 가족원과 함께 기재된 경우와 같이 그 사례가 많지 않은 경우, 한 개의 면을 분석 대상으로 하면 그와 같은 사례는 아예 나타나지 않을 수가 있다. 그렇게 되면 처가와 함께 사는 경우는 분석의 대상에서 제외된다. 결국 면이나 가문을 선택하여 연구할 경우, 예외적인 사례들의 세밀한 내용에 대해서는 놓칠 수 있다. 그러므로 전체적인 대세를 파악하고 그 대세에서 벗어난 작은 사례에까지 의미를 부여할 때, 호적대장을 좀 더 구체적으로 분석할 수 있다고 생각한다.

이 연구는 『단성호적』의 데이터베이스화 작업을 바탕으로 이루어진 것이다.[72] 『단성호적』가운데 1678, 1717, 1759, 1789년의 4개 식년의 호적대장을 골라, 그 안에 실린 모든 내용을 컴퓨터에 입력하였다.[73] 호적을 데이터베이스화 한 이유는 호주의 직역뿐 아니라 그 가족원에 대한 상세한 기록까지 분석하여, 호적을 좀 더 다양한 각도에서 연구할 수 있는 기반을 마련하기 위한 것이다.[74]

71 崔在錫의 경우를 보면, 그의 책 『韓國家族制度史硏究』, 일지사, 1983 가운데 제6장 「신분계급과 가족형태」에서 지역과 시기가 다른 호적을 갖고 각 신분층을 분석하였다. 결국, 그 결과가 신분에 따른 차이인지, 시기·지역의 차이인지 분명치 않아 보인다.

72 『단성호적』 전산화 작업에는 1995년부터 2000년까지 정두희 교수를 중심으로 하여 당시에 서강대학교 대학원에 다니던 하영휘·임성빈·이효종·이문현 그리고 필자 등이 참여하였다.

73 입력 프로그램은 기존의 데이터베이스를 발전시킨 마이크로소프트사의 엑세스(Access)를 활용하였다. 그래서 호주는 물론이고 가족구성원과 노비를 하나의 독립된 개체로 입력하였다.

74 이때 입력 항목은 호적대장에 기재되어 있는 내용을 충실히 반영하도록 설정하였다.

호적을 데이터베이스화하면 호적대장에 기재되어 있지만 잘 드러나지 않는 존재들을 놓치지 않고 분석할 수 있다. 그렇게 되면, 전체 호적에 기재된 내용을 상세히 유형화하여 통계를 내는 것이 가능하다. 뿐만 아니라, 호적에 입력되어 있는 자료 가운데 필요한 정보를 쉽게 불러내어 찾을 수 있다. 이 방법을 통하여 계량적 분석으로 대세를 파악할 수 있으며, 그 대세에서 벗어나서 예외적으로 나타나는 사례들을 들여다보기도 쉬워진다.

사실 호적을 전산화하지 않더라도 호적에 호주로 등장하는 여성들은 눈에 쉽게 들어온다. 그들이 호주로 되어 있는 호만을 추려서 여성호주에 대한 글을 쓸 수도 있다. 그러나 여성을 이해하려면 남성과의 관계를 알아야 한다. 또 호주를 이해하려면 호주 밑에 기재되어 있는 호 구성원의 내용을 파악해야 한다. 호적대장을 한 번이라도 본 사람이라면 짐작하겠지만, 호주가 아닌 호 구성원의 내용을 헤아리는 일은 간단하지 않다. 하지만 데이터베이스로 입력된 호적대장을 활용할 경우 비교적 쉽게 호의 구성원들의 상황을 파악할 수 있다. 이에 호의 구성 내용과 규모를 분석하여 수치화할 수 있으며, 호주로 기재된 사람이 다른 호 구성원과 어떤 관계로 맺어진 존재인지를 분석할 수도 있다. 물론 이것이 데이터베이스화 자체로 얻어지는 것은 아니며, 분석하고자 하는 문제에 따라서는 각각의 호의 상태를 하나하나 살펴서 2차, 3차의 추가적인 정보를 입력하

이름, 가족 안에서의 관계, 직역, 나이, 생년(서기로 환산), 본적, 父·祖·曾·外祖, 前거주지, 현재 거주지, 실제 거주 여부(함께 살지 않는 경우에는 나이가 기재되어 있지 않음), 생존 여부, 구의 추가 여부(加現로 표시된 경우는 새로 기재된 사람임), 호의 추가 여부(加戶, 新戶, 别戶)인가, 그리고 노비인 경우 그 주인의 직역, 거주지, 이름 등 호적에 기재된 모든 사항을 빠뜨리지 않았다. 그리고 비고란을 만들어 그 호의 특징에 대한 참고사항을 기재하였다.

는 작업을 거쳐야 할 때가 많다. 특히 이 글에서 가호의 구성을 분석할 때, 그리고 재혼한 남녀의 관계를 분석할 때는 호의 기재 내용을 샅샅이 들여다보며 개별 가호의 구성원의 관계에 이름을 붙이는 과정을 거쳐야 했다. 하지만, 때로는 간단한 명령어로 손쉽게 재미있는 통계를 내는 것이 가능하다. 어느 경우든 전산화된 자료가 아니라면 파악하기 어려운 내용을 효율적으로 정리하고 수치화하는 것이 가능한 것이다.

예를 들면, 과부가 된 뒤 스스로 호주로 기재되지 않고 아들의 호에 어머니로 기재된 여성이 얼마나 되는지 알아보려고 한다고 하자. 만일 호적대장에서 그러한 내용을 찾아서 그 수치를 알아내려면 전체 호를 모두 읽으며, 어머니의 존재 여부, 생존 여부를 확인해야 한다. 이때 솔모(率母)·시모(侍母)로 기재된 호주의 어머니는 눈에 쉽게 들어오지도 않는다. 하지만 데이터베이스를 활용하면 호주와의 관계가 '모'(母)라고 되어 있는 것만 한 번에 불러내어 어머니와 함께 사는 집이 어느 집인지를 쉽게 알 수 있다. 그리하여 그 호의 비율을 파악할 수 있을 뿐 아니라 다시 그것을 호주 또는 어머니의 나이, 신분, 다른 가족원의 상태 등 수많은 변수를 놓고 갈래를 나누어 분석할 수 있는 것이다.

3) 비가시적 존재의 흔적 찾기

이러한 사례들에서 다른 자료에서 찾아볼 수 없는 비가시적 존재들의 자취를 찾아볼 수 있다. 가족구성의 문제만 보더라도 계량적 통계를 내어 살펴보면, 17, 18세기에 단성지역의 사람들은 대체로 부부가족·직계가족을 이루고 살았다는 것을 알 수 있다. 그런데, 이러한 대세에서 벗어나 있는 예외적인 가족들에 관심을 기울이면 더욱 흥미로운 사실들을 만날 수 있다. 처가의 가족원, 결혼한 형제자매가 함께 사는 경우,

사위와 함께 사는 처부모 등의 사례들은 이례적이지만 조선후기 단성이라는 향촌에 살던 사람들의 다양한 상태를 보여준다. 이미 결혼한 형제자매가 모여 사는 경우뿐 아니라 과부가 된 여성이 친정오빠의 집에 의탁해서 사는 경우를 찾아보는 것도 재미있다. 그녀들은 어째서 과부가 된 뒤에 시가에 머물지 않고 오빠의 집으로 온 것인가. 조선후기 사회가 부계 중심적으로 재편되었다면 이미 결혼한 여성이 친정으로 돌아오는 일은 어떻게 설명될 수 있을까.

한편, 재혼을 한 여성들도 호적대장에 자취를 남겼다. 남성들이 재혼을 한 경우에 '후처'를 데리고 있는 것으로 표시되었을 뿐 아니라, 여성이 재혼하면서 데리고 온 자녀에 대한 기록도 남아 있다. 이러한 사례를 찾아서 재혼한 사람들이 맺은 관계를 들여다보면, 그 신분과 연령 차이를 통해 그들이 재혼을 할 때 어떤 전략을 구사했는지 알아볼 수가 있다. 수치만으로 설명할 수 없는 삶의 흔적들은 공식적 기록물에서 가시화된 것들로 구성된 '역사'에 포함될 수 없었던 이야기들을 말해준다. 호적대장을 샅샅이 들추는 것은 그 이야기 속에 담긴 의미를 찾기 위한 것이다.

그 이야기의 의미를 읽어내기 위해 조선시대의 사정을 알려주는 『조선왕조실록』과 각종 법전 자료 등 관찬 자료의 기록들, 양반의 일기와 저술 등을 활용할 것이다. 다만, 모든 역사 자료들이 그렇듯이, 조선시대의 여러 자료들은 당대의 실정을 전해준다는 점에서 매우 유용하지만 동시에 조선시대 지배 집단을 구성한 사람들의 '시선', 또는 작성자의 눈에 비친 모습을 보여줄 뿐이라는 점에서 그 자체가 '사실'을 있는 그대로 보여주는 것이라고 보기도 어렵다. 그러므로 자료들을 읽을 때 의미의 결을 거슬러 읽고, 그 논의가 이루어진 맥락에 대한 탐색을 통해 행간을 읽을 필요가 있다.

한편, 국가의 공식 기록이나 양반들이 저술한 문집들에서는 좀처럼 찾기 어려운 민간의 생생한 현실을 설화 속에서 찾아볼 것이다. 물론 설화에 담긴 이야기들은 그 사건이 일어난 정확한 날짜 또는 장소를 알 수 없는 경우가 많고, 그 작성자나 작성 시기를 알 수도 없는 경우가 많으며, 사람들의 입을 통해서 전해진 이야기를 기록한 것이기 때문에 그 사실의 진위 여부를 정확하게 판정하기 어려운 경우가 대부분이다. 설화가 만들어진 맥락도 다양해서, 일상적으로 흔히 일어나는 일들이 이야기로 남은 것일 수도 있고, 반대로 현실에서 드물게 일어나기에 흥밋거리로, 또는 감추어진 욕망을 드러내는 매개로 구성된 것일 수도 있다. 설화에 나오는 이야기를 액면 그대로 받아들일 수도 없으며, 사실을 전해주는 자료로 활용할 수도 없다. 그러한 사례들이 일반적이었다고 주장하기는 더욱 어렵다.

하지만 바로 이 투명하지 않고 양파 껍질처럼 여러 겹의 속살을 갖는 설화 속에 오랜 세월 동안 그 이야기를 공유하고 새롭게 살을 붙여 이야기를 만들어낸 당대 사람들의 상식과 사고방식이 스며들어 있는 것도 사실이다. 또 설화의 이야기가 구성되는 배경 설명과 이야기가 전개되는 과정에서 등장하는 여러 가지 장치들은 조선사회의 일상적인 무대를 자연스럽게 펼쳐 보여준다. 그러므로 설화는 조선시대 평범한 사람들의 생활 관행을 엿볼 수 있는 의미 있는 자료임에 틀림없다.[75]

호적대장에 기재된 인구의 반은 여성이며, 다른 역사 자료와 비교할 때 여성에 대한 기록이 상세한 편이지만, 여전히 여성은 남성만큼 자세히 기재되어 있지도 않으며, 대부분 그 이름조차 없다. 그러므로 호적에서

75 이러한 역사 자료의 활용과 해석의 방법론에 대해서는 조한욱, 『문화로 보면 역사가 달라진다』, 책세상, 2000 참조.

여성의 자취를 읽으려면 기존 연구의 굵은 망을 빠져나간 작은 사실들을 좀 더 섬세한 망으로 다시 걸러내는 방법이 필요하다.

4) 호적대장 분석을 위한 신분의 구분

이 연구에서 호적대장에 기재된 사람들을 분석할 때 그들의 다양한 차이에 주목할 것이다. 누가 호주로 기재되는가, 재혼의 조건이 무엇인가 등의 문제들을 다룰 때 그들의 성, 신분, 가족 관계의 위치, 연령 등의 기준에 따라 구분하여 논의할 것이다. 이때 성별이나 가족 관계, 연령 등은 호적에 명확하게 기재되어 있으므로 그것을 판별하는 것은 어려운 일이 아니다. 그런데 호적대장에 기재된 사람들의 신분을 판정하는 것은 쉽지 않다.[76] 신분을 분석하는 것은 이 글의 주된 목적이 아니지만, 여성과 남성의 관계가 사회적 처지에 따라 어떻게 다른 양상을 보이는가를 이해하기 위해 신분에 따른 구분을 피해갈 수는 없다. 신분을 어떤 기준에 따라 구분할 것인가의 문제는 그 자체가 중요한 연구 과제라고 할 수 있다. 그동안 호적에 대한 연구들에서 이를 해명하고자 했지만, 여전히 명확한 기준을 설정하기는 어려운 것이 사실이다.

이 글에서는 그 기준으로 호주의 직역과 그 배우자의 호칭,[77] 다른 가족 및 사조(四祖)의 직역을 고려하였다. 또한 1678년과 1759년 이후에

76 이러한 문제를 밀도 있게 다룬 대표적인 연구로는 崔承熙, 「朝鮮後期 幼學·學生의 身分史的 意味」, 『國史館論叢』 1, 1989; 이준구, 앞의 책, 1993; 林學成, 앞의 논문, 2000 등이 있다.

77 李俊九는 "부녀자의 호칭은 夫職에 준하는 것이 아니라 親家의 姓과 결합되어 親父의 신분 내지 庶孼從母의 원칙에 준하고 있음을 알 수 있다고 보았다(이준구, 앞의 책, 1993, 15~19쪽 및 235~241쪽 참조). 필자도 부녀자의 호칭은 친가의 신분에 따라 정해진 것이라고 보았다. 이 글의 5장에서 부부의 신분이 같은 경우와 다른 경우를 나누어서 살펴볼 것이다.

대해 다른 기준을 적용하기도 하였다.[78] 또한 같은 유학(幼學)이라고 하더라도, 그 조상 가운데 양인 신분으로 생각되는 사람이 있으면 양반으로 포함하지 않았다. 양반의 서얼(庶孼)은 양반에 포함하였다. 그 과정에서 '중인'(中人) 또는 '하층 양반' 등의 중간 신분을 설정하지 않았다. 조선시대 신분을 나누는 일은 많은 검증이 필요한 작업이다. 이 책에서는 신분을 판별하는 것 자체보다는 호의 구성, 호주의 성별, 과부의 처지 등이 사회적 위치에 따라 어떻게 다른가를 알아보는 데 관심을 두고 있으므로, 단순하게 양반, 양인, 천인의 세 가지 범주를 설정하였다. 이에 다음과 같이 호주의 신분을 나누어보았다.[79]

[표 2] 호주의 신분

단위: 명(%)

연도	양반	양인	천인	합계
1678	314 (14.4)	869 (39.7)	1,005 (45.9)	2,188 (100)
1717	496 (19.3)	1,405 (54.8)	663 (25.9)	2,564 (100)
1759	690 (25.0)	1,570 (56.8)	504 (18.2)	2,764 (100)
1789	908 (33.8)	1,568 (58.4)	207 (7.7)	2,683 (100)

78 예를 들면, 忠義衛의 경우 1678년에는 양반으로 보았지만, 1759년 이후로는 대체로 양반에서 제외하였다. 이러한 구분에는 이준구의 연구를 참조하였다(이준구, 앞의 책, 1993, 256쪽).

79 결국 여기서 나눈 신분의 구분은 넓은 의미의 계층 구분을 대신하기 위한 것이라고 생각할 수 있다.

이 분석 결과는 기존의 연구에서 밝혀진 내용과 크게 다르지 않은 것이다.[80] 호주 가운데 양반은 1678년에 약 15%이던 것이 1789년에 30%를 넘어서는 것으로 나타났다.[81] 양인 호주는 40~50% 정도를 차지했으며, 천인은 시간이 흐르면서 크게 줄어들었다. 양반호는 증가하고 천인호가 감소한 경향이 보인다. 이와 관련하여 이미 많은 논의가 이루어졌지만, 이러한 호적대장에 기재된 신분 구성의 변화를 실제의 신분 관계가 변화된 것으로 단순하게 이해할 수는 없다. 직역의 의미가 달라졌을 수도 있으며, 또 가호를 구성하는 방식이 달라진 것일 수도 있고, 호적대장에 호를 나누어 기재한 결과일 수도 있다. 이 연구에서는 이러한 기록은 호적대장에 '기재된 호'의 모습일 뿐이라는 점에 유념하며, 기록된 자료와 실제의 신분 변화 사이의 거리를 인식하고 기록을 남은 자료를 읽는 차원에서 신분의 구분을 활용할 것이다.

5) 책의 구성

이 책에서는 1678년에서 1789년 사이의 호적대장에 기재되어 있는

80 井上和枝는 1825년도『단성호적』을 분석한 연구에서 양반호가 39.3%, 준양반호가 17.8%, 常民戶가 32.3%, 노비호가 2.1%의 구성비를 보였다고 분석하였다(井上和枝,「李朝後期慶尙道 丹城縣の社會變動: 學習院大學所藏丹城縣戶籍大帳硏究」,『學習院史學』23, 1985). 한편, 임학성은 1678, 1717, 1750, 1786년의 단성호적에 보이는 兩班戶, 中庶戶, 平民戶, 奴婢戶의 구성비를 표로 나타내었다(林學成, 앞의 논문, 2000, 7쪽의 <표 I－1> 참조). 그 결과를 보면 양반호의 수치는 이 글의 <표 2>에 보이는 것과 거의 차이가 없다. 그리고 그의 분류에서 중서호와 평민호를 더하면 이 글에서 구분한 '양인' 수치와 비슷하다.

81 이렇듯 양반 호주의 수가 많아진 것이 곧 조선후기에 양반 인구가 늘었다는 것을 곧바로 의미하는 것일 수는 없다. 이와 관련하여 호적에 기재된 호주의 신분구성비가 변화하는 요인을 양인들의 신분상승이 아니라, 양반 호 자체의 분화, 증가라는 점에서 설명한 연구를 참조할 수 있다. 鄭勝謨,「朝鮮後期 丹城縣의 身分構成比 變化와 그 動因: 특히 兩班戶 增加現狀과 관련하여」,『泰東古典硏究』9, 1993을 참조할 것.

여성호주와 과부들을 중심으로 하나의 '호' 안에 들어 있는 사람들의 관계를 읽어볼 것이다. 특히 여성이 호주로 기재되는 것에서 나타나는 변화들에 주목할 것이다. 이는 곧 단성이라는 지방의 호적대장에 기재된 사람들의 흔적으로부터 조선후기 사회를 다시 들여다보는 것이면서 동시에 성별에 따른 구분이 강조되던 시기에 여성들의 삶을 이해하기 위한 것이기도 하다.

이 문제를 분석할 때 다음과 같은 점에 유념할 것이다. 첫째, 지배규범의 효과를 모호한 것으로 볼 것이다. 현실에 적용되는 과정에서 다양한 대응과 마주쳐 예측할 수 없는 방향으로 굴절되기 때문이다. 둘째, 예외적인 일들이 보여주는 상징적인 의미에 주목한다. 그리고 역사 속에 이름을 남기지 않은 사람들의 일상적 삶에 관심을 기울인다. 주류의 것, 또는 지배적인 것 안에 묶이지 않은 버려진 움직임들의 의미를 읽어볼 것이다. 셋째, 성별의 구분 및 여성에 관심을 기울이되 그 신분 및 생애주기, 혼인 관계에서의 지위 등에 따른 차이를 드러낸다. 이에 다른 위치에서 다른 입장들이 만들어지고 다른 방식의 반응들이 나오는 것에서 만들어지는 틈새를 엿볼 것이다. 넷째, 역사적 자료가 보여주는 전면의 현실과 함께 그것이 보여주지 못하는 이면을 읽기 위해 고민할 것이다. 이를 위해 단성의 호적대장에 기록된 것들과 당시의 단성 사람들이 살던 현실 사이의 간극에 유념할 것이다. 하지만 기록 속에 현실의 흔적들이 담겨 있으며, 기록 그 자체가 '기록되었다는 현실'을 보여준다는 점, 그리고 기록이 현실을 구성하기도 한다는 점을 함께 고려할 것이다.

이에 다음의 세 가지 문제를 중심으로 서술할 것이다. 그 하나는 조선시대 호 기재에 대한 규정과 호적대장에 실제로 기재된 호의 구성을 분석하는 것이다. 이를 통해 조선시대 국가 통치의 근간이 되는 호적제도의 특징을 알아보고 조선시대에 호적에 기재된 호 구성의 구조를 알아본다. 다음으로는 호적 기재의 양상이 변화되는 것에 주목하여 18세기에 만들어진 새로운 질서를 읽어본다. 그리고 호적에 기재된 여성호주 및 호주승계 방식의 변화를 통해 17, 18세기에 성별에 따른 위계가 강조될 때, 국가에서 어떤 내용으로 사회의 구성원들의 관계를 설정하고자 했는지 볼 것이다. 마지막으로 새로운 질서가 민간의 삶과 마주쳤을 때 어떤 반향이 일어났는지 보기 위해 과부 및 재혼한 여성들의 흔적을 찾아낸다. 이에 이른바 주자학적 규범에 대한 그들의 대응 방식과 각자가 처한 현실의 조건들 속에 살아간 모습을 볼 것이다.

먼저 제1부의 제1장은 호적·호·호주 그리고 호의 구성원에 대해 분석한다. 호적이 작성되는 기본원칙, 호적 작성을 둘러싼 논란, 실제의 호적대장에 기재된 호 구성 내용을 보면서 조선후기 호적제도의 특징과 호 구성의 양상 및 그 변화를 알아본다. 제2장은 호의 첫머리에 기재된 사람들을 성별로 나누고 여러 가족원 가운데 호적에 호주로 기재되는 사람이 누구인지에 주목한다. 호적에 기재되어 있는 호주의 성비(性比), 아버지가 죽은 뒤 남은 어머니와 아들의 관계, 아버지가 늙고 아들이 건장한 경우 아버지와 아들의 관계, 호주 밑에 기재된 호 구성원의 관계를 살핀다. 곧 조선후기 호주가 누구인가를 통해 호주의 특징을 알아보고 그것이 시기별·신분별로 어떤 차이를 나타내는지 분석한다.

제2부의 제1장에서는 호주승계 방식이 변화된 과정을 추적하여 17세기에서 18세기로 넘어가는 동안에 남성과 여성, 아들과 어머니 사이의 위계가 달라진 내용을 자세히 알아본다. 호주의 승계가 이루어진 사례를 몇 가지로 유형화하여, 각 신분과 시기에 따라 나누어 볼 것이다. 제2장에서는 호주승계 방식의 변화와 부계질서가 확산되는 양상이 함축하는 의미를 몇 가지 각도에서 조명해볼 것이다. 국가정책의 변화, 신분에 따른 의미의 차이, 호주라는 자리와 책임, 이러한 변화들이 여성의 입지와

어떻게 관련되는지를 분석한다.

제3부의 제1장에서는 호주로 기재된 여성들의 수치가 달라지는 문제를 과부들의 수절, 재가 금지의 문제와 연관 지어 본다. 호주로 기재된 과부와 호주로 기재되지 않은 과부를 모두 찾아내어 재혼하지 않고 과부인 채로 살아가는 경우에 거주 상황 등 그들의 삶의 궤적을 추적한다. 제2장에서는 재혼을 선택한 사람들을 찾아볼 것이다. 조선시대에 재혼한 여성의 사례가 기록된 경우는 많지 않지만, 호적대장에는 제한적이지만 재혼한 여성의 흔적이 남아 있다. 이에 하층민의 재혼사례들을 통해 재혼의 조건과 재혼하는 사람들 사이의 다양한 관계들을 들여다 볼 것이다.

이러한 작업은 조선후기에 성별에 따른 위계가 만들어지는 과정과 내용, 효과를 질문해보기 위한 것이다. 조선후기에 호적대장을 만드는 일은 성별의 체계를 정교하게 만드는 일이었다. 여기서, "남성과 여성이 응당 가지고 있다고 여겨지는 본성이 법률과 정책을 정당화했지만, 이 '본성'은 사실은 법률과 정책이 낳은 결과였다"[82]는 스콧의 설명을 떠올리게 된다. 조선후기에 호적대장이라는 기록물은 여러 가지 다른 기능들을 갖지만, 그 시기에 남녀의 차이를 만들어내고 사람들 사이에 작동하게 하는 수단이기도 했다.

그러한 체계가 만들어지는 동안 어떤 여성들은 권력에서 배제되기도 했고, 또 그 속에서도 당당하게 자리를 잡기도 했다. 하지만, 이 책은 여성들을 배제한 가부장제의 권력을 드러내거나 그러한 역사 속에서 지워진 여성들을 찾아내어 복원하기 위한 것만은 아니다. 그보다는

82 조앤 W. 스콧 지음, 공임순·이화진·최영석 옮김, 『페미니즘 위대한 역설』, 앨피, 2006, 25쪽.

특정한 성별체계를 일시적인 것으로 만들고, 성별적 구조를 '역사화'하는 데 관심이 있다. 곧 그것이 자연스럽게 발생하여 자리 잡은 것이 아니라, 국가를 중심으로 한 지배세력의 구체적인 기획 속에 구축되었던 것이며, 그다지 안정적으로 유지된 것이 아님을 밝히고자 하는 것이다.

질서를 만드는 과정은 매끄럽고 단순한 것이 아니라, 사람들의 공모·협상·순응·묵인·회피·도망·비틀기·저항 등의 반응 등의 복잡한 파장 속에 진행된 것이다. 위계를 세우는 것은 그것이 설정한 경계에 따라 새롭게 나뉘는 사람들 사이의 긴장을 만들어내는 일이기도 했다. 질서는 사람들의 다기한 반응과 마주치면서 굴절되고 불안정하게 흔들렸다.

조선후기의 사회와 여성의 모습을 '유교사회'라는 말로 규정하는 것은 그러한 여성들의 복잡한 움직임을 단선적이고 통합적인 역사 서술로 덮어버리는 것이다. 조선후기의 유교적 질서는 유구한 전통으로 고착되어 유지된 것이 아니라 유동적으로 만들어지고 있었다. 어쩌면 조선후기에 유교적 질서라는 것은 조선후기 사회를 '유교'라는 말로 규정하는 후대의 인식 속에 비로소 지배력을 인정받게 된 것일 수 있다.

이 책은 17세기, 18세기라는 시대에 호적대장에서 새로운 방식으로 남성과 여성의 관계를 설정하게 된 모습을 자세히 검토한다. 그 과정에서 만들어진 균열과 교란의 흔적을 드러낼 것이다. 이질적이고 주변화된 움직임들은 조선후기의 사회와 여성을 단순하게 읽는 것을 주저하게 만든다. 이러한 머뭇거림으로, 전통의 신화를 바탕으로 구축되어 있는 한국 사회의 젠더 규범에 균열을 내기 위한 논의를 시작하고자 한다.

제1부
호적, 호, 호주

제1장
호적제도와 호의 구성

호적대장의 호 기재에 대한 기본적인 지침은 조선시대의 법전에 들어 있다. 또 『조선왕조실록』 등의 국정과 관련한 자료에 호적제도에 대한 제안과 논의의 기록이 남아 있다. 이러한 기록에서 호적의 기재 원칙과 구체적인 쓰임새, 현실에서 호적을 만드는 과정에서 일어날 수 있는 여러 가지 조작과 개입 등을 볼 수 있다.

호적대장의 기본적인 기능은 호구를 파악하고 기재하여 국가의 백성에 대한 기초 자료를 마련하는 데 있다. 호적대장은 수취의 근거일 뿐 아니라 다른 제반의 국가적 행정을 위한 것이었다. 호적에 기재된 호는 국가의 지배가 도달하는 말단의 단위이며, 호적대장에 기재된다는 것은 국가의 통치가 미치는 범위 안에 포함된다는 것을 의미한다.

호적대장을 작성하는 지침 속에는 국가가 구성하고자 하는 '호'의 이념형이 제시되어 있다. 그에 대한 규정을 바탕으로 호적대장에 기재된 호는 다양한 양상으로 구성되어 있다. 호적대장에서 하나의 호 안에 기재되는 사람들은 어떤 관계로 맺어져 있었을까.[1] 국가의 법전에서 규정한 호의 기재 내용을 알아보고 『단성호적』에 기재된 호의 가족구성과 그 관계들의 다양한 모습을 읽어보자.

1. 호적 기재의 규정과 그 쓰임

1) 호 기재의 원칙

정약용이 『목민심서』에서 "호적(戶籍)이란 것은 모든 부(賦)와 요(搖)의 근원이다. 호적이 균평한 후에라야 부역(賦役)이 균평해질 것이다"[2]라고 썼듯이, 국가에서 민의 수를 파악한 것은 부역의 기초적 자료를 얻기 위함이다. 곧 호적에 기재된 내용에 기초해서 국가가 백성에 대한 수취를 할 수 있었으며, 호적을 작성하는 가장 중요한 목적은 부세의 수취에 있었다.

호적대장을 만드는 일은 곧 국가에 소속된 백성에 대한 기초적 지식을 확보하는 것이었다. 조선의 기본 법전인 『경국대전』에는 호적을 작성하는 원칙이 다음과 같이 제시되어 있다.

---

1 이 책에서는 하나의 호 안에 기재된 사람들을 '호 구성원'이라고 쓸 것이다. 이는 노비 및 고공 등의 예속인을 제외한 이른바 '가족' 또는 '친인척' 관계 또는 어떤 이유이든 호에 기재된 사람들을 가리킨다. 한편, 조선시대에는 하나의 고유명사로서 '가족'이라는 표현이 쓰이지 않았다. '가족원'(家族員)이라는 표현은 보이지만, 그것은 가족의 구성원이라는 의미라기보다는 '집안의 족원'이라는 의미로 쓰인 것이었다. 그러므로 근대적 '가족' 개념을 조선시대에 그대로 적용하는 것은 무리일 수 있다. 여기서는 '가족'이라는 용어의 사용에 거리를 두되 부모-자식, 형제자매 등 혼인 및 혈연관계로 묶인 관계를 설명할 때 보통명사로서 '가족'을 사용할 것이다.

2 丁若鏞著, 茶山硏究會譯註, 『譯註牧民心書 III』, 창작과비평사, 1981, 98쪽. '제6부 戶典六條 제4장 戶籍.'

> 호 무슨 부, 무슨 방, 제 몇 리[지방이면 무슨 면, 무슨 리라고 한다] 거주하는 자의 직(職), 성명, 나이, 본관, 사조. 처 아무개 씨, 나이, 본관, 사조[종친이면 자기 직함과 처 사조를 기록하고, 의빈이면 자기 직함, 사조와 무슨 '주'(主)에게 장가든 것인지를 기록하고, 서인이면 자기 및 처 사조를 기록하고 서인으로서 사조를 모르는 자는 다 기록하지 않아도 된다]. 솔거 자녀 아무개, 나이[사위이면 모두 본관을 기록한다]. 노비 고공 아무개, 나이.[3]

호를 기재할 때 먼저 그 호의 주소를 쓰고, 거주하는 사람을 기재하는데 호에 기재될 때 맨 앞에 기재되는 사람에 대해서는 그 직(職)과 성명과 나이와 본관과 사조(四祖: 父·祖·曾祖·外祖)를 모두 기재하고, 그의 처의 성씨와 나이와 본관과 사조, 그리고 데리고 사는 자녀의 이름과 나이, 노비 및 고공의 이름과 나이를 기재한다고 되어 있다. 이 규정을 보면, 조선시대 국가에서 설정한 '호'라는 것은 혼인한 성인 남자를 호주로 하며 그의 처, 그의 자녀, 그 호에 예속된 노비, 고공(雇工: 머슴) 등으로 구성된 것이었음을 알 수 있다.

호에 기재된 내용은 『경국대전』에 보이는 '가장'(家長)[4]에 대한 규정

---

3 戶某部某坊第畿里[外則稱某面某里]住某職姓名年甲本貫四祖 妻某氏年甲本貫四祖[宗親錄自己職銜妻四祖儀賓錄自己職銜四祖尙某主庶人錄自己及妻四祖庶人不知四祖者不須盡錄]率居子女某某年甲[女婿則幷錄本貫]奴婢雇工某某年甲(『경국대전』 권3 예전 호구식).

4 법제사 연구자인 박병호는 일찍이 조선시대 '가장'에 주목하여 그것이 雇工에 대비되는 의미, 妻妾에 대비되는 의미, 子女에 대비되는 의미, 한 家의 통솔권을 가진 존재로서의 의미를 담고 있다는 점을 밝힌 바 있다. 또한 "일반적으로 가장이라 함은 父, 夫, 兄, 伯叔父 등 특정적으로 지칭할 수 없는 경우에, 일상적 가무에 있어서의 가족에 대한 지휘통솔자 내지 가족의 대외대표자를 말하는 <집의 어른>이라는 뜻이었다고 설명해놓았다. 家長의 개념에 대해서는 朴秉濠, 「韓國의 傳統家族과 家長權」(『韓國學報』 2-1, 1976, 70~74쪽 참조). 또한 그는 조선시대에는 戶首, 戶主, 家長이라는 용어가 함께 사용되었는데, 대한제국

도 이와 관련되어 있다.

> 아들과 손자, 처와 첩, 노비 등이 부모·가장(家長)을 고소·고발하면 모반(謀叛)과 반역(反逆)의 경우 이외는 교수(絞首)하고 노처(奴妻)나 비부(婢夫)가 가장을 고소·고발하면 장(杖) 100, 유(流) 3000리(里)에 처한다. 옛 노비나 고공이 옛 가장을 구타하거나 욕설·고소·고발하는 경우에는 각각 가장을 구타·욕설·고소·고발하는 형률에서 2등급을 감(減)하여 벌준다.[5]

위의 기록은 존장을 고발하는 일에 대한 규정인데 '가장'이라는 존재는 '자·손·처·첩·노·비'라는 가의 구성원들의 입장에서는 그가 국가에 대한 역모의 죄를 저지르지 않은 이상 고발할 수 없는 대상이었다. 가장 밑에 소속되어 그 권위를 넘볼 수 없는 존재로 '자·손·처·첩'뿐 아니라 노비까지 함께 거론되어 있다.[6] 이 규정에서 조선시대 법전에서 가장은 '가'의 구성원이 될 수 있는 존재들, 자녀와 처첩, 노비와 그 배우자, 고공 등이 속한 '가'의 존장을 의미하는 말이었음을 알 수 있다. 가장은 혈연과 혼인으로 맺어진 구성원뿐 아니라, 노비와 고공과 같은

시대에 이르러 일본의 영향을 받아서 戶主라는 명칭으로 통일되었다고 한다(박병호, 「일제하의 가족정책과 관습법 형성과정」, 『법학』 제33-2, 서울대학교, 1992, 6쪽). 그는 조선시대의 호주와 가장을 같은 것으로 보았다.

5 『경국대전』 권5 형전 고존장.

6 조선시대에 호적대장의 첫머리에 기재된 '호주'와 법전의 '가장'(존장)이 어떤 관계가 있는지, 일치하는 것인지 아닌지에 대해서는 자세한 논의가 필요하다. 호적의 누락 등에 대한 책임을 '가장'이 지는 것으로 설명한 법전의 내용(이 장의 주 9 참조) 등을 보면, 가장과 호주는 혼용되기도 했다. 또 다른 자료에서 '가장'의 용례들을 살펴보면 '가장'과 '호주'는 구분되기도 했고, 호주로 기재되었다고 해서 그가 반드시 가장으로 간주된 것은 아니었다. 이에 대해서 뒤의 2부 2장에서 다룰 것이다. 이와 관련하여 정지영, 「조선시대 '가장'의 지위와 책임: 법전의 규정을 중심으로」, 『가족과 문화』 25-1, 2013 참조.

예속인에 대한 상대어이기도 했다. 또 현재의 노비나 고공뿐 아니라 이전에 노비였던 자, 이전에 고공이었던 자들까지도 이전의 가장의 권위를 넘어설 수 없음을 명확히 하고 있다.

이러한 호의 기재 규정 및 가장과 가 구성원의 관계를 통해 볼 때, 하나의 호 안에는 혈연의 가족만이 아니라 예속된 사람을 포함한 좀 더 포괄적인 의미의 구성원이 기재되는 것이다. 그리고 호의 구성원은 '부부와 자녀' 및 '예속인'이라는 두 가지 범주로 구별되는데 예속인을 제외하고 나면, '호' 구성원에 포함되는 범위의 사람들은 대체로 동거 혈족을 단위로 하고 있는 셈이 된다.

이러한 가호(家戶)의 기록을 담는 호적은 3년에 한번 작성하게 되어 있다. 『경국대전』 <호전>의 '호적'에 대한 조항을 살펴보면 "3년마다 호적을 고쳐 만들어 호조와 한성부, 그 도와 그 고을에 비치한다. 서울이나 지방에는 모두 5호를 1통으로 하고 통에 통주를 둔다. 지방은 매 5통에 이 정을 두고, 매 면에 권농관을 둔다. 서울은 매 1방에 관령을 둔다"고 되어 있다. 이러한 규정은 조선후기에도 유지되었지만, 새로운 내용이 추가되기도 하면서 정교해졌다. 『속대전』 속에는 다음과 같이 호적 작성에 대한 규정이 기록되어 있다.

> ○ 식년(式年)[자(子)·오(午)·묘(卯)·유년(酉年)]에 호적(戶籍)을 작성할 때 지방 고을 각 면(各面)의 감관(監官)은 사부(士夫)를 골라서 임명한다. ○ 사대부(士大夫)와 서민(庶民)은 모두 가옥(家屋)이 자리 잡은 차례에 따라 통(統)을 만든다. [이사를 오거나 이사를 나간(守令)의 공문내용이 서로 맞아야만 주거 이전을 허가한다.] 입적자(入籍者)에게는 호구(戶口)를 만들어 준다. [입적한 후에도 호구가 없는 자는 제서유위율(制書有違律)로 논죄한다.][7]

위의 내용을 보면, 호적대장이 작성되는 '식년'은 육십갑자의 주기 중 자(子)·오(午)·묘(卯)·유(酉)로 끝나는 해로, 매 3년마다 돌아오는 것이다. 호적 작성을 위해, 각 면마다 감관을 두게 되었으며, 양반 사대부 가운데 그 감관을 임명한다. 또한 호적을 작성할 때 '가옥'이 위치하고 있는 순서에 따라 '통'을 만들어서 기재하도록 되어 있다. 지방 행정단위에서 3년마다 전국의 호구를 행정구역별로 조사하여 호구의 수와 이들의 직역(신분)·성·연령별 양태를 파악하고, 또 그동안의 출생·사망·이주·도망 상황들을 파악했던 것이다.[8]

이러한 기재 내용에 대한 지침을 통해 조선 국가에서는 호적대장을 만들 때 가옥이 위치한 순서에 따라 호를 기재하였으며, 하나의 가옥에 살고 있거나 소속되어 있는 가호의 구성원을 단위로 호를 파악하고자 하였음을 알 수 있다. 곧 호에 기재되는 내용은 그 호에 거주하거나 소속되어 있다고 생각되는 사람들이었다. 이러한 지침에서 조선 국가에서 이상적인 '호'의 구성으로 설정한 틀이 무엇인지를 볼 수 있다. 그것은 부부와 그 자녀를 중심으로 구성된 소가구의 형태로 인민을 정착시키고 또 그것을 단위로 인민의 수를 파악하는 것이었다.

하지만, 실제로 그러한 관계들로 '호'가 구성되어 있지도 않았지만,

---

7 『속대전』 권2 호전 호적.

8 호적 작성 절차에 대해서는 山内弘一, 「李朝後期の戸籍編成について」(『朝鮮後期の慶尚道丹城縣における社會變動の研究(II): 學習院大學藏朝鮮戸籍大帳の基礎的研究(3)』, 學習院大學 東洋文化研究所, 1997)을 참조할 것. 그 내용을 요약하면, 매 식년 초에 호적 업무를 총괄하는 역할을 맡은 한성부에서 호적 작성에 관한 관문(關文)과 사목(事目)을 마련하여 각 도를 거쳐 각 읍에 전달하면 각 읍에서는 임시 기구인 호적소(戸籍所)를 설치하여 그 일을 맡을 사람을 선출하고 면리에 전령을 보내 민간에 호적 작성을 알렸다. 민간에서는 호별로 호구단자 2통을 제출하였는데, 관에서는 지난 식년의 호적과 대조하여 1통은 각 호로 돌려보내고, 1통은 해당 식년 호적 작성의 자료로 활용하였다.

기재되는 과정에서도 여러 방식의 변조와 누락이 있었다. 조선후기의 법령집의 규정에서 '호'와 '호적' 작성에 대한 폐단 및 그에 대한 처벌 등을 논의한 내용을 보면, 호적 작성의 원칙과 그것에 대한 위반이 일어나는 정황을 동시에 살펴볼 수 있다. 그러한 상황은 『속대전』의 규정에서 다음과 같이 살펴볼 수 있다.

○ 누호자(漏戶者) [주호(主戶)가 사족(士族)이면 무기한(無期限)으로 정배(定配)하고 평민(平民)이면 충군(充軍)하며, 공(公)·사천(私賤)은 섬으로 유배(流配)한다.……]

○ 누정자(漏丁者) [가장(家長)이 한 구[口]를 누락시키면 장(杖)100 도(徒) 3년에 처하고 3명 이상 누락시킨 경우에는 사족은 무기한으로 정배(定配)하고 평민은 충군(充軍)하며 공사천은 섬으로 귀양 보낸다.……]

○ 누적자(漏籍者) [……○ 나이가 70세가 된 사람과 여인은 본인이 비록 누적(漏籍)되었을지라도 그 아들이 입적(入籍)되었으면 단지 속죄금만 받으며, 그 아들에게 죄를 주지 않는다.……]

○ 모록자(冒錄者) [……○ 직역(職役)과 성명을 사실대로 쓰지 않는 자는 장(杖)100 도(徒) 3년에 처한다. 호구(戶口)와 호패(號牌)에 허위기재하는 경우에도 같다. ○ 공사천인이 그 어미의 주인 이름을 모른다고 쓰거나 혹은 고쳐서 기록하든가 혹은 누락시켜서 쓰지 않는 경우, 농간을 부린 단서가 명백히 있는 자는 장(杖)100에다 정배한다.]

○ 장적[帳籍]이 작성(作成)된 후 1개월 내에 자수(自首)할 경우에는 죄를 면제한다.[9]

위의 규정은 호 자체를 숨기거나 사람을 없다고 빼거나 인적사항을

9 『속대전』 권2 호전 호적.

사실과 다르게 기재한 경우를 처벌하는 일에 대한 것이다. 이를 통해 호적에 기재될 때 다양한 조작이 있었음을 알 수 있으며, 국가에서 호적을 작성할 때 현실의 상태를 그대로 파악하고자 하는 의지가 있었음을 읽을 수 있다. 호적대장을 만드는 것이 조세의 수취나 역의 징발에 필요한 인원을 파악하기 위한 것일 뿐 아니라 가호의 수와 그 안에 살고 있는 사람들의 실태를 조사하여 통치의 기반으로 삼는 데 있었기 때문이다.

그런데 이러한 호적 기재 과정의 조작은 여러 가지 방향에서 일어났다. 호적을 작성하는 상세한 지침을 담은 『갑오식호적사목』(甲午式戶籍事目)[10]에는 호적대장을 만드는 과정에서 일어나는 문제에 대해 다음과 같은 설명이 들어 있다.

> 아버지와 아들, 형과 동생이 따로 사는 자들이 역을 맡는 것을 피하고자 하여, 각기 솔정(率丁)이 있는데도, 한 사람의 이름 밑에 모두 기재하는 경우가 있다. 이와 같은 부류는 하나하나 찾아내어 호를 나누게 하고, 탈면을 도모한 주호(主戶)와 임장(任掌) 등을 적절히 처벌하라.[11]

이에 따르면 부자·형제 등이 서로 각각 거처하면서도 호적에는 한

10 규장각 소장문서(문서번호: 규12318). 편자 미상의 필사본이며, 그 작성 연대도 불분명하다. 갑오년에 해당하는 1714년, 1774년, 1834년 가운데 어느 시기의 것으로 볼 수 있지만, 그 기재 내용과 기재 양식 등을 볼 때, 대체로 1774년 이후의 것으로 추정된다.

11 "一. 父子兄弟之各爲居生者 欲免應役 雖各有率丁 都錄一人之名下 如此之類 一一査出分戶 而謀頉者 主戶任掌等 刑准爲白齊"(「甲午式戶籍事目」). 이에 대한 자세한 설명과 규정은 『신보수교집록』 호전 호적조 속에도 들어 있다(한국역사연구회 법전연구반 역주, 『신보수교집록』, 청년사, 2000, 95~96쪽 참조).

사람 밑에 함께 사는 것처럼 기재하는 식으로 허위로 조작하는 경우가 있었다는 것이다. 부자·형제 사이에 따로 사는 것은 아마도 혼인을 하여 따로 분가한 경우, 또는 경제적 사정 등 여러 가지 사정이 있기 때문일 것이다. 그런데 위의 지침에서는 각자 다른 호에 살고 있으면서, 하나의 호에 동거하는 것처럼 꾸며서 기재한 경우를 적발하여 그 책임자들을 벌주도록 했다.

이와는 반대로 실제로는 한집에서 한 가족으로 동거하지만 호적에는 다른 호에 독립해 있는 것처럼 기재된 경우도 호구 작성의 대표적인 폐단으로 지적되었다. 수령이 자신이 관할하는 지역의 호수를 늘리기 위해, 실제로는 함께 사는 아버지와 아들을 분리하여 독립된 호로 기재하는 일이 있었던 것이다. 『비변사등록』의 다음 기사는 이러한 실정을 전해준다.

> 영의정 유척기(兪拓基)가 아뢰기를, "근래에 기강이 해이해져 법의 적용이 엄격하지 않으므로, 각 읍의 수령이 호구가 줄면 죄를 입을까 염려하여 오직 호구를 늘이려고만 하니, 때로는 독자(獨子)로 호를 나누기도 하고, 때로는 혼자인 종[單奴]으로 호를 따로 만들기도 하니 그 폐단이 매우 심합니다. 가난한 백성을 보전하기 어려움과 빈 호가 날마다 늘어남은 대개 여기서 말미암은 것이니 각별히 엄금해야 합니다." [……] 임금이 말하기를, "부자(父子) 사이에 호를 달리하고 혼자 사는 종으로 호를 나눈다면, 이와 같은 수령을 어디다 쓰겠는가? 엄하게 타일러 경계한 뒤에 정확히 조사하여 드러난 자에 대해 죄를 묻되, 먼저 한성부에 단단히 타일러서 경계하도록 해야 한다"라고 하였다.[12] [밑줄은 필자에 의함]

12 『비변사등록』 136책, 영조 35년(1759) 2월 6일.

이 기사에서 호적 작성의 실태와 그에 대한 조정의 논의, 그리고 지방에서 호적을 작성하는 담당자들의 정황과 호적 작성에 대한 국왕 영조(1694~1776)의 입장을 읽을 수 있다. 그 내용을 보면, 수령들이 호수를 늘이기 위해 실제와 다르게 호적을 작성하는 것이 폐단으로 이야기되었으며, 왕은 호적법을 엄격하게 시행하여 실제의 호수를 그대로 파악하도록 지시하였음을 알 수 있다.

영조는 과거시험에 합격한 사람들의 호적에서 할아버지와 호적을 함께 하는 경우가 적은 것을 다음과 같이 문제 삼았다. 곧, "서관[西關: 황해도와 평안도]과 청북[淸北: 청천강 이북]의 소과초시(小科初試)의 방목(榜目)을 보건대, 40인의 입격자(入格者) 가운데 단지 할아비가 거느린 입적자(入籍者)는 한 사람뿐이고 아비가 거느린 입적자는 네 사람인데, 그 가운데 나이가 많은 자는 이상한 일이 아니지만 나이가 젊은 자도 그러하니, 호(戶)를 나누어 입적하는 것은 바로 금령(禁令)이다"[13]라고 되어 있다. 함께 거주하는 사람들이 호적에 호를 나누어 기재하는 것을 금하는 것에 대해 강조한 것이다.

위의 두 가지 경우, 곧 실제로는 따로 사는데 하나의 호로 묶는 것이나 실제로는 같이 사는데 호를 나누어 기재하는 것 모두에 대해 조정에서는 폐단이라고 지적하였다. 실제의 거주 상태를 조작하여 호적에 기재하는 것에 대해 국가에서 정한 원칙에 벗어난 것이라고 본 것이다. 곧 분가하여 따로 살 경우 분가한 상황 그대로를 기재하고, 함께 사는 경우 함께 사는 상황 그대로를 기재하는 것이 국가의 호적의 작성 지침에 맞는 것이었다. 한편, 이와 관련하여 동지사(同知事) 조명정(趙明鼎)은 "신의 생각으로는, 먼저 한집에서 봉양(奉養)하고 집을 나누지 말도록 하는

13 『비변사등록』 146책, 영조 40년(1764) 9월 8일.

뜻을 명확하게 밝혀서 깨우치고, 지붕이 붙어 있고 담장이 이어져 가까이 사는 자는 비록 혹시 각각 다른 솥의 밥을 먹더라도 호(戶)를 나누지 말게 하는 뜻을 별도로 알리면, 공사(公私)에 방해되는 바가 없을 듯합니다"[14]라고 의견을 낸 바 있다. 이는 부자가 가능하면 '하나의 호' 안에 묶이는 것이 바람직하다는 것인데, 그 내용에서 '호'를 나누는 기준이 '한솥밥'을 먹는가에 있었음을 읽을 수 있다. 이러한 논의에서 당시에 호적 작성이 '현실'과 괴리된 어떤 원칙에 따라 기재되었던 것이 아니라 실제로 사람들이 살아가는 형태, 곧 담장이 나뉘거나, 다른 솥 밥을 먹는 일 등에 근거를 둔 것이었음을 알 수 있다.

물론 원칙과 실제 사이에는 괴리가 있을 수 있다. 호구를 실정대로 파악하는 원칙이 있었다고 해서 『단성호적』에 당시의 모든 호구가 다 기재되었음을 의미하는 것은 아니다. 실제로 호적대장이 작성되기까지는 호적에 파악되는 사람들과 호의 구성원을 파악하는 사람들, 그리고 그것을 호적대장에 기재하는 사람들의 이해관계에 따라 많은 가감이 이루어졌다.[15] 호수를 늘려야 하는 경우에 수령은 실제의 호를 몇 개로 나누어서 기재하였을 것이고, 또 호적의 기재 대상이 되는 사람들은 역을 피하기 위해 실제 여러 개의 호를 하나로 묶어서 기재하려고 하는 등 여러 가지 인위적 조작이 이루어지기도 했던 것이다. 하지만, 이는

14 위와 같음.

15 이에 대해서는 『비변사등록』 56책, 숙종 31년(1705년) 1월 18일자에 기록된 <호적사목>에 대한 조정의 논의 내용을 통해서도 볼 수 있다. 우의정 이유(李濡)가 "우리나라 호적은 매우 허술합니다. 병오년(현종 7년, 1666년)에 정비한 이후 약간 나아졌으나 역시 해가 오래되면서 점점 해이되어 많은 수가 누락하였으니 각별히 엄중 정비하여 가호(家戶)의 수를 하나하나 적간(摘奸)하여 이러한 폐단이 없게 할 것을 절목에 첨가시키는 것이 옳습니다"라고 하자, 김석연이 아뢰기를 "각 고을에 늘 부정을 저지르는 일이 많아 실은 부정을 모두 막기가 어렵습니다"라고 하였다. [……]

국가에서 볼 때 명백히 원칙을 어긴 일이었다.

조선 국가의 이상은 '호구식'에 나열되어 있는 관계들로 현실 속에 사람들이 거주하여 살도록 하고, 그것을 반영하여 호적대장을 기재하는 것에 있었다. 국가의 규정과 그것을 어긴 상황에 대한 논의들은 국가에서 호적에 '호'를 기재할 때, 실제의 거주를 기반으로 한 것임을 보여준다. 그리고 호적에 기재된 호에는 사람들의 거주 상태, 가호를 구성한 사람들의 관계, 이해관계에 따라 이합집산하거나, 또는 그것을 바꿔서 기재해야 했던 흔적이 기록되었다.

2) 국가 행정과 호적의 쓰임

이렇게 만들어진 호적대장은 단순히 부세 수취의 근거가 될 뿐 아니라, 신분 관계와 노비 소유 등을 확인할 수 있는 다양한 법적·행정적 근거 자료로 활용되었다. 법전에 따르면 신분과 직위에 따라 재질이 다른 호패를 착용하도록 한 것을 알 수 있는데, 그러한 제도는 물론 '호적'에 근거해서 백성을 파악하고 규제하기 위한 것이다. 그에 대한 『속대전』의 조항을 보면 다음과 같다.

> 남정(男丁)이 16세 이상 되면 호패(號牌)를 패용해야 한다. [동반(東班)과 서반(西班) 및 내관(內官)[宮官] 2품 이상은 아패(牙牌)를, 3품 이하 및 3의사(醫司)의 관원으로서 잡과(雜科)에 합격한 자는 각패(角牌)를, 생원·진사는 황양목패(黃楊木牌)를, 유품(流品)인 잡직(雜職)과 사서인(士庶人)·서리(書吏)·향리(鄕吏)는 소목방패(小木方牌)를, 공사천인(公私賤人)과 가리(假吏)는 대목방패(大木方牌)를 사용한다. 서울은 한성부(漢城府)에서, 지방은 각 고을에서 낙인(烙印)하여 준다. 호패를 패용하지 않는 자는 제서유위율(制書有違律)로 다스리고 남의 호패를 빌려 패용한 자는

누적률(漏籍律)로 논죄하며 호패를 빌려준 자는 장(杖)100, 도(徒) 3년에 처한다. 군병(軍兵)은 종전대로 요패(腰牌)를 패용한다.][16]

호패를 차지 않은 사람, 다른 사람의 호패를 빌려서 찬 사람, 빌려준 사람 모두 처벌의 대상이었다. 호패보다 중요한 것은 호적에 기재되어 있는가 여부였다.

이것은 규정으로만 제시된 것이 아니라 다양한 국가 행정에 근거로 활용되었다. 호적 기재가 확인되는 상황은 다음과 같다. 우선 과거(科擧) 시험을 볼 때도 호적 등재 여부를 확인해야 했다. 『수교집록』의 기록을 보면, "서울과 외방에서 과거를 거행할 때 호적에 이름이 들어 있지 않은 자를 만약 사사로운 정을 좇아 이름을 올리도록 허락하는 경우에는 '과거시험장에서 사사로운 정을 쓴 데 대한 형률[과장용정지율]'로 논한다"고 되어 있다.[17] 또 향시(鄕試)를 볼 수 있는 자격을 판단하는 것도 호적 기재를 근거로 하였다.[18]

송사(訟事)가 있거나 범죄자를 조사할 때 모두 호구, 호적을 재판의 근거로 삼았으며, 그것에 위조가 있거나 누락되었을 때는 처벌의 대상이 되었다. 송사를 신청한 사람에 대해 반드시 호구를 먼저 살핀 뒤에 재판할 수 있도록 하고 호적에 들어 있지 않은 사람은 법률에 따라 죄를 주고 송사를 할 수 없게 한다는 내용을 『수교집록』의 기록 속에서 볼 수 있다.[19] 또 죄를 지은 사람을 신문할 때도 호적은 중요한 참고자료가

16 『속대전』 권2 호전 호적.

17 『수교집록』 병전 제과 483(1663년[현종 4, 강희 계묘]에 받은 전교). (한국역사연구회 법전연구반 역주, 『수교집록』, 청년사, 2001. 174쪽 참조).

18 『영조실록』 등에는 한성부에 거주하여 향적에 기재되지 않은 사람들이 鄕試를 보는 것에 대해 비판하는 내용이 보인다(『영조실록』 권24, 5년 10월 14일(을묘); 42집 171면).

된다. 이와 관련하여 "범죄자를 조사할 때에는 먼저 호적을 살펴보고 호적에서 누락된 자이면, 본래의 범죄에다가 죄의 등급을 더하여 벌준다"[20]라는 법전의 기록이 참고가 된다.

『숙종실록』에 보이는 사례를 보면, 괘서사건(掛書事件)에 연루된 죄인들이 잡혀오자 그들의 호적을 확인하는 절차를 밟았던 것을 볼 수 있는데, 이들에 대한 심문 기록을 보면 방납한 죄로 잡혔던 이성번(李盛藩)은 풀려난 뒤, 범죄자임을 감추기 위해 호적에 이름을 바꾸었다고 한다. 그 내용을 보면, "[……] 이항번(李恒蕃)이 말하기를, '이성번은 과연 얼제(孼弟)인데, 경진년에 전세를 방납한 일로 갇혔다가 을유년에 방송되었습니다. [……] 이름자가 서로 틀린 일은 그가 죄를 지어 갇힌 것을 부끄럽게 여겨 뒤에 후번이라 개명하였기 때문이며, 이방엽은 9월에 해서(海西)로 내려갔습니다. [……]'라고 하였다"고 되어 있다.[21] 위의 내용은 '이성번'이 '이후번'으로 이름을 바꾼 것 때문에 그 존재를 확인하는 절차가 좀 더 복잡해진 사례를 보여준다. 감옥에 갇힌 경력을 가진 이성번은 호적대장에서 이후번으로 이름을 고쳤던 것이다. 그가 범죄의 경력을 숨기기 위해 호적의 이름을 바꾼 것에서, 호적이라는 문서가 당시 사람들의 삶 속에 가까이 닿아 있었음을 알 수 있다.

호적대장은 국가로부터 받게 되는 혜택의 근거가 되기도 했다. 조선시대에는 원칙적으로 호적에 기재되어야 진휼(賑恤)을 받을 수 있다. 진휼

19 詞訟 必先取考戶口 然後聽理 不入籍者 依律科罪 勿許接訟(『수교집록』 호전 호적; 한국역사연구회 법전연구반 역주, 2001, 77~78쪽).

20 漏籍者 [……]○大小罪犯推閱時 先考戶籍 漏籍者 本罪上加等論(『속대전』 권2 호전 호적). 이와 유사한 내용은 『수교집록』에도 들어 있다(『수교집록』 호전 호적; 한국역사연구회 법전연구반 역주, 2001, 77쪽).

21 『숙종실록』 권50, 37년 10월 13일(무진); 40집 415면.

할 때의 원칙은 호적에 기재된 호만을 대상으로 삼는 것이었다. 그런데 정조 19년에 비변사에서는 호적에 빠진 협호에게도 특별히 진휼의 혜택을 베풀 것을 요청하였다. 비변사에서는 "방금 한성부의 첩정(牒呈)과 구제 대상 가호를 뽑은 장부를 보건대, 오부(五部)에서 뽑은 구제 대상 가호가 5천 8백 68호였습니다. [……] 그런데 뽑힌 민호(民戶) 중에는 원래 협호(挾戶)로서 호적에 올라 있지 않은 부류가 들어 있는데, 그 숫자가 1천여 호나 됩니다. 호적법이 지극히 엄중한 만큼 그 부류는 대상으로 논하지 말아야 하겠습니다만, 작년에 미곡을 내다 팔 때 특별히 분부하시어 함께 뽑아주도록 하신 전례가 있습니다. [……] 이번에도 받아먹게 할 뜻을 아울러 알려주는 것이 어떨까 합니다"[22]라고 제안하였고 왕은 이 의견을 받아들였다. 이 경우 호적에 없는 호에 대해서도 진휼을 하였지만, 기본 원칙은 호적에 기재된 호만 혜택을 받을 수 있도록 되어 있었다.

국가는 호적을 통해 백성의 실태를 파악하고 통제하기 위해, 실제의 가호가 구성된 상태를 자세히 기재하고자 했다. 호적대장은 국가에게는 백성을 파악하여 통제하는 기초 자료였고, 백성에게는 국가의 법률·행정적인 통제 및 보호를 받을 수 있는 근거였다. 호적대장은 조선시대 사람들이 공적으로 지위를 확인하는 공식 자료였던 것이다.

이러한 호적대장의 기록 속에는 조선시대 사람들이 하나의 가호 안에 '식구'로 살았던 모습, 호라는 단위의 형식, 그것이 기재되기까지의 여러 개입, 정부의 정책 등 여러 사정들이 복합적으로 연동된 결과가 담겨 있다. 모든 사료가 그러하듯이, 호적대장도 투명한 자료일 수 없다. 당시 사람들의 거주 방식이나 가족 관계가 있는 그대로 기재될 수는

22 『정조실록』 권42, 19년 6월 14일(계사); 46집 580면.

없는 것이다. 호적에 함께 기재되었다고 해서 반드시 실제의 동거 상황을 그대로 보여주는 것도 아니다.[23] 하지만, 국가에서 호구를 파악하는 원칙은 모든 호구를 거주의 상태대로 파악하는 것이었다. 호적대장의 호는 국가가 정한 제도에 따라 구조화된 틀 속에 당시 사람들의 거주관계와 다양한 관계 맺음의 흔적을 반영하고 있는 자료이다.

2. 『단성호적』의 호(戶) 구성

위에서 호적대장과 관련한 법규 및 여러 기록을 통해 호적대장 기재의 원칙 등을 알아보았다. 그렇다면 호적대장의 호는 위의 규정에 맞게 기재되어 있을까? 그 구체적인 기재 내용을 알아보기 위해 『단성호적』에서 호의 사례를 몇 개 뽑아서 살펴보기로 하자.

○ 제사가호 양인 조끝상 년육십오 갑인 본 함안 부 정병원명 조 정병원강 증조 정병원희 외조 부지 처 양녀 덕금 년오십오 본 칠석 부 사노 상이 삼조부지 솔자 역보 막립 년사십칠임인 무오자수(第四加戶良人趙㖰上年陸拾伍甲寅本咸安父正兵元命祖正兵元江曾祖正兵元希外祖不知妻良女德今年伍拾伍本漆石父私奴尙伊三祖不知率子驛保莫立年肆拾柒壬寅戊午自首)

○ 제일호 사노 칠만 년오십무신 주룡궁 거 윤치성 부 사노 세만 모 반비

---

23 이는 현재의 주민등록제도와 비교해서 생각해볼 수 있다. 대부분의 경우 한집에 거주하는 사람들이 주민등록등본의 내용과 일치하지만, 다양한 사정에 따라 함께 살면서도 다른 곳에 주소를 이전해놓기도 하고, 또는 다른 곳에 살면서도 주소지는 같이하는 경우가 흔히 있다.

일금 조 이세 증조 첨지 인세 외조 정병 우막종 본 단성 처 사비 옥선 년사십삼을묘 주 현거 이성휘 모 반비 선매 사조부지 갑오호구상준 가솔녀 사비 옥랑 년십이병술 정유자수(第一戶私奴七晩年伍拾戊申主龍宮居尹治星父私奴世萬母班婢日今祖二世曾祖僉知仁世外祖正兵禹莫從本丹城妻私婢玉先年肆拾參乙卯主縣居李星煇母班婢善每四祖不知甲午戶口相準加率女私婢玉郎年拾貳丙戌丁酉自首)[24]

○ 제삼호 과녀 문봉금 년사십삼 정유 부 문두발 조 양인난립 증조 정병 □동 외조 강명상 가녀 춘랑 년팔임신 자 취업 년오을해 여 재삼 고 병자호구상준(第三戶寡女文奉今年肆拾參丁酉父文斗發祖良人亂立 曾祖正兵□同外祖姜命商加女春娘年捌壬申子取業年伍乙亥女再三故 丙子戶口相準)[25]

○ 제삼호 유학 류봉조 년칠십이무술 본 진주 부 학생 당 조 학생 우명 증조 학생 지원 외조 종사랑 이만형 본 합천 솔자 출신 유택 년사십팔임술 부 윤씨 년사십육갑자 적 파평 노 심갑 년이십육갑신 비 이분 년이십팔임오 비 일섬 년십육갑오 비 서랑 년육십오을사 병오호구상준(第三戶幼學柳鳳朝年柒拾貳戊戌本晉州父學生樒祖學生宇明曾祖學生之遠外祖從仕郎李萬亨本陜川率子出有澤年肆拾捌壬戌婦尹氏年肆拾陸甲子籍坡平奴沈甲年貳拾陸甲申婢二分年貳拾捌壬午婢一纖年拾陸甲午婢壻郎年陸拾伍乙巳丙午戶口相準)[26]

위의 기록은 위로부터 1678년, 1717년, 1759년, 1789년 호적에서 호의 기재 사례를 특별한 기준 없이 뽑은 것이다. 1678년의 사례는 65세의 양인 조끝상의 호인데 '가호'(加戶)라고 표시되어 있다. 맨 마지막

24 『단성(상)』, 200b, 1717, 북동, 05－02－01.

25 『단성(하)』, 56a, 1759, 오동, 04－03－03.

26 『단성(하)』, 791b, 1789, 신등, 02－03－03.

에 '무오자수'라는 표시는 지난 호적에는 파악되지 않았지만, 이번 호적에서 스스로 신고하여 추가되었다는 의미이다. 그의 호에는 55세의 양녀, 아들 막립이 기재되어 있고, 호주의 외조부와 처 덕금의 조부, 증조부, 외조부에 대해서는 모른다고 표시되어 있다. 1717년의 사례는 사노 '칠만'의 호인데 주인이 용궁에 거주하는 윤치성이라고 밝혀져 있으며 처는 사비 '옥선'이고, 지난번 호적과 비교할 때 새로 더해진 딸 '옥랑'도 말미에 기재되어 있다. 1759년은 과녀 문봉금의 호인데 신분은 양인이다. 그녀는 8세가 된 딸 춘랑과 5세가 된 아들 취업을 두고 있으며 딸 하나는 죽었다. 춘랑은 3년 전의 호적과 비교할 때 추가된 식구이다. 마지막의 1789년의 호는 양반인 유학 류봉조의 호이다. 그의 호적에는 그이 본, 외조의 본, 며느리인 윤씨의 적이 기재되어 있으며, 혼인한 40대의 아들 부부를 데리고 있다. 1명의 노와 3명의 비가 기재되어 있다.

이러한 기재 내용을 보면 앞에서 살펴본 바 있는 호구식의 규정에 맞게 호의 주소, 호주의 직역, 이름, 나이, 생년, 본/적, 사조(아버지·할아버지·증조할아버지·외할아버지)에 대한 정보, 호주의 배우자의 직역, 이름, 나이, 생년, 본/적, 사조, 자녀 등 데리고 사는 사람, 노비 등 예속인 등에 대한 정보가 기재되어 있다. 노비에 대해서도 그 이름과 나이, 부모 등이 기재되었고 호주가 노비인 경우 그 주인이 표시되었다. 또 지난 호적과 대비하여 새로 더해진 호인지, 구성원이 추가되었는지에 대해서도 명확히 표시되어있다. 가족이 아니라도 거주하는 자, 또는 거주하지 않더라도 가의 구성원이라고 간주되는 자 등에 대한 다양한 내용이 기록되어 있다.[27]

27 호적에 기재된 '호'가 실제의 거주 상태를 그대로 반영한 것이 아닐 수 있으므로, 하나의

그러한 다양한 정보 가운데, 하나의 호 안에 어떤 사람들이 묶여 있는지 알아보기 위해 호주와 구성원 사이의 '관계'에 주목해보기로 하자. 호적 기재 내용을 보면 호주와 호의 구성원이 어떤 관계로 엮여 있는지를 명확히 표시해 놓았다. 그 관계를 설명한 용어를 추출해 보면, 180개가 넘는다. 그것을 분류해서 나열하면 [표 1-1-1]과 같다.

여기서 호 안에 기재된 사람들 사이에 맺어진 관계의 '명칭들'을 보면, 매우 다양한 관계를 가진 사람들이 하나의 호 속에 묶여 있었음을 알 수 있으며, 그 관계들이 상당히 자세하게 기록되어 있음을 알 수 있다. 촌수와 혼인관계, 서얼 등의 신분 등 호 안에 기록된 사람의 상세한 지위가 명확히 기록되어 있는 것이다. 각 호마다 더불어 사는 사정은 다양했다. 때로는 거주 사실과 다르게 작성되기도 했겠지만 어떤 식으로든 기재된 사람과 호주의 관계가 명시되어 있는 것이다.[28]

호적대장에는 이러한 구성원의 관계와 이름만을 나열한 것이 아니다. 그 호의 구성원이 생존 여부, 동거 여부[別戶居(去)], 따로 살 경우 사는 곳, 이사했는지, 새롭게 기재된 존재인지[加現], 새로 만들어진 호인지[加戶, 新戶, 別戶] 등을 세세히 밝혀놓았다. 뿐만 아니라 처가 몇 명인지,

---

호에 기재되어 있다고 해서 그들의 '동거'한다고 단정할 수는 없다. 하지만, 호적대장에는 구성원 이름 다음에 '나이'를 표시하는 것을 그의 거주 여부를 밝혔다. 예를 들어 다른 지역으로 이주한 경우 '이거'라고 쓰고 그의 나이는 쓰지 않는 것이다. 그러므로 나이가 기재된 사람에 대해 동거하는 것(또는 당시에 동거하는 것이 아니더라도 적어도 이 호에 소속되어 있다는 것)이라고 보아도 큰 무리는 없다. 이 책에서는 호에 기재된 사람을 반드시 '동거'한다고 단정 지을 수 없기 때문에 '호 구성원'이라고 표현할 것이지만, 넓은 의미에서 한 호에 함께 기재되어 있다는 의미로 '동거'라는 말도 혼용할 것이다.

28 이러한 상세한 관계의 표현들을 통해서, 호적대장의 호가 역 징수를 위한 단위에 맞게 인위적으로 만들어진 것이라는 주장이 적절치 않다는 점을 이해할 수 있다.

[표 1-1-1] 호 구성원의 호칭[29]

부부	직계 및 형제	양, 의, 서, 얼	삼촌 이상 친인척	외가	시, 처	타인	고용, 예속
가부 가처 계처 후처 대처 말처 남편 전처 처 후모 후처 별실 서모 서부 첩 화처 화첩	조모 조부 모 부 생모 생부 자 여 자부 사위 손자 손녀 손부 형 제 매 매녀 매부 모 매부 형수, 수, 형처, 과수 제부, 제수, 제처 동서 적동생 전처녀 종손녀 증손자 증조모 가부제	수양자 양녀 양모 양부 양자 양첩자 계모 계조 계조모 의녀 이부녀 의모 의부 의자 의제 전모 서질 서형 첩자 서숙 서외숙 서자 서제 서제수 서조모 서종제 서증조모 서숙처 얼녀 얼매 얼삼촌 얼손 얼자 얼제 천첩자 첩녀 첩부 첩손	숙 숙모 숙부 숙 이성 고모 삼촌 삼촌숙 생질 생질녀 사촌 동성사촌 사촌매 사촌제 사촌제 이성 사촌처 사촌형 사촌형 이성 적질, 조카 조카 이성 질녀 질부 질손녀 질자 질처 제수 형수녀 종매 종제수 종질 종질 종형 오촌숙 오촌질 동질 당질 동질육촌 재종손 재종제 재종질 이성육촌제 이성칠촌질 팔촌제 팔촌제수	외조모 외손 외손녀 외손부 외손자 외삼촌숙 외숙모 외조카 외사촌	시모 시조모 시동생 빙모 처남 처남처 처녀(妻女) 처모 처부 처삼촌 처생질 처제 처형	동거 상좌 성수 처 승 흥태 자 흥태 처	고공 고공노 고공비 고공처 고비 노 노처 도망노 도망비 비 비부 비부고공 사노, 사비 사환노 사환비 속량노 앙역노 앙역비 외거노 외거노처 외거비

29 이 표의 호칭들은 4개 식년 모두를 함께 묶은 것이다. 식년에 따라 때로는 호칭이 통일되기도 하고, 새로운 관계를 표현하는 호칭이 다양하게 사용되기도 하여 그 수치는 다르다. 대략 1717년에 140여 개 정도로 가장 많고, 1759년에 100여 개, 1678년에 70여 개이며, 1789년에 60여 개이다. 호적 작성이 엄격하게 이루어지고 강조된 시기일수록 다양한 호칭이 구체적으로 제시된 것으로 생각된다.

양자를 들였는지, 양자의 생부는 누구인지, 이름을 바꾸었는지, 어떤 병을 앓고 있는지, 함께 살고 있는 자녀가 부부 모두에게 친자녀인지, 어느 한쪽의 혈육인지, 누가 누구에게 호주를 이어주었는지 등 다양한 사정이 기재되었다. 그리고 노비의 경우 주인의 직역·거주지·이름 등이 기재되며, 도망노비가 도망간 곳이 어디인가도 기록되어 있다.

1) 호(戶) 구성의 형태

이러한 정보를 바탕으로 『단성호적』에서 하나의 호에 묶여서 기재된 사람들이 어떤 관계로 맺어졌는지를 알아보자. 호적과 족보 등을 통해 조선시대 가족 구성을 밝히는 시도는 이미 이루어진 바 있다.[30] 이에 따르면 부부가족이 수적으로 우위에 있지만, 18세기로 가면서 직계가족이 증가하는 경향이 나타난다고 한다. 한편, 1717년 호적에 기재된 양반가문의 경우, 족보 등을 참고하여 누락된 인구를 포함시킬 경우 직계가족이나 확대가족이 주를 이룬다고 밝힌 연구도 있다.[31]

그런데 이러한 연구들은 특정 가문의 적은 사례를 분석한 것이라는 점에서 제한적이다. 뿐만 아니라 이른바 '가족'이라고 설정한 관계가 조선시대의 어떤 단위를 기준으로 한 것인지도 분명치 않다. 특히 족보의 기록을 활용하거나, 호적과 족보의 자료를 섞어서 가족형태를 임의적으로 재구성한 경우 그것은 혈연과 혼인으로 엮인 사람들의 수를 보여줄지 모르지만, 가구를 단위로 한 가족구성에 대한 정보를 제공해주지는

30 이에 대한 대표적인 연구로는 崔在錫, 앞의 책, 1983을 들 수 있다. 또한 李基淳은 「鳳山李氏 族譜를 통해 본 朝鮮時代의 가족규모」, 『弘益史學』 6, 1996 및 「朝鮮後期 泗川睦氏의 家族規模」, 『民族文化』 19, 1996 등의 연구에서 족보와 호적대장을 통해 가족규모의 변화를 살핀 바 있다.

31 은기수, 앞의 논문, 1998.

않는다. 분석의 대상인 '가족'이라는 것이 조선시대의 맥락에서 구체적으로 무엇을 의미하는지를 제한하지 않을 경우 가족에 대한 오늘 날의 인식을 조선시대에 투사한 결과만을 보여주는 것이 될 수도 있다. 사실 오늘날의 '가족'이라는 것도 그 개념과 범위를 명확하게 설정하기 어려운 문제이다.[32] 그러므로 기존 연구들에서 당시 하나의 호로 묶여 있었던 가호의 구성 방식 및 그 변화양상에 대해 만족할 만한 성과를 낸 것은 아니다.

이러한 점을 고려할 때 데이터베이스화된 『단성호적』을 통해 호의 구성을 알아보는 것은 각 식년 별로 2000호를 훨씬 넘는 방대한 자료를 기초로 한다는 점, 양반 가문이 아닌 모든 신분의 상황을 검토한다는 점, 분석 단위를 '호'라는 것으로 명확히 제한하여 살펴본다는 점에서 지금까지의 가족 구성에 대한 제한적인 분석을 넘어서는 것이다. 이를 통해 조선시대 호적대장에 기재된 '호'의 성격을 이해할 수 있으며, 동시에 당시 사람들이 하나의 '호' 단위 속에 묶일 수 있다고 간주한 관계들이 무엇이었는지, 그리고 그것이 시간이 흐르면서 어떻게 변화하는지 등을 읽어 보고자 한다.

[표 1-1-2]는 데이터베이스화된 『단성호적』을 바탕으로 하여, 당시에 호적에 기재된 전체 호의 구성을 분석한 것이다. 다만 이 표를 작성할

32 이와 관련하여 보편적이고 전형적인 '가족'이 허구이며 가족을 핵가족을 기반으로 이해하는 것 자체가 사회적 관념에 의해 구성된, 상상의 산물이라는 논의에 주목할 필요가 있다. 페미니스트 가족 연구자들은 가족(the family) 대신에 가족들(families)이라는 용어를 사용할 것을 제안하며, 가족 형태와 생활방식의 다양성을 인정할 필요가 있다고 주장한 바 있다. 이에 '가족'을 정의하는 것이 가능한가라는 질문에 대한 논쟁들이 이루어졌다. 이에 대해서는 다이애너 기틴스 지음, 안호용 외 옮김, 『가족은 없다: 가족이데올로기의 해부』, 일신사, 1998 및 배리쏘온, 매릴린얄롬 지음, 권오주 외 역, 『페미니즘의 시각에서 본 가족』, 한울아카데미, 1991 참조.

[표 1-1-2] 호 구성[33]

단위: 호의 수(%)

연도	A	B	C		D		E		합계
			C1	C2	D1	D2	E1	E2	
1678	192 (8.8)	21 (1.0)	1,637 (74.8)		308 (14.1)		30 (1.4)		2,188 (100)
			1,524	113	288	20	23	7	
1717	131 (5.1)	74 (2.9)	1,535 (59.9)		739 (28.8)		85 (3.3)		2,564 (100)
			1,391	144	675	64	73	12	
1759	154 (5.6)	40 (1.4)	1,797 (65.0)		729 (26.4)		44 (1.6)		2,764 (100)
			1,667	130	682	47	38	6	
1789	136 (5.1)	60 (2.2)	1,625 (60.5)		817 (30.5)		45 (1.7)		2,683 (100)
			1,560	65	801	16	31	14	

A 단독호: 혼자 기재됨.
B 부부를 포함하지 않은 호: 형제자매, 조손, 기타 혈연 및 비혈연 관계 등.
C 부부가족 호(C1: 부부와 그 자녀만 포함. C2: C1+친인척, 미혼형제 포함).
D 직계가족 호(D1: 직계가족원[부부와 기혼의 장남 가족]만 포함. D2: D1+친인척, 미혼형제 포함).
E 여러 개의 부부가족이 묶인 호(E1: 부부가족+부부가족. E2: 직계가족+부부가족).

33 이 표의 C1에는 부부가 모두 생존한 경우뿐 아니라 어느 한쪽이 사망한 경우도 포함되어 있다. 이 표에서는 근대에 구성된 '부부와 그 자녀'로 구성된 전형적 소가족을 알아보고자 한 것이 아니라, 하나의 호 속에 묶인 관계의 망을 알아보고자 한 것이므로, 부부 가운데 어느 한쪽이 사망하거나 기재되지 않은 경우라도 부부가족 단위로 파악하였다. 굳이 부부 모두 살아 있는 경우만을 추려보면, 1678년에 1,367호, 1717년에 1,193호, 1759년에 1,391호, 1789년에 1,252호이다.

때 고공 또는 노비 등으로 표기되어 예속인이 분명한 경우는 제외하고 어떤 방식이든 친족, 또는 동거인으로 볼 수 있는 관계의 사람들만을 대상으로 파악했다. 또 호에 기재된 사람이라도 나이가 함께 표기되어 있어서 그 시점에 동거하는 것으로 생각되는 경우만 포함시켰다. 예컨대 1759년의 생비량면 7리 2통 3호에는 문소사(文召史)가 호주로 기재되어 있다. 그 집에는 11살짜리 아들과 딸 셋의 명단이 보인다. 그런데 이 집에 함께 거주하는 두 딸은 "여소사 년칠, 여소사 년사"(女召史 年柒 女召史 年肆)라고 연령을 기재하고 그들보다 뒤에 혼인한 딸을 "여소사 출가"(女召史出嫁)라고 기재한 것이 보인다.[34] 세 번째에 기재된 딸은 이미 출가하여 이 집에 살지 않으므로 연령을 기재하지 않은 것이다. 다시 말해, 이 표에서 호의 구성원으로 파악한 대상은 호적대장에 나이와 함께 기재되어 호에 거주하는 구성원으로 표시된 경우로 한정하였다.[35]

이러한 기준에 따라 호의 구성원을 파악하여, 『단성호적』에 기재된 호를 단독호, 부부를 포함하지 않은 호, 부부가족 호, 직계가족 호, 여러 가족이 모인 호 등으로 나누어보았다.[36] 한 사람으로 구성된 단독호(A)의 비율은 1678년에 8%였다가 1717년부터 1789년까지 5% 정도이다. 그리고 단독호는 아니지만, 부부를 포함하지 않은 형제자매만으로 구성된 호(B)는 대략 3% 이내로 많지 않다. 부부가족을 기본 단위로 하는

34 『단성(하)』, 1759, 97a.

35 나이가 기재된 경우라도 그들이 반드시 '실제로' 그 집에 거주했다고 볼 수는 없다. 다만, 그것은 적어도 그들이 생존해 있으며, 그 집에 거주하는 것으로 공식문서에 기록되었음을 의미하는 것이다.

36 여기서 부부가족, 직계가족으로 설명한 것은 근대사회에서 설정한 가족 구분의 방식을 편의적으로 빌려온 것이다. 조선시대에 그러한 개념의 가족이 있었던 의미는 아니며, 근대/서구의 가족 구분 방식에 따라 조선시대 가족을 구분하는 것 자체가 근대에 상상된 가족의 이미지를 그 이전에 시대에 덧씌우는 일이 될 수 있으므로 유념해야 한다.

호(C)는 1678년에 약 75%이다가 1717년 이후 60~65% 정도로 줄어들었다. 반면, 직계가족을 기본 단위로 하는 호(D)는 1678년에 14% 정도이다가 1717년 이후 25~30% 정도로 늘어났다. 그리고 부부가족이나 직계가족에 친인척 구성원이 한두 명 포함된 호(C2+D2)를 추려보면 대체로 3~8% 정도로 나타난다. 2개 이상의 여러 가족이 묶인 경우(E)는 대략 1~3% 사이에서 오르내렸다. 17~18세기에 부부가족이 가장 많지만, 18세기로 넘어가는 사이 직계가족호가 늘어난 것을 알 수 있다.

이를 신분별로 나누어 살펴보면 다음과 같다.

[표 1-1-3] 신분별 호 구성

단위: 호의 수(%)

<table>
<tr><th rowspan="2"></th><th rowspan="2">연도</th><th rowspan="2">A</th><th rowspan="2">B</th><th colspan="2">C</th><th colspan="2">D</th><th colspan="2">E</th><th rowspan="2">합계</th></tr>
<tr><th>C1</th><th>C2</th><th>D1</th><th>D2</th><th>E1</th><th>E2</th></tr>
<tr><td rowspan="8">양반</td><td rowspan="2">1678</td><td rowspan="2">30
(9.5)</td><td rowspan="2">5
(1.6)</td><td colspan="2">233
(74.2)</td><td colspan="2">41
(13.1)</td><td colspan="2">5
(1.6)</td><td rowspan="2">314
(100)</td></tr>
<tr><td>212</td><td>21</td><td>37</td><td>4</td><td>5</td><td>0</td></tr>
<tr><td rowspan="2">1717</td><td rowspan="2">39
(7.8)</td><td rowspan="2">17
(3.4)</td><td colspan="2">272
(55.1)</td><td colspan="2">150
(30.1)</td><td colspan="2">18
(3.6)</td><td rowspan="2">496
(100)</td></tr>
<tr><td>229</td><td>43</td><td>125</td><td>25</td><td>16</td><td>2</td></tr>
<tr><td rowspan="2">1759</td><td rowspan="2">18
(2.6)</td><td rowspan="2">20
(2.9)</td><td colspan="2">428
(62.0)</td><td colspan="2">212
(30.7)</td><td colspan="2">12
(1.7)</td><td rowspan="2">690
(100)</td></tr>
<tr><td>379</td><td>49</td><td>189</td><td>23</td><td>10</td><td>2</td></tr>
<tr><td rowspan="2">1789</td><td rowspan="2">28
(3.1)</td><td rowspan="2">36
(3.9)</td><td colspan="2">514
(56.6)</td><td colspan="2">310
(34.1)</td><td colspan="2">20
(2.2)</td><td rowspan="2">908
(100)</td></tr>
<tr><td>479</td><td>35</td><td>302</td><td>8</td><td>14</td><td>6</td></tr>
</table>

<table>
<tr><th rowspan="2"></th><th rowspan="2">연도</th><th rowspan="2">A</th><th rowspan="2">B</th><th colspan="2">C</th><th colspan="2">D</th><th colspan="2">E</th><th rowspan="2">합계</th></tr>
<tr><th>C1</th><th>C2</th><th>D1</th><th>D2</th><th>E1</th><th>E2</th></tr>
<tr><td rowspan="8">양인</td><td rowspan="2">1678</td><td rowspan="2">93
(10.7)</td><td rowspan="2">11
(1.3)</td><td colspan="2">600
(69.0)</td><td colspan="2">155
(17.8)</td><td colspan="2">10
(1.2)</td><td rowspan="2">869
(100)</td></tr>
<tr><td>544</td><td>56</td><td>146</td><td>9</td><td>8</td><td>2</td></tr>
<tr><td rowspan="2">1717</td><td rowspan="2">75
(5.3)</td><td rowspan="2">48
(3.4)</td><td colspan="2">814
(57.8)</td><td colspan="2">414
(29.5)</td><td colspan="2">54
(3.9)</td><td rowspan="2">1,405
(100)</td></tr>
<tr><td>752</td><td>62</td><td>391</td><td>23</td><td>45</td><td>9</td></tr>
<tr><td rowspan="2">1759</td><td rowspan="2">105
(6.7)</td><td rowspan="2">14
(0.9)</td><td colspan="2">1,016
(64.7)</td><td colspan="2">409
(26.1)</td><td colspan="2">26
(1.6)</td><td rowspan="2">1,570
(100)</td></tr>
<tr><td>954</td><td>62</td><td>389</td><td>20</td><td>21</td><td>5</td></tr>
<tr><td rowspan="2">1789</td><td rowspan="2">83
(5.3)</td><td rowspan="2">21
(1.4)</td><td colspan="2">979
(62.4)</td><td colspan="2">462
(29.4)</td><td colspan="2">23
(1.5)</td><td rowspan="2">1,568
(100)</td></tr>
<tr><td>950</td><td>29</td><td>455</td><td>7</td><td>15</td><td>8</td></tr>
</table>

<table>
<tr><th rowspan="2"></th><th rowspan="2">연도</th><th rowspan="2">A</th><th rowspan="2">B</th><th colspan="2">C</th><th colspan="2">D</th><th colspan="2">E</th><th rowspan="2">합계</th></tr>
<tr><th>C1</th><th>C2</th><th>D1</th><th>D2</th><th>E1</th><th>E2</th></tr>
<tr><td rowspan="8">천인</td><td rowspan="2">1678</td><td rowspan="2">69
(6.9)</td><td rowspan="2">5
(0.5)</td><td colspan="2">804
(80.0)</td><td colspan="2">112
(11.1)</td><td colspan="2">15
(1.5)</td><td rowspan="2">1,005
(100)</td></tr>
<tr><td>768</td><td>36</td><td>105</td><td>7</td><td>10</td><td>5</td></tr>
<tr><td rowspan="2">1717</td><td rowspan="2">17
(2.6)</td><td rowspan="2">9
(1.3)</td><td colspan="2">449
(67.7)</td><td colspan="2">175
(26.4)</td><td colspan="2">13
(2.0)</td><td rowspan="2">663
(100)</td></tr>
<tr><td>410</td><td>39</td><td>159</td><td>16</td><td>12</td><td>1</td></tr>
<tr><td rowspan="2">1759</td><td rowspan="2">31
(6.2)</td><td rowspan="2">6
(1.2)</td><td colspan="2">354
(70.2)</td><td colspan="2">105
(20.8)</td><td colspan="2">8
(1.6)</td><td rowspan="2">504
(100)</td></tr>
<tr><td>335</td><td>19</td><td>103</td><td>2</td><td>7</td><td>1</td></tr>
<tr><td rowspan="2">1789</td><td rowspan="2">25
(12.1)</td><td rowspan="2">3
(1.4)</td><td colspan="2">132
(63.8)</td><td colspan="2">45
(21.7)</td><td colspan="2">2
(1.0)</td><td rowspan="2">207
(100)</td></tr>
<tr><td>131</td><td>1</td><td>44</td><td>1</td><td>2</td><td>0</td></tr>
</table>

앞의 표를 살펴보면, 신분이 낮을수록 상대적으로 부부가족 단위의 호가 많고 직계가족 단위의 호가 적은 것을 알 수 있다. 하지만 18세기로 가면서 부부가족 단위보다는 직계가족 단위가 늘어난 경향은 신분 전반에 걸쳐 나타난 것으로 신분별로 큰 차이를 보이지 않았다. 다만, 직계가족의 증가 폭과 지속 추세는 양반층에서 뚜렷하였다.

2) 분호(分戶)와 합호(合戶): 부부가족과 직계가족

조선시대에 호 구성은 부부가족이 가장 많지만, 18세기 이후 직계가족이 증가했다. [표 1-1-3] 가운데서 형제자매 또는 기타 친인척을 포함하지 않은 전형적인 부부가족(C1)과 직계가족(D1)으로 구성된 호를 비교하여 보자. 1678년에 부부가족은 약 70%, 직계가족[37]은 13% 정도이다. 1717년의 경우 부부가족은 55% 정도가 되지만, 직계가족은 26%이다. 1759년에도 부부가족은 60%, 직계가족은 25%로 약간의 변화는 있지만 1717년의 추세를 잇고 있다. 1789년 역시 부부가족은 58%, 직계가족은 30% 정도로 직계가족이 증가한 경향이 지속된다. 요컨대 1678년부터 1789년까지 부부가족이 50~70%로 가장 많다. 하지만, 1717년 이후 부부가족의 수치는 줄어들고, 직계가족의 수치는 늘어났다.

이러한 변화가 나타난 것은 실제로 '호'에 거주하는 사람들의 관계가 바뀌었기 때문일 수도 있고, 또 한편으로는 호적대장에 하나의 '호'를 직계가족의 형태로 구성하는 것이 바람직하다는 인식에 근거한 지침에 따라 호를 기재했기 때문일 수도 있다. 1717년에 부모와 자식의 호를 합쳐서 기재한 것이 늘었을 수도 있고 반대로 1678년에 호를 나누어서

37 D1에는 "부부+기혼아들+(손)"으로 구성된 직계가족을 기본으로 하여, 부부 가운데 어느 한쪽이 먼저 사망한 경우도 넣었다.

기재하는 경우가 많았던 것일 수도 있다. 이러한 경우 어떤 것에 해당된다 하더라도, 호적 기재 상에 나타난 이러한 변화는 그 시기에 호 구성에 대한 사회적 변화를 반영한 것이다. 실제의 호 구성원이 바뀌게 된 것과 호적대장을 기재할 때 하나의 호로 누구를 묶어 기재하는가의 기준이 변화된 것은 서로 연동하는 것이다. 현실의 호 구성이 바뀐 결과가 호 기재에 반영된 것일 수도 있고, 또 기재 방식이 바뀌면서 바람직한 호의 모습에 대한 기준이 달라진 결과 호의 구성도 차츰 바뀌었을 수도 있다.

만일 이러한 경향이 현실의 가호 구성을 반영한 것이라고 전제한다면, 부부가족이 많고 또 직계가족이 미묘하게 증가하는 상황을 통해 조선시대 가호의 모습을 다음과 같이 추론해볼 수 있다. 먼저 17세기에는 조부모·부모·기혼의 손자들이 모두 모여서 하나의 가호를 구성하는 형태보다는 일단 혼인을 하면, 호구를 나누는 경우가 많았다. 18세기 이후 기혼의 아들이 부모와 따로 사는 경우보다는 부모와 함께 호를 구성하는 경우가 증가하였다.

이것이 과연 어느 정도 당시의 현실을 보여주는 것인지 알아보기 위해 관련된 조정의 논의를 찾아보면, 1764년 당시에 실제와 다르게 호를 나누어 호적에 기록하는 것에 대해 영조가 걱정한 것을 볼 수 있다.

> 전교에 이르기를, "이제 서관[西關: 황해도와 평안도]과 청북[淸北: 청천강 이북]의 소과초시(小科初試) 방목(榜目)을 보면, 40인의 합격자 가운데 할아버지 호에 입적(入籍)된 사람은 한 사람뿐이고 아버지의 호에 입적된 사람은 네 사람뿐이다. 그 가운데 나이가 많은 사람은 이상한 일이 아니지만 나이가 젊은 사람도 그러하니, 호(戶)를 나누어 입적하는 것은 바로 금령(禁

슈)이다. 아! 부자(父子)가 호적을 달리하면, 비록 지붕이 붙어 있고 담장이 이어진다 하더라도 아침, 저녁으로 문안하고 잠자리를 살피는 데 어떻겠는가? 하물며 방리(坊里)가 조금이나마 멀다면, 아버지 된 자가 어찌 차마 호적을 달리하며 아들된 자는 또한 무슨 마음으로 따로 살겠는가? 만약 할아비·아들·손자가 다 있다면, 호적이 셋이어야 하겠는가? [……] 이로 말미암아 생각하니, 이는 본도(本道) 사람의 허물일 뿐 아니라 반드시 여러 도에도 모두 그러하리라고 생각된다. [……] 만약 이 하교가 있은 뒤 암행어사(暗行御史)가 염문(廉問)할 때에 적발되는 일이 있으면, 이는 면임(面任) 때문만이 아니라 바로 수령이 억지로 호수를 늘리게 한 소치일 것이므로, 면임을 다스리지 말고 그 하교를 체득하지 않아 풍속과 교화를 떨어뜨린 수령에게 마땅히 제서(制書)를 어긴 사율(私律)을 적용하여 종신토록 다시 수령의 임무에 추천하지 못하게 하라. 그리고 이를 제도(諸道)와 두 도부(都府)에도 일체로 엄하게 알리도록 하라. 이는 수령의 허물만이 아니라 식년(式年)마다 경조(京兆)에서 호구가 불어나지 않는다고 하여 퇴송(退送)한 까닭이다. 이로써 보건대, 이 폐단은 잘못된 정책에서 나온 것이다. 호적을 작성하는 식년이 앞에 있으니 또한 해부[該府: 한성부]에 단단히 일러라" 하였다.38

영조는 할아버지, 아버지, 아들이 호를 나누어 기재하거나 각기 다른 호에 거주하는 것에 대해 비판적으로 논의하면서, 그것이 수령이 호를 억지로 늘리려고 한 탓이라고 이해하였다. 그리고 '풍속과 교화'를 바로 세우기 위해서는 삼대가 함께 하나의 호를 구성하도록 해야 한다고 강조하였다.

다음 내용은 동지사 조명정이 이와 관련하여 제시한 의견과 왕의 반응을 보여준다.

38 『비변사등록』 146책, 영조 40년(1764) 9월 8일.

동지사(同知事) 조명정(趙明鼎)의 아뢴 바에 이르기를, "이제 풍화(風化)를 세우는 윤음(綸音)은 진실로 우리 성상께서 효(孝)로 다스리는 정사에서 나왔으나, 다만 이 일은 법 때문에 폐단이 생길 염려가 없지 않습니다. 대개 부자(父子)가 호(戶)를 나누어 따로 사는 것은 어쩔 수 없는 사정 때문인 경우가 많으며 형편에 따라서 멀고 가까움이 같지 않아 이(里)를 달리하고 면(面)을 달리하여 사는 자도 있고 읍(邑)을 달리하고 도(道)를 달리하여 사는 자도 있습니다. (이들은) 조가(朝家)의 신칙(申飭)이 비록 이와 같다 하더라도 결코 일제히 철거해 돌아올 수가 없습니다. 이제 만약 호를 달리하는 것을 금함으로 인하여 자손이 된 자가 몸은 다른 곳에 있으면서 호적을 고칠 때에 억지로 조정의 명령에 따라 다만 그 할아비나 아비의 솔하(率下)에 들어가기만 한다면, 이름은 호(戶)를 합하였다고 하더라도 실제로는 그 효과가 없습니다. 또 호구가 늘어나거나 줄어드는 것은 진실로 조사하여 찾아내기를 잘하고 잘못하는 데 달려 있으며, 그 액수(額數)가 불어나는 것이 반드시 부자(父子)의 분호(分戶)에만 말미암은 것은 아닙니다. 윤음(綸音)에서, '비록 예전에 백(百)이던 것이 지금 열이 된다 하더라도 모두 실상에 따라 바로잡기를 허락한다.' 하고는 다시 경조(京兆)와 도신(道臣)으로 하여금 검칙(檢飭)하고 점퇴[點退: 점검하여 물리침]하도록 하지 않았으니, 신은 아마도 이 뒤로 호적을 작성할 때에 면임(面任)·이임(里任)의 무리가 이를 빙자하여 더욱 거리낌 없이 (호를) 숨기게 되어 그 전해지는 폐단 때문에 실호(實戶)가 크게 줄어드는 데까지 이르고야 말까 걱정됩니다. 신의 생각으로는, 먼저 한집에서 봉양(奉養)하고 집을 나누지 말도록 하는 뜻을 명확하게 밝혀서 깨우치고, 지붕이 붙어 있고 담장이 이어져 가까이 사는 자는 비록 혹시 다른 솥의 밥을 먹더라도 호(戶)를 나누지 말게 하는 뜻을 별도로 알리면, 공사(公私)에 방해되는 바가 없을 듯합니다" 하였는데, 임금이 말하기를, "나는 큰 요점만 들어서 말하였는데, 뜻은 역시 이와 같다. 아뢴 바가 진실로 옳으니, 비국(備局)으로 하여금 이에 대해 일체 단단히 알리도록 하라" 하였다.[39] [밑줄은 필자에 의함]

조명정은 실제로 부자 사이에 서로 다른 리·면, 또는 읍·도에 사는 경우가 있다는 것, 그것을 하나의 호로 기재한다면 그것이 오히려 실제의 현실과 다르게 호적을 기재하게 되는 것이라고 설명하였다. 현실 속에 아버지와 아들이 각각 다른 집에 사는 경우가 많았다는 것이다. 이에 만일 그들을 하나의 호에 기재하면서 그것이 현실과 일치하도록 하려면, 일단 각각 다른 집을 갖지 말도록 권장해야 한다고 설명하고 있다. 그리고 집의 담장이 이어질 정도로 가까운 경우에 서로 다른 솥 밥을 먹더라도 하나의 호에 기재하도록 하자고 해결 방안을 내놓고 있다.

위의 기록은 실제의 가호에 거주하는 것과 그것을 호적에 기재하는 일 등에 대한 복잡한 논의를 담고 있다. 이 논의 속에서 '호'의 구성과 관련하여 두 가지 점을 알 수 있다. 먼저 영조 40년(1764) 당시 조선에서 부자나 형제가 분가를 하여 각각 '다른 솥 밥을 먹는' 일이 흔한 일이었다는 점이다. 이는 위에서 살펴 본 호적대장의 호 구성에 부부가족이 많았던 것과 잘 맞아 떨어진다.

다음으로, 이러한 현실과는 달리 조정(朝廷)에서는 할아버지·아버지·아들 등이 하나의 가옥에 함께 살고 또 그러한 삶에 근거하여 그들이 하나의 '호'로 묶여서 함께 호적대장에 기재되는 것을 바람직하게 여겼다는 것을 알 수 있다. 국가적 차원에서 궁극적으로 권장한 바람직한 '가호'의 구성 방식은 직계가족의 형태였다. 또, 호적에 '호'를 기재할 때도 가능하다면 아버지와 아들 가족이 한 호에 기재되는 쪽으로 하는 지침을 내렸던 것이다.

이러한 영향 때문일까. 앞의 [표 1-1-2]의 호 구성에서도 18세기 이후 직계가족이 증가한 것으로 나타났다. 한편, 이러한 추세는 앞선

39 『비변사등록』 146책, 영조 40년(1764) 9월 12일.

연구들에서 밝혀진 17, 18세기의 사회관습의 변화 등과 그 흐름을 같이하는 것이다. 마르티나 도이힐러, 마크 피터슨 등은 17세기 이후 주자학적 이념에 근거한 적장자 중심의 친족제도가 확립되는 과정에 있었음을 주장한 바 있다.[40] 이러한 연구에 기대면 18세기로 가면서 호적대장 속에 직계가족이 늘어난 것은 부계적 원리가 강조되면서 혼인한 아들이 부모의 집에 남아서 사는 관행이 조선후기로 가면서 늘어났기 때문일 수 있다. 이는 17, 18세기에 점차 재산 및 제사의 상속에서 부계직계의 원리가 강화되었던 것과 맥락을 같이한다. 제사·재산 및 호의 승계에서 장남의 중요성이 더욱 강조되면서, 가족 구성에서도 직계가족 유형이 늘어났을 수 있다.

하지만 실제 가옥의 거주, 가구를 구성한 방식에서 변화가 나타났다기보다는 호적에 호를 기재할 때 그렇게 묶어서 기재하는 경향이 늘어난 것으로 생각된다. 만일 그것이 주자학적 질서, 부계직계의 원리가 강조된 결과라면 그것이 양인과 천인에게서 비슷한 결과로 나타난 것에 대해 적절히 설명하기 어렵다. 주자학적 질서가 강조되는 분위기 속에서 양반층에서 할아버지·아버지·아들·손자 등이 한 집에 사는 경향이 늘어난 것, 그리고 국가에서 하나의 호에 부자를 함께 기재할 것을 권장하고 추진한 것 그 두 가지가 함께 작용했다고 보는 것이 맞을 것이다. 국가에서 직계가족의 가호 구성을 권장함에 따라 현실에서 가까이 사는 부자는 한 호에 묶여서 기재하게 되었을 수도 있다. 18세기 초의 호적 기재에서 직계가족의 호가 증가하는 결과가 보인 것은 호를

40 도이힐러는 조선 중기의 양반사회에서 이루어진 제사와 장례, 혼인과 상속 등에 관한 관행에서 나타난 변화를 근거로 이를 주장하였다(마르티나 도이힐러, 앞의 책, 2003). 또 마크 피터슨은 특히 양자제와 상속제를 중심으로 하여 17세기 말경에 적장자 중심의 사회로 되었음을 밝혔다(마크 피터슨, 앞의 책, 2000).

기재하는 국가에서 설정한 규범적 틀과 현실 속에서 일어난 가호의 구성방식의 변화가 상호 연동한 결과이다.

3. 호의 다양한 모습들

이렇듯 부부가족과 직계가족이 호의 구성에서 많은 비율을 차지했지만, '부부가족' 또는 '직계가족'에 형제자매 또는 혼인한 형제자매의 가족을 비롯하여 처가의 구성원, 사위 등 다양한 관계의 사람들이 한 호에 묶인 경우도 적지 않았다. 앞의 [표 1-1-2]를 보면, 1717년에는 이러한 친인척이 포함된 호(C2+D2)가 8%를 넘어서서 1678년의 5.2%에 비하여 늘어난 것을 볼 수 있다. 또 직계가족이 아니면서 2개 이상의 부부가족이 한 호에 묶인 경우(E)도 1678년에 2%에 못 미치던 것이 1717년에는 3%를 넘어섰다. 결국 1678년에 비해 1717년에 친인척 등을 포함한 호의 비중이 늘어난 것이다. 그런데 1759년 이후에는 그 비율이 다시 줄어든 것으로 나타난다.

이들이 묶인 모습은 예외적이지만, 조선시대 호 구성의 다채로운 모습들을 보여준다. 이러한 다양한 구성원이 포함된 호는 그 관계를 설명해주는 호칭이 앞의 [표 1-1-1]에서 본 바와 같이 180여 가지를 넘게 나타나는 것으로 짐작할 수 있듯이, 매우 다양한 상황 속에 있었다. 여기서 그 가족 관계가 엮인 모습을 세밀하게 들여다보기로 하자.

① 미혼의 형제자매

먼저 미혼의 형제자매가 포함된 경우를 보자. 부부가족 또는 직계가족에 미혼의 형제나 누이가 포함된 경우는 드물지 않다. 앞의 [표 1-1-2]에 표시한 친인척을 포함한 호(C2, D2)에는 이러한 경우가 상당수 포함되어 있다. 이때 동생이 호주인 호에 형이 기재된 사례도 보인다. 1678년에 이러한 경우는 5사례이며 모두 양인 신분이다.[41] 형수는 없이 형만 기재되어 있는데 그 형이 늙도록 총각인지, 아니면 형수와 어떤 사정으로 이별을 했는지는 알 수 없다. 그 가운데 2명은 병인(病人)으로 기재되어 있다.[42] 병인으로 기재된 경우, 그 사실을 그대로 받아들인다면 그들은 병이 들어서 늙도록 결혼하지 못하고 동생의 집에 함께 살았던 것일 수도 있다. 아니면, 실제로는 병인이 아닌데 역을 피하기 위한 방편으로 병인을 칭하고 동생의 호에 숨어든 것인지도 모르겠다. 1717년에 형수는 없이 혼자서 형으로 기재된 경우는 모두 7명인데 그 가운데 60세 이상이 5명이다. 무슨 사정이 있는지 자세히 알 수 없지만, 홀아비가 된 뒤 동생의 집에 의탁해서 사는 것 같다.[43]

② 기혼의 형제자매

미혼의 형제자매가 호주의 호에 포함되어 있는 경우의 대부분은, 부모가 돌아가신 뒤에 장남이 호주가 되고 그 동생들이 호에 남아 있는 사례이므로 현실에서 흔히 나타날 수 있는 사례라고 할 수 있다. 이와 달리 기혼의 형제자매가 하나의 호를 구성한 경우는 좀 더 흥미롭다.

---

41 이렇듯 형이 동생 호에 기재된 경우 가운데 2개의 사례는 이름만 기재되었을 뿐, 나이가 기재되지 않았다(『단성(상)』, 60b, 북동, 07-04-03 및 『단성(상)』, 136b, 법물야 06-06-03).

42 『단성(상)』, 86a, 도산, 07-03-03; 『단성(상)』, 118b, 신등, 01-32-02. 다른 1명은 31세의 김여홍이며 職役은 水保束伍로 되어 있다(『단성(상)』, 127b, 법물야, 02-04-05).

43 1759년과 1789년에도 양인 신분에서 드물게 이러한 사례를 찾을 수 있다.

그 가운데 형의 호에 기혼의 동생과 그 처가 기재된 경우는 적지 않다. 제수·제처 등이 포함된 호를 검토해보면 1678년에 12건, 1717년에 63건, 1759년에 31건, 1789년에 40건이 보인다.

1789년에 흥미로운 사례가 보이는데, 원당면의 호주 박재신(55세)은 57세의 처와 함께 기재되어 있는데, 그 아래 세 쌍의 동생 부부와 함께 남편 없는 형수 1명, 조카와 질부 및 서모, 아들까지 함께 기재되어 있어서 한마디로 대가족을 이루고 있는 경우이다. 신분은 양반이지만, 노비는 전혀 기재되어 있지 않아서 어떠한 사정으로 이러한 호를 구성하게 되었는지 궁금하다.[44]

이러한 사례 가운데 특히 동생이 호주인 호에 형이 형수와 함께 호 구성원으로 기재된 경우가 재미있다. 이러한 경우는 1678년에는 보이지 않는다. 1717년에는 17개 사례를 찾아볼 수 있는데, 신분별로 나누어 보면 양반이 2호, 양인 10호, 천인 5호이다. 1759년의 경우, 배우자와 함께 동생이 호주인 호에 기재된 형은 3개 사례가 보인다. 1789년에는 형과 형수가 함께 기재된 경우는 2개 사례가 보이는데, 이 경우 모두 형과 형수가 '별호거' 또는 '고'(故)라고 표시되어 다른 집으로 떠났거나 사망한 것으로 되어 있다.[45]

형이 동생의 집에 동거하다가 따로 호를 세워 독립한 경우도 있다. 1678년 호적의 단성현 북동면 7리 4통 3호의 사정을 보면, 함께 동거하던 형 강용립이 "별호립"(別戶立)하였다고 되어 있다. 그 집의 호주는 강말섭으로 되어 있고, 강소사(姜召史)[46]가 강말섭의 처로 기재되어 있다.

44 『단성(하)』, 714b, 원당, 05－03－04.

45 '별호거'인 경우는 『단성(하)』, 775b, 생비량, 04－04－03. 사망한 경우는 『단성(하)』, 751b, 도산, 04－01－04에서 볼 수 있다.

46 소사(召史)의 경우 일반적으로 '조이'로 발음한다고 알려져 있다. 이는 이능화가 『조선여속

아마도 강말섭이 강소사와 결혼하고 나서 얼마 뒤에, 그동안 동생의 집에 동거하였던 형 강용립의 가족이 따로 분가한 것으로 생각된다. 강용립이 어디로 별호를 세웠는지 찾아보니, 바로 옆집인 7리 4통 4호의 호주로 기재되어 있다. 그 호에는 호주인 강용립과 그의 처와 아들이 함께 기재되어 있다.[47]

한편 호주의 여자형제가 결혼한 뒤에 그 남편과 함께 오빠 또는 남동생이 호주인 집에 함께 사는 것으로 기재된 경우는 연도별로 1~4건 정도 보인다. 1678년에 결혼한 누나(또는 여동생)가 남편 곧 호주의 매부와 함께 오빠 또는 남동생의 호에 기재되어 있는 사례는 3건이다.[48] 1717년의 경우 이러한 사례는 모두 양인 이하의 신분에서 보인다. 대체로 혼인한 여동생이 그 남편과 함께 오빠의 집에 동거하는 것으로 기재된 사례이다. 그 가운데 매와 매부, 매부의 모가 모두 함께 기재된 호도 있다. 원당면 9리 2통 1호의 경우를 보면 호주는 사노 억발 48세, 매는 비 애당 31세, 매부는 사노 선필 43세, 매부의 모인 오례는 55세라고 기록되어 있다.[49] 호의 구성원이 억발을 제외하면 모두 선필의 직계가족인데 정작 호주는 억발로 기재되어 있는 것이 흥미롭다. 어쩌면 원당면 9리 2통 1호의 집이 사노 억발의 소유였을지도 모르겠다. 그 호에 호주의

고』(1927)에서 주장한 것이지만, 그 정확한 연원이 밝혀져 있는 것은 아니다. 한편, 호적대장에는 소사와 같이 여성의 성 뒤에 붙는 명칭으로 '조시'(助是)라는 표현이 등장하는 것을 볼 수 있다. 필자의 생각에 이 '조시'가 '조이'로 발음된 것이 아닐까 한다. '소사'가 어떻게 발음되었는가에 대한 정확한 고증이 없기 때문에 이 글에서는 그대로 '소사'로 쓸 것이다.

47 『단성(상)』, 60b, 북동, 07－04－03; 07－04－04.

48 『단성(상)』, 44a, 현내, 05－05－02; 『단성(상)』, 59a, 북동, 06－04－02; 『단성(상)』, 100a, 생비량, 06－03－01.

49 『단성(상)』, 170a.

여동생인 애당의 남편과 그 모가 함께 얹혀사는 것이라면, 억발의 호에 솔거인으로 기재되었을 수 있다는 생각이다. 또 1759년에 매부가 기재된 경우는 단 한 사례만이 보이는데 25세이며 그 아내(호주의 여동생)와 함께 기재되어 있다.[50]

③ 외가(外家)의 구성원

외가의 구성원들이 포함된 경우는 흔치 않기에 흥미롭다. 외조모·외삼촌·외숙모·외사촌·외조카 등이 이에 해당된다. 1717년의 양반 권덕제(33세)의 호에서 어머니 이씨(53세)와 외조모 전씨(79세)를 볼 수 있는데, 달리 의탁할 곳 없는 외할머니가 외손주의 호에 기재된 것인 듯하다.[51]

외삼촌이 기재된 사례는 1759년에 2건이 보이는데 모두 젊은 호주의 호에 어머니가 기재되어 있고, 그 어머니의 '오빠'인 외삼촌이 기재되어 있는 경우이다.[52] 각기 호주의 직역이 '충찬위', '유학'으로 되어 있어서, 양반 신분으로 보인다.

외숙모의 경우 1678년에 1건이 보이는데, 47세의 시비(侍婢) 의녀의 호에 외숙모 박소사가 기재되어 있다. 그런데, 그녀에 대해서 '별호거'(別戶居)라고 설명되어 있어서, 현재 의녀의 호에 살고 있지 않은 것으로

50 『단성(하)』, 130a, 법물야, 14－03－04.

51 『단성(상)』, 177a, 현내, 05－05－01. 이와 같이 외손주가 호주인데, 외조모가 기재되어 있는 경우는 1717년에 1건이 더 보여서 전체 호적 가운데 총 2건이 보이는데, 두 경우 모두 양반 신분인 점이 흥미롭다(『단성(상)』, 222a, 도산, 03－03－02).

52 『단성(하)』, 24a, 현내, 07－01－01; 『단성(하)』, 134b, 법물야, 17－04－05. 두 경우 모두 최근에 호주가 바뀌어서 '대호'라고 표시되어 있다. 그밖에 현내면에 사는 박두미의 호에는 외삼촌 장한개의 이름이 나오는데, '고'(故)라고 표시되어 최근에 사망한 것을 보여준다(『단성(하)』, 20a, 현내, 02－15－05).

되어 있다.[53] 또 1717년 호적에서 양반 신분으로 보이는 주남중(38세)의 호에 외숙모 허씨(65세)가 기재되어 있고, 2명의 비가 소속되어 있는 것을 볼 수 있다.[54] 어영보 이승일(48세)의 호에도 75세의 외숙모가 기재되어 있다.[55]

1717년 호적에서 '외사촌'으로 기재된 경우를 볼 수 있다. 자세히 보면, 호주가 이동성(33세)인데 그의 외사촌 조호석이 기록은 되어 있으나 그는 '진주'에 살고 있다고 되어 있다.[56] 또 1789년에 70세의 호주 황우중의 호에 18세의 외조카가 기재된 경우도 볼 수 있다.

④ 처가(妻家)의 구성원

이제 처의 혈족이 동거하는 사례를 찾아보자. 먼저 처부(妻父)·처모(妻母)가 사위(딸)의 집에 거주하는 사례는 1678년에 1건이 보인다.[57] 처부가 혼자서 동거하는 경우는 3건인데, 그 나이는 53세, 65세, 77세이다. 이들은 대체로 양인 또는 천인 신분이다. 1717년에 처부모가 함께 사위의 집에 동거하는 사례는 8건이다. 아마도 아들이 없는 경우일 것이다.[58] 그리고 1759년에는 처부가 기재된 호를 찾을 수 없었다. 다만 처모가 동거하는 경우가 보일 뿐이다.[59] 1789년에는 '처부'가 기재

53 『단성(상)』, 30b, 현내, 01-24-04.

54 『단성(상)』, 224b, 도산, 05-02-05.

55 『단성(상)』, 288b, 법물야, 11-06-04.

56 『단성(상)』, 155a, 원당, 01-05-05.

57 『단성(상)』, 102a, 생비량, 07-04-02. 처부는 65세의 김인립으로 신분은 양인으로 추정된다. 61세의 처모도 역시 양인으로 추정된다.

58 1717년에는 처삼촌이 기재된 사례도 있다(『단성(상)』, 202b, 북동, 05-09-02).

59 처모가 혼자 기재된 경우는 1678년에 10건, 1717년에 31건, 1759년에 35건이다. 그리고 18세기 말인 1789년에는 보이지 않는다.

된 경우가 1건 보이는데, 김맹돌(37세)이 호주인 호에 그의 처 서소사(26세)가 기재되어 있고, 그 다음에 서윤담(71세)이 '처부'로 기재되어 있다. 김맹돌의 직역은 '병신'(病身)으로 되어 있는데, 양인 신분으로 보인다.[60]

또 처남이 매형(결혼한 누나)의 집에 함께 사는 경우가 있다. 대개 처남이 아직 미성년인 경우이다. 1678년에 이러한 사례가 6건 보이는데, 이를 신분별로 보면 양인이 2호, 사노(私奴)가 4호로 양반층에서는 보이지 않는다. 1717년에는 이와 같은 사례가 17건으로 늘어난다. 또 이미 결혼한 뒤에도 처와 함께 결혼한 누나의 집에 사는 경우도 2건이 찾아진다. 1759년에 처남이 매형의 호에 동거하는 경우는 단 6사례로 앞 식년보다 줄어들었다. 그 변화 과정이 궁금하여 30년 뒤인 1789년의 호적을 찾아보았더니, 처남이 매형의 호에 동거인으로 기재된 사례는 보이지 않았다. 그리고 호주의 처제로 기재된 경우,[61] 곧 결혼한 언니의 집에 동거하는 여동생의 경우는 1678년에 3건, 1717년에 3건, 1759년에 5건[62]이며 1789년에는 찾을 수 없었다.

⑤ 딸과 사위

다음으로 결혼한 딸과 사위가 친정부모(장인)의 집에 들어가서 사는 경우를 살펴보자. 사위는 고려의 호구식(戶口式)에서 한 호에 포함되는 동거가족 가운데 하나로 나열되어 있다. 곧 고려의 호구식은 "호주의 세계 및 동거하는 자식, 형, 제, 조카, 사위 등의 족파 그리고 노비까지"[63]

60 『단성(하)』, 790b, 신등, 01－11－03.

61 호주의 처제가 기재된 경우는 그녀의 나이가 20세 미만인 경우가 대부분이다.

62 예를 들면 『단성(하)』, 100b, 생비량, 09－03－03의 차소사(33세)와 『단성(하)』, 118b, 신등, 07－07－01의 소사(40세)의 경우 등이며 양인 신분이다.

63 […] 戶主 世系 及同居子息兄弟姪婿之族派 至於奴婢 […] (『고려사』 志 권33, 식화

라고 되어 있다. 조선 태종대에 제정된 호구식에서는 "호수 부처의 내외사조 및 솔거하는 자, 손, 제, 조카에서 노비까지"[64]라고 하여 고려의 호구식에 들어 있던 사위가 제외되었다.[65] 하지만 『경국대전』의 호구식에서는 "솔거자녀의 이름과 나이[사위는 본관을 함께 기재한다]"[66]고 명시되어 있어서, 솔거자녀의 범주에 '사위'를 포함하고 있다. 이러한 호구식에 제시된 호 기재 대상의 범위에 사위가 거론된 것을 볼 때, 조선시대 사위가 장인의 호에 '솔거'하는 경우가 일은 있음직한 일이었고 또 국가에서 설정한 전형적 호구의 구성에서 그러한 상황을 굳이 배제한 것도 아니었음을 알 수 있다.

사위가 처가에 기재된 경우는 식년별로 12~26건 정도 보인다. 그 가운데 결혼한 딸과 사위가 함께 기재된 경우가 『단성호적』에서는 연도별로 7~13건 정도이다.[67] 1678년에 사위가 기재된 경우는 25건인데, 그 가운데 사위가 함께 동거하다가 살림을 나간 경우가 2건 보인다.[68] 신분별로는 양반이 4, 양인이 7, 천인이 11건이고, 신분을 알 수 없는 경우가 2건이다. 1717년에 사위가 기재된 경우는 모두 26건인데, 실제로 거주하는 경우는 23건으로 3건은 다른 곳에 이거했다고 기재되어 있다. 양반은 6건, 양인은 11건, 천인이 3건이며, 5건의 신분은 알 수 없다.

---

2 호구조)

64 […] 戶首人夫妻內外四祖 及率居子孫弟姪奴婢 […] (『태종실록』 권30, 15년 12월 3일(병인); 2집 93면.

65 이상의 내용은 崔弘基, 앞의 책, 1997[1975]. 41쪽, 60쪽 및 165쪽 참조.

66 […] 率居子女某某年甲[女婿則幷錄本貫] […] (『경국대전』 권3, 예전 호구식).

67 1759년의 경우 선무군관 조세중(48세)이 사위로 그 처 박씨(38세)와 함께 장인의 호에 기재되어 있다(『단성(하)』, 34a, 북동, 01－02－01).

68 사위의 이름 아래 "夫妻立別戶"라고 표기했다(『단성(상)』, 130a, 법물야, 03－03－02). 그밖에 하동(河東)으로 옮겨간 것으로 표시된 사례도 있다(『단성(상)』, 84a, 도산, 06－11－05).

그 가운데 딸과 사위가 함께 기재된 경우는 13건인데, 그 신분은 모두 양인 이하에 해당한다. 1759년에 사위가 기재된 경우는 모두 24건인데, 그중에 21건이 실제로 거주하고 나머지 3건은 다른 곳에 거주하는 것으로 표시되어 있다. 한 사례를 들면 다음과 같다. '사노' 신분의 76세의 호주 '박여가리'의 호에 59세의 사위 이남과 35세의 딸 금월이 기재되어 있고, 18세의 외손녀가 기재되어 있다.[69] 1789년에 사위를 기재한 호는 모두 12건인데, 거주하지 않는 경우는 2건이다. 양반은 1건이고 양인이 9건, 천인이 2건 보인다.

딸 없이 사위만 기재된 사례도 적지 않은데, 양반 신분에서도 찾을 수 있다. 1717년 신등면 1리 32통 4호를 보면 호주는 유학 류백종으로 나이가 40세인데 그 처와 모가 함께 사는 호에 23세의 사위인 유학 도계흠이 솔거인으로 기재되어 있고 류백종의 딸(도계흠의 처)은 기재되지 않았다.[70] 이 경우는 호주에게 아들이 없는 것으로 생각된다. 또 다른 사례는 65세의 유학 권후형의 호에 사위가 기재된 사례이다.[71] 양반이면서 사위가 그 배우자 없이 기재되어 있는 이 두 사례의 공통점은 그 사위의 처갓집 곧 호주의 호에 아들이 없다는 점, 그리고 노비의 수가 많다는 점이다. 특히 류백종의 호에는 노비가 도망노비를 제외하고도 20명이 넘게 기재되어 있다. 사위가 장인의 호에 기재된 데에는 장인 집안이 부자라는 점이 작용했을 수 있다.

이와 관련한 흥미로운 이야기가 있다. 『공사견문록』(公私聞見錄)에 전해지는 이야기를 보면, 동악(東岳) 이안눌(李安訥)이 신혼 후에 섣달

69 『단성(하)』, 56a, 오동, 04-03-01.
70 『단성(상)』, 266a, 신등, 01-32-04.
71 『단성(상)』, 268b, 신등, 03-02-04.

그믐날 밤 종로에 종치는 것을 구경하러 나갔다가 술에 취해 이동의 어느 집 대문 앞에 쓰러져 있었다. 그런데 이 집은 결혼식을 올린 지 3일 된 새신랑이 아직 본댁으로 가지 않고 있다가 역시 이날 밤 종로에 종치는 구경을 나간 후 늦게까지 돌아오지 않고 있는 상태였다. 그래서 그 집의 종들이 이안눌이 그 새신랑인 줄 알고 데려다가 신부 방에 넣었다. 이안눌과 잠자리를 한 여인은 자신이 죽어야 하지만, 역관의 무남독녀로 부모님을 생각하면 죽을 수는 없다고 하면서, 첩이 되어 받들겠다고 했다. 이공이 아직 첩을 들일 형편이 아니므로 여인은 이공의 이모 집에 의탁해서 지냈다. 한편 신부 집에서 아침에 보니 딸 방이 비어 있어 크게 놀라고, 신랑 집에 가서 살피니 신랑이 집에 가 있기에 재빨리 신부가 급사했다고 소문을 내고 허장(虛葬)으로 딸의 장례를 치렀다. 이공은 급제한 뒤에 집에 이 사실을 알리고 여인을 첩으로 데리고 왔다. 그리고 여인 집에 딸이 살아 있음을 알렸다. 이에 여인의 부친은 이공에게 일생을 의지하게 되었고, 많은 재산을 물려주어 이공은 부자가 되었다.72 이러한 이야기는 무남독녀 외딸의 경우, 장인이 사위에게 재산을 물려주고 또 그 사위에게 노년을 의지하는 사정을 흥미롭게 전해 준다.

사위가 달리 거처할 곳을 마련할 경제적인 능력이 없는 경우에 처갓집에 거주하는 경우는 조선후기에도 드문 경우는 아니었던 것 같다. 다음에 인용하는 구례 유씨가의 일기에 담긴 기록이 참고가 된다.

> [……] 오늘 아침 마침내 이덕홍 어른이 다시 와서 '그의 사위 월평 재종숙

---

72 <이안눌>(김현룡, 『한국문헌설화』 제4책, 1999, 58~59쪽), 『公私聞見錄』 하 190; 『溪西野談』 77.

의' 부음을 전하면서 어젯밤 돌아가셨다고 한다. 슬프도다. 이종숙[이덕홍의 사위]의 서러움이여. 두세 살 정도의 어린아이일 때 일찍 고아가 되어 동생을 거느리고 편모 월곡부인[순천읍 광산김씨이다]을 봉양하였다. 가난한 가운데 장성하여 나이가 스물이 가까워서야 월평 이덕홍의 딸에게 장가들었다. 많은 아들을 낳았으나 마침내 한 명도 기르지 못하고 산 아이는 단지 딸아이 하나뿐이었다. 가산이 낭패하여 한 번도 남아 있은 적이 없었고 또한 거처할 곳이 없어 처의 친정에 의지하였다. [……][73]

사위가 처갓집에 얹혀사는 일이 어떤 사정에 따른 것인가를 한 가지로 설명할 수는 없겠지만,[74] 사위가 처가에 의지해서 사는 경우는 처가에 아들이 없고 상속받을 재산이 많거나, 사위의 처지가 어려운 경우라고 생각된다.

그밖에 조선후기에 야담으로 기록된 이야기 속에도 집이 가난해서 처가살이 하는 경우가 나온다. 숙종 때 권상유와 관련된 야담의 한 대목에 보면, "권상유(權尙游)[75]는 여주 구도사(具都事)의 사위로 집이 가난해 처가살이를 했다. 마침 동서 이당(李)도 함께 처가살이를 했는데, 장인은 문장이 뛰어난 이당만을 좋아하고, 모든 재능을 숨기고 있는 권 공은 멸시했다."[76] 이 경우는 권상유가 처가살이를 하는데, 그 동서인

73 『求禮柳氏家의 생활일기 1851~1915』, 한국농촌경제연구원, 1991, 469쪽 <紀語> 권20 1918년(戊午) 2월 1일(기미).

74 여자의 집에서 혼례식을 하고, 한동안 그곳에서 거주하는 관습하고도 관련이 있을 것이다. 이른바 '서류부가혼'(壻留婦家婚)이라는 것으로 이러한 관행은 고려뿐 아니라 조선전기까지도 유지되었다고 한다. 이에 대해서는 朴惠仁, 「婿留婦家婚俗의 變遷과 그 性格: 朝鮮時代 家族制度 變化를 中心으로」, 『民族文化研究』 14, 1979 참조. 이에 대해서는 이 책의 3부 1장 주 33 참조.

75 권상유는 숙종 때 호조·예조·이조 등의 판서를 지낸 인물로 알려져 있다.

76 <권상유>(김현룡, 『한국문헌설화』 제3책, 1999, 229~230쪽), 『松泉筆譚』 391.

이당도 함께 처가살이를 했다고 기록되어 있어서 흥미롭다. 그런데 권상유가 처가살이를 한 것은 가난했기 때문이라고 되어 있다.

이처럼 실제로 처가살이한 사위들도 있지만, 어쩌면 사위가 기재되어 있는 양반의 경우, 실제 거주하지 않지만 거주하는 것처럼 호적에만 기재된 것일 수도 있다. 사위만 기재된 경우, 그런 낌새가 보인다. 1759년의, 양반의 사례 2건 가운데 하나를 보면 호주는 유학 양여준으로 67세이며, 26세의 아들 양갑손이 있다. 그리고 48세의 동생 양여흠, 사위인 유학 이덕윤이 29세로 기재되어 있다.[77] 1789년에 사위와 동거하는 양반의 사례는 1건만이 보인다. 호주는 92세의 유학 정우창으로 되어 있고, 그의 처 78세의 한씨 밑에 딸은 기록되어 있지 않고 사위 김봉갑이 53세로 기재되어 있다. 그리고 11세의 손녀가 기록되어 있다. 이들 두 사례 모두 '딸'은 없고 사위만 장인의 호에 기재된 경우다. 사위의 처, 곧 호주의 딸이 죽었기 때문에 사위가 혼자서 이 집에 사는 것일까? 그 사정이야 여러 가지로 상상해볼 수 있다. 사위가 어떤 실질적인 이유에 따라 장인의 호에 동거인인 것처럼 허위로 기재되었을 가능성도 있다. 예를 들면, 향시(鄕試)를 보기 위해 호적을 옮겼을 수도 있는 것이다.[78]

한편, 양인 이하의 하층신분에서도 딸은 기재되지 않고 사위 및 그 자녀가 호주의 '외손'으로 표기되어 있는 경우를 찾을 수 있다. 1678년의 호적에서 현내면에 사는 호주 주이룡(65세)은 신분은 양인으로 보이지만, 노비를 여럿 거느리고 있다. 그의 호에 사위 박계원(26세)과 그의

77 『단성(하)』, 67a, 도산, 04－01－02.

78 앞의 주 17～18을 참조해보면, 한성부에 사는 사람들이 향시를 보기 위해 지방의 호적에 이름을 올리는 경우도 종종 있었음을 알 수 있다.

자녀, 즉 호주의 외손 박수명(8세), 외손녀 박소사(13세)가 기재되어 있다. 박계원의 처는 보이지 않는데, 어쩌면 호주인 주이룡의 딸이자 박계원의 처인 여인이 사망하여 박계원이 처가에 아이들을 데리고 들어와서 살고 있는 것인지도 모르겠다.[79] 1717년의 경우에도 신분이 '관노'인 호주 신립(74세)의 호에 딸 3명은 모두 '별호 거'로 표시되어 다른 곳에 산다고 하면서, 사위 한상(24세)과 외손부(外孫婦) 사금(20세)까지 함께 기재된 경우를 볼 수 있다. 공노비인 관노의 호 기재에는 안정적이지 못한 거주 상황이 반영되어 있는 것으로 생각된다.[80]

처의 가족, 결혼한 딸과 사위 등을 포함하고 있는 호가 전체 남성호주 호 가운데 차지하는 비율은 1678년에서 1789년 사이에 2%에서 3.6% 정도이다. 당시의 부계적 사회에서 처남·매부·사위 등과 함께 가족을 형성한 경우는 그리 많지 않았을 것이다. 또 18세기 말에는 처의 가족과 동거하는 경우가 거의 보이지 않는다.[81]

⑥ 기타 호 구성의 사례들

호를 구성한 관계들은 매우 다양하다. 1717년에 '고모'로 기재된 과부 유소사(69세)[82]가 보이는가 하면, 조카가 함께 거주하는 경우도

79 『단성(상)』, 26b, 현내, 01-12-04.

80 『단성(상)』, 181a, 현내, 09-01-02. 그밖에 『단성(상)』, 182a, 현내, 09-06-05의 경우에도 사위와 외손이 함께 기재되어 있고, 사위의 처인 딸은 보이지 않는다.

81 1789년이 되면 부계친족이 아닌 사람이 동거인으로 기재된 경우가 크게 줄어든다. 매부·처남이 기재된 호는 단 한 사례도 찾을 수 없다. 그리고 사위가 기재된 호 역시 줄어들었다. 장인이 사위의 호에 동거하는 경우는 한 사례만 보였다(『단성(하)』, 790b, 신등, 01-11-03). 이 경우 장인의 나이는 71세로 되어 있어서, 아마도 연로하여 달리 의탁할 가족이 없기 때문에 딸의 집에 살게 된 것이라고 생각된다. 그 경우 호주의 직역은 병신(病身)이라고 표기되어 있다.

82 『단성(하)』, 190b, 현내, 14-02-01.

식년별로 4~22건 정도 찾아진다. 이 수치는 조카가 부모(호주의 형제) 없이 혼자서 기재된 경우를 뽑은 것이다. 조카의 경우는 대체로 연령이 20세 이하이며 배우자가 있는 경우는 없었다.[83] 부모가 모두 죽고 고아가 된 조카가 오갈 데 없어, 백부·숙부의 집에 거주하는 사례는 흔히 있을 수 있는 일이라고 생각된다. 그리고 18세기 이후에 조카가 숙부의 집에 거주하는 사례는 증가한다.

부부가족을 이루지 않고 형제자매 등으로만 구성된 호,[84] 아무런 친인척 관계도 없는 사람들이 '동거'로 기재되어 있는 경우도 있다.[85] 또 삼촌, 사촌형제, 종형제, 종매, 종질, 생질, 오촌숙, 이성육촌제, 이성칠촌제 및 그의 배우자 등 다양한 관계의 친인척 등이 함께 기재되어 있는 호가 보인다.[86]

---

83 조카에는 *姪子*라고 표시된 경우, 즉 남성 조카만 포함시켰다. *姪女*의 경우는 1678년에 9호, 1717년에 28호, 1759년에 24호, 1789년에 13호에서 찾을 수 있었다.

84 형제자매로만 구성된 호는 앞의 [표 1-1-2]의 B에 해당된다. 그 사례를 보면, 1678년의 북동면 13리 19통 1호에는 육군 장운량(31세)이 호주이며, 동생인 26세의 장운선과 둘이 기재되어 있다(『단성(상)』, 51b). 그밖에 『단성(상)』, 21a, 원당, 07-12-01; 『단성(상)』, 119b, 신등, 02-02-03 등에서 볼 수 있다. 1717년의 사례는 수군 임건리동(30세)이 호주이면서, 수보 원영(21세)과 부대(18세)와 함께 사는 경우(『단성(상)』, 270a, 신등, 05-01-04) 등이 있다. 1759년 호적에서도 양반인 이팽(30세)이 17세, 14세, 11세의 여동생과 함께 살고 있는데, 어머니인 과부 이씨가 죽어서 최근에 이팽이 호주로 기재되고 남매만이 살고 있는 경우이다(『단성(하)』, 49a, 북동, 11-07-02). 1789년에는 북동면에 사는 양반 박광신(29세)이 호주로 광려(26세), 광조(22세)의 동생들과 셋이 기재된 경우 등이 있다(『단성(하)』, 732a, 북동, 10-09-05).

85 여성호주의 호에 동거녀들이 기재된 사례 가운데 하나를 보면, 1678년 생비량면에 김소사(55세)가 호주인 호에 임소사(65세), 박소사(75세)가 함께 기재된 경우가 있다(『단성(상)』, 96a, 생비량, 03-03-06). 이 사례의 자세한 사정에 대해서는 다음 장의 주 54 참조.

86 이러한 사례들은 1678년에 대체로 하층신분에서 숙모(『단성(상)』, 60b, 북동, 07-06-01; 『단성(상)』, 95b, 생비량, 03-03-01), 사촌제(『단성(상)』, 44b, 현내, 06-01-04), 질부(『단성(상)』, 135b, 법물야, 06-02-05) 등 드물게 보인다. 1717년(삼촌 1건, 숙부 6건, 숙모 9건, 사촌 4건, 이성사촌 1건, 재종제 1건, 재종질 1건, 동질육촌 1건, 이성육촌제

물론 이러한 경우는 통계로 나타내기 어려울 정도로 적다. 하지만, 이러한 호 구성이 '드물게 있는 것'이야말로 사람 사는 모습이며 호적대장의 호에 당시의 다양한 실상이 반영되어 있음을 말해주는 근거일 수 있다.

⑦ 단독호

단독호는 호주 1명으로 구성된 호이다. 대개 식년별로 130호에서 190호 정도로 보인다. 그것이 전체 호에서 차지하는 비율은 1678년에 약 9%로 제일 높고 1717년 이후로는 5%를 넘는 정도로 크게 늘지도 줄지도 않는다. 이러한 단독호의 내용을 다음의 표와 같이 몇 가지로 분류해볼 수 있다.

[표 1－1－4]를 보면, 여성으로서 호주가 되어 혼자서 호를 이루고 있는 경우는 1678년에 64호, 1717년에 44호, 1759년에 77호, 1789년에 28호이다. 이는 대부분이 과부 호주이지만,[87] 과부가 아닌 경우도 섞여 있다. 여 단독호의 신분별 구성을 살펴보면, 1678년에 양반 15호, 양인 12호, 천인 37호. 1717년에는 양반 17호, 양인 18호, 천인 9호이다. 1759년에는 양반 8호, 양인 51호, 천인 18호이다. 1789년에는 양반

1건, 이성칠촌질 1건 등)과 1759년(삼촌 2건, 숙부 1건, 사촌 2건, 동성사촌 1건, 이성사촌형 1건, 종제 8건, 종매 1건, 재종손 1건, 오촌숙 1건, 오촌질 1건, 종제수 1건, 팔촌제 1건, 팔촌제수 1건 등), 1789년(사촌 1건, 숙부·숙모 각 2건, 종형 2건, 종수 1건, 종질 1건 등)의 호적대장에서 다양하게 나타나며, 또 그 관계에 대해서도 상세하게 표현되어 있다. 이러한 다양한 친인척 관계에 대해서는 [표 1－1－1]의 호칭을 참조.

87 이 표에서 나타낸 단독호에는 노비 등 예속인이 포함된 경우가 들어 있다. 곧 친족원으로 보이는 구성원이 없는 경우를 추린 것이다. 여기서 여 단독호 가운데 '과부'를 찾을 때는 '과부' 또는 '과녀'로 표기된 경우뿐 아니라, 남편이 죽은 것으로 기록된 경우를 모두 포함하였다. '과부 호주'에 대한 자세한 분석은 다음 장에서 다룰 것이다.

11호, 양인 12호, 천인 5호로 나온다.

[표 1-1-4] 단독호의 상황

단위: 호의 수

연도	여 단독호			남 단독호				합계
	과부	기타	계	환부	승	기타	계	
1678	46	18	64	5	70	50	125	189
1717	39	5	44	10	40	34	84	128
1759	65	12	77	11	35	30	76	153
1789	25	3	28	4	36	66	106	134

그 가운데 특히 과부가 아니면서 여성이 혼자서 호를 구성한 경우는 앞의 표에서 기타로 표기되어 있다. 그들의 직역을 살펴보면, 1678년에 양녀 3명, 앙역비 5명, 사비 8명, 무녀사비 1명, 류장비 1명이고, 1717년에 양녀 2명, 사비 2명, 경산시비 1명이며, 1759년에 양녀 5명, 사비 7명이고, 1789년에 사비 2명, 양인 1명으로 기재되어 있다. 이들이 어떤 사정으로 혼자 호를 구성하게 되었는지 정확히 알 수 없지만, 대체로 하층 신분의 여성들이다. 그 가운데 하나의 사례를 보면, 1717년에 '양녀'로 기재된 42세의 '등개'에 대해서는 '노(奴) 귀발 처'라고 명시되어 있다.[88] 귀발은 다른 곳에 떠나 있거나, 어떤 이유에서인지 이 호에 기재되지 않고 등개가 혼자서 호주로 기재되어 있는 경우이다.

남성호주 1명으로 이루어진 호는 1678년에 125호, 1717년에 84호,

88 『단성(상)』, 173a, 현내, 02-02-06.

1759년에 76호, 1789년에 106호이다. 그 가운데 호주의 직역이 '승'(僧)인 경우가 1678년에 70호, 1717년에 40호, 1759년에 35호, 1789년에 36호로 파악된다. 1678년에 단독호가 많은 것은 다른 식년보다 승 1명으로 구성된 호가 많기 때문이다. 승려의 경우는 대부분이 양인 신분인데, 1678년에만 노 신분의 승려가 5명 보인다. 승려를 제외한 남 단독호를 신분별로 살펴보면, 1678년의 경우 양반 12호, 양인 16호, 천인 27호로 나타난다. 1717년의 경우에는 양반 19호, 양인 17호, 천인 8호이다. 1759년에는 양반 9호, 양인 19호, 천인 13호이고 1789년에는 양반 15호, 양인 35호, 천인 20호로 나온다. 그 가운데 특히, '환부'라고 호적에 표시되고 실제로 혼자 개재된 호, 곧 늙은 홀아비 혼자서 호를 이룬 경우는 1678년에 5호, 1717년에 10호, 1759년에 11호, 1789년에 4호이다.[89] 한편, 남성 단독호의 연령 분포를 보면 13세에서 88세까지 다양하다. 그 가운데 나이가 많은 경우는 가족 없이 늙은 경우라고 생각할 수 있을 것이다. 나이가 어린 경우는 부모가 모두 사망한 경우들이다. 예를 들면, 1717년 호적의 유학 권린서는 14세로, 어머니 이씨가 사망하면서 혼자 남겨진 경우이다.[90] 1789년 호적에 보이는 13세의 유학 윤맹일 역시 아버지와 어머니 모두 사망하여 스스로 호주로 기재된 경우이다.[91]

남성 또는 여성이 혼자서 호를 구성한 경우들은 앞에서 살펴본 바 있는 '분호'의 사례로 의심해볼 수도 있는 경우들이다. 한집에 같이

89 하지만 호적대장에 '환부'로 기재된 호주는 이보다 많아서, 1678년에 5호, 1717년에 17호, 1759년에 27호, 1789년에 22호이다. 환부로 기재된 경우 가운데 다른 가족원과 함께 기재된 경우가 있기 때문이다. 이에 대해서는 1부 2장의 [표 1-2-10] 참조.

90 『단성(상)』, 263a, 신등, 01-23-05.

91 『단성(하)』, 806a, 법물야, 04-01-02.

사는 사람들을 다른 호에 따로 기재한 경우일 수도 있는 것이다. 하지만 한편으로는 이러한 단독호가 있는 것이야말로 호적대장의 호가 실제의 호를 기반으로 하여, 원칙적으로 그러한 현실을 담아 기재한 것이었음을 보여주는 것일 수 있다.[92] 실제로 '혼자 사는 호'가 있는 것이 현실이기 때문이다. 조선시대 호적대장 속에는 호 구성의 다채로운 현실이 담겨 있다. 그것은 실제의 거주관계를 반영한 것일 수도 있고, 다양한 사정에 따라 사실과 다르게 누락, 변조 등이 이루어진 결과를 보여주는 것일 뿐일 수도 있다. 조선 호적제도에 기재된 '호'의 구성 내용은 제도와 행정문서, 그리고 다양한 이해관계들이 뒤섞인 조합의 결과물인 것이다.

지금까지 호적 작성의 기본 원칙과 호적대장의 개별 호의 구성 내용을 알아보았다. 조선시대 호적대장을 작성하는 기본 원칙은 가장을 중심으로 그 처와 자녀, 그 가호에 소속된 노비·고공 등을 기재하는 것이었다. 호적대장을 작성하는 것은 수취를 위한 것일 뿐 아니라 조선이라는 국가에 소속된 민을 파악하고 통제하기 위한 기초 자료를 갖추기 위함이었다. 호적은 각종 부세를 납부·수취하는 데 필요했을 뿐 아니라 법적·행정적인 문제가 발생했을 때 중요한 근거가 되었다.

호적 작성의 원칙과 그 실제를 파악하는 것은 국가가 만들어내고자 한 호구의 이념형과 실제로 파악된 내용 사이의 일치와 괴리를 이해하는 작업이기도 하다. 『경국대전』 등 조선시대 법전의 규정을 보면, 호적의 호는 부부와 그 자녀 및 예속인을 묶는 단위였다. 호적의 기재를 둘러싼

92 '단독호'가 호적에 기재된 것은 호적대장에 기재된 호가 법칙에 따라 인위적으로 구성한 '인위적 편제호'가 아님을 말해준다. 호를 수취의 단위가 될 수 있는 일정한 수의 남정(男丁)을 기반으로 만들었다면, 굳이 과부 혼자 사는 호, 미성년자로 구성된 호를 단독호로 구성해 만들었을 것 같지 않기 때문이다.

조정의 논의를 보면, 중앙 정부에서는 할아버지·아버지·아들 등을 중심으로, 부계직계의 가족이 함께 거주하는 형태로 구성되는 것을 바람직하게 여겼다. 호적은 백성의 상황을 파악하는 문서이면서 동시에, 그 작성 원칙에 따라 백성들을 배치하여 기재하는 것을 통해 국가가 원하는 가호의 형태를 구성하는 장치이기도 했다.93

그러한 작성의 원칙에 준하여 호적대장에 기재된 내용은 다채롭다. 『단성호적』에 기재된 호의 구성원이 서로 어떤 관계로 맺어져 있는지 알아보니 부부가족·직계가족을 단위로 기록된 호가 대세를 이루었다. 그 가운데서도 부부가족이 많았다. 그러한 호의 구성은 18세기로 넘어선 뒤에 달라졌다. 1678년에 비해 1717년 이후에는 혼인한 아들 부부와 부모세대가 함께 기록된, 직계가족을 단위로 한 호가 늘었다. 또 18세기 이후에 처의 친족 등 부계가족이 아닌 사람들이 포함된 경우는 줄어들었다. 이는 호적을 기재할 때 18세기 이후에 부모와 아들을 나누지 않도록 하고, 직계가족의 형태로 호를 구성하고 기재하도록 한 국가의 정책이 추진된 결과하고 생각된다. 이러한 정책과 함께 실제로 현실 속에서 사람들이 가호를 구성한 방식도 달라졌을 수 있다. 그러한 국가적 기획이 민간의 현실이 연동한 결과가 호적의 기재에 반영된 것이다.

하지만 이러한 변화가 전면적으로 이루어진 것은 아니었다. 직계가족이 늘었다고 하지만, 18세기 후반에도 여전히 다양한 관계의 사람들이 하나의 호에 기재된 경우들이 보인다. 그 하나의 호 안에 기재된 사람들의 관계는 다양하고 또 유동적인 것이었다. 조선후기 사회에서 호의 구성은 구성원의 생애주기에 따라 변화하고, 형편에 따라 그 구성을 달리하는

93 국가의 호구 파악에 대한 의지, 또 그것을 실현할 수 있는 실질적인 힘의 정도, 부세 정책, 향촌사회의 질서 등 다양한 조건에 따라 호적 작성의 방침은 달라졌을 수가 있다.

과정 속에 있었다. 형제자매, 처가의 가족, 사위 등이 함께 살기도 하지만 언젠가는 분가해 나가기도 한다. 그리고 그 사정이 호적에 기재된다. 기혼의 형제자매, 처가 가족이나 사위 등을 포함하기도 하고, 또 호주 혼자서 호를 구성하기도 했다. 어쩌면 예외적일 수도 있는 이러한 호의 구성은 대체로 하층민에게서 나타났지만, 반드시 그런 것만은 아니다. 호를 이룬 다양한 사정 속에는 그 당시 사람들의 복잡한 현실과 이해관계가 개입되어 있는 것이다.

이러한 기재 내용 가운데는 수취의 부담을 덜기 위해, 또는 과거시험을 유리한 곳에서 보기 위한 의도 등으로 조작된 경우도 들어 있었다. 특히 먼 친인척이 기재되어 있는 경우에 그러한 조작의 가능성이 높을 수도 있다. 그것은 그 자체로 당대의 제도적 규제와 그 제도의 틈새를 이용하는 사람들의 생애전략을 보여준다. 호적대장은 조선이라는 국가가 인민을 파악하고자 한 방식, 국가가 정상적 가호라고 상정한 호구의 내용을 보여주면서 동시에 그 제도 속에 속박되면서도 그 제도에 균열을 내는 당시 사람들의 삶의 흔적을 보여주는 자료인 것이다. 호적에 기재된 내용 속에는 당시의 현실적 가호의 상황, 변화되는 가족 구성방식, 국가의 호적 기재(편호) 지침 등이 얽혀 있다. 이러한 복잡한 맥락이 담겨 있다는 것 그 자체가 호적 기재의 현실인 것이다.

제2장
여성호주와 남성호주

하나의 호 속에 함께 기재된 사람들의 관계는 다양했다. 그렇다면 그들 가운데 누가 맨 앞에 기재되었던 것일까. 이른바 '호'(戶)의 '주'(主)라고 할 수 있는 그들은 앞에서 살펴 본 호구식에는 아버지이면서 남편인 존재로 설정되었다. 그렇다면 『단성호적』에도 그렇게 기재되었을까. 호주로 기록된 사람들은 누구였을까. 그들의 성별과 연령은 어떠했을까. 호주가 아닌 다른 가족원 가운데 호주로 기재되었음직한 사람은 없었던 것일까.

호적에 호주를 기재하는 것은 국가의 입장에서는 그 호를 책임질 대표를 정하는 것을 의미한다. 그리고 기재 대상이 되는 호의 구성원들 사이에 위계를 설정하는 장치이기도 하다. 호주를 정하는 데는 호의 구성, 호적을 기재하는 담당자의 기준, 또 국가가 정한 행정적 지침 등 다양한 요소들이 작용했다. 그 기재 내용을 통해 조선시대 사람들이 누가 대표가 되는 것이 적절하다고 생각했는가, 성별, 나이, 가족의 서열 등 여러 요소 가운데 무엇을 우선하는 것으로 보았는지를 알아볼 수 있다. 이는 곧 호적대장이라는 행정 문서에 인구를 파악하여 기재하는 과정에서 작동한 '배치의 정치'를 읽는 작업이기도 하다.

1. 호주의 성별

『경국대전』의 호구식을 보면 호주를 맨 앞에 쓰고 그 뒤에 처, 자, 녀, 노비 등이 기재된다고 되어 있다. 누가 호주로 기재되는지에 대한 별도의 설명은 없지만 부부 가운데 남편이며, 자녀에게 아버지이고, 예속인에게 주인인 존재가 호의 호주로 기재되는 것이 규범적인 형태로 제시된 것이다. 호주는 아버지이면서 남편인 남성으로 설정되어 있는 것이다. 하지만 실제의 호적대장 속에는 많은 여성호주들이 보인다. 아버지이자 남편인 사람이 없는 호의 경우, 여성이 호주로 기재된 것이다. 조선후기의 호주는 남성인 경우가 많았지만 반드시 남성이어야만 했던 것은 아니다.

호적대장에 기재된 사람들의 성별을 구별하는 일은 어렵지 않다. 호적대장에 기재되는 호주나 구성원들의 이름 앞에는 대개 '직역'[1]이 표시되어 있다. 예컨대, 양인 신분의 직역을 보면, 남성은 '양인', 여성은

1 '직역'은 근대적 언어체계로는 이해하기 어려운 용어로, 신분, 직업, 담당한 역(役), 신체의 상태 및 처지 등 국가가 지배 대상인 '민'의 상태를 파악한 내용을 표현하는 개념이다. 예를 들면, 幼學, 正兵, 私奴, 免賤 등 전형적으로 신분을 나타내는 것. 生員, 進士와 같이 과거 합격 유무를 보여주는 것. 匠人, 驛卒, 烽燧軍 등 맡은 역할과 직업을 보여주는 것. 中風病人私奴와 같이 건강상태와 신분을 함께 묶어서 보여주는 것. 寡婦, 鰥夫와 같이 혼인상태를 보여주는 것. 또는 獨奴와 같이 혼인상태와 신분을 함께 묶어서 보여주는 것 등 다양하다.

'양녀'라고 표현되어 있다. 노비의 경우도 남성은 '노', 여성은 '비'로 명확히 구별되어 있다. 또 직역뿐 아니라 관계에 대한 설명에서도 성별을 알 수 있다. 대개 여성의 경우는 누구의 처, 누구의 딸, 누구의 어머니라고 하여 호주와의 관계를 통해 여성이라는 점을 드러낸다. 또는 성 뒤에 양반은 씨(氏)를 붙이고, 양인은 소사(召史) 등을 붙여서 여성임을 나타내기도 한다. 이렇듯 호적에 기재되어 있는 내용을 보고 그가 여성인지 남성인지를 쉽게 알 수 있다.

[표 1-2-1]은 1678, 1717, 1759, 1789년의 호적에 보이는 호주의 성별을 파악하여 표시한 것이다.

[표 1-2-1] 호주의 성별

단위: 명(%)

연도	남	여	합계
1678	1,954 (89.3)	234 (10.7)	2,188 (100)
1717	2,403 (93.7)	161 (6.3)	2,564 (100)
1759	2,463 (89.1)	301 (10.9)	2,764 (100)
1789	2,502 (93.3)	181 (6.7)	2,683 (100)

[표 1-2-1]을 보면 여성이 호주로 기재된 경우는 전체 호주 가운데 약 6~11% 정도를 차지했음을 알 수 있다.[2] 여성이 호주로 기재된

2 여성으로서 호주가 된 경우에 대체로 과부(寡婦) 또는 과녀(寡女)가 많다. 과부·과녀는 남편이 죽고 없는 여성을 가리키는 용어이다. 그 가운데 과부는 대체로 양반 여성인 경우이고, 과녀는 양반이 아닌 여성을 가리킨다. 때로는 과부·과녀라는 표시 없이 양녀 또는 사비 등으로 여성임을 표시한 여성호주의 사례도 보인다. 호적대장에서 호주의 성씨 앞에 과부·과녀라는 말이 붙어 있거나(예: 과부 이씨), 비(婢)로 기재된 경우(예: 사비 끝년), 또는 아무 직역 없이 모씨(某氏), 또는 모소사(某召史)·모조시(某助是)라고 되어 있는 경우를

호는 예외적인 사례로 돌리기에는 많은 비중을 차지한다. 그런데 그 수치는 시기별로 변화를 보인다. 1678년에는 여성호주가 11% 정도로 상당히 많았는데 1717년 이후 호적에서는 여성호주는 6.3%로 줄어들었다. 그러다가 1759년에는 다시 늘어나고 1789년에는 다시 줄어드는 것으로 나타났다.

조선후기의 호적에 여성호주가 적잖이 보인다는 것, 그리고 그 수치에 이러한 변화가 보인다는 사실을 어떻게 설명할 수 있을까. 먼저 떠오르는 생각은 과부가 된 여성들이 재혼하지 않게 되어, 과부가 늘었기 때문이 아닐까 하는 것이다. 하지만 과부의 수와 여성호주의 수가 반드시 일치하는 것은 아니다. 다시 말해서, 과부들이 반드시 '호주'로 기재되는 것은 아니다. 곧 남편이 먼저 죽은 뒤, 과부가 다른 누군가의 호에 동거가족원으로 기재된다면, 여성호주로 나타나지 않을 것이다. 호적대장의 여성호주의 증감은 과부의 증감만으로 이해하기 어렵고, 호적 기재와 성별 질서에 대한 관념 등 복잡한 사회적 맥락을 고려하여 분석되어야 할 문제이다.

위에서 살펴본 호주의 성비를 전체 인구와 대비해 보기 위해, 『단성호적』에 기재된 남녀 인구를 찾아보았다. [표 1-2-2]를 보면 대체로 여성 인구가 남성보다 많은 것을 알 수 있다. 그것은 기본적으로 당시의 출생 성비가 그러하기 때문일 수도 있지만, 호적 작성 과정에서 남성이 누락된 것일 수도 있다.3

파악하면 여성호주의 수치가 나오게 된다.

3 이 인구수에는 비(婢)의 수가 포함되어 있는데, 노비의 주인 입장에서는 비의 수를 정확히 기재하는 것이 그 자녀의 소유 관계 등을 파악하는 데 중요했을 것이다. 이와 같은 여러 사회적 요인들이 작용하여 [표 1-2-2]와 같은 여성이 많이 기재된 결과로 나타났을 것이다.

[표 1-2-2] 전체 인구의 성비

단위: 명(%)

연도	남	여	성별 모름	합계
1678	5,891 (49.4)	6,009 (50.4)	27 (0.2)	11,927 (100)
1717	8,023 (46.7)	9,143 (53.2)	15 (0.1)	17,181 (100)
1759	6,557 (41.1)	9,387 (58.8)	9 (0.1)	15,953 (100)
1789	5,755 (40.2)	8,553 (59.8)	1 (0.0)	14,309 (100)

남성은 호적에 기재되는 것이 역을 부담한다는 의미이므로 가능하면 누락되려고 애썼을 수 있다. 그런데 이 표에서 호적에 기재된 인구는 연도에 따라 적지 않게 달라진 것을 볼 수 있다. 특히 1717년에 호적에 기재된 인구가 많다. 이는 실제 인구가 늘어난 것이 아니라 17세기 말, 18세기 초에 '오가작통제', '호패법', '면리제' 등이 시행되면서 호구를 파악하여 기재하는 행정이 강화된 결과로 보인다. 앞의 [표 1-2-1]에서 이 시기에 여성호주가 앞 시기에 비해 줄어든 것도 이러한 호구파악의 문제와 관련된 것일 수 있다. 어쨌든 인구수를 볼 때 호적자료에서 여성에 대한 파악이 남성보다 부실한 것은 아님을 알 수 있다.[4]

다음으로 여성이 호주로 기재된 것이 모든 신분의 일반적 현상인지 특정 신분에서만 나타나는 것인지 알아보자. 여성호주가 어느 한 신분에서만 나타나는 것이라면 그것이 조선시대 호적 기재의 특징을 보여주는 것이라고 하기는 어려울 것이다.[5] [표 1-2-3]에서 남녀 호주의 신분

4 양반인 여성도 모두 파악하는 것이 기본적인 지침이었다. 이에 대한 규정은 다음과 같다. "士夫의 女와 子가 漏籍되면 그 家長은 徒刑과 流配刑에 처한다; 士夫女子漏籍者 其家長徒配"(『속대전』 권2 호전 호적).

구성비를 드러내었다. [표 1-2-3]은 전체 호주를 신분별로 나눈 뒤 그 수를 다시 남녀로 나누어서 각 신분 안에서 남녀가 각각 어느 정도의 비중을 차지하는지 나타낸 것이다.

[표 1-2-3] 호주의 신분별 성비

단위: 명(%)

연도	양반			양인			천인		
	남	여	계	남	여	계	남	여	계
1678	247 (78.7)	67 (21.3)	314 (100)	791 (91.0)	78 (9.0)	869 (100)	916 (91.1)	89 (8.9)	1,005 (100)
1717	455 (91.7)	41 (8.3)	496 (100)	1,334 (94.9)	71 (5.1)	1,405 (100)	614 (92.6)	49 (7.4)	663 (100)
1759	642 (93.0)	48 (7.0)	690 (100)	1,388 (88.4)	182 (11.6)	1,570 (100)	433 (85.9)	71 (14.1)	504 (100)
1789	835 (92.0)	73 (8.0)	908 (100)	1,482 (94.5)	86 (5.5)	1,568 (100)	185 (89.4)	22 (10.6)	207 (100)

[표 1-2-3]을 보면 시기별로 수치의 차이는 있지만, 여성이 호주로 기재된 경우는 모든 신분에서, 그리고 모든 식년의 호적에서 보인다.[6]

5 예를 들면, 천인 신분에서만 여성이 호주로 기재되었다면 종모법(從母法)에 의하여, 노비의 소속관계를 파악할 때 어머니가 누구인가가 중요했기 때문이라고 추정할 수 있을 것이다.

6 여성호주의 신분별 비율을 알아보면 다음 표와 같다.

여성호주의 신분

단위: 명(%)

연도	양반	양인	천인	여성호주 합계
1678	67 (28.6)	78 (33.3)	89 (38.0)	234 (100)
1717	41 (25.5)	71 (44.1)	49 (30.4)	161 (100)
1759	48 (15.9)	182 (60.5)	71 (23.6)	301 (100)
1789	73 (40.3)	86 (47.5)	22 (12.2)	181 (100)

그 변화되는 양상을 살펴보면, 1678년에서 1717년 사이에 양반층에서는 여성호주의 비율이 뚜렷하게 줄어들고, 1759년 이후에도 줄어든 채로 유지되었다. 양인과 천인의 경우는 1717년에는 감소하였지만, 1759년에 여성호주의 비율이 다시 늘었다가 1789년에는 다시 감소하였다. 여기서, 1759년과 1789년에 걸쳐 나타난 천인 여성호주의 증감이 천인호 전체의 수가 감소하는 것과 함께 나타난 것을 볼 수 있다. 천인호는 1678년에 1,000호를 넘던 것이 1789년에는 207호로 크게 감소하였다. 그런데 '천인 여성호'는 상대적으로 증가하였다. 천인 신분에서 여성호주가 많아지게 된 것은 그러한 천인 남성호의 감소라는 변화 속에서 이해될 필요가 있다. 천인 여성이 호주로 기재된 데는 천인 남성이 집을 떠나 있거나,[7] 호적 기재에서 누락되었던 것 등이 중요한 요인이 되었을 것이다.

요컨대, 17세기에서 18세기로 넘어가는 사이에 모든 신분에서 여성호주는 감소했다. 그러나 18세기 중반 이후에는 신분별로 다른 추세를 보인다. 양반층에서는 18세기 후반까지 감소된 수치가 유지되었다. 양인과 천인 신분에서는 18세기 중반에 여성호주의 비율이 증가했지만 18세기 말에는 다시 감소했다. 여성호주의 수치는 각각의 신분에 속한 사람들이 처한 상황, 그들을 파악하여 기재하는 지방 관아의 입장 등 다양한 맥락 속에서 복잡한 곡선으로 움직였던 것이다.

그렇다면 여성이 호주로 기재되는 일은 어떻게 인식되었을까. 여성호주에 대한 당시의 문헌자료를 찾아보면 다음과 같은 기록을 볼 수 있다.

7 이러한 경우는 남편이 기재되어 있는데도 여성이 호주로 되어 있거나([표 1-2-7] 참조) 혼자 사는 것으로 기재된 사비(私婢)의 호가 상당수 있는 것을 통해 짐작할 수 있다. 이에 대해서는 앞 장의 [표 1-1-4] 및 '단독가호'에 대한 설명 참조.

황윤석(黃胤錫, 1729~1791)의 일기인 『이재난고』(頤齋亂藁)에는 과부가 호주인 경우 죽은 남편의 사조를 빠뜨리는 일에 대한 언급이 들어 있다.

일찍이 진주 류씨와 여흥 이씨 두 족보를 보니, '고려 말의 장적에 기록되어 선대가 전해지는 것이 (있어) 무릇 세계(世系)에 오류가 있으면 그것으로 바로잡는다.' 하였다. 그 호적의 기재 양식은 (다음과 같다.) 장부(丈夫)가 주호가 되는 경우 먼저 자기의 사조(四祖: 부·조·증조·외조)를 기재하고 다음으로 그 처의 사조를 기재하는데 처가 먼저 죽었더라도 그것을 삭제하지 않았다. 부인이 (남편을 잃고) 홀로 지내면서 주호(主戶)가 된 경우 또한 먼저 자기 사조를 쓰고 다음으로 죽은 남편의 사조를 기재하였으며, 그 아래 자녀를 모두 기재하였다. 오늘날에는 그렇지 않아서 홀아비가 주호인 경우 죽은 처의 사조를 빠뜨리고, 과부가 주호인 경우 죽은 남편의 사조를 빠뜨린다. 그런 까닭에 과부의 아들이 과거에 응시하여 봉미(封彌)할 때, 종종 호적에 아버지 집안의 사조가 없는 것이 봉미법[8]과 서로 맞지 않아서 낭패이고, 홀아비의 아들 또한 호적에 외조가 없어서 낭패이니, 이와 같은 일이 많다. 고려의 법식을 돌이켜 보면 또한 온전하고 상세하지 않는가? 지금 사람들은 고려 사람들을 탓하기만 하는데, (이런 일을 보면) 매사에 그들을 탓하기만 할 수는 없는 것이다.[9]

8 封彌法이란 과거에 응시할 때, 누구의 시험지인지 알아볼 수 없게 이름을 가리는 것을 의미한다. 이에 대해 이성무의 연구를 참조해 보면 다음과 같다. "과거 응시자는 시험지 끝에 본인의 관직, 이름, 본관, 거주지와 부·조·증조·외조의 관직, 이름, 본관 등을 다섯줄로 쓰고 관원들이 응시자의 이름을 알아볼 수 없도록 그 위를 종이로 붙여 봉하였다. 이를 皮封 또는 封이라 하였다. 피봉에는 상·중·하 세 곳에 "謹封"이라 쓰고 녹명할 때 도장을 받았다. 이를 外打印이라 한다"(이성무, 『한국의 과거제도』, 집문당, 2000, 214~215쪽)

9 嘗觀晋州柳氏 驪興李氏二譜 載麗末帳籍 先世所傳者 蓋世系有誤 而得此而正之也 其戶籍之式 丈夫爲主戶 則先錄自己四祖 次錄其妻四祖 妻雖沒不刪也 婦人寡居主戶 則亦先錄自己四祖 次錄亡夫四祖 而其下俱錄子女 近世不然 鰥夫主戶 而闕亡妻之四

위의 자료에서 문제 삼은 것은, 남편이 호주이던 그 부인이 호주이던, 죽은 배우자의 사조를 기록해야 하는데 홀아비는 죽은 처의 사조를 빠뜨리고 과부는 죽은 남편의 사조를 빠뜨린다는 점이다.**10** 이 기록에서, 과부와 환부의 사조 기재 누락을 지적했을 뿐, 남편이 죽은 뒤에 혼자 지내는 과부가 호주로 기재되는 것에 대해 특별한 일로 논의하지 않은 것을 볼 수 있다. 또한 홀아비가 죽은 처의 사조를 빠뜨리는 것과 과부가 죽은 남편의 사조를 빠뜨리는 일을 대등한 일처럼 무심하게 서술한 태도가 흥미롭다. 과부가 호주로 기재될 때, 죽은 남편을 대신하여 임시로 호주로 기재되는 것이 아니라, 과부 호주를 기준으로 '사조'를 쓰고 남편의 사조를 빠뜨리는 경우가 있을 정도로 과부는 남편과 동등한 자격의 '호주'로 기재된 것이다.

정약용이 쓴 『목민심서』(牧民心書)의 기록을 보면, 호적 기재가 문란해지는 문제에 대해 논의하면서, 호적에 홀아비 또는 과부라고 기재하는 것에 대해 다음과 같이 지적하였다.

> 식구가 많으면 곡식 바치는 것도 많은 까닭에 호적에는 홀아비라고 칭하는 자가 많으니, 백성의 애통함이 심함을 이에서 알 수 있다. 그러나 식구 역시 지난번 구총(口總)에 견주어 백성이 임의로 늘리거나 줄이지 못하도록 한다면 <방법은 위에 나와 있다.> 어찌 반드시 홀아비의 호(戶)가 있을 것인가. 홀아비나 과부라는 것은 곤궁한 자의 명칭이요 직(職)도 아니고 역(役)도

祖 寡婦主戶 而闕亡夫之四祖 以故寡婦之子 赴試書彌封者 往往以籍無父家四祖 與彌封相左而狼狽鰥夫之子 亦以籍無外祖而狼狽 若是者多矣 回視麗式 不亦完且詳哉今人固譏麗人 亦不可一槩譏之也(『頤齋亂藁』 권15, 6월 '初七日辛巳' 원문37a [한국역사정보통합시스템])

10 실제로 『단성호적』에서도 홀아비 또는 과부가 호주로 기재된 경우, 죽은 배우자의 사조를 기재하지 않는 것이 일반적이다.

아닌데 어찌 스스로 칭할 수 있는 것이겠는가. 호적에 처(妻)가 없으면 스스로 홀아비임이 밝혀질 것이니, 하필 머리에다 표방할 것이겠는가. 과부도 역시 그러하니, 스스로 양녀(良女)라 칭하면서 호적에 지아비가 없다면 저절로 과부임이 밝혀질 것이다. 과부는 원래 호(戶)를 세울 수도 없는 것이다.[11]

이에 따르면, 환부 또는 과부는 호적에 직역으로 기재될 만한 내용이 아니며 특히 과부는 호를 세워서 호주로 기재될 수 없는 존재라는 것이다. 이는 홀아비나 과부로 이루어진 호가 없어져야 한다는 의미가 아니라 직역에 '환부' 또는 '과부'라고 표시하지 말라는 것이 요점이다. 당시에 납부하는 곡식의 양을 줄이기 위해 식구의 수를 줄이고자 하여, 배우자가 있으면서도 홀아비·과부라고 허위로 기재하는 경우가 많았기 때문이다. 그러므로 다산 정약용은 처가 없고, 남편이 없으면 자연히 그들이 홀아비인지 과부인지 알게 될 일을 호적의 앞에 표방하는 것에 대해 비판한 것이다. 실제로 『단성호적』을 보면 호주가 환부로 기재된 경우 가운데 배우자가 있는데도 홀아비로 기재된 경우가 있어서 다산 정약용의 지적이 사실이었음을 알 수 있다.[12]

위의 자료에서 정약용은 "과부는 원래가 호를 세울 수도 없는 것"이라고 주장했다. 하지만 『단성호적』에는 과부가 호주로 기재된 사례가 많이 보인다. 뿐만 아니라 고려시대에도 여성이 호주로 기재된 경우가

11 丁若鏞 著, 茶山硏究會 譯註, 『譯註 牧民心書 III』, 창작과비평사, 1981, 98쪽 '제6부 戶典 六曹 2 제4장 戶籍'

12 1678년 호적에서 이러한 사례를 찾을 수 있다. 오동면 3리 4통 5호를 보면, 김필해(83세)가 호주로 기재되어 있는데 30세의 김상백, 28세의 김종백이라는 두 아들이 기재되어 있다. 그 뒤에는 후처로 들어온 이소사(50세)가 기재 되어 있다(『단성(상)』, 213b). 이 경우 후처가 들어왔으므로 김필해는 더 이상 '환부'라고 기재되지 말았어야 한다. 『단성호적』에 '환부'로 기재된 남성호주의 수는 [표 1-2-10] 참조.

있었다. 『여주이씨소릉공파보』(驪州李氏少陵公派譜)에는 「고려개성부호적」(高麗開城府戶籍)(1237~1372) 4건이 남아 있는데, 그 가운데 2건은 여성이 호주인 경우이다. 한 사례는 60세의 부인 최씨가 호주인데 남편은 이미 죽었고, 32세의 아들을 데리고 있다. 또 다른 1건은 63세의 이씨가 호주인데 그 경우도 역시 남편은 죽었고, 44세의 아들이 함께 기재되어 있다.[13] 또 조선초기의 호적에서도 여성이 호주로 기재된 경우를 적지 않게 찾을 수 있다.[14]

그렇다면 어떤 조건 속에서 남성 또는 여성이 호주로 기재된 것일까. 이제 『단성호적』에 여성호가 기재된 양상, 그들의 연령 및 여성호주 다음에 기재되어 있는 다른 구성원들의 내용을 구체적으로 살펴보기로 하자. 어떤 상황 속에서, 누구와 함께 사는 여성이 호주로 기재되었던 것인지, 곧 아무 가족도 없이 혼자 남은 여성이 호주로 기록되었는지, 아니면 아들 등의 다른 가족원이 함께 사는 경우도 있었던 것인지 궁금하다.

2. 여성호주와 호(戶) 구성원

1) 여성호주의 유형과 연령

호적대장에 기재된 여성호주를 분석하기 위해 [표 1-2-4][15]에서 여성호주의 직역이 어떻게 기재되어 있는지 알아보기로 하자.

13 崔弘基, 앞의 책, 1997[1975], 42~49쪽.

14 위의 책, 100~102쪽.

15 이 표에서는 실제 『단성호적』에 기재된 그대로를 보여주기 위하여 '사비과녀' 또는 '과녀사비'와 같이 특별한 차이 없이 앞뒤의 순서만 달리 쓰인 것도 따로 구분하여 표기하였다.

[표 1-2-4] 여성호주의 직역표기

구분	1678	개수	1717	개수	1759	개수	1789	개수
과부/과녀	과녀	9	과부	17	과부	54	과부	48
	과녀비	1	과녀	39	과녀	152	과녀	49
	과녀사비	16	과녀사비	6	과녀비	2	과녀교비	1
	사비과녀	1	사비과녀	8	비과녀	1	과녀사비	3
	과녀시비	1	과녀원비	1	과녀사비	11	사비과녀	2
	과녀양역비	1	전라도래과녀	1	사비과녀	7		
	과녀양역사비	2	양과녀	3	과녀시비	1		
	류장비과녀	1	과양녀	2	사기장과녀	1		
	과양녀	2			과녀양인	1		
	계	34	계	77	계	230	계	103
독녀	독녀	1			독녀	1		
	독녀사비	2						
	사비독녀	2						
	계	5	계	0	계	1	계	0
기타	관비	2	관비	6	관비	12	사비	14
	교비	1	교비	1	노제관비	3	양녀	4
	류장비	1	맹인	1	무녀	1		
	무녀사비	1	사비	24	사비	22		
	반비	2	삼가교비	1	원비	1		
	비	2	원비	1	정속비	1		
	사비	38	경산시비	1	양녀	2		
	시비	4	양녀	10				
	양역비	2						
	양역사비	2						
	양역솔비	1						
	역녀	1						
	양녀	18						
	계	75	계	45	계	42	계	18
표기없음	120		39		28		60	
합계	234		161		301		181	

여성호주 가운데는 과부[16]도 있고 독녀(獨女)[17]도 있으며, 과부도 아니고 독녀도 아니지만 호주로 기재된 경우도 있다. 특히 하층신분의 여성들은 혼인 여부와 무관하게 호의 주로 기재된 경우가 많다. [표 1-2-4]에서, 여성호주의 직역 기재 방식이 매우 다양하며, 또 일관된 규칙을 따라서 표시된 것도 아님을 알 수 있다. 여성호주의 직역을 몇 가지 범주로 묶어보면, 대체로 남편 유고의 상황을 보여주는 과부 또는 과녀와 독녀, 그리고 신분 직역을 보여주는 양녀·사비·관비·앙역비·시비·교비·반비·원비·류장비·정속비·역녀·사기장·무녀 등으로 나뉜다. 호적에서는 이러한 호칭들이 단독으로 또는 조합되어 기재된 것으로 볼 수 있다.

[표 1-2-4]에서 찾을 수 있는 흥미로운 점은 1678년에는 과부라는 표현이 보이지 않는다는 사실이다. 과부는 대체로 양반 신분의 남편이 먼저 죽은 여성을 지칭하는 말인데, 1678년에는 양반가의 경우 '과부'라는 표현 대신 죽은 남편의 직역과 성명을 쓰고 호주가 그 처(妻)로 바뀌었음을 밝혀놓은 경우가 대부분이다. 이 경우 과부라는 말은 생략되기도 하지만 그 내용상 새 호주가 과부라는 것을 분명히 알 수 있다.

여성이 호주로 기재된 경우, 호적의 기재 방식을 다음 세 가지로 구분해볼 수 있다. 첫째, 남편이 죽고 나서 그 뒤를 이어 새로 호주가 된 내용이 기재된 경우이다.[18] 이 경우 "모모[남편의 이름] 고 대처 (과부) 모씨"(□□ 故代妻 □□) 등으로 기재되어 있다. 이때 과부 또는 과녀라는

16 호적대장에 '과부' 또는 '과녀'라고 표기되어 있거나, 남편이 죽은 뒤에 호를 이었다고 표시된 경우가 해당된다.

17 조선시대 '독녀'에 대해서는 정지영, 「조선시대 혼인장려책과 독신여성: 유교적 가부장제와 주변적 여성의 흔적」, 『한국여성학』 20-3, 2004 참조.

18 이와 관련하여 제2부의 1장에서 자세히 다룰 것이다.

표현이 있기도 하지만, 없는 경우도 있다.[19] 어쨌든 그들의 남편이 사망했다는 설명이 되어 있기 때문에 그녀들은 과부·과녀임을 알 수 있다. 둘째, 과부·과녀로만 기재된 경우이다. 이는 첫 번째 경우와 달리 이번에 새로 호주로 기재된 것이 아니라, 지난 식년에 이미 남편이 죽어서 호주가 바뀐 사정을 기재했던 경우이다.[20] 셋째, 과부나 과녀라는 표시 없이 '직역, 이름'만 기재된 경우이다. 단지 양녀·사비·관비·역녀·무녀 등의 직역이 이름 앞에 붙여 있거나,[21] 또는 직역 기재도 없이 성(姓)과 소사(召史)를 붙여서 그가 여성임을 표시한 경우도 있는데 그들은 대체로 천인 여성인 경우가 많다.

첫 번째 경우는 호주가 바뀐 상황과 그들이 최근에 과부가 되었음을 보여준다. 두 번째 경우는 이번 식년 이전부터 과부로 기재되어 그 상태를 유지하고 있음을 말해준다. 세 번째 경우는 주로 하층민에 해당하는 경우인데, 그 안에는 남편이 죽어서 혼자된 여성, 남편이 있으면서도 호주가 된 여성, 독신여성 등 다양한 사례가 담겨 있다. 또는 결혼했다가 결별한 경우일 수도 있다.[22] 하지만 이 세 가지 경우가 뚜렷하게 나뉘는

---

19 대처라고 표시하고 과녀라고 밝힌 경우의 사례는 『단성(하)』, 71a, 1678, 도산, 07-01-02에서 볼 수 있다.

20 호주가 바뀐 사실이 호적에 기재된 경우는 이번 식년(지난 3년 이내) 동안에 호주가 바뀐 경우이다. 곧 1717년에 대호의 내용을 기재하였으면, 1720년에는 더 이상 대호라는 표현은 쓰지 않고, 새로 호주가 된 사람의 직역과 이름을 바로 호주로 기재한다. 그러므로 호적에는 '과부 모씨'와 같이 간단하게 기재된다. 이에 대한 사례 등은 2부 1장의 주 14~15 참조.

21 예를 들면, "私婢 香眞 年陸拾貳 丁巳 [……]"(『단성(상)』, 129b, 1678, 법물야, 03-02-02), 또는 "良女 朴召史 年參拾伍 甲申 [……]"(『단성(상)』, 85b, 1678, 도산, 07-01-04)와 같은 경우가 그것이다. 물론, 천인 가운데도 과녀인 경우는 "과녀비"라고 표시되어 있기 때문에, 비라고 해서 과녀라는 표시를 전혀 하지 않았던 것은 아니다.

22 이러한 사정을 보여주는 양인 신분의 '분재기'에 대한 연구가 이루어졌다. 분재의 주체인 박의훤은 동시에 두 명의 처와 살지는 않았지만, 일생 동안 다섯 명의 처와 살았다.

것만은 아니다. 여성으로서 호주로 기재된 경우, 그녀들이 호주로 기재된 양상과 조건은 매우 다양하며 그 표기 방식이 명확하게 구분되는 것은 아니다.

다음의 [표 1-2-5][23]는 여성호주 기재 내용을 통해 그들이 과부인지 아닌지를 판단하여, 위의 첫째와 둘째 경우를 묶어서 '과부'에 묶고, 그에 대한 설명이 없는 경우를 '기타'에 묶어서 표시한 것이다.

[표 1-2-5] 여성호주의 유형

단위: 명(%)

연도	과부	기타	여성호주 계	전체 호
1678	183 (78.2)	51 (21.8)	234 (100)	2,188
1717	129 (80.2)	32 (19.8)	161 (100)	2,564
1759	251 (83.4)	50 (16.6)	301 (100)	2,764
1789	160 (88.4)	21 (11.6)	181 (100)	2,683

이를 통해 여성호주 가운데 80~90% 정도가 과부, 곧 남편이 사망하여 호주로 기재된 경우임을 알 수 있다.

그와 헤어진 처들은 또 다른 남자와 결합하여 살았다(문숙자, 「양인의 혼인과 부부생활」, 한국고문서학회 지음, 『조선시대 생활사 2』, 역사비평사, 2000, 91~101쪽). 또 이영훈은 문헌설화, 양반가의 상속문서, 일기, 호구단자 등을 두루 활용하여, 노비의 부부생활에 대한 다채로운 이야기들을 다루면서, 노비 부부의 경우 평생해로의 동거율이 그다지 강하지 않았음을 지적한 바 있다(이영훈, 「노비의 혼인과 부부생활」, 위의 책, 2000, 102~117쪽). 양반이 아닌 신분에서는 혼인 후 다양한 사정에 따라 결별하는 경우가 적지 않았던 것으로 생각된다.

23 이 표에서는 앞의 [표 1-2-4]에서 나타낸 '여성호주의 직역'의 수와는 다른 기준으로 여성호주를 나누었다. 과부의 수치가 앞의 표와 일치하지 않는 것은 직역표기에서 '표기 없음' 및 '기타' 가운데 남편이 죽었음을 나타낸 기록이 있는 경우 등 호적 기재 내용을 통해 판단하여, 그들을 '과부'로 분류하였기 때문이다.

이제 어떠한 경우에 여성이 호주로 기재된 것인지를 좀 더 자세히 알아보기 위해 호주로 기재된 여성의 연령을 알아보자.

[표 1-2-6] 여성호주의 연령

단위: 명

연도	최소 나이	~30	31~40	41~50	51~60	61~70	71~	최대 나이	합계
1678	24세	15	42	62	62	36	16	81세	233[24]
1717	17세	10	29	49	41	18	14	82세	161
1759	21세	12	37	74	87	67	24	89세	301
1789	21세	5	16	48	40	50	22	88세	181

[표 1-2-6]을 보면, 여성호주들의 연령층은 20대 초반에서 80대까지 다양하다. 30세를 넘는 경우가 대부분이며, 40세가 되지 않았는데 여성호주로 기재된 경우는 10~20% 정도이다. 여성호주는 40대에서 50대인 경우가 가장 많다. 60세를 넘은 여성호주도 꽤 있는데, 70세를 넘어서까지 호주로 남아 있는 경우는 적다.[25]

[표 1-2-6]에서 파악된 경우 가운데 가장 어린 나이에 호주가 된 여성은 1717년 호적에 17세로 기재된 관비 애월이다.[26] 그녀의 호 밑에는

24 1678년에 여성호주의 수는 모두 234명이지만, 1명의 나이를 알 수 없어서 233명만이 파악되었다. 나이를 알 수 없는 경우는 『단성(상)』, 9a, 원당, 02-10-05의 호주 '과부 이씨'인데 그 나이가 기재된 부분이 파손되었다.

25 그것은 수명과 관련 있는 문제라고 생각된다. 호적자료에 기재된 '나이'를 분석하여 조선후기 사람들의 수명에 대해 연구해보는 것도 흥미로운 과제이다. 아울러 호적에 기재된 나이가 얼마나 사실대로 기재된 것인가에 대해서도 상세한 검토가 필요할 것이다.

26 『단성(상)』, 182b, 현내, 09-10-03.

15세, 14세가 된 여동생 둘이 기재되어 있다. 애월은 부모가 모두 죽거나 상전을 따라 다른 곳으로 옮겨갔다거나 하는 이유로 젊은 나이에 호주가 된 것으로 짐작된다. 한편, 가장 나이가 어린 과부 호주는 1759년 호적에 보이는 과녀 석소사이다. 그녀는 21세에 이미 혼자가 되어 호적에 과녀로 표기되어 있으며, 세 살 된 딸 아지와 함께 살고 있다.[27] 이렇듯 어린 나이에 호주로 기재된 여성들은 가호 안에 달리 호주가 될 만한 사람이 없기 때문에 스스로가 호주로 기재된 경우들이다.

가장 연령이 높은 여성호주의 사례를 보면, 1678년의 경우 81세의 백소사이다.[28] 그녀는 남편이었던 김손복이 죽자 그의 처(妻)로서 호를 이었다. 그녀의 신분은 양인으로 생각되는데 1678년 당시 혼자 사는 것으로 기재되어 있다. 또 두 번째로 연로한 79세의 여성호주 창령 이씨는 죽은 조전의 처인데, 사위와 딸과 손자, 손녀와 함께 기재되어 있다.[29] 사위는 58세이고, 딸은 46세이다. 이는 아들이 없는 과부가 사위와 딸과 함께 살았던 경우로 보이는데 이들의 호적에는 노비가 5명 정도 있고, 그밖에 도망노비가 10여 명 기재되어 있다. 또 다른 사례는 원당면 4리 4통 3호에 기재된 78세의 홍소사인데, 그녀는 60세의 아들, 55세의 며느리, 2명의 손자와 함께 사는 것으로 되어 있다.[30] 1717년의 최고령 사례인 82세의 말질춘[31]은 직역에 "사비 과녀"(私婢寡女)로 표기가 되어 있는데, 다른 가족원 없이 혼자 기재되어 있다. 1759년의 최고령 과부의 사례는 89세의 "과녀 도조시"로 파악되며,[32] 1789년의

27 『단성(하)』, 133a, 법물야, 15－16－04.

28 『단성(상)』, 52a, 북동, 04－06－05.

29 『단성(상)』, 34b, 현내, 02－06－02.

30 『단성(상)』, 13b, 원당, 04－04－03.

31 『단성(상)』, 171a, 원당, 09－05－02.

경우는 88세의 "양녀 박소사"가 호주로 기재되어 있는데, 39세의 며느리를 데리고 있다.[33]

2) 여성호주와 다양한 구성원들

여성호주의 호에 함께 기재된 사람들이 어떤 관계로 엮여 있는지를 찾아서 그 가족 관계에 따라 분류한 것이 [표 1-2-7]이다. 그런데 여성호주와 그 호의 구성원을 이와 같은 방식으로 정리하는 것은 실제의 기재 상황을 매우 단순하게 만든 것이다. 예를 들면, [표 1-2-7]에는 기혼아들이 포함된 경우와 미혼아들이 포함된 경우가 별도로 나뉘어져 있지만 실제의 호의 기록에서는 기혼아들과 미혼의 아들이 함께 들어 있는 경우가 많다. 다른 가족원의 경우도 마찬가지이다.[34] 다만 호주로 기재됨직한 구성원의 기재 상황을 보기 위해 남편, 기혼아들, 미혼 아들의 기재를 우선순위에 따라 나누어 표시하였다.[35]

[표 1-2-7]에서 여성호주의 밑에 기재된 사람들을 보니 여성 혼자서 사는 집도 있지만 그 어머니·아들·손자·양자뿐 아니라 심지어는 남편도 기재되어 있는 경우를 찾을 수 있다. 그 가운데 호주로 기재됨직한 사람들이 호 안에 기재되어 있는데도 여성이 호주로 기재된 흥미로운

32 『단성(하)』, 92a, 생비량, 04-06-02.

33 『단성(하)』, 804b, 법물야, 02-05-02.

34 참고로 여성이 호주인 호 가운데 기혼아들과 기혼 딸이 함께 살고 있는 경우는 없었다.

35 [표 1-2-7]에 제시한 수치를 산출한 방식은 다음과 같다. 기혼아들만 기재되어 있으면 기혼아들의 수에 포함하고, 미혼아들만 있을 경우는 미혼아들 수에 포함하였다. 기혼아들과 미혼아들이 함께 기재되어 있는 경우에, 기혼아들의 수에 포함하였다. 기혼아들의 기재 여부가 미혼아들보다 중요하게 고려될 필요가 있기 때문이다. 기혼 딸과 미혼 딸의 경우도 같다. 마찬가지로 손자가 기재되었더라도, 그 손자의 부모인 아들과 며느리가 기재된 경우 아들 또는 며느리와 기재된 쪽으로 계산하여 넣었다. 며느리의 경우 아들과 함께 사는 경우를 제외한 수, 즉 며느리가 혼자되어 살고 있는 경우만 모은 것이다.

경우를 좀 더 구체적으로 살펴보자.

[표 1-2-7] 여성호주와 함께 기재되어 있는 구성원

단위: 명

연도	①		②	③	④		⑤	⑥		⑦	⑧	⑨	⑩	합계
	a	b			a	b		a	b					
1678	40	24	0	0	43	81	6	8	21	2	5	1	3	234
1717	26	18	18	1	10	41	5	4	43	1	3	0	1	161
1759	67	10	3	3	11	85	6	5	98	1	9	1	2	301
1789	16	12	3	0	15	77	5	4	41	0	7	1	0	181

① 가족 없이 혼자 기재 a; 노비 없음 b; 노비 있음.
② 어머니 포함. ③ 남편 포함.
④ 아들 포함 a; 기혼 b; 미혼. ⑤ 며느리 포함.
⑥ 딸 포함 a; 기혼 b; 미혼. ⑦ 양자 포함. ⑧ 손자 포함. ⑨ 조카 포함. ⑩ 동생 포함.

① 남편

여성이 호주로 기재된 호에 그 남편이 기재된 경우는 모두 천인의 사례이다. 1678년에는 남편이 있는 여자가 호주로 기재된 경우는 찾을 수 없었다. 1717년의 호적에서는 현내면 9리 3통 2호에 사는 관비(官婢) 차임의 경우를 찾을 수 있다.[36] 차임은 34세로서 호주로 기재되어 있는데, 그녀의 호 안에 남편인 44세의 류한국이 기재되어 있다. 이러한 상황은 여러 가지 상상을 불러일으킨다. 어쩌면 류한국은 그 집에 현재 살고

36 『단성(상)』, 181a.

있지 않고, 다른 곳에서 지내고 있는지도 모르겠다. 아니면, 차임이 호주로 기재되어 있던 집에 류한국이 새로 들어와서 동거하게 된 것일 수 도 있다. 류한국은 누군가의 집에 머슴으로 고용된 사람이었을 수도 있고, 떠돌이였을 수도 있다. 이렇듯 여성이 호주인 호에 그 남편이 기재된 경우는 매우 특별하며 그만큼 흥미롭다.

1759년에 보이는 남편이 있는 여성호주의 사례 3건도 모두 신분이 비(婢)로 기재되어 있다. 그 가운데 현내면에 사는 사비 순화(42세)의 사례[37]도 재미있다. 순화가 호주로 기재된 호에는 25세의 아들인 노(奴) 귀중 등 1남 2녀가 기재되어 있다. 맨 마지막에 51세의 이진혁이 남편으로 기재되어 있는데, 그의 직역은 양반의 신분임을 보여주는 "유학"(幼學)으로 되어 있다. 그리고 이진혁은 지난 식년에 작성한 호적에는 등장하지 않았던 까닭에 '가현'(加現)[38]이라는 표시가 되어 있다. 그리고 이진혁의 경우 그 사조(四祖)에 대한 기록이 전혀 없다.[39] 사비인 호주 순화와 유학인 남편 이진혁의 관계는 어떤 것일까. 어쩌면 순화는 이진혁의 첩이었을 수도 있다. 아니면 이진혁의 사정 때문에 거짓으로 호적을 꾸몄을 수도 있다.

또 다른 사례는 원비인 오례(40세)의 호에 오례의 어머니·딸과 함께 남편 장연만(43세)이 기재된 경우이다.[40] 장연만도 또한 "가현"한 것으로 표시되어 있다. 장연만은 어쩌면 오례가 재혼한 남자인지도 모르겠다.

---

37 『단성(하)』, 18b, 현내, 02－07－03.

38 加現이라는 것은 지난 식년(3년 전)의 호적에 기재되어 있지 않던 사람이 이번 식년에 새로 기재되는 경우를 표현한 말이다.

39 다른 호에 이진혁이 호주로 기재되어 있는지 확인해보았지만 찾을 수 없었다. 이진혁은 어쩌면 단성현이 아닌 다른 지역의 호적에 자세히 기록되어 있을지도 모른다.

40 『단성(하)』, 52b, 오동, 02－02－02.

마지막으로 북동면의 박소사(52세)의 경우는 남편이 구성원으로 기재되어 있지만, 죽은 것으로 표시되어 있다.[41] 여성이 호주인 경우, 남편이 그 호에 기재되어 있는 사례들은 이 책에서 분석한 4개 식년의 호적대장에서 4건 정도가 보일 정도로 드물었다.

② 아들

그렇다면 남편이 죽은 뒤 아들과 함께 남았을 때는 어떠했을까. 이제 아들이 있는데도 여성이 호주로 기재된 경우를 살펴보기로 하자. [표 1-2-8]은 여성이 호주인 호에 기재되어 있는 아들을 기혼인가 미혼인가에 따라 나누어서 표시한 것이다.

[표 1-2-8] 아들과 함께 기재된 여성호주

단위: 명(%)

연도	기혼아들	미혼아들	계	여성 호
1678	43 (18.4)	81 (34.6)	124 (53.0)	234 (100)
1717	10 (6.2)	41 (25.5)	51 (31.7)	161 (100)
1759	11 (3.7)	85 (28.2)	96 (31.9)	301 (100)
1789	15 (8.3)	77 (42.5)	92 (50.8)	181 (100)

아들이 함께 기재되어 있지만, 과부가 호주로 기재된 경우는 17,

41 『단성(하)』, 36a, 북동, 03-06-05.

18세기의 전체 여성호주 가운데 30~50% 정도를 차지한다. 이러한 점에서 조선후기 호주의 한 특징을 발견할 수 있다. 아들이 있는 경우에도 여성이 호주로 기재된다는 점이다. 여성이 호주로 기재된 경우는 대체로 남편이 죽고 없는 경우이지만, 아들이 있는 경우에도 여성이 호주로 기재되었다.

더욱이 그 아들이 이미 혼인 한 경우에도 여전히 여성인 어머니가 호주로 기재되었던 것이라는 사실은 흥미롭다. 이는 특정한 시기에만 국한된 것이 아니라 1678년에서 1789년에 걸쳐 두루 나타났다. 다만, 기혼의 아들이 여성이 호주인 호에 기재된 사례는 1678년에서 1717년으로 넘어가면서 그 비율이 상당히 줄었다(1678: 18.4% → 1717: 6.2%). 그리고 그 추세는 18세기 말까지 이어진다. 한편 미혼의 아들이 기재된 경우는 1759년과 1789년에 1717년에 비해 늘어난 것이 눈에 띈다.

기혼의 아들이 기재된 사례를 하나 들어보면, 1759년 도산면 1리 7통 4호의 호주는 68세의 과부 이씨이다.[42] 그녀의 증조할아버지가 승정원승지 겸 경연참찬관을 지냈던 것으로 기재된 것으로 보아 비교적 높은 양반 집안 출신이다. 그녀 다음에는 48세의 아들 사준과 38세의 며느리 유씨가 함께 기재되어 있고, 또 그 아래 사흥이라는 아들도 기재되어 있다.

이렇듯 아들이 기재된 호에 그 어머니가 호주가 된 경우는 신분별로 큰 차이를 보이지 않는다. [표 1-2-9]는 여성호주가 아들과 함께 기재된 경우를 신분별로 나누어 본 것이다.

42 『단성(하)』, 64a.

[표 1-2-9] 아들과 함께 기재된 여성호주의 신분

단위: 명

연도	양반			양인			천인			합계		
	기혼	미혼	계	기혼	미혼	계	기혼	미혼	계	기혼	미혼	계
1678	15	28	43	20	28	48	8	25	33	43	81	124
1717	4	15	19	3	14	17	3	12	15	10	41	51
1759	2	23	25	7	39	46	2	23	25	11	85	96
1789	9	39	48	6	29	35	0	9	9	15	77	92

신분별로 나누어 보니 18세기로 가면서 기혼 아들이 함께 기재된 여성호주가 줄어든 것은 모든 신분에서 비슷했다. 하지만 1759년에는 양인층에서, 1789년에는 양반층에서 미혼의 아들이 기재된 경우가 늘어난 것으로 나타났다. 1717년에 크게 줄어들었지만, 그 이후 약간의 시차를 두고 양반 및 양인층에서 미혼의 아들이 있어도, 그 어머니가 호주로 기재된 경우가 1678년 수준으로 돌아간 것이다.

한편, 여성이 호주로 기재된 호에 양자가 포함된 사례를 드물게 찾아볼 수 있다. 1678년 호적의 법물야면 3리 3통 2호의 호주인 이소사는 54세로 양인 신분의 여성으로 보인다. 그녀에게는 원래 딸이 하나 있는데 그녀는 얼마 전 결혼을 해서 사위와 함께 호를 달리해서 나갔다. 그리고 이소사의 호에 함께 기재되어 있는 사람은 양자인 26세의 이상민이다. 이소사에게는 26세의 양자가 있지만, 그녀 자신이 호주로 기재되었던 것이다. 1759년에도 이러한 사례를 찾아볼 수 있다. 1759년 호적의 현내면

2리 6통 5호 48세의 과녀 송소사가 호주로 기재되어 있다. 그리고 그녀 다음엔 22세의 양자 김계손이 기재되어 있는 것을 볼 수 있다.[43]

③ 시어머니와 며느리

시어머니가 호주로 기재되고 그 호의 구성원으로 며느리가 기재된 경우는 1678년에서 1789년까지 꾸준히 5~6사례가 발견된다. 하나의 사례를 들어보면, 1717년에 원당면 3리 6통 5호의 호주는 74세의 과부 정씨인데 그녀 다음에는 며느리 문씨가 34세로 기재되어 있는 것을 볼 수 있다.[44]

여성이 호주로 기재되어 있고, 그 호의 구성원으로 그 아버지나 어머니가 기재되어 있는 사례는 거의 없다. 그 가운데 아버지가 기재되어 있는 경우는 단 한 사례도 발견할 수 없다. 어머니가 포함된 사례는 간혹 보이는데, 1678년에는 한 건도 없으며, 1717년 이후에 보이는 몇몇 사례의 대부분은 친정어머니가 아니라 시어머니인 경우이다. 그 가운데 하나가 1717년 호적의 현내면 12리 2통 3호의 호주인 37세의 정씨의 경우이다.[45] 정씨 다음에는 64세의 류씨가 '시모'(侍母)로 기재되어 있다. 이때 시모는 모시는 어머니라는 의미이므로 반드시 시어머니를 말하는 것은 아니다. 여기서 류씨와 정씨가 시어머니-며느리 관계라는 것은 정씨의 외할아버지의 성을 통해 확인된다. 외할아버지가 강씨이므로, 정씨의 친정어머니의 성은 강씨여야 하기 때문이다. 그러므로 시모 류씨는 정씨의 시어머니가 된다. 결국 류씨의 며느리인 정씨는 호주로

43 양자와 함께 사는 여성호주의 두 사례는 각각 『단성(상)』, 130a; 『단성(하)』, 18b에서 볼 수 있다.

44 『단성(상)』, 160b.

45 『단성(상)』, 188b.

기재되고 시어머니인 류씨는 며느리 호의 구성원으로 기재된 셈이다. 정씨는 남편인 유학 권수오가 죽어서 그를 대신하여 호주로 기재되었다. 이 호에는 도망노비를 제외하고도 노비가 11명이나 기재되어 있어서, 상당히 부유한 양반집이었다고 생각된다.

이러한 두 사례를 볼 때, 시어머니와 며느리가 남게 된 집에 그들 중 어느 쪽이 호주로 기재되는가에 대한 명확한 규칙은 없었고 각 집안의 사정에 따라 다양한 선택이 있었던 것으로 보인다.

④ 딸과 사위

결혼한 딸과 사위를 데리고 있는 여성호주도 찾아볼 수 있다. 이 경우는 대체로 양반이 아닌 사람들에게서 발견되지만,[46] 1678년에는 양반에서도 보인다. 1678년의 사례를 보면, 신등면 1리 28통 5호에 호주는 61세의 황씨로 기재되어 있다.[47] 그런데 그 다음에 30세의 사위 정원달이 솔서(率婿)라고 표시되어 있다. 호주의 딸인 29세의 류씨는 사위인 정원달의 처라고 표시되어 있는데, 그녀의 아버지 이름이 호주인 황씨의 남편 이름과 동일하므로 황씨의 딸이라는 것을 확실하게 알 수 있다. 이 호에 다른 아들은 보이지 않는다. 아들이 없어서 그 사위와 딸이 함께 사는 경우라고 생각된다. 또한 앞에서 연로한 여성호주의 사례로 거론한 바 있는 79세의 여성호주 창령 이씨는 사위와 딸과 손자, 손녀와 함께 살고 있다.[48] 사위는 58세이고, 딸은 46세이다. 아들이 없는 과부가 사위와 딸과 함께 살았던 경우로 보이는데 이들의 호적에는

46 『단성(상)』, 35b, 현내, 03－02－03의 사례는 56세의 교비가 호주로 기재되어 있고 그 밑에 딸과 사위, 손자·손녀가 기재된 경우이다.

47 『단성(상)』, 117b.

48 『단성(상)』, 34b, 현내, 02－06－02. 앞의 주 29 참조.

노비가 5명 정도 있고, 그밖에 도망노비가 10여 명 기재되어 있다.

1717년에는 49세의 도소사가 여성으로서 호주이고, 그 밑에 36세의 사위가 유학이라는 직역과 함께 기재되어 있는 사례가 보인다.[49] 이 사례는 도소사가 전 호주의 '첩'으로 그 남편이 사망하면서 호주가 된 경우이다. 도소사는 양인 신분이다. 도소사의 딸은 없고 사위만 기재되어 있는데 어쩌면, 그 사위가 이 집에 함께 살지 않으면서 호적에 기재만 되어 있는 것인지도 모르겠다.

또 다른 사례를 1759년 호적에서 찾아보면, 도산면 7리 1통 2호의 호주 64세의 강소사에게는 딸이 셋 있다.[50] 그 가운데 첫딸은 30세이다. 그런데 지난번 호적조사 때는 없던 사위가 이번에 새로 기재되었다. 30세의 안창대가 강소사의 사위로 기재된 것이다. 그리고 두 살배기 손녀가 새로 기재된 것으로 보아 그 손녀는 안창대와 이름을 알 수 없는 강소사의 첫째 딸 사이에 태어난 외손녀임을 짐작할 수 있다.

⑤ 손자·조카·동생 그리고 그 밖의 동거인

손자·조카·동생 등과 함께 사는 여성호주의 경우는 앞의 [표 1-2-7]의 ⑧, ⑨, ⑩에 표시되어 있다. 이는 조선후기 단성이라는 향촌 마을에 살고 있던 사람들이 살았던 다양한 상황을 보여준다. 그 가운데 손자와 함께 기재된 경우를 보면, 1717년 북동면에 살았던 56세의 양인 신분의 과녀 점춘이 7세의 손자를 데리고 있는 것으로 되어 있다.[51]

또, 조카와 함께 사는 사례를 찾아보면, 1678년에 46세의 박소사가

49 『단성(상)』, 184b, 현내, 10-02-03.

50 『단성(하)』, 71a.

51 『단성(상)』, 195b, 북동, 01-08-06.

호주인 호에 산음 공조장인 전현일(35세)이 구성원으로 기재되었다.[52] 전현일은 박소사의 질(姪)로 기재되어 있다. 그 관계를 자세히 살펴보니, 박소사의 죽은 남편 이름은 전복남으로 기재되어 있고, 전현일의 아버지는 전복립이라고 되어 있다. 곧 전현일은 박소사의 남편인 전복남의 형제인 전복립의 아들인 것이다. 현일이 백(숙)부의 집에 살다가 백(숙)부가 죽자 백(숙)모와 함께 사는 경우라고 할 수 있다.

여성호주가 동생과 함께 기재된 경우는 부모 없이 혼인하지 않은 자매들이 한집에 사는 것으로 보인다. 그 한 사례를 1717년의 호적에서 볼 수 있는데 관비 애월(19세)이 호주가 되고 그 밑에 여동생 애화(15세), 애련(14세)이 함께 기재되어 있는 것이다.[53]

한편 1678년 생비량면의 제3리 3통 6호에서 과부들의 동거 상황을 찾아볼 수 있다.[54] 그 호의 호주는 55세의 과녀 김소사이다. 그리고 그 가족원에는 혈연관계를 나타내지 않는 '동거'라는 표현으로 65세의 임소사와 75세의 박소사가 함께 기재되어 있다. 이들은 어떤 사연으로 함께 있게 된 것일까? 자세히 보면, 임소사의 조부와 박소사의 증조부가 모두 직역이 정병(丁兵)이고 이름이 '복지'로 표기되어 있는 것을 볼 수 있다. 임소사와 박소사는 고모와 조카 사이였을 수도 있다. 이러한 사례들에서 볼 수 있듯이, 다양한 사정에 의해 다양한 관계의 사람들이

52 『단성(상)』, 21a, 원당, 07－12－02.

53 『단성(상)』, 182b, 현내, 09－10－03.

54 『단성(상)』, 96a. 참고로 이 호의 기재 내용을 그대로 옮겨보면 다음과 같다. "寡女金召史 年伍拾甲子 本金海 父正兵金金伊 曾祖正兵文金 曾祖正兵一金 外祖正兵朴千金 同居良女林召史 年陸拾伍甲寅 父正兵萬同 祖正兵卜只 曾祖正兵×上 外祖正兵朴介 同居良女朴召史 年柒拾伍甲辰 父長卜 祖正兵金卜男 曾祖正兵卜只 外祖正兵金石乙男 戊午自首" 여기서, 과녀 김소사, 양녀 임소사, 양녀 박소사의 나이와 사조가 각각 자세히 기재되어 있는 것을 볼 수 있다.

한집에 살게 되는 일들이 있었다.

앞 장에서도 소개한 바 있는 조선시대 이안눌(李安訥)에 대한 설화 속에는 뒷날에 자신의 첩이 되는 여인을 과부가 된 이모의 집에 숨겨두는 사연이 나온다. 이에 따르면, "마침 과부로 사는 이공의 이모 집이 있어서, 날이 새기 전에 두 사람은 몰래 집을 빠져나와, 이모 집에 가서 사정 얘기를 하고 의탁할 것을 부탁했다. 이모는 쾌히 승낙했고 이후 친딸처럼 데리고 바느질일을 돕게 했고, 이공도 약속한 대로 급제 전에는 일절 찾아가지 않기로 했다."[55] 이러한 관계와 같이 당시에 과부의 집에는 인척관계를 매개로 또는 아무런 인척관계 없이 '동거'하게 된 여인들이 서로 의지해서 살았던 것이다.

그밖에도 1678년에 첩으로서 호주를 이은 여성호주가 있는데, 도산면 2리 4통 2호를 찾아가보면, 죽은 윤진의 첩인 41세의 양소사가 금옥이라는 비와 단둘이 살고 있는 것을 볼 수 있다.[56] 또 법물야면 10리 3통 7호에도 43세의 이소사가 비 순녀와 살았다고 되어 있다.[57] 이소사의 경우 노비는 원래 7명이었는데 그 가운데 3명은 도망하고, '금이'는 외거 노였다. 그리고 비 추월개와 노 어둔금은 각기 이양화·윤재무의 호로 갔다고 나온다. 아마도 경제적인 이유로 그들에게 팔았던 것이 아닐까 한다. 결과적으로 혼자 남게 된 첩이 비(婢)와 둘이 기재된 것도 재미있다. 그녀가 남자 노(奴)와 둘이 살았다면 동네 사람의 시선이 곱지 않았을 것이다.

55 <이안눌>, 앞의 제1부 1장의 주 72 참조.

56 『단성(상)』, 74a.

57 『단성(상)』, 141b.

3. 남성호주와 호(戶) 구성원

1) 남성호주의 유형과 연령

남성호주의 유형을 나누기 위해 먼저 파악해야 할 것은 호주의 이름 앞에 붙은 직역(職役)이다. 앞에서 살펴보았던 여성호주의 경우, 과부나 과녀 및 사비 등 대략 20여 개 정도의 종류가 있었다면, 남성호주의 경우 직역의 종류는 매우 다양하다. 『단성호적』에 표시된 남성 직역의 종류는 연도마다 다르다. 1678년에 500여 종, 1717년에 800여 종, 1759년에 500여 종, 1789년에 300여 종이다. 이렇듯 다양하게 나타나는 것은 직역을 기재하는 방식이 통일되어 있지 않기 때문이기도 하고, 직역 난에 소속된 지역, 담당 업무, 신분, 결혼 상태 등에 대한 정보가 상세하고 복잡하게 결합되어 표기되어 있기 때문이기도 하다.

다음의 [표 1－2－10]에서 여성호주를 검토하면서 살펴본 바와 같이 환부(鰥夫)인가, 승려인가 등에 초점을 맞추어 남성호주의 유형을 나누어보았다. 여성호주와 마찬가지로 부부관계와 연관된 처지에 초점을 맞추어 남성호주를 유형화한 것이다.[58]

58 이 표에서 표시한 '환부'는 앞의 과부 호에 파악한 것과는 조금 다른 내용을 담고 있다. 과부 호는 '과부'라고 기재된 경우 외에, 남편이 죽어서 여성이 호주가 된 것으로 기재된 경우까지 포함하였다. 하지만, 남성의 경우는 그가 호주로 기재된 것이 그 배우자의 사망과 관련한 것이 아니므로, 호적 기재에서도 그 내용이 기재된 것이 아니다. 그러므로 이 표의 '환부'는 단지 호적대장에 '환부'로 기재된 남성호주를 파악한 것이다. 한편, 남성이 단독으로 호를 구성한 경우는 앞의 1부 1장의 [표 1－1－4]에서 볼 수 있다. 그 표에서 '환부'의 수치는 '단독호', 곧 혼자서 사는 상황을 보기 위한 것으로 실제로 혼자서 호를 이룬 경우 가운데 환부로 기재된 경우를 제시한 것이다. 환부 기재 여부와 상관없이 배우자나 다른 가족 없이 혼자 기재된 남성호는 그 표의 '기타'에서 볼 수 있다. [표 1－2－10]의 '기타'는 호적대장에 환부 또는 승려로 표시되지 않은 남성호주의 수치인데, 이 속에는 처와 함께 기재된 경우뿐 아니라 혼인하지 않은 상태에 있는 경우도 모두

[표 1-2-10] 남성호주의 유형

단위: 명(%)

연도	환부	승	기타	계	전체 호
1678	5 (0.3)	70 (3.6)	1,879 (96.2)	1,954 (100)	2,188
1717	17 (0.7)	40 (1.7)	2,346 (97.6)	2,403 (100)	2,564
1759	27 (1.1)	35 (1.4)	2,401 (97.5)	2,463 (100)	2,764
1789	22 (0.9)	36 (1.4)	2,444 (97.7)	2,502 (100)	2,683

앞의 [표 1－2－5](여성호주의 유형)에서 구분한 방식에 따라 남성호주를 구분해보면 남성호주 가운데 홀아비는 대략 1% 이내이고 대부분은 위의 표에서 '기타'에 표시된, 배우자와 함께 사는 경우였다.[59] '승'(僧)은 단성현 북면의 율곡사·용흥사 등에 소속된 경우이다.

그런데 『단성호적』을 자세히 살펴보면 환부(鰥夫) 곧 홀아비로 기재된 사람에게 처(妻)가 있는 경우를 볼 수 있다.[60] 이는 홀아비가 되었다가, 새로 처를 얻은 경우라서 미처 호적의 기재를 바꾸지 못한 경우라고

포함된 것이다.

59 환부 또는 승으로 표시되지 않은 경우에도 실제로는 남성호주 혼자서 하나의 호를 구성한 경우도 있다. 이에 대해서는 앞 장의 [표 1－1－4] 및 '단독가호'에 대한 설명 참조.

60 이에 대해서는 앞의 주 12 참조. 이는 엄밀한 의미에서 그러한 경우라면 '환부의 호'로 표시하지 말았어야 할 것이다. 참고로 앞 장의 [표 1－1－4]에서 실제로 혼자서 살면서 단독호를 구성한 환부는 식년별로 5, 10, 11, 4명으로 파악되었는데, 이 [표 1－1－10]에서 파악한 남성호주 가운데 '환부'로 기재된 경우는 5, 17, 27, 22명이다. 이 수치를 비교해보면, 1717년에 7명, 1759년에 16명, 1789년에 18명의 경우가 처나 다른 가족과 함께 사는 경우가 된다.

생각할 수 있다. 또 적은 수이긴 하지만, 기혼의 아들 또는 기혼의 딸과 동거하는 경우도 보인다. 1678년 호적에는 환자(宦者)라고 기재된 30세의 박점금의 호에 죽은 형의 부인(38세)이 함께 기재된 사례도 찾아볼 수 있다.[61] 이와 달리 홀아비라고 표시되지는 않았지만, 호의 구성원의 내용에 '처가 없다'고 표시된 경우도 있다. 1678년의 일학이라는 이름의 51세 남성은 경주에서 온 걸식 양인이라고 신분이 표시되어 있는데, 그 호의 내용을 보면 처 다음에 '무(無)'라고 되어 있고, 11세의 딸만이 기재되어 있어서 흥미롭다.[62]

다음으로 호주로 기재된 남성들의 연령을 알아보자.[63]

[표 1-2-11] 남성호주의 연령

단위: 명

연도	최소 나이	~20	21~30	31~40	41~50	51~60	61~70	71~	불명	최대 나이	합계
1678	12세	32	273	582	565	296	138	61	7	94세	1,954
1717	10세	33	218	661	596	459	304	131	1	90세	2,403
1759	13세	22	269	459	604	580	374	153	2	89세	2,463
1789	13세	15	181	440	602	623	425	216	0	95세	2,502

61 『단성(상)』, 60a, 북동, 07-03-02.

62 第三加戶 慶州來乞食良人日鶴 年伍拾壹戊辰 本慶州 父先男 祖每山伊 曾祖不知 外祖尹金伊 本興海 妻無 女日進 年拾壹戊申戊午自首(단성(상)』, 84b, 1678, 도산, 06-12-03).

63 호적대장이 일부분 훼손되는 등의 이유로 호주의 나이가 누락된 경우가 있으므로 연령별 호주의 수는 남성호주의 수와 차이가 있다.

대부분의 남성호주는 16세 이상 80세 이하에서 찾을 수 있다. 대개의 남성호주가 16세 이상이라는 것은 나이가 어린 경우에는 좀처럼 호주로 기재되지 않았음을 의미한다.[64]

물론 16세가 되지 않은 남성호주도 보이는데 이는 예외라고 보아도 좋을 만큼 적다. 어떤 상황에서 어린 남성이 호주로 기재되었는지 살펴보자. 1678년에 16세가 되지 않았는데 호주로 기재된 남성은 2명이다. 그 가운데 하나는 15세에 이미 결혼하여 그의 처와 함께 독립하여 호를 세운 민금양의 사례이다.[65] 또 다른 사례는 50세의 어머니 차소사가 함께 거주하는데 그 아들인 14세의 황점장인(黃居匠人) 박동금이 호주로 기재된 경우이다.[66] 박동금은 혼인 하지 않은 상태다. 그의 호에는 또 24세가 된 누나 박소사와 그 남편인 24세의 차산이라는 남성이 함께 기재되어 있는데 차산이도 역시 황점장(黃居匠)이 있다. 또 10세가 된 여동생 영지도 함께 살고 있다. 그 어머니가 살아 있고, 아직 나이가 14세밖에 되지 않았는데 박동금이 호주로 기재된 것은 1678년의 추세에서는 특수한 사례이다. 이들 모두 양인의 신분의 사람들이다.

---

64 조선시대에는 15세가 넘은 경우에 역의 대상자가 되는 것이 일반적이다. 대체로 15세가 되지 않은 남성은 공적인 책임을 지지 않아도 되는 것이다. 그런데 숙종 2년(1676)에 병조(兵曹)에서 올린 <良丁査覈節目>을 보면 15세가 되지 않은 남성에 대해서도 역을 정하도록 한 것을 볼 수 있다. 그 내용을 인용하면, "1. 각종의 冒錄 및 閑丁 가운데 15세가 차지 아니한 자는 役을 정하는 것이 부당할 듯하나, 闕額은 많고 한정은 부족하므로 부득이 11세 이상으로써 역을 정할 것. 1. 55세부터 57·8세까지의 사람은 壯丁과 차이가 있으므로 役을 정할 필요가 없으니, 年限을 정하여 布 두 필을 거두게 할 것. 1. 5세부터 10세까지의 무리는 따로 기록하여 成冊하여 그 연한이 차기를 기다려서 차례로 역을 정할 것"(『숙종실록』 권5, 2년 6월 15일[병인]; 38집 330면)이라고 되어 있다. 이러한 기사를 통해, 15세에서 55세 사이의 남성을 장정으로 생각했으며, 1676년에 11세 이상에 대해 역을 정한 경우도 있다는 것을 알 수 있다.

65 『단성(상)』, 140b, 법물야, 09-03-04.

66 『단성(상)』, 60a, 북동, 07-03-03.

1717년에 16세가 되지 않은 남성호주 4개의 사례 가운데 3건은 양반 신분이고 1건만이 사노의 경우이다. 그 가운데 1건은 어머니가 죽어서 아들이 호주로 기재된 경우이고 나머지 3건은 어머니가 살아 있는 경우이다. 양반의 사례 3건 가운데 하나는 먼저 어머니가 죽어서, 14세의 남성이 호주로 기재된 경우이다.[67] 그의 호에는 20명가량의 노비가 기재되어 있을 뿐 다른 가족은 없는 것으로 나온다. 양반의 나머지 두 사례는 모두 어머니가 살아 있지만 아들이 호주가 된 경우이다. 그 가운데 단성현 호주 가운데 가장 어린 경우가 북동면에 사는 최세주의 사례이다.[68] 그에게는 66세가 된 어머니가 있고 10여 명의 노비가 그 밑에 기재되어 있다.

1759년에 보이는 3개의 사례는 모두 양반이다. 원당면에 살았던 박주교의 경우는 13세로 호주가 되었는데, 그 이름 앞에는 "유학 박수오가 죽어서 그 아들에게 이었다"[69]라는 설명이 들어 있다. 어머니인 41세의 주씨와 함께 살고 있고 7명의 노비가 기록되어 있다. 나머지 두 사례인 권대윤,[70] 윤인갑도 아버지가 없고 과부가 된 어머니[71]와 노비들과 함께 기록되어 있는 경우이다.

---

67 『단성(상)』, 263a, 신등, 01－23－05.

68 『단성(상)』, 201b, 북동, 05－04－04.

69 『단성(하)』, 9a, 원당, 07－03－03.

70 권대윤은 14세로 35세의 어머니와 함께 기재되어 있다(『단성(하)』, 15a, 원당, 11－04－02).

71 윤인갑의 경우, 57세의 '처'와 함께 기재되어 있지만, '처'는 '모'의 오기로 추정된다(『단성(하)』, 132b, 법물야, 15－13－05). 뒤에 언급하는 1789년 호적에 기재된 윤필이(14세)의 사례도 이와 마찬가지인데, 처 신소사(57세)와 함께 기재되어 있지만, 신소사는 윤필이의 처가 아니라 '모'이다. 왜냐하면, 윤필이 아래 '여' 해진·해단·말정이 기재되어 있는데 그녀들의 나이는 30, 25, 10세이다. 나이를 볼 때 윤필이가 해진 등의 아버지일 수는 없다. 이는 현재 호주인 윤필이가 아니라 전 호주인 신소사의 남편(윤필이의 아버지)을 기준으로 관계가 기재된 데 따른 오기라고 생각된다.

1789년에는 양인과 양반에서 각기 한 개씩의 사례가 보인다. 윤필이와 윤맹일 모두 14세, 13세의 어린 나이에 호주로 기재되었는데 아버지가 사망하여 홀로 남은 어머니와 함께 기재되어 있다.[72]

2) 남성호주와 그 부모

위에서 어머니가 살아서 호의 구성원으로 기재되어 있는데도 어린 남성이 호주로 기재된 경우가 있음을 알아보았다. 그렇다면 남성이 호주로 된 경우에 대체로 그 부모가 모두 사망하고 없는 상태인지 아닌지에 대해 좀 더 자세히 확인해보기로 하자. 이러한 문제를 분석하는 것은 호의 구성원 가운데 반드시 아버지가 호주인지 아니면 젊은 아들이 호주로 기재되기도 하는지를 이해하기 위한 것이다. [표 1-2-12]는 호적에서 아버지 또는 어머니와 함께 살고 있는 것으로 기재된 남성호주의 수치를 표시한 것이다.[73]

이를 보면 어머니뿐 아니라 아버지가 생존해 있는데도 그 아들이 호주로 기재된 경우가 전 시기에 걸쳐 존재함을 알 수 있다. 아버지에 비해 어머니가 생존한 경우는 그 수치가 좀 더 많고 특히 1717년 이후로 좀 더 늘어난 것을 볼 수 있다.

---

72 '윤필이'는 『단성(하)』, 715a, 원당, 05-04-01; '윤맹일'은 『단성(하)』, 806a, 법물야, 04-01-02.

73 남성호주의 경우, 여성호주와 달리 그 호 구성원 가운데 '부모'만을 다루었다. 1부 1장에서 다룬 호의 구성원에 대한 설명의 대부분이 남성이 호주인 경우에 해당되므로 여기서는 호주 순위에서 남성호주보다 앞설 수 있는 경우인 '부모'의 존재를 중심으로 파악하였다. 이때, 호적대장에서 '부모'의 생존 및 거주 여부는 그의 나이가 기재되어 있는지를 근거로 판단하였다. 특히 '부'는 사조(四祖)의 하나로, 그 생사와 무관하게 호적에 기재되므로 그의 이름 뒤에 나이가 기재된 경우만을 생존호로 파악하였다.

[표 1-2-12] 부모와 함께 기재된 남성호주

단위: 명(%)

연도	부모 생존 호	부 생존 호	모 생존 호	전체 남성호주 호
1678	4 (0.2)	6 (0.3)	144 (7.4)	1,954 (100)
1717	74 (3.1)	51 (2.1)	448 (18.6)	2,403 (100)
1759	50 (2.0)	32 (1.3)	364 (14.8)	2,463 (100)
1789	9 (0.4)	20 (0.8)	390 (15.6)	2,502 (100)

① 아버지

아버지가 살아 있는데도 아들이 호주가 된 경우가 전체 남성호주 호 가운데 차지하는 비율은 전 연도에서 0.5~5% 정도이다. 시기별로 보면, 1678년에는 이러한 경우가 전체 남성호주 가운데 0.5%에 지나지 않는다. 그러던 것이 1717년에 전체 남성 호의 5.2%를 차지하는 것으로 크게 증가하였다. 1759년 이후로는 다시 감소하는 것으로 나타난다. 하지만 이러한 사실을 통해 호주로 기재된 사람이 반드시 한 가족의 아버지가 아니라는 점, 그리고 1678년에서 1717년 사이에 연로한 아버지 대신 젊은 아들이 호주로 기재된 경우가 증가했음을 알 수 있다.

그렇다면 그 생존해 있는 아버지의 나이가 궁금해진다. 부모가 있는데도 그 아들이 호주로 기재된 것은 어쩌면 그 부모가 너무 늙었기 때문이 아닐까. 이와 관련하여 『속대전』의 "나이가 70세가 된 사람과 여인(女人)은 본인이 비록 누적(漏籍: 호적 기재에서 누락됨)되었을지라도 그 아들이 입적(入籍)되었으면 단지 속죄금만 받으며, 그 아들에게 죄를 주지 않는다"[74]는 규정을 참고할 수 있다. 70세가 넘은 사람은 호적에 누락된다고 해도 크게 문제가 되지 않았던 것이다. 누락이 되어도 심각한 처벌

대상이 아닌 상황이라면, 70세가 넘은 아버지 대신 그 아들이 호주로 기재되는 것도 큰 무리 없이 받아들여졌을 수 있다. 그렇다면, 아들의 호에 구성원으로 기재된 아버지의 나이는 어떻게 되는지 살펴보자.

[표 1-2-13] 아들 호에 기재된 아버지의 연령

단위: 명

연도	최소 나이	~60	61~70	71~	최대 나이	합계
1678	56세	2	4	4	82세	10
1717	42세	15	41	69	99세	125
1759	54세	6	24	52	95세	82
1789	50세	4	4	21	96세	29

[표 1-2-13]을 보면 아들을 호주로 기재하고 그 호에 가족원으로 기재된 아버지의 대부분이 60세 이상이라는 것을 알 수 있다. 1678년에 아버지가 기재된 경우 10건을 추려서 아버지의 나이를 평균 내어보니, 69.7세로 나왔다.

특히 1678년에는 아버지로 기재된 경우 대부분이 60세가 넘어 있다. 이는 대개 연로한 아버지를 대신하여 아들이 호주로 기재된 경우이다. 그렇다면 아버지 나이가 60세가 되지 않았는데 그 아들이 호주로 기재된 경우가 궁금하다. 북동면의 4리 8통 2호를 보면 호주는 21세의 한민이라는 사람이다. 직역은 양인역보(良人驛保)라고 되어 있다. 그의 호에 아버지 한복지가 56세로 기재되어 있다.[75] 또 다른 사례는 원당면 7리

74 『속대전』 권2, 호전 호적.

75 『단성(상)』, 52a.

15통 1호의 경우로 호주는 23세의 양인 최란상인데, 그 아버지인 58세의 사기장(砂器匠) 최응남이 57세의 (호주의) 어머니 양녀 김소사와 함께 기재되어 있다.[76] 모두 양인의 사례들이다. 어떤 사정 때문에 일찌감치 그 아들을 호주로 기재하도록 했는지는 분명히 알 수 없다.

그 의미를 알기 위해 60세가 넘은 남성의 수와 그들이 호적에 기재된 양상에 주목해보자. 60세가 넘어서 아들을 호주로 기재하도록 한 아버지의 수와 60세가 넘었는데도 계속 스스로 호주로 기재되어 있는 경우를 [표 1-2-14]에서 비교해보았다. 곧 60세가 넘은 남성을 호주인 경우와 아들의 가족원으로 기재된 경우로 나누어 본 것이다. '기타'는 호주도 아니고 '아버지'도 아닌 경우로, 나이가 기재되어 있는 도망노 등의 예속인까지 모두 포함한 것이다.

[표 1-2-14] 61세 이상 남성의 호적 기재 상태

단위: 명(%)

연도	아버지로 기재	호주로 기재	기타	61세 이상 남성
1678	8 (2.3)	199 (56.9)	143 (40.8)	350 (100)
1717	110 (11.6)	435 (45.8)	405 (42.6)	950 (100)
1759	76 (8.7)	527 (60.6)	266 (30.6)	869 (100)
1789	25 (3.2)	641 (82.7)	109 (14.1)	775 (100)

위의 표를 보면 일단 1717년 이후, 60세를 넘은 남성의 수가 1678년에 비해 두 배 이상으로 많이 파악된 것을 볼 수 있다. 서론의 [표 1]에서

76 『단성(상)』, 22a.

1717년 호적에 호구의 수가 이전에 비해 증가한 것을 확인한 바 있는데, 이 시기 호적의 작성이 철저하게 이루어진 결과일 수 있다. 아버지로 기재된 경우와 호주로 기재된 경우의 수를 비교해보니, 1678년에는 60세가 넘은 나이에도 호주로 기재된 경우가 다른 경우에 비해 많았는데, 1717년에는 아들이 호주인 호에 아버지로 기재된 경우가 상당히 증가한 것을 볼 수 있다. 1759년 이후에는 다시 호주로 기재된 경우가 크게 증가하였다.

그렇다면 1717년과 그 이후에 나타난 변화의 경향이 신분별로 어떻게 다르게 나타날까 궁금해진다. 과연, 어떤 신분에서 주로 아버지가 아닌 아들을 중심으로 호주를 기재하는 일이 많아지고 또다시 줄어드는 경향이 나타난 것일까. 아버지가 있는데도 아들이 호주로 기재되는 것이 양반과 양인·천인에서 비슷한 경향을 보였을 것인가. 아니면 양반들은 그러한 전반적 경향과 달리 아버지가 살아 있는 한 아버지를 호주로 기재했을 것인가. [표 1-2-15]는 아버지가 호의 구성원으로 기재되어 있는 남성 호를 각 신분별로 나누고 신분별 남성 호 가운데 차지하는 비중이 얼마나 되는지를 표시한 것이다.

[표 1-2-15] 아버지와 함께 기재된 남성호주의 신분

단위: 명(%)

연도	양반	양인	천인	합계
1678	0	6 (0.8)	4 (0.4)	10 (0.5)
1717	8 (1.8)	82 (6.1)	35 (5.7)	125 (5.2)
1759	14 (2.2)	62 (4.5)	6 (1.4)	82 (3.3)
1789	4 (0.5)	25 (1.7)	0	29 (1.2)

* 이 표의 백분율(%)은 앞의 [표 1-2-3]에서 제시한 신분별 남성호주의 수를 기준으로 산출되었다.

이에 따르면 양반의 경우 1678년에 아버지가 있는데 아들이 호주가 된 경우가 전혀 보이지 않는다. 1717년 이후 조금 늘어난 것으로 나타나지만 큰 비중을 차지하는 것은 아니다. 그에 비하여 양인이나 천인은 1678년과 1717년 사이에 아버지가 있는데도 아들이 호주가 된 경우가 큰 폭으로 늘어난 것을 볼 수 있다. 1759년 이후에는 1717년보다는 줄었지만, 1678년보다는 많다. 이러한 상황을 볼 때 늙은 아버지가 아닌 젊은 아들을 호주로 기재하는 일은 1678년보다는 1717년에, 양반보다는 하층 신분, 특히 양인층에서 비교적 많았다. 1717년 호적대장에서 여성호주가 크게 감소하고 건장한 청년이 호주로 기재되는 경향이 보인 것이다. 이는 1678년과 1717년 사이에 호적대장에서 호주의 기재를 둘러싼 대대적인 개편이 이루어졌을 가능성을 시사해준다.

60세가 넘은 남성이 기재되는 양상과 그 수치의 변화 속에는 다양한 주체들의 이해관계와 호 기재를 둘러싼 각축이 담겨 있다. 이와 관련하여 조선시대에 60세 이상이 되면 양인 직역 앞에 '노제'(老除)라는 말을 붙여서 역에서 면제되도록 하였던 것을 떠올려 볼 수 있다.[77] 아버지인 호주가 연로한 경우, 그의 젊은 아들이 호주로 되었던 것은 아닐까.[78] 늙은 아버지를 대신하여 아들이 호주로 기재되는 것은 국가의 입장에서는 수취의 편의를 높이는 것일 수 있고, 기재 대상자들의 입장에서는

77 세종대에 60세 이상의 노인에 대한 우대정책이 제도화되었으며, 이를 통해 가족과 국가를 통제하고 질서를 잡아가고자 했다(김태연, 「조선전기 가부장제와 여성: 효사상의 확대와 노인우대를 중심으로」, 박용옥 엮음, 『여성: 역사와 현재』, 국학자료원, 2001, 449~478쪽). 한편, 조선시대에 노인을 우대하는 관례가 있다는 것은 백승종, 앞의 논문(1990, 62~63쪽)에서도 지적되었다. 그는 이러한 우대가 호적대장의 기재에 끼친 영향에 대해 "나이의 많고 적음이 군역의 부과와 직접 관계되는 일이므로, 한 사람의 나이가 호적상으로 평생에 몇 차례나 늘거나 또는 줄여서 기재되기도 하였다"고 설명하였다.

78 이에 대해서는 2부 2장의 2절에서 자세히 다룰 것이다.

호 구성원 중 한 사람을 확실하게 '노제'로 기재하여 한 사람 몫의 수취를 더는 것이었을 수도 있다. 호적 기재에 대한 지침, 수취제도의 변화 등에 대한 다양한 대응의 결과가 이러한 수치로 나타난 것으로 볼 수 있다.

한편, 아버지와 그 아들이 각각 다른 호의 호주로 기재된 경우도 보인다. 심지어 장남이 아버지와 별도로 독립된 호의 호주로 기재되어 있는 경우도 보인다. 예를 들면, 1678년에 단성현 도산면의 1리 2통 2호의 호주는 61세의 역졸(驛卒) 김일남이고 그 밑에 그의 처 이소사, 아들 역졸 김세일, 아들 역졸 김계상, 계상의 처 명월이 기재되어 있다.[79] 그런데 김계상은 24세라고 하여 나이가 기재된 반면 김세일은 나이가 기재되지 않고, 별호거(別戶居)라고 표시되어 있다. 바로 옆집의 호주가 김세일로 기재되어 있는데, 그의 나이는 33세이며 금춘이라는 29세의 처와 갓 태어난 아들과 함께 살고 있는 것으로 되어 있다.[80] 김세일은 33세이고 김계상은 24세이므로 세일이 장남임을 알 수 있는데, 아버지와 각각 다른 호의 호주로 기재되어 있는 것이다.

② 어머니

이번에는 어머니가 기재되어 있는데, 아들이 호주가 된 경우를 살펴보자. [표 1-2-16][81]은 아버지가 사망한 뒤 과부가 된 어머니가 아들이 호주인 호에 기재된 경우를 모은 것이다.

79 『단성(상)』, 71a.

80 『단성(상)』, 71a, 도산, 01-02-03.

81 괄호 안의 백분율(%)은 신분별 남성호주의 수 가운데 이 표에서 제시한 수, 곧 어머니와 함께 사는데 호주가 된 남성의 수가 차지하는 비중을 나타낸 것이다.

[표 1-2-16] 어머니와 함께 기재된 남성호주의 신분

단위: 명(%)

연도	양반	양인	천인	합계
1678	9 (3.6)	73 (10.1)	62 (6.8)	144 (7.4)
1717	114 (25.1)	225 (16.9)	109 (17.8)	448 (18.6)
1759	154 (24.0)	164 (11.8)	46 (10.6)	364 (14.8)
1789	176 (21.1)	192 (13.0)	22 (11.9)	390 (15.6)

어머니가 살아 있는 경우를 보면, 1678년에 144호로 전체 남성호주호 가운데 7.6%를 차지한다. 1717년에는 448호로 18.6%를 차지하게 된다. 1759년(364호, 14.8%), 1789년(390호, 15.6%)에도 그러한 경향은 대체로 유지된다. 1717년 이후 어머니가 살아 있어도 아들이 호주가 되는 경우가 증가 및 유지되었음을 짐작할 수 있다. 신분별로는 양반이 뚜렷한 변화의 경향을 보인다. 1678년에 3.6%만이 아들의 호에 가족원으로 기재되었던 과부가 1717년 이후 약 21~25%를 차지하게 되는 것이다. 양인과 천인은 앞에서 살펴본 여성호주의 비율과 마찬가지로 1717년과 1759년, 1789년에 늘기도 하고 줄어들기도 하는 일관되지 않은 경향을 나타냈다.

지금까지 호주를 성별로 나누어 그들을 몇 가지 유형으로 나누고 그들의 연령과 호 구성원에 대해 살펴보았다. 그 결과 『단성호적』에 6~11% 정도의 여성호주가 기재되어 있음을 확인하였다. 호적자료를 통해 여성호주의 존재를 산출해보기 전에는, 조선시대에 여성은 부득이

한 경우가 아니면 호주가 되지 않고, 대부분 그 집안의 장남이 호주를 이었을 것이라고 막연히 짐작되었을 수 있다. 그런데 앞에서 살펴본 바에 따르면, 기혼의 아들이 동거하는 경우에도 여성이 호주가 된 경우가 많이 있다. 호적대장의 기재 내용은 여성인 호주들을 보이게 하여, 남성을 중심으로 한 규정과 지식에 균열을 낸다.

한편, 여성이 호주로 기재되는 경향은 시대에 따라 달라졌다. 1678년에 약 11%였던 여성호주는 1717년에 6% 정도로 줄었다. 17세기에서 18세기로 넘어가는 사이에 호주를 기재하는 방식에 변화가 나타난 것이다. 어머니와 장성한 아들이 함께 기재된 경우, 어머니와 아들 가운데 누가 호주로 기재되었을 것인가에 대해 알아보니, 1678년의 경우 여성이 호주로 된 호의 53%가 아들이 함께 기재되어 있는 호였다. 1717년에는 여성이 호주를 이은 호 가운데 31%만이 아들을 가진 호였다. 이는 1759년에도 이어진다. 1789년에는 아들을 둔 여성호주가 다시 증가하지만, 기혼인 아들이 아니라 대개 미혼의 아들을 둔 경우이다. 17세기까지는 아버지 없이 어머니와 아들이 있는 가족의 경우 대개 어머니가 호주로 기재되었다. 그것은 조선초기의 호적에서도 단편적이나마 확인되는 사실이다. 그러다가 18세기 이후에 아들이 어머니에 우선하여 호주로 기재되는 경향을 보였다.

아버지와 아들의 관계를 보면, 1678년에는 아버지가 연로했다고 하더라도 대부분 그 자신이 호주로 기재되었다. 1717년에 변화가 보여서, 장성한 아들이 있으면 아들이 호주로 기재되는 사례가 늘었다. 1759년 이후로는 다시 아버지가 호주로 기재된 경우가 늘어났다.

이러한 변화는 신분별로 크게 다르지 않았다. 다만 어머니가 살아 있지만 아들이 호주로 되는 경향은 양반층에서, 아버지가 살아 있는데도 아들이 호주로 되는 경향은 양인층에서 좀 더 선명하게 나타났다. 조선시대 호주의 기재는 18세기 이후 변화되는 양상이 나타났다. 하지만, 정해진 규칙에 따라 기재된 것이 아니라 각 호가 처한 상황과 사정에 따라 선택되었다.

소결

호적대장의 하나의 호에 기록된 사람들의 관계, 그리고 그들에 대해 기록된 정보 등 호의 기재 내용을 이해하는 것은 조선시대 호적대장의 자료적 특징을 이해하기 위한 기초적 작업이다.[82] 이러한 작업은 조선시대 호적제도와 근대 한국의 '호주제'[83]가 어떻게 다른지를 논의하기

82 이는 호적대장에 기재된 호가 '인위적 편제'의 결과일 뿐, 실제의 가호 구성원들의 관계를 보여주는 것이 아니라는 주장에 반대하여, 호적의 기록 속에 당시 사람들의 삶의 현실이 반영되어 있음을 밝히는 작업이기도 하다. 호적의 호는 현실 그대로를 보여주는 것은 아니지만, 현실의 가호를 전적으로 재조합한 결과물도 아니다. '인위적 편제'의 주장에 대해서는 서론의 주 61~68참조.

83 한국 근대사회의 '호주제'는 가족 관계를 호주와 그의 가족으로 구성된 가(家)를 기준으로 정리하는 호적제도, 또는 민법의 가제도 자체를 말한다. 호주제는 호주를 중심으로 가족구성원의 출생·혼인·사망 등을 기재하는 것으로, 호주는 일가의 계통을 계승한 자(호주승계인), 분가(分家)한 자, 기타 사유로 일가를 창립하거나 부흥한 자가 된다(민법 778조)고 규정되어 있었다. 한국 근대 호주제는 남성 우선의 호주승계제도이며, 남성이 가족의 대표자가 되는 남성가장제도이며, 관념적인 가족단체인 '가'의 영속성을 보장하기 위한 제도라고 할 수 있다. 이러한 호주제는 일제의 민적법(1909년)과 조선호적령(1922년)으로 정립되어, 대한민국 민법제정(1958년)을 통해 유지되다가 1962년, 1977년, 1989년의 민법 개정을 통해 호주의 권한 및 남성중심주의 등이 차츰 약화되기는 했지만, 2005년에 폐지가 결정되기까지 부계중심주의 이념을 담은 제도로 기능하였다. 이 글에서는 이러한 근대의 호주제를 조선시대 '호적제도'와 구분하여 '호주제' 또는 '20세기 한국 호주제'로 명시할 것이다. 이러한 호주제의 특징에 대해서는 이상욱, 「일제하 호주 상속 관습법의 정립」, 『법사학연구』 9, 1988; 양현아, 「한국의 호주제도」, 『여성과 사회』 10, 1999를 참조.

위한 근거를 찾는 것이기도 하다.

호적대장이라는 행정 문서 속에 기재된 '호'는 사람들이 실제로 살았던 '가호'의 모습을 반영한 것이면서, 동시에 국가에서 정한 틀 속에 당시 사람들을 하나의 '호'로 묶어 편제한 내용을 보여주는 것이기도 하다. 호적대장에서 하나의 호에 함께 기재되어 있는 사람들의 관계는 제도의 틀과 삶의 현실이 교차한 결과물이라고 할 수 있다. 그러므로 '호'의 기재 내용은 당시 사람들이 살았던 '현실'과 그들의 삶을 '기록'하는 것을 통해 특정한 방식으로 편성하고자 한 국가의 이상을 함께 보여준다. 그 두 가지는 뒤얽혀 있고 서로가 서로를 끌어당기면서 상호작용하여, 호적 기재라는 결과물을 남기게 된 것이다.

호적 기재의 실태를 중심으로 조선후기 호적대장에 기재된 호와 호주의 특징을 살펴본 결과, 하나의 호 안에는 '부부와 자녀'를 근간으로 하여 다양한 관계의 사람들이 묶여 있다. 호주 밑에 기재된 구성원들의 관계는 부부와 그 부모 및 자녀뿐 아니라 결혼한 형제자매, 외가의 구성원, 처의 친척, 혼인한 딸과 사위 등으로 다양했다. 조선후기의 호적대장에 기재된 호는 특정한 형태의 가족을 기재한 것이라기보다는 함께 거주하거나 경제생활을 함께하는, 또는 당시의 사람들이 생각하기에 한 호에 기록할 만한 관계를 가진 사람들로 구성된 것이었다.

또한 17세기를 지나 18세기로 가면서 직계가족의 형태 곧 부모와 부부, 그 자녀로 이루어진 '호'는 상대적으로 증가하는 경향을 보였다. 또 여성호주는 줄어든 것으로 나타났다. 신분에 따라 그 양상도 크게 다르지 않았다. 연로한 부모와 함께 하나의 호를 구성하는 것은 주자학적 질서에 따라 '부계직계의 원리'가 강조되어 간 경향과 그 흐름을 같이한 것으로, 국가에서 지침을 내려 권장한 것이기도 하다. 그것은 실제의 가호 구성에서 일어난 변화를 보여주는 것일 수도 있고, 그렇게 호를 묶어서 기재하려는 국가의 정책으로 말미암아 단지 호적의 기재가 그렇게 된 것일 수도 있다. 또는 직계의 호를 바람직하게 여기는 국가의 정책에 따라 실제의 관계에서도 부자가 함께 살게 되었을 수도 있다.

조선후기에 여성이 호주로 기재된 경우에 그녀가 혼자 살기 때문에 부득이 스스로 호주로 기재된 경우뿐 아니라, 아들 또는 남편과 같이 호주로 기재될 만한 다른 남성 가족원이 있는 경우도 상당수 찾을 수 있다. 조선후기에 호적을 작성할 때 가족 가운데 아버지이자 남성인 사람을 호의 맨 첫머리에 기재하는 것이 일반적이었던 것은 사실이다. 하지만 그 호주가 죽고 그 호주의 처와 아들이 남아 있을 때, 전 호주의 처였던 여성이 호주로 기재되는 경우가 많았던 것이다.

조선후기에 호적에 기재된 호주는 각 호가 처한 상황, 가족의 관계 등 여러 가지를 고려하여 기재된 것이라고 할 수 있다. 다시 말해서 호적대장에 기재된 호주는 대체로 실제로 그 호에 거주하거나 소속된 것으로 간주된 사람들을 대표하는 것이었지, 반드시 그 직계가족 또는 직계혈통을 대표하는 존재가 아니었다.

이러한 결과를 통해 조선시대 호적제도와 20세기 한국의 '호주제'를 비교해 볼 수 있다. 호적대장이 있다는 점은 공통적이지만 호적대장에 호를 기재하는 원칙과 호주를 정하는 원칙은 달랐다. 조선시대 호적대장에 기재된 내용이 20세기 한국 호주제와 다른 점은 다음과 같다.[84]

84 20세기 한국 호주제에는 실제 동거하는가 여부에 무관하게 호주 밑에 직계가족의 구성원을 기재하도록 되어 있다. 민법 제788조에 "가족은 분가할 수 있다. 그러나 직계비속 장남자는 분가할 수 없다"(제정 1958. 2.22)고 되어 있다. 하지만 1959년 10월 서울시 중동중고등학교 학생을 대상으로 하여 조사한 결과에 의하면, 장남이 혼인한 집 159인 중에서 혼인한 장남이 사실상 분가한 집이 111인이 되어 70%라는 높은 비율을 보였다고 한다. 하지만 호주제에서는 장남이 아버지와 동거하지 않더라도 아버지를 호주로 하는 호적에 소속된 가족으로 표시된다. 20세기 호주제에 따라 구성된 호는 직계혈통에 소속된 사람들을

첫째, 하나의 호로 묶인 사람들을 보면, 직계의 관계에만 국한되지 않고 다양하고 폭넓은 친인척 등을 포괄하였다. 둘째, 직계가족이 서로 다른 호에 기재되기도 하였다. 셋째, 아들이 있는 여성도 호주로 기재되었다. 넷째, 아버지가 함께 기재되어 있는데도 그 아들이 호주로 기재된 경우가 있다. 다섯째, 아버지와 장남이 각기 다른 호의 호주로 기재된 경우도 있었다. 요컨대 조선의 호주는 부계직계혈통의 대표가 아니며, 호적의 호라는 것도 반드시 그 직계가족원을 구성원으로 삼은 것도 아니었다. 곧 조선시대에는 20세기 한국의 '호주제'의 기재 원리와 같은, 현실적 거주와 상관없는 추상적인 가(家)를 설정하고 호주 밑에 그 직계가족원을 기재하며, 장남에게 호주를 승계하는 방식의 호주제도는 없었다.

묶어놓은 것으로 그것이 현실의 동거가족을 표시한 것은 아님을 알 수 있다(김주수, 『친족·상속법』, 법문사, 2004, 375~376쪽 참조).

제2부
위계의 재구성

제1장 대호(代戶)와 호주승계 방식의 변화

여성호주의 수치는 1717년에 1678년과 비교할 때 크게 줄어들었다. 그리고 1759년에 다시 증가하고 1789년에는 감소하는 등의 굴곡을 보였다. 그러한 변화가 나타난 이유는 무엇일까. 먼저 떠오르는 생각은 남성의 사망률이 높아진 것이 아닐까 하는 것이다. 그런데 18세기를 전후한 조선사회에서 특별히 여성과 남성의 수명이 급격히 변화하거나, 특정한 성의 사망률이 증가하는 등의 인구학적 변화가 일어날 만한 상황은 아니었다. 인구의 문제라기보다는 가족 구성의 방식, 성별 지위의 변화, 과부의 지위 등 다양한 문화적 변수들이 작용한 결과라고 생각해 볼 수 있다.[1] 또 호적대장이 국가의 주도로 만들어진 공식 행정 문서라는 점에 주목해보면, 여성호주의 증감은 주로 호적의 호주 기재 방식, 곧

1 호적이 작성되는 시기에 정부의 행정력·통치력이나 호적 조사 과정에서 개입되는 다양한 조작 등과 관련될 수도 있다. 만일 어느 식년에 호적의 작성이 허술하게 이루어졌다면, 과부의 상태도 실제와 다르게 기록될 수밖에 없을 것이다.

가 구성원 중 호주를 선택하여 기재하는 관행 및 국가적 차원의 제도 변화와 관련된 것으로 생각해볼 수 있다.

이 문제를 풀기 위해서는 호주가 바뀐 호에 초점을 맞추어서 호의 구성원 가운데 호주로 기재되는 존재가 누구인가를 좀 더 자세히 알아볼 필요가 있다. 이전의 호주와 새로운 호주가 어떤 관계로 이어졌는지를 보면, 조선시대의 호주승계[2] 방식을 알아볼 수 있다.

앞선 연구에서 조선시대 호적대장 속의 호주승계는 그다지 관심을 받지 못했다. 조선시대의 호적대장에 대한 연구가 호주의 신분 변화를 규명하는 데 집중되었기 때문이기도 하지만, 조선시대 호적제도를 20세기 한국 호주제라는 렌즈를 통해서 바라보았던 것에서도 그 이유를 찾을 수 있다.[3] 20세기 한국 호주제와 조선시대 호적제도의 관계를

2 여기서 '승계'(承繼)라는 용어는 국어사전에 나오는 말 뜻 그대로, "선임자의 뒤를 잇는다는 의미로 쓴다. 호주가 죽은 뒤에 누군가 다른 사람이 호주를 잇는 것을 승계라는 용어로 표현하는 것일 뿐 지위나 의무·권리 일체를 이어받는다는 의미가 아님을 밝힌다. 한편 20세기 한국 호주제를 보면, 1960년 시행된 민법에서 호주를 잇는 순위는 "① 직계비속남자 ② 직계존속여자 ③ 처 ④ 가족인 직계비속의 처 ⑤ 가족인 직계비속여자"라고 되어 있었는데, 이때 호주의 직계비속장남자의 임의분가를 금지하고(제788조 제1항 단서), 호주상속권은 이를 포기하지 못하도록 함으로써(제991조), 호주라는 법적 지위를 장남에게 강제로 승계시키고 있었다. 이러한 절대적인 장남-장손 중심의 호주상속은 1989년 개정 민법에서 삭제되었다. 이에 호주상속은 호주승계로 변경되고 장남이 아닌 차남의 호주승계가 가능해졌고, 직계비속여자의 순위가 직계비속남자의 다음으로 변경되고, 직계존속여자보다 '처'가 순위에서 우선하게 되는 변화가 이루어졌다. 하지만 2005년에 호주제가 폐지되기 이전까지, 부계를 중심으로 한 호주승계 원칙에는 큰 변화가 없었다. 이와 관련해서 김주수, 『친족, 상속법: 가족법』, 법문사, 2002, 420~424쪽 참조.

3 이는 '호주제'를 한국의 오랜 전통이라고 보거나 일본 식민지배의 유산이라고 보는 대립적인 두 가지 입장과 관련된 것이다. 전자의 입장은 호주제의 헌법불합치 결정 과정의 반대의견에서 명확히 표명되었는데, 곧 "현행법상의 호주제는 고대 이래 조선 중기까지 이어져온 우리 고유의 합리적 부계혈통주의의 전통을 이어받아 부계혈통주의의 존립을 위한 극히 기본적인 요소만을 담고 있는 것으로서, 일제 잔재로서의 색채를 불식하고 우리 고유의 관습으로 복귀한 것으로 평가할 수 있으며[……]"(2005년 2월 3일. 2004헌가5 민법 제778조

어떻게 보는가에 따라 조선시대 호주승계는 다르게 이해되었다. 조선시대 호적제도와 20세기 '호주제'의 연속성을 강조하는 입장에서는 두 제도를 동일시하여 조선시대의 호주는 당연히 '아버지에서 아들로' 이어진 것으로 보았다. 다른 한편, 두 제도의 단절을 강조하는 입장에서는 '호주제'는 일본식민지배의 산물이며 조선시대에 그러한 호주제는 없다고 보았다. 조선시대의 호주는 '승계'되는 권한이 아니므로 조선시대 호적대장 속의 호주승계에 대해 관심을 기울일 필요도 없었던 것이다. 이렇듯 한국 호주제의 역사를 보는 관점에 따라 조선시대 호주승계는 다르게 이해되었지만, 어떤 쪽이든 그것을 학술적 분석 대상으로 삼지는 않았다.

이제 『단성호적』에 기재된 대호의 사례를 통해 호주를 물려주는 사람들 사이의 관계는 무엇이었는가, 또 그 관행이 어떻게 달라지는가, 그러한 변화의 요인은 무엇인가를 구체적으로 알아보자. 이를 바탕으로 조선후기에 이루어진 호주승계 방식의 특징을 살펴보고, 호적대장의 호주 기재에서 성별에 따른 지위가 달라진 양상을 읽어보고자 한다.

1. 대호(代戶), 호주가 바뀐 사정

호적대장에 '호'를 기재할 때, 맨 앞에는 그 호가 '몇 호'인지가 표시되

헌법재판소 호주제위헌결정문 중 재판관 김영일, 재판관 권성의 반대의견)라는 입장을 담고 있다. 반면, 후자의 입장에서는 호주 상속·승계에 대한 권한은 19세기 말, 20세기 초 일본의 호주제도가 도입되는 과정에서 창출된 것이라고 설명한 바 있다(이상용, 「다시 호주제 폐지를 말한다」, 『호주제도 관련 토론회 자료집: 호주제도, 무엇이 문제인가』, 법무부, 2000).

고, 그 다음에는 그 호가 만들어진 경위, 또는 호주가 바뀐 사정 등이 기재되어 있다. 이러한 사항은 신호(新戶),[4] 별호(別戶),[5] 대호(代戶) 등으로 표시되어 있다. 이러한 기재사항에 비추어서 보면, 호적대장에 새로 호주로 기재되는 경우는 두 가지가 있다. 하나는 호를 누군가로부터 물려받는 것이고 다른 하나는 새로운 호를 세우는 것이다. 전자를 대호(代戶)라고 기재하고, 후자는 신호(新戶)·별립호(別立戶)·별호(別戶)·가호(加戶) 등으로 표현하였다.[6] 이 글에서 주목하고자 하는 '대호'는 어떤 호의 호주가 지난 3년 사이에 바뀐 경우에 그 내역이 표시된 호이며, 따라서 호주가 바뀐 호를 가리킨다.

'대호'의 표기는 호적의 다른 기재 내용이 그렇듯 축약, 생략 등이 이루어져 여러 형태로 나타난다. 몇 가지로 간단히 정리해 보면, ① 대호+현 호주 ② 전 호주+대호+현 호주 ③ 전 호주+대+현 호주

---

4 '신호'는 말 그대로 '새로 생긴 호'의 의미로 해석되는데, 『단성호적』에서 여성호주 가운데 '신호'는 1717년에 21호, 1759년에 96호, 1789년에 45호가 보인다. 하나의 사례를 보면, 1717년 호적에 보이는 강분례(55세)의 호를 볼 수 있다. 그녀의 이름 앞에는 '제5신호 전라도 래 과녀'(第五新戶全羅道來寡女)라는 설명이 붙어 있다. 그녀 밑에는 16세의 딸 모란이 기재되어 있다. 강분례는 딸 모란을 데리고 전라도에서 단성현으로 거처를 옮긴 것이다. 이러한 사정으로 강분례의 호는 1717년 호적에 새롭게 기재되었다(『단성(상)』, 255a, 1717, 생비량, 09-09-05).

5 『단성호적』에서 여성호주 가운데 '별호'인 경우는 드물다. 1717년에 보이는 2건은 모두 '사비'의 신분으로 남편은 없는 상태이다. 1759년의 경우, 1건은 71세의 '과녀사비'로 기재된 경우이며 그녀는 혼자 기재되어 있는데 '별호'한 사정이 무엇인지는 알 수 없다(『단성(하)』, 55b, 1759, 오동, 03-06-07). 또 다른 사례는 양반 신분의 '과부' 양씨의 경우인데, 54세로 노 1명을 데리고 '별호'하여 호주가 된 경우이다(『단성(하)』, 104b, 1759, 신등, 01-03-03). 이렇듯, 별호를 한 경우는 드물고 대부분의 여성호주들은 남편이 죽은 뒤 '대호'하여 호주가 된 경우이다.

6 이전 호적에 없다가 새로 나타난 호를 표시하는 이러한 용어들은 호적이 작성되는 식년에 따라 조금씩 달라지기도 하며 명확하게 구분하여 쓰인 것은 아니다. 이러한 용어들에 대한 검토는 한영국, 앞의 논문, 1985 참조.

④ 전 호주+현 호주 등으로 나누어볼 수 있다. ①과 ②는 ‘대호’라는 표현이 온전하게 보이는 것이고, ③은 ‘호’를 생략하고 ‘대’만 표시한 것이다. ④는 ‘대’까지 생략했지만, 내용을 통해 호의 승계가 이루어진 것을 짐작할 수 있는 경우이다. 이러한 기재를 보여주는 사례를 보면 다음과 같다.

① 제삼 대호 서 황산역리 이원봉 년이십팔”(第三代戶婿黃山驛吏李元封年貳拾捌[……])[7]

제오 대호 기보 김국문 년십칠”(第五代戶騎步金國文年拾柒[……])[8]

② 제이호 마종립 금고 대호 처 개덕 년칠십삼”(第二戶馬從立今故代戶妻介德年柒拾參[……])[9]

제이호 역리 김한기 고 대호 처 과녀 강소사 년육십사”(第二戶驛吏金汗己故代戶妻寡女姜召史年陸拾肆[……])[10]

③ 제오호 이씨 고 대자 유학 권린서 년십사”(第五戶李氏故代子幼學權獜瑞年拾肆[……])[11]

④ 제사호 유학 박문영 고 처 윤씨 년오십팔(第四戶幼學朴文榮故妻尹氏年伍拾捌[……])”[12]

위의 기재 내용을 자세히 살펴보면, 먼저 ①은 호의 주소 다음에

7 『단성(상)』, 228a, 1717, 도산, 07－05－03.
8 『단성(상)』, 215b, 1717, 오동, 04－03－05.
9 『단성(상)』, 221b, 1717, 도산, 03－01－02.
10 『단성(하)』, 71a, 1678, 도산, 07－01－02.
11 『단성(상)』, 263a, 1717, 신등, 01－23－05.
12 『단성(상)』, 55a, 1678, 북동, 05－06－04.

"대호/현 호주"를 기재한 형식이다. 호의 주소는 일반적으로 '제 몇 호'라고 표시하는데, 이 경우는 '제 몇 대호'라고 호수와 대호를 묶어서 나타내었다. 그리고 새로운 호주의 직역, 이름, 나이 등을 표시한 것이다. 이 때 전 호주에 대한 정보 없이 새로운 호주에 대해서만 기입하였다. 새로운 호주와 이전 호주의 관계는 표시되기도 하고 생략되기도 하였다. 이 두 사례는 각각 전호주의 사위인 28세의 황산역리 이원봉 그리고 17세의 기보 김국문이 호주가 되었음을 보여준다.

②는 "전 호주/(금)고/대호/관계/현 호주"의 구조로 되어 있다. 호의 주소 다음에, 전 호주의 이름을 쓴 뒤 그가 사망했다는 것을 밝히고 '대호'라는 표시를 하고 새로운 호주를 기입한 것이다. 이때 사망은 '금고' 또는 '고'로 표시하였다. 여기서 제시한 두 사례는 남편이 죽고 나서 그 처가 대호한 경우로 각각 73세의 개덕, 64세의 과녀 강소사가 새로운 호주로 기재되었다.

③은 전호주의 유고를 표시하고 뒤에 새로운 호주를 기입한 점에서 ②와 같은 구조로 되어 있는데, '대호'를 '대'로 줄여 쓴 것이다. 『단성호적』에 나온 호주승계 표기 중 가장 흔하다. 위의 사례는 전호주인 이씨가 사망하고 그녀의 아들인 14세의 유학 권린서가 호를 이은 것을 보여준다.

④는 "전 호주/고/관계/현 호주"의 형식인데, ②와 ③의 방식에서 '대호' 또는 '대'를 쓰지 않고 전호주의 사망만을 표시하여 이어서 현호주를 기재한 것이다. 이는 호적 작성의 과정에서 흔히 이루어지는 표기의 생략으로 볼 수 있다.[13] 이렇듯 대호의 표기 방식은 일정하지

13 이러한 사례는 1678년에 많은데, 이러한 경우를 빼고 대(代)라는 표시가 된 경우만 헤아려 보면 1678년에는 호주가 바뀐 호가 40개로, 다른 식년의 1/4에 지나지 않는다. 다른

않지만, 호주가 바뀐 사정은 명확하게 표시되어 있다. 이 책에서는 위에서 제시한 경우를 모두 호주가 바뀐 '대호'의 범주로 묶어서 분석할 것이다.

그런데 이와 같이 대호의 사실이 호적에 기재된 호는 이전에 호적을 조사한 이후, 곧 지난 3년 사이에 호주가 바뀐 경우이다. 1717년에 대호의 내용을 기재하였으면, 1720년에는 더 이상 대호라는 표현은 쓰지 않고, 새로 호주가 된 사람의 직역과 이름을 바로 호주로 기재한다. 예를 들어, 1717년 호적 북동면 5리 4통 5호의 기록을 보면 "유학 하두천 고 대처 고씨 년사십삼"(幼學河斗天故代妻高氏年肆拾參[……])이라고 하여 하두천이 죽고 그 처인 고씨(43세)가 호주를 이었다고 되어 있다.[14] 그 사례를 그 다음 식년(3년 뒤)의 호적인 1720년 호적대장에서 추적해보면, "과부 고씨 년사십육"(寡婦高氏年肆拾陸[……])이라고 하여 대호 사실을 더 이상 기재하지 않고 곧바로 바뀐 호주의 직역과 성명을 쓰고 있는 것을 볼 수 있다.[15] 대호라는 표시가 있는 호는 최근 3년 사이에 새로운 사람이 호주로 기재되었다는 뜻이다. 이러한 내용을 담은 대호의 사례를 살펴보면 누가 누구로부터 호주를 이어받았는지, 몇 살에 호주가 되었는지 등을 알아볼 수 있다.

이제 전체 호 가운데 대호가 얼마나 이루어졌는지를 알아보자. [표 2-1-1]은 호주를 성별로 나누고 대호와 대호라고 표시되지 않은 호(일

식년과 달리 1678년에만 왜 그렇게 호주가 바뀐 경우가 적은지 잘 이해할 수 없다. 그러므로 '대' 또는 '대호'라는 말이 생략된 경우에도 호주가 바뀌었다고 보는 편이 더 자연스럽다. 또한 호적 작성 과정에서 글자의 생략이 이루어진 경우는 흔히 발견되므로, '대'자가 없는 것에 큰 의미를 부여하기는 어렵다.

14 『단성(상)』, 201b.

15 『단성(상)』, 346b, 북동, 05-07-02.

반호)를 비교하여 나타낸 것이다. 전체 호 가운데 대호는 1678년부터 1789년까지 113호에서 174호 정도로 대략 4~7% 정도이다. 대호의 내용이 달라지는 점은 있지만, 대호에 대한 파악과 기재 상태는 큰 변화 없이 유지되었다.

[표 2-1-1] 호주의 성별과 대호

단위: 명(%)

연도	남성호주			여성호주			전체 호주		
	대호	일반호	계	대호	일반호	계	대호	일반호	계
1678	11 (0.5)	1,943 (88.8)	1,954 (89.3)	149 (6.8)	85 (3.9)	234 (10.7)	160 (7.3)	2,028 (92.7)	2,188 (100)
1717	109 (4.3)	2,294 (89.4)	2,403 (93.7)	64 (2.5)	97 (3.8)	161 (6.3)	173 (6.7)	2,391 (93.3)	2,564 (100)
1759	79 (2.9)	2,384 (86.2)	2,463 (89.1)	34 (1.2)	267 (9.7)	301 (10.9)	113 (4.1)	2,651 (95.9)	2,764 (100)
1789	110 (4.1)	2,392 (89.3)	2,502 (93.3)	64 (2.4)	117 (4.3)	181 (6.7)	174 (6.5)	2,509 (93.5)	2,683 (100)

대호의 성별[16]을 보면, 1678년에는 남성 대호는 0.5%로 거의 없고 여성호주 가운데 대호가 7% 정도로 많다. 그런데 1678년에서 1717년으로 가면서 남성 대호는 4%를 넘어서고, 여성 대호의 비율은 2.5%로 줄어들었다. 1759년에는 여성 대호의 비율은 1.2%이고, 1789년에는 2.4%로 증감은 있지만 1717년에 줄어든 추세를 유지하였다.[17] 대호가

16 여기서 성별이란 대호(代戶)한 뒤에 새로이 호주가 된 사람의 성별을 말한다.

17 1759년에 여성호주의 호는 전체 호의 10.9%를 점하여 4개 식년 중 가장 높은 비율을

이루어진 호의 새로운 호주가 된 사람만을 추려서 그들을 성별(性別)로 나눈 것이 [표 2-1-2]이다.

[표 2-1-2] 대호의 성별

단위: 명(%)

연도	남	여	합계
1678	11 (6.9)	149 (93.1)	160 (100)
1717	109 (63.0)	64 (37.0)	173 (100)
1759	79 (69.9)	34 (30.1)	113 (100)
1789	110 (63.2)	64 (36.8)	174 (100)

대호의 성비를 보면, 1678년에는 대호의 대부분이 여성호주로 나타났다. 전체 대호 가운데 93.1%가 여성이 새로운 호주로 기재된 것이다. 그러던 것이 1717년에는 여성으로서 대호의 호주가 된 경우가 37%로 크게 줄었다. 대호의 남녀의 성비를 비교하면, 1678년에 대략 '7 : 93'이던 것이 1717년에는 '63 : 37'로 역전된 것이다. 1759년에는 '70 : 30'으로 여성 대호가 더욱 감소했고, 1789년에 1717년의 수준으로 다시 여성 대호가 조금 증가하는 경향을 보인다. 하지만 그것이 변화의 흐름을 역행하는 정도는 아니다. 결국 1678년이 지난 뒤 1717년 이전 어느 시점부터 여성보다는 남성에게 호주를 잇는 관행이 생겨났고, 그러한

보인다. 하지만, 여성 대호는 줄어들었으므로 이 시기에 여성호가 늘어난 것은 호주의 승계 방식의 변화만으로는 설명되지 않는다. 이와 관련해서 과부 수절의 증가 또는 과부 거주 상황의 변화 등 여러 가지 요인을 고려해볼 수 있을 것이다. 이에 대해서는 이 책의 3부 1장에서 자세히 다룰 것이다.

흐름은 18세기 후반까지 이어졌다.

호주승계 관행의 변화가 신분별로 어떻게 나타나는가를 보기 위해 [표 2-1-3]을 살펴보기로 하자.

[표 2-1-3] 대호의 신분별 성비

단위: 명(%)

연도	양반		양인		천인	
	남	여	남	여	남	여
1678	9 (11.7)	68 (88.3)	2 (3.6)	54 (96.4)	0	27 (100)
1717	41 (61.2)	26 (38.8)	48 (64.9)	26 (35.1)	20 (62.5)	12 (37.5)
1759	32 (86.5)	5 (13.5)	39 (65.0)	21 (35.0)	8 (50.0)	8 (50.0)
1789	45 (59.2)	31 (40.8)	57 (67.9)	27 (32.1)	8 (57.1)	6 (42.9)

* 괄호 안의 수는 각 신분별 대호의 남녀 비율을 표시한 것이다.

이 표의 수치는 대호가 이루어진 호를 신분으로 나누고 그것을 다시 호를 이어받은 호주의 성별을 기준으로 하여 남·여로 나눈 것이다. 전반적으로 18세기 이후 여성이 호를 이은 경우는 줄어들고, 남성이 이은 경우는 늘어난 것으로 볼 수 있다. 특히 양반의 경우, 1717년을 기점으로 남성이 대호의 새로운 호주로 기재되는 방향으로 크게 바뀐 것으로 나타난다. 1678년에서 1717년 사이로 넘어가는 동안 여성 대호가 눈에 띄게 감소하고, 1759년에 더욱 줄었다가 1789년에는 1717년 정도의 수치를 보였다.[18] 양인의 경우에 여성 대호는 1717년 이후 1678년의

18 1759년의 양반 여성 대호가 5호에 지나지 않는다. 대호의 총수가 1717년이나 1789년보다

절반 이상으로 감소한 뒤 대략 그 수치를 일관되게 유지하였다. 천인의 경우에도 1678년과 1717년 사이에 여성 대호가 크게 줄어들었다. 1759년 이후에는 대호 자체도 줄고, 여성 대호의 수치도 줄어들었다. 그 수치의 증감에 차이가 있지만, 1678년에서 1717년으로 넘어가는 사이에 남성에 대한 호주승계가 크게 늘어나고, 그 이후 대체로 유지되는 경향을 보이는 것은 모든 신분에서 공통적이었다.

2. 호주승계의 사례들

1) 남편과 부인, 아버지와 아들

앞에서 살펴본 변화를 이해하기 위해, 대호가 이루어진 호의 호주승계 내용을 살펴보기로 하자. 대호의 사례 가운데 가장 많은 비중을 차지하는 것은 '아버지에서 아들로', 또는 '남편에서 부인으로' 호주가 바뀐 경우이다. 먼저 이 두 경우만을 부각시켜서 그 변화의 양상을 살펴보자.

[표 2-1-4]에서 1678년에 대호가 이루어진 호 160호 가운데 가장 많은 비중을 차지하는 것은 단연 남편에서 아내로 호를 이은 경우이다. 그 사례는 90% 이상을 차지한다. 그것이 1717년에는 36% 정도로 줄어든다.[19] 그리고 1759년에는 23%, 1789년에는 35%로 나온다. 아버지가

1759년에 적게 파악되어 있는데 특히 여성 대호의 수가 뚜렷이 줄었다. 그리고 1789년에는 다시 여성 대호가 증가하였다. 호적대장의 기재에 여러 가지 현실과 다른 개입이 있었기 때문일 수도 있고 대호 방식에서 나타난 변화의 흐름이 매끄럽지 않았기 때문일 수도 있다.

19 앞에서 '대호' 또는 '대'라는 말이 생략된 경우라도 전호주가 죽고 그 다음에 새로운 호주의 이름이 나온 경우, 대호가 이루어진 것으로 본다는 것을 설명한 바 있다. 이 표에서는

아들에게 물려준 경우는 1678년에 약 2%를 차지하던 것이 1717년에는 50%를 넘어선다. 1759년에는 40.7%이고, 1789년에는 55% 정도로 이 역시 1717년에 증가한 수치가 대체로 유지된다.

[표 2-1-4] 대호의 유형과 연도별 변화

단위: 명(%)

연도	남성호주		여성호주		합계
	父→子	기타	夫→妻	기타	
1678	4 (2.5)	7 (4.4)	145 (90.6)	4 (2.5)	160 (100)
1717	85 (49.1)	24 (13.9)	62 (35.8)	2 (1.2)	173 (100)
1759	46 (40.7)	33 (29.2)	26 (23.0)	8 (7.1)	113 (100)
1789	96 (55.2)	14 (8.0)	61 (35.1)	3 (1.7)	174 (100)

1678년에는 남편에서 부인으로 호를 잇는 일이 일반적이었는데, 18세기 이후의 호적에서는 아버지에서 아들로 호를 잇는 경향이 크게 증가한 것이다. 그리고 18세기에 그러한 추세는 대체로 지속되었다. 그러나 그러한 변화가 일정한 방향으로 나타난 것은 아니다. 1759년에는 아버지가 아들에게 호를 물려주는 경우가 1717년에 비해 감소하였다. 남편이 처에게 호주를 물려주는 경우는 더욱 감소하고, 아들이 아닌 남성에게 호를 이은 경우가 29.2%로 상당히 높게 나타났다. 어쩌면 아들이 아니더

'대' 또는 '대호'가 생략된 경우를 모두 포함한 것이다. 한편, '代'라는 글자가 표기된 경우만 골라서 통계를 내어보면, 역시 1678년에 호주승계가 이루어진 호 가운데 여성이 새 호주로 된 경우는 전체 40호 가운데 33호로 83%에 달한다.

라도, '남성'에게 호주를 승계하려는 경향이 높아진 것이기 때문일 수 있다. 1789년에는 아버지에서 아들로 이어진 경우가 전 식년 가운데 가장 높긴 하지만, 남편이 처에게 주는 경우도 1759년에 비해 증가하였다. 아버지에서 아들로 잇는 방식이 증가하면서 부계질서가 강화되는 추세를 보여주면서도, 또 한편에서는 남편에서 부인으로 호를 잇는 경우도 1717년의 수준으로 올랐던 것이다.

2) 다양한 사정들

이제는 누구에게서 누구로 대호가 이루어졌는가에 대해서 좀 더 자세히 살펴보자. 호주의 승계가 이루어지는 방식은 다양하다. 먼저 성별로 설명하자면, 남성에서 남성으로 물려주거나, 남성에서 여성으로, 또는 여성에서 남성으로, 여성에서 여성으로 준 경우가 있다. 호주승계의 방식을 좀 더 구체적으로 살펴보기 위하여 연도별로 대호의 유형을 표시한 [표 2-1-5]부터 [표 2-1-8]까지를 참고해보자.

아래의 연도별 표들을 살펴보면, 1678년에는 호주승계의 관계가 비교적 단순하고, 1717년과 이후에 다양해졌음을 알 수 있다. 남성이 남성에게 호를 주는 사례는 아버지가 아들에게 주는 경우뿐 아니라 형이 동생에게, 장인이 사위에게, 아니면 가족이 아닌 노(奴) 등 남에게 물려주는 경우 등이 있다. 남성에서 여성으로 이은 사례는 남편이 처 또는 첩에게 주는 것 외에, 아버지가 딸에게, 아들이 어머니에게 호를 물려주는 경우가 있다. 또 여성이 남성에게 이어주기도 했는데, 특이하게도 부인에서 남편으로 호주를 넘겨주기도 하고, 어머니가 아들에게 물려주기도 했다. 여성이 여성에게 주는 경우는 시어머니에서 며느리로 호를 이은 사례가 보였다. 그밖에 희소한 경우지만 손자에게 주는 경우, 조카에게 주는 경우도 보인다.

① 1678년의 호주승계 사례들

1678년에는 남편이 처 또는 첩에게 호를 이은 경우가 압도적으로 많아서, 대부분이 여성 대호이고 남성 대호는 단 11건이다. 그 가운데 아들이 아버지로부터 호주를 이은 경우는 4건이다. 신분별로는 양반이 3건, 양인이 1건이며, 천인에서는 보이지 않는다. 남편으로부터 처로 호주를 잇는 분위기에서 예외적으로 보이는 이 네 개의 사례들을 자세히 들여다보면 그만한 사정이 있음을 알 수 있다. 그 가운데 두 개의 사례는 어머니 등 다른 가족원이 없는 경우이다. 단성현 북동면 6리 1통 3호를 보면 그 호의 원래 호주는 양인 김득문이었다.[20] 그런데 그가 죽자 그 아들인 31세의 어영군보 김여호가 호주를 상속하였다. 김여호의 어머니에 대한 기록은 호적에 없다. 아마도 오래전에 사망했기 때문이라고 생각된다. 곧 김득문의 처이며 김여호의 어머니인 여성이 살아 있지 않기 때문에 김여호가 아버지를 이어 호주로 기재된 것이다. 또 다른 사례인 통정대부 류희온으로부터 아들로서 호를 이은 류광진 역시 노비를 제외하면 다른 가족원이 없는 경우이다.[21]

나머지 두 사례는 어머니가 서모(庶母)인 경우이다. 원당면 4리 7통 2호에 살던 충의위 박승필이 죽자 그 아들인 출신(出身) (박)세익이 호를 이어 받았다. 그런데 그의 호에는 서모인 39세의 정소사가 동거하는 것으로 기재되었다.[22] 현내면에 보이는 유학 권처형도 33세에 아버지의 뒤를 이어 호주가 되었는데, 그의 호 안에는 서모 하소사가 기재되어 있다. 그리고 서모 하소사는 권처형보다 9살이나 어린 24세였다.[23] 적모

---

20 『단성(상)』, 58b.

21 『단성(상)』, 79b, 도산, 04－07－02.

22 『단성(상)』, 14b.

23 『단성(상)』, 40b, 현내, 04－07－04.

가 아닌 서모는 적어도 적모의 아들이 있을 경우 호주로 기재되지 않았던 것으로 짐작할 수 있다. 결국 아버지에서 아들로 호주를 이은 경우는 모두 전 호주의 적처, 아들의 적모가 없기 때문이었다.

[표 2-1-5] 1678년 대호의 유형과 신분

단위: 명

호주	대호의 유형		양반	양인	천인	계
남	남→남	아버지→아들 불명	**3**	**1** 1		**4** **1**
	여→남	어머니→아들	6			
	계		9 (81.8)	2 (18.2)		11 (100)
여	남→여	남편→처＼첩 아들→어머니 아버지→딸	**66＼0**	**51＼3**	**25＼0** 1 1	**142＼3** 1 1
	여→여	시어머니→며느리	2			2
	계		68 (45.6)	54 (36.2)	27 (18.1)	149 (100)
합계			77 (48.1)	56 (35.0)	27 (16.9)	160 (100)

어머니로부터 아들로 호주를 이은 사례는 6건 있다. 물론 모두 어머니가 죽은 뒤에 아들이 호주가 된 경우이다. 이들은 모두 양반으로 보인다. 이 경우는 "고 충의위 이태국 처 양씨 금고 자 충의위 성지(故忠義衛李泰國妻梁氏今故子忠義衛星祉)[……]"[24]와 같이 현재 아들이 호주가 되기

24 "죽은 충의위 이태국의 처 양씨가 이번에 죽었다. 아들 충의위 이성지[가 호주이다]"라는

까지 아버지(이태국)에서 어머니(양씨)로, 그리고 아들(이성지)로 호를 이어온 과정을 표기해놓았다.[25]

그밖에 어떤 관계로 호를 이어받았는지 정확히 알 수 없는 경우가 1건 있다. 도산면 2리 7통 2호의 사례[26]를 보면, 1678년 이전에 이 호의 호주는 정병 양익성이었는데 그가 죽어서 48세의 무학사부(武學射夫) 양진명이 새로운 호주로 기재되었다. 양진명의 아버지는 양의갑으로 기재되어 있는데, 양익성에 대해서는 정보가 없으므로 양익성과 양진명의 관계는 정확히 알 수 없다.

여성 대호는 149건에 달하여 남성 대호에 비해 확연하게 많다. 그 대부분은 남편에서 처(妻)로 호주를 이은 경우로 142건이고, 첩(妾)으로서 호를 이은 경우도 3건 보인다. 첩에게 호주를 이은 경우 남성은 대체로 양반으로 추정되고 첩의 신분은 '소사'(召史)라는 칭호를 붙인 것으로 보아 양인 또는 양반의 서녀로 추정된다.[27] 첩에게 호를 이은 경우 대개 첩이 아닌 다른 가족원이 없는 경우이지만, 아들이 있는데도 첩이 호를 이은 경우도 있다. 신등면 1리 11통 3호에 기재된 조세형의 첩 박소사(46세)는 남편이 죽자 그를 이어 호주가 되었다.[28] 재미있는

의미이다(『단성(상)』, 56a, 북동, 05－10－02).

25 이 가운데 한 사례는 새로운 호주의 이름 앞에 대호 또는 호라는 말 대신 "주호"(主戶)를 쓰고 있어서 흥미롭다(『단성(상)』, 115b, 신등, 01－26－04).

26 『단성(상)』, 75a.

27 이러한 사례는 『단성(상)』, 74a, 도산, 02－04－02; 『단성(상)』, 141b, 법물야, 10－03－07; 『단성(상)』, 110b, 신등, 01－11－03 등에서 보인다.

28 "故通德郎趙世馨 妾朴召史 年肆拾陸 [……] 率子慶期 年貳拾參丙申 率子尙期 年拾柒壬寅 [……] 乙卯戶口相準加現 率弟仲立 年參拾玖庚辰 [……]"(『단성(상)』, 110b). 박소사의 호에는 그녀의 아들 둘과 많은 노비들, 그리고 "弟"로 표시된 39세의 중립이 함께 살았다. 이 경우에 최근에 호주승계가 이루어져서 중립이 조세형의 동생인지, 박소사의 동생인지 분명히 알 수는 없지만, 대체로 호주를 기준으로 관계를 표시한다는 점,

것은 그녀의 호 안에 23세가 된 아들이 살고 있다는 것이다. 이 사례는 앞에서 살펴본 서모가 있는 경우, 정실부인의 아들이 호주가 되었던 것과 비교된다.[29] 앞에서 살펴본 경우의 호주는 적처의 자식이고, 이번 경우는 그 아래 기재된 아들이 전호주(前戶主)의 첩이자 현 호주인 박소사의 친아들인 것으로 보인다. 적처의 자식이 있었다면, 아마도 첩은 서모(庶母)라고 표시되어 그 밑에 솔거하는 것으로 기재되었을 것이다. 하지만 첩 자신의 아들이 있을 때는 그 아들보다는 첩이 우선하여 호주로 기재되었다. 첩의 경우에 호주 기재에서 적자보다는 뒤서지만,[30] 자신의 친아들보다는 앞서서 호주로 기재된 것이다.

그밖에 어머니가 아들로부터 호주 자리를 이어 받은 경우가 있어서 재미있다. 1678년 생비량면 3리 1통 2호를 보면, 호주로 기재되어 있던 일발이 죽자 그의 어머니인 춘이가 호주로 기재되었다.[31] 춘이의 신분은 사비이며, 나이는 46세이다. 그녀의 호에는 며느리 말질매, 딸 오월이, 손자·손녀 그리고 사위까지 함께 들어 있다. 이때 아들인 일발이 어머니인 춘이가 있는데 호주였던 것, 그리고 일발이 죽은 뒤에 그 처인 말질매가 아니라 어머니인 춘이가 호주를 이은 것 모두 흥미롭다. 이들이 천인 신분이라는 것을 볼 때, 특히 거주하는 곳이나 주인과의 관계 등 다양한 변수에 의해 호주가 결정되었을 것이다.

그리고 그가 이 호에 새로 기재되었다는 점[加現] 등을 생각해볼 때 박소사의 동생으로 보는 것이 맞을 것 같다. 박소사가 호주로 되면서 친정 동생을 불러온 것이라고 추측할 수 있다.

29 앞의 주 22, 23 참조.

30 1678년 당시에 이미 적서 차별의 관념이 강하게 자리하고 있었던 것으로 생각할 수 있다. 서얼 차별에 대해서는 이종일, 「조선시대 서얼신분변동사 연구」, 동국대학교 박사학위논문, 1987 참조.

31 『단성(상)』, 94b.

한편, 딸이 아버지로부터 호주를 이은 경우도 보인다.[32] 딸만을 데리고 혼자 살던 아버지가 딸에게 물려준 사례이다. 아들에서 어머니로, 아버지에서 딸로 호주를 이은 경우 모두 천인 신분으로 흔히 볼 수 있는 사례는 아니다.

그밖에 서로의 관계를 정확히 알 수는 없지만 여성이 여성에게 물려준 사례가 2건 보인다. 그 가운데 한 사례인 도산면 2리 9통 1호의 사정을 보면, "고 학생 윤상빙 처 박씨 함양이거 고 학생 윤동주 처 정씨(故學生尹商聘妻朴氏咸陽移去故學生尹東柱妻鄭氏)[……]"라고 되어 있다.[33] 곧 "죽은 학생 윤상빙의 처 박씨 함양 이거, 죽은 학생 윤동주의 처 정씨"라고 호주가 기재된 내력을 설명한 것이다. 윤상빙과 윤동주, 박씨와 정씨의 관계를 알 방법은 없다. 상빙과 동주는 어쩌면 형제일지도 모르겠다. 윤상빙의 처 박씨는 함양으로 갔다고 하는데, 무엇 때문에 떠난 것인지도 궁금하다.

또 다른 사례는 시어머니가 며느리에게 호주를 이은 것으로 추정되는데, 새로 호주가 된 여성에게 20세의 아들이 있는 경우이다. 자세한 내용을 보면, 다음과 같다. 도산면 5리 4통 3호의 호주 류씨는 20세의 아들 민휘언과 노비를 거느리고 살고 있다. 그 류씨의 이름 앞에는 "어모장군행훈련원부정 민이수 처 양씨 금고 학생 민형노 처 류씨(禦侮將軍行訓練院副正閔頤壽妻梁氏今故學生閔亨魯妻柳氏)[……]"라는 긴 설명이 붙어 있다.[34] 곧 "어모장군행훈련원부정 민이수의 처 양씨가 최근에 죽었으며, 학생 민형노의 처 류씨[가 호주이다]"라고 풀 수

32 『단성(상)』, 134b, 1678, 법물야, 05－01－02.

33 『단성(상)』, 75b, 1678.

34 『단성(상)』, 80b.

있다. 여기서 『단성호적』에 1678년 앞 식년의 호적이 없으므로, 민이수와 민형노의 관계, 양씨와 류씨의 관계를 정확하게 알 수는 없다. 아마도 부자(父子), 고부(姑婦)의 관계가 아닐까 생각된다. 그런데 류씨가 호주로 되어 있는 호에는 민형노와 류씨의 아들인 20세의 민휘언이 기재되어 있다. 손자인 민휘언이 장성해 있는데도 시어머니 양씨로부터 며느리인 류씨로 호주를 이은 것으로 추정된다. 이 경우는 특이한 사례이지만, 양씨의 손자인 민휘언과 며느리인 류씨의 관계만을 놓고 보면, 그들은 모자 관계가 된다. 류씨의 입장에서는 아들인 민휘언에 우선하여 호주를 이은 것으로 볼 수 있다.

② 1717년의 호주승계 사례들

약 40년이 흐른 뒤인 1717년 호적에서도 그러한 추세가 계속 이어지는지 궁금하다. 호주를 잇는 방식에서 어떤 변화가 보이는지 알아보자.

1717년에는 남성 대호가 여성 대호보다 많아져서 1678년과 다른 양상을 보인다. 남편에서 처로 이은 경우는 줄고, 아버지에서 아들로 이은 경우가 늘어난 것이다. 아버지에서 아들로 호를 이은 경우는 대개 아버지가 죽은 뒤에 아들이 다음 호주가 된 경우이다. 그 가운데 1건은 아들이 '서자'라고 표시되어 있어서 흥미롭다. 신등면 1리 24통 4호에 "충의위 이현백 금고 서자 일년 년이십(忠義衛李顯佰今故庶子日年年貳拾)[……]"이라고 호주가 기재되어 있는 것이다.[35] 이현백의 경우 다른 아들은 없고 다만 사위인 장제기가 함께 살다가 이거한 것으로 기재되어 있다. 이현백에게는 적처에게 아들이 없고 딸과 서자 이일년이 있었으므

35 『단성(상)』, 263b. 이러한 경우에 1678년에는 '서자'의 친어머니가 생존해 있을 경우, 그 친어머니가 호주로 기재되었던 것과 비교된다.

로 서자에게 호주를 물려주게 된 것이다. 이일년은 그 어머니이자 이현백의 첩으로 생각되는 40세의 강소사와 함께 살고 있다.

[표 2-1-6] 1717년 대호의 유형과 신분

단위: 명

호주	대호의 유형		양반	양인	천인	계
남	남→남	**아버지→아들**	**30**	**41**	**14**	**85**
		형→제	5	1	3	9
		장인→사위		1		1
		할아버지→손자	1		1	2
		기타	2	1	1	4
	여→남	어머니→아들	3	4		7
		장모→사위			1	1
	계		41 (37.6)	48 (44.0)	20 (18.3)	109 (100)
여	남→여	남편→처＼첩	**26＼0**	**23＼2**	**11＼0**	**60＼2**
	여→여	어머니→딸			1	1
		불명		1		1
	계		26 (40.6)	26 (40.6)	12 (18.8)	64 (100)
합계			67 (38.7)	74 (42.8)	32 (18.5)	173 (100)

부자관계가 아닌 형제 사이[36]에서 호주가 이어지는 경우도 찾아볼 수 있다. 1678년에는 남편이 죽은 뒤 처가 호를 잇는 것이 일반적이었으므

로, 형제끼리 호주를 잇는 일은 좀처럼 일어나지 않았다.[37] 그런데 1717년에는 호를 물려줄 아들이 없을 때, 처가 아니라 다른 형제 등 남성에게 호를 물려주었던 것이다.

또 어머니가 살아 있는 상태에서 어머니로부터 아들이 호주를 이어받아 기재되는 사례도 보인다. 단성현 북동면 1리 6통 5호를 보면, 정끝발이 30세에 어머니로부터 호주를 이어받았다.[38] 아직 살아 있는 어머니는 솔모(率母)로 기록되어 있으며 47세였다. 그러한 사례는 양반에서 3건, 양인에서 4건 보인다. 이렇듯 어머니가 생존해 있지만 어머니로부터 아들이 호주를 물려받는 경우는 남성이 호주로 기재되는 경향이 강화되었음을 보여주는 사례이다. 이는 1678년에는 전혀 찾을 수 없었던 것이다.

1717년에 남성으로 대호한 경우 1678년에는 보이지 않던 경우들이 새롭게 나타났다. 예컨대 장인과 사위의 관계에서도 호를 이은 것으로

36 그 사례는 호적의 다음 부분에서 확인할 수 있다. 9건 모두 『단성(상)』 1717년 호적에 있으므로 그 쪽수와 주소만 나열하겠다. 원당면 6리 3통 4호(『단성(상)』, 166b), 원당면 9리 3통 3호(『단성(상)』, 170b), 북동면 3리 1통 5호(『단성(상)』, 197a), 북동면 5리 2통 4호(『단성(상)』, 200b), 도산면 1리 6통 4호(『단성(상)』, 220b), 도산면 8리 11통 1호(『단성(상)』, 231a), 도산면 11리 5리 1호(『단성(상)』, 237b), 법물야면 1리 7통 2호(『단성(상)』, 275a), 법물야면 14리 1통 3호(『단성(상)』, 292a). 모두 9건 가운데 형수(兄嫂)가 있는데 전호주(前戶主)의 동생이 호주가 된 경우는 4건이다. 이 경우 2건이 천인이고, 2건은 양반이다. 그 가운데 전호주의 처는 물론, 그 아들이 있는데도 동생에게 호주를 물려준 경우가 있다. 북동면 3리 1통 5호를 보면, 호주의 나이가 41세인데 비해 조카로 기재된 전호주의 아들 이몽설은 16세로, 아직 나이가 어리기 때문에 호주가 되지 못한 것으로 생각된다.

37 앞의 [표 2-1-5] 참조.

38 『단성(상)』, 195a. 또 법물야면 3리 1통 2호의 과부 조씨(曹氏)의 대자(代子)인 유학 정필운(鄭必云)은 17세에 45세의 어머니로부터 '대'하여 호주가 되고 조씨는 동거하는 것으로 기재되어 있다(『단성(상)』, 276b).

나타난다. 도산면 7리 5통 3호의 호주에 대한 기록을 보면, “제삼대호서 황산역리 이원봉 년이십팔 본 경주 부 해발(第三代戶婿黃山驛吏李元封年貳拾捌本慶州父海發)[……]”이라고 하여 장인으로부터 사위인 황산역리 이원봉에게 대호하였음을 밝히고 있다. 그런데 그 호에는 “솔처부 노제 박노적 년육십오 처 박소사 년이십오(率妻父老除朴老赤年陸拾伍妻朴召史年貳拾伍)[……]”라고 하여 65세인 처부 박노적이 호의 구성원으로 기재되어 있다. 곧 박노적은 살아 있으면서 호주를 사위 이원봉에게 넘겨주었던 것이다.[39]

한편, 법물야면 2리 1통 2호의 사례를 보면 장모가 죽으면서 사위에게 호를 물려주었다. “대호 과녀 순녀 대 서 사노 통영친병 종걸(代戶寡女順女代婿私奴統營親兵從乞)[……]”라고 기재된 것을 볼 때, 과녀 순녀가 사위 사노 통영친병 종걸에게 호를 잇게 한 것이다.[40]

또 손자가 대호한 경우를 볼 수 있다. 1717년 『단성호적』을 보면 “충의위 이윤팽 금고 대손 유학 이천명 년이십칠(忠義衛李胤彭今故代孫幼學李天命年貳拾柒)[……]”이라고 하여 호를 이은 관계가 할아버지와 손자임을 밝혀놓았다.[41] 이천명의 호에는 어머니 송씨가 함께 살고 있다. 1678년의 경우에 이런 상황이라면, 이윤팽에서 송씨로 호주가 이어졌을 것이다. 하지만, 1717년에는 ‘대손’(代孫)하여 이천명이 새 호주가 된 것이다. 한편, 천인의 경우에도 이러한 경우가 보여서 흥미롭다. “무생 금고 대 어보 담사리 년이십팔(武生今故代御保淡沙里年貳拾捌)[……]”[42]라고 담사리가 호주로 기재된 사정이 나타나 있는데, 무생은

39 『단성(상)』, 228a.

40 『단성(상)』, 275b.

41 『단성(상)』, 156a, 원당, 02－01－05.

42 『단성(상)』, 209a, 오동, 01－03－03.

담사리의 조부이다. 담사리가 호주로 기재된 호에는 그의 조모인 정화라는 여인이 기재되어 있다. 무생이 자신의 처 정화에게 대호하지 않고 손자인 담사리에게 대호한 것이다. 그밖에 조카가 대호한 경우,[43] 노(奴)에게 대호한 경우[44]가 있으며, 또 어떤 관계에서 호를 이은 것인지 알 수 없는 경우[45] 등이 보인다.

1717년에 여성으로 대호한 경우는 대개 남편이 죽은 뒤 그 처가 호를 이은 경우이다. 그 가운데 2건이 첩으로서 호주를 이은 경우이다.[46] 두 경우 모두 전호주는 '유학'이라는 직역을 갖고 있어서 양반으로 보이며, 집안에 노비도 5~10명 정도로 많은 편이다. 양반이 첩에게 대호하도록 한 경우는 매우 드물게 1678년과 1717년에 2~3건씩 찾아진다.

한편, 어머니가 딸에게 호를 잇도록 한 경우가 천인 신분에서 보인다.[47]

---

43 "忠義衛李益華 丙申 故 代侄子忠義衛李黤"의 사례이다(『단성(상)』, 240a, 생비량, 01-08-05). 이익화에게 달리 아들이 없어서 조카인 이암에게 호를 잇도록 한 것으로 생각된다. 1717년 호적에서 이익화를 아버지로 기재한 경우가 있는지 확인해보니 1건도 없었다. 적어도 『단성호적』에 파악된 범위 안에서 이익화의 아들은 찾아지지 않았던 것이다.

44 『단성(상)』, 231b, 도산, 08-12-02. "幼學柳擎日 乙未 故 代奴守明"이라고 호주인 수명의 이름 앞에 사유가 기재되어 있다. 류경일이 죽으면서 어떤 사연에서 노(奴)에게 대호한 것인지 궁금하지만, 『단성호적』 안에서 류경일의 다른 흔적은 보이지 않았다. 아마도 달리 자녀나 친척이 없는 경우라고 추정된다.

45 『단성(상)』, 230b, 도산, 08-08-05. "萬石 今故 代 日賢 年陸拾柒"이라고 하여 만석이 죽고 일현(67세)이 호주를 이었음을 나타냈다. 일현이 호주로 기재된 호에는 일현의 처 제소사(64세)가 함께 살고 있다고 기록되어 있는데, 그 밑에 순화라는 여인이 전호주 만석의 처인데 도망했다는 내용이 기록되어 있어 흥미롭다. 이들 모두의 신분은 양인으로 추정된다. 만석과 일현은 형제 관계였을 수 있지만, 확인할 수는 없다. 이러한 경우라면, 만석이 죽은 뒤 그 처인 순화는 다른 곳으로 떠나고 일현이 호주를 잇게 된 것일 수도 있을 것이다.

46 『단성(상)』, 184b, 현내, 10-02-03 및 『단성(상)』, 203a, 북동, 05-10-05.

47 『단성(상)』, 165a, 원당, 05-08-04. "私婢 禮眞 今故 代女 私婢 月春 年參拾伍: 사비 예진이 이번에 죽었고, 딸인 35세의 사비 월춘으로 바뀌었다"라고 기재되어 있다.

또 양인 과부에서 양인 과부인 여성으로 호를 이은 경우가 한 건 더 보이는데,[48] 정확히 어떤 관계인지 알 수 없다.

③ 1759년의 호주승계 사례들

다시 약 40년의 세월을 뛰어넘어 1759년 호적대장에 보이는 호주승계의 사례를 살펴보자.

[표 2-1-7] 1759년 대호의 유형과 신분

단위: 명

호주	대호의 유형		양반	양인	천인	계
남	남→남	아버지→아들	**18**	**27**	**1**	**46**
		형→제	2			2
		장인→사위		1	1	2
		할아버지→손자	2			2
		기타	1	2		3
	여→남	처→남편		3	3	6
		어머니→아들	9	5	3	17
		장모→사위		1		1
	계		32 (40.5)	39 (49.4)	8 (10.1)	79 (100)
여	남→여	남편→처	**3**	**18**	**5**	**26**
	여→여	아들→어머니	2	3	1	6
		어머니→딸			1	1
		딸→어머니			1	1
	계		5 (14.7)	21 (61.8)	8 (23.5)	34
합계			37 (32.7)	60 (53.1)	16 (14.2)	113 (100)

48 『단성(상)』, 185b, 현내, 10-05-04. "寡女 禮仁 故 代 寡良女 今眞 年肆拾伍[……]: 과녀 예인이 죽어서 과양녀 금진(45세)으로 바뀌었다"라고 기재되어 있다.

1759년에는 아버지에서 아들로 호를 잇는 경우가 남편에서 처로 잇는 경우에 비해 1717년보다 조금 더 높은 비중을 차지하게 되었다. 어머니가 아들에게 호를 물려주는 경우가 늘어난 것도 특징적이다. 이 경우, 어머니가 죽으면서 아들이 호주가 되었다면 1678년과 비교해서 특별할 것도 없다. 그런데 이러한 사례를 자세히 살펴보면 전체 17건 가운데 12건이 어머니가 생존해 있는 경우이다. 양반층에서 이루어진 사례 9건 중 8건이 어머니가 생존해 있으면서 아들에게 호를 물려준 경우이다. 양인의 경우 5건 중 3건, 천인의 경우 3건 중 1건이 그러하다. 더욱이 천인의 경우는 1678년에는 전혀 보이지 않던 사례가 1717년부터 나타나기 시작하여, 1759년에 증가한 경향을 보인 것이다.

한편 처에서 남편으로 호주가 바뀐 경우도 1759년에 새롭게 나타난 사례 중 하나이다. 이는 양인과 천인에게서 보인다.[49] 그 가운데 흥미롭게도 "과녀 □□대부(代夫)"와 같이 과부인 여성이 남편에게 호주를 넘겨준 내용이 기재된 사례도 찾을 수 있다.[50] 얼핏 보면 남편이 있는 여성을 과부로 표시한 것이 이해가 안 된다. 과부인 여성이 새로운 남편을

49 『단성(하)』, 62b, 도산, 01－03－05의 경우를 보면, "寡女婢<u>甘德</u> 代夫 奴東伍 <u>鄭元</u> [……]: 과녀비 감덕에서 남편인 노속오 정원으로 대하였다"라고 호주가 바뀐 내용이 기재되어 있다. 『단성(하)』, 64b, 도산, 01－10－05의 사례도 이와 비슷하다. "寡女婢<u>命德</u> 代夫 奴東伍 <u>萬發</u> [……]: 과녀비 명덕에서 남편인 노속오 만발로 대하였다"라고 기재되어 있다. 두 경우 모두 새로운 호주인 남편이 상전(上典)의 호(戶)로부터 왔다고 표시되어 있고, 과녀비였던 명덕과 감덕은 각각 남편이 새로 호주로 기재된 호에 '처'로 기재되어 있다. 한편 『단성(하)』, 62a, 도산, 01－01－03의 경우는 "寡女<u>李召史</u> 代父 私奴東伍<u>李仁才</u>[……]: 과녀 이소사에서 아버지[남편] 사노속오 이인재로 바뀌었다"라고 호주가 바뀐 내역이 설명되어 있는데, 이 경우에도 이소사가 뒤에 이인재의 처로 기재되어 있다. 이 경우, 代父는 代夫를 의미하는 것으로 판단된다.

50 『단성(하)』, 73b, 도산, 09－02－03. 이 경우, 정소사에서 하득명으로 호주가 바뀌었다고 표시되어 있는데 호를 들여다보면 정소사는 하득명의 처로 기재되어 있다. 『단성(하)』, 81b, 도산, 13－04－03; 『단성(하)』, 64b, 도산, 01－10－02도 이와 같은 경우이다.

만나 자신이 살던 집에 새 남편과 함께 살게 되면서 호주를 새 남편으로 기재한 것이 아닐까 한다. 그밖에 특별한 이유가 없어 보이는데 처에서 남편으로 호주를 바꾼 경우가 양인 이하의 신분에서 보인다.

또 양인 이하의 신분에서, 장모가 함께 살고 있는데 사위가 새로운 호주로 기재된 사례가 3건 보인다.51 그 가운데 2건은 장인이 죽으면서 사위에게 물려준 것이고, 1건은 장모가 사위에게 호를 물려준 것이다.52

그밖에 눈에 띄는 특이한 사례로는 아들이 호주로 기재되어 있다가 승려가 되어 64세의 아버지로 호주가 바뀐 경우를 들 수 있다. 1759년 단성현의 법물야면 15리 9통 2호를 찾아가보면 "김세창 대부 성우 년육십사(金世昌代父聖右年陸拾肆)[……]"라고 호주를 설명하였다.53 가족원을 자세히 살펴보니 "자 세창 위승 자 세태 모례 이거(子世昌爲僧子世太毛礼移去)[……]"라고 하여 김성우의 아들 세창은 승려가 되고 또 다른 아들인 세태는 "모례"라는 지역으로 옮겨갔다고 되어 있다.

또 할아버지에서 손자로 호주가 바뀐 경우가 보이는데, 한 사례는 할아버지가 결혼한 손자와 함께 살다가 죽어서 새로 손자가 호주로 기재된 경우이고,54 또 다른 사례는 할아버지가 죽으면서 손자가 호주로 기재되었지만, 할머니가 66세로 살아 있는 경우이다.55 이 두 건 모두 양반층에서 찾아볼 수 있다.

---

51 그 사례는 『단성(하)』, 107b, 신등 02-03-05; 『단성(하)』, 127a, 법물야 12-05-05에 보인다.

52 『단성(하)』, 74b, 도산 09-05-01. "己玉 代婿 良人尹遇莘 年參拾伍[……]: 기옥이 사위 양인 윤우신(35세)에게 代했다"라고 기록되어 있는데, 윤우신이 새로 호주가 된 호에 기옥은 빙모로 기재되어 있다.

53 『단성(하)』, 132a.

54 『단성(하)』, 14b, 원당, 11-01-05.

55 『단성(하)』, 121b, 신등, 10-03-01.

한편, 외삼촌에서 생질로 호주가 바뀐 드문 사례가 1759년에 보인다. 현내면 7리 1통 1호[56]를 보면, "이세필 대 생질 충찬위 김창기 년사십팔(李世必代甥侄忠賛衛金昌起年肆拾捌)[……]"이라고 기록되어 있는 것을 볼 수 있다. 김창기(48세)가 호주로 있는 호의 가족원을 살펴보니, 김창기의 처 송씨(40세), 어머니 이씨(59세), 그리고 이세필이 78세로 "외삼촌숙"(外三寸叔)이라고 기재되어 있다. 무슨 사연일까. 김창기의 어머니 이씨는 아마도 과부가 된 뒤 오빠인 이세필의 호로 와서 함께 살았던 것 같다. 그리고 이세필에게는 다른 가족원이 없었다. 외삼촌인 이세필은 생질인 김창기를 아들처럼 키우고 장가 들이고 1759년에 이르러 78세의 나이에 호주의 자리를 김창기에게 넘겨주었던 것으로 생각된다. 김창기의 직역이 충찬위인 것, 그리고 처와 어머니의 성 뒤에 "씨"가 붙은 것으로 보아 양반 신분으로 추정된다.

정확히 어떤 관계로 연결된 사람들인지 모르는 경우도 보인다. 이억재가 죽어서 소촌역리 나후초가 새로 호주가 된 경우인데,[57] 이억재와 나후초의 관계를 알 수 있는 아무런 단서도 남아 있지 않다.

1759년의 특징으로 또 하나 지적할 수 있는 것은 남편이 죽은 뒤에 첩이 호주를 이은 경우가 전혀 보이지 않는다는 점이다. 또 양반 및 양인 신분에서 아들에서 어머니로 호주가 바뀐 경우 또한 앞선 시기에는 보이지 않던 것이다. 이러한 사례는 모두 6건인데, 아들이 죽은 경우가 3건이고, 다른 호로 이거한 경우가 3건이다. 아들이 죽어서 그 어머니가 새로 호주가 된 경우 가운데 2건은 며느리가 함께 기재되어 있다.[58]

56 『단성(하)』, 24a.

57 『단성(하)』, 94b, 생비량, 06－04－04.

58 『단성(하)』, 12b, 원당, 10－01－02; 『단성(하)』, 99b, 생비량, 08－06－03.

곧, 전호주의 처가 살아 있지만 어머니가 호주로 기재된 경우이다. 이는 모두 양인 신분이다.

아들이 다른 호로 '이거'하여 가면서 어머니로 호주가 바뀐 사례 중 2건이 양반의 경우이다. 흥미로운 것은 이 경우 아들의 뒤를 이어 호주로 된 것은 과부인 어머니이고, 그녀는 또 다른 아들들과 함께 살고 있다는 점이다. 그중 한 사례를 보면 도산면 15리 1통 5호[59]에 "유학 이춘벽 이거 생비량 모 과부 정씨 년육십삼(幼學李春碧移居生比良母寡婦鄭氏年陸拾參)[……]"이라고 호주가 바뀐 내역이 설명되어 있는데 정씨는 63세이고 그 밑에 29세, 25세의 다른 아들들이 기재되어 있다. 그녀가 호주로 된 것은 유학 이춘벽이 생비량면으로 이거하면서 어머니인 과부 정씨에게 호를 넘겨주었기 때문이다. 그런데 정씨 밑에는 29세의 아들 진벽과 25세의 아들 화벽이 기재되어 있다. 이춘벽은 무슨 사유에서인지 모르지만 생비량면으로 이사하면서 도산면의 호주를 동생이 아닌 어머니에게 넘겨준 것이다. 이춘벽이 어떤 사정으로 분가했는지 궁금하여 그가 이사한 생비량면의 호적 기록을 찾아보니, 이춘벽은 46세로 유학이라는 직역을 띠고 있는데, 41세의 처 정씨와 11세의 딸이 함께 기재되어 있다.[60] 이춘벽의 부는 학생, 조는 노직 가선, 증조는 성균생원으로 기재되어 있고 이춘벽의 어머니인 정씨의 증조부가 선교랑의금부도사를 지낸 것으로 기록된 것으로 보아 양반 신분으로 보인다. 이춘벽은 결혼을 한 뒤에도 오랫동안 어머니와 동생들과 한집에 거주하다가 1759년 호적이 작성되기 얼마 전에 생비량면으로 분가한 것으로 보인다.

---

59 『단성(하)』, 83a.

60 『단성(하)』, 87a, 생비량, 01－05－01.

또 하나의 사례는 58세의 과부 이씨가 호주로 기재되어 있는데, 그 내역에 "유학 정동욱 별호 대모 과부 이씨 년오십팔(幼學鄭東郁別戶代母寡婦李氏年伍拾捌)[……]"라고 되어 있어서,[61] 정동욱이 별호하여 나가면서 호주를 어머니인 과부 이씨에게 넘겼음을 알려준다. 그런데 그 호에는 정동욱 말고도 18세에서 27세에 걸친 아들이 4명이나 기재되어 있는데, '어머니'인 이씨가 호주로 기재되어 있어서 흥미롭다.

한편 딸의 호를 그 친정어머니가 이은 사례가 보인다. 원당면에 사는 86세의 호주 흔량은 그 신분이 사비로 되어 있고 손녀인 10세의 윤아와 함께 살고 있다. 호적에는 그녀가 호주로 기재된 과정을 "사비 만단 고 대모 사비 흔량(私婢萬丹故代母寡女欣良)[……]: 만단이 죽은 뒤에 그녀의 어머니인 흔량으로 바뀌었다"라고 설명해놓았다.[62] 이와 반대로 어머니에서 딸로 호주가 바뀐 호도 보이는데, 현내면 2리 11통 3호를 보면, "순단 고 대녀 관비 선아 년이십구(順丹故代女官婢仙娥年貳拾玖)[……]"라고 선아(29세)가 호주로 기재된 사유가 적혀 있다.[63] 순단이라는 여인이 죽으면서 딸인 관비 선아에게 호를 잇도록 했는데, 선아의 아버지는 안일호장 '한걸'이라고 적혀 있다. 안일호장인 한걸이 순단을 첩으로 삼았던 것 같다. 그래서인지 관비인 선아의 호에는 고녀(雇女)와 비가 기재되어 있다. 한걸의 배려로 관비인 선아가 다른 비를 거느리고 살았던 것인지도 모르겠다.

---

61 『단성(하)』, 97b, 생비량, 07－05－04.

62 『단성(하)』, 5a, 원당, 05－03－05.

63 『단성(하)』, 19a.

④ 1789년의 호주승계 사례들

이제 마지막으로 1789년의 호적을 검토해볼 차례이다. 1789년에는 남편에서 처로 호를 바꾸는 경우가 1759년에 비해 증가한 것을 볼 수 있다. 이는 양반과 양인 모두에서 그렇다. 물론 아버지에서 아들로 호를 이은 경우도 증가했으므로, 이것이 꼭 부계가 강조되는 흐름을 역행한 것이라고 볼 수는 없다. 하지만, 1789년의 호적에 기재된 내용은 호를 잇는 방식에서 1717년이나 1759년의 변화 방향과는 다른 흐름을 보여주는 것이다. 남편에서 처로 호주를 잇는 관행을 바꾸는 것이 쉽지 않았음을 의미하는 것은 아닐까?

[표 2-1-8] 1789년 대호의 유형과 신분

단위: 명

호주	대호의 유형		양반	양인	천인	계
남	남→남	**아버지→아들**	**40**	**50**	**6**	**96**
		아들→아버지			1	1
		형→제	3	2		5
		할아버지→손자		1		1
	여→남	처→남편			1	1
		어머니→아들	2	4		6
	계		45 (40.9)	57 (51.8)	8 (7.3)	110 (100)
여	남→여	**남편→처**	**29**	**26**	**6**	**61**
		아들→어머니	1	1		2
		시아버지→며느리	1			1
	계		31 (48.4)	27 (42.2)	6 (9.4)	64 (100)
합계			76 (43.7)	84 (48.3)	14 (8.0)	174

앞선 시기에 보이던 사례들이 1789년에는 없어진 경우들이 있는데, 그중 하나가 사위에게 호를 물려준 경우이다. 1678년에는 보이지 않았지만, 1717년과 1759년에는 양반이 아닌 신분에서 드물게 보였던 것과 비교된다. 또 딸과 어머니의 관계와 같은 경우, 곧 여성이 여성에게 호를 잇도록 한 사례도 전혀 보이지 않는다. 이러한 사례들은 불과 한두 건에 지나지 않던 사례가 없어진 것이므로 큰 추세를 반영할 수 없다고 생각할 수도 있다. 그러나 1717년, 1759년에 예외적일지라도 간혹 보이던 사례들이 1789년에 사라진 것에서 어떤 변화를 볼 수는 있다.

1789년에 새롭게 나타난 흥미로운 사례도 있다. 법물야면의 8리 2통 3호에 호주가 바뀐 내용을 보면, "유학 황형 고 대 자부 김씨 년사십육(幼學黃炯故代子婦金氏年肆拾陸)[……]"라고 되어 있어서, 황형이라는 양반이 죽으면서 며느리인 김씨로 호주가 바뀐 것을 알 수 있다.[64] 시아버지에서 며느리로 호주가 이어진 사례인데, 호의 구성원이 궁금하여 살펴보니 노비를 제외하면 며느리 혼자 살아 있는 경우였다. 그런데 이 호에서는 며느리 김씨의 이미 사망한 시집 식구들이 자세히 기재되어 있다. 시모 강씨가 죽었다는 사실, "가부"(家夫) 황윤덕이 죽었다는 사실, 그리고 "가부의 동생" 악지도 죽었다는 사실이 나열되어 있다. "가부"라는 표현은 호적에서 흔히 볼 수 있는 것이 아니다. 며느리가 호주로 기재될 수밖에 없는 사정에 있으면서도 며느리 김씨의 죽은 남편 황윤덕을 "가부"라고 기재한 것에서 1789년, 한 양반 집안의 분위기를 읽을 수 있을 듯하다.

아들에서 어머니로 호주가 바뀐 경우는 2건 있는데 한 건은 아들과

---

64 『단성(하)』, 808b.

어머니가 단둘이 살던 상태에서 아들이 죽자 어머니가 호주로 기재된 경우[65]이므로 특별히 주목을 끌지는 않는다. 하지만 다른 한 건은 유학 권경이 죽고 60세의 어머니 조씨가 호주로 기재되었는데, 죽은 권경의 처, 곧 조씨의 며느리 이씨가 46세로 함께 살고 있는 경우로 아들 권경 다음에 그 부인인 이씨가 아닌 어머니 조씨가 호주로 기재된 사례라서 재미있다.[66]

지금까지 호주승계의 사정들을 시기별로 살펴보았다. 1678년에서 1789년에 이르는 동안, 큰 흐름에서 여성보다는 남성을 중심으로 호주를 기재하는 쪽으로 점차 변화되었다. 하지만 그 변화 양상이 단선적으로 매끄럽게 나타난 것은 아니었다. 1789년에 아들이 아닌 어머니가 호주를 잇는 경우가 늘어난 것이다. 각각의 시기에, 각각의 호의 수많은 사정에 따라 호주의 승계는 다양한 관계 사이에서, 다양한 사연을 담아 이루어졌던 것이다.

3. 대호의 호주와 호(戶) 구성원

앞에서 호주승계의 사례들을 검토하니, 1717년을 기점으로 큰 흐름에서 남편에서 부인으로 호를 잇던 것에서 아버지에서 아들로 호를 잇는 쪽으로 호적 기재의 방식이 바뀐 것으로 보인다. 그런데 아버지가 아들에게 호를 물려준 사례들이 혹시 어머니가 일찍 죽은 경우인 것은 아닐까. 아니면 남편이 처에게 호를 물려준 경우, 아들이 없기 때문이 아닐까

65 『단성(하)』, 740a, 오동, 03－02－02.

66 『단성(하)』, 791b, 신등, 02－01－03.

하는 의문이 든다. 만일 그렇다면 호주를 잇는 방식이 변했다고 보기 어려울 것이다. 1717년에 '남편 → 아내'의 관행보다는 '아버지 → 아들'의 관행이 강화된 것이라고 해석하려면, 그 호에 기재된 아들 또는 어머니의 상황을 살펴볼 필요가 있다.[67]

1) 남성호주의 대호와 부모

먼저 남성이 대호를 한 경우에 아버지 또는 어머니가 살고 있는 경우를 살펴보자.[68]

[표 2-1-9] 부모와 함께 기재된 남성 대호

단위: 명(%)

연도	부	모	계	남성 대호
1678	0	0	0	11 (100)
1717	4 (3.7)	74 (67.9)	78 (71.6)	109 (100)
1759	11 (13.9)	41 (51.9)	52 (65.8)	79 (100)
1789	0	71 (64.5)	71 (64.5)	110 (100)

[표 2-1-9]를 보면, 1678년에 아버지나 어머니가 살아 있는 대호는 없다.[69] 부(父)는 물론 모(母)가 한 명이라도 살아 있는 동안은 아들에게

67 이 내용은 앞의 1부 2장의 2절과 3절에서 다룬 호주의 성별에 따른 호 구성원의 상태와 크게 다르지 않다. 다만, '대호'로 표시된 호만을 대상으로 하여, 그 호주승계의 사정을 자세히 알아보고 그 변화의 의미를 분명히 하려는 의도에서 세밀하게 제시해보았다.

68 이하 표에서 제시한 부의 숫자에는 부와 동거하는 경우 및 부모가 함께 동거하는 경우가 모두 포함되어 있다. 그리고 모의 숫자는 모만 동거하는 경우를 말한다.

대호가 이루어지지 않았음을 알 수 있다. 1717년 이후에는 부모가 생존해 있는데 아들이 대호한 경우가 보인다. 특히 아버지보다는 어머니가 생존해 있는 경우가 많다.

아버지가 살아 있는데 호주가 바뀌어서 그 아들이 호주로 기재된 경우는 1717년에 4건, 1759년에 11건이며 1789년에는 보이지 않는다.[70] 1717년의 사례와 1759년의 사례 모두 양인의 경우였고, 대부분은 아버지가 연로한 경우였다. 1717년의 경우, 부의 나이가 나와 있지 않은 한 사례를 빼고 나머지 3개의 경우를 보면 51세, 77세, 72세로 되어 있다. 51세의 '부'가 기재된 경우는 흥미롭게도 '처부'가 함께 기재되어 있는데, 호주가 바뀐 사정을 보니 "제삼대호 서 황산역리 이원봉 년이십팔(第三代戶婿黃山驛吏李元封年貳拾捌)[……]"로 되어 있어서, 아버지에서 아들로 호주가 바뀐 것이 아니라, 처부에서 사위로 호주가 바뀐 경우이다. 호의 기재 내용을 보면 "솔처부 노제 박노적(率妻父老除朴老赤)"이라고 되어 있고, 박노적은 65세로 나와 있다. 1759년의 경우는 11호 중 1호를 제외하고는 모두 부의 나이가 60세 이상이었다. 제외된 한 건의 사례는 법물야면 18리 4통 1호의 역보 유만태(驛保 劉萬太)의 경우이다.[71] 23세인 그의 이름 앞에는 "유귀발 대자(劉貴發代子)"라고 기록되어 있는데, 아버지인 유귀발은 그의 호에 55세로 생존해 있다. 유만태는 새로 처를 맞이한 것으로 되어 있어서, 그가 혼인을 한 뒤에 호주로 기재된 것이

---

69 앞의 주 22, 23에서 1678년에 서모가 살아 있는데 아들이 호주를 승계한 사례(『단성(상)』, 14b)에 대해 설명하였는데, 여기서는 서모인 경우는 제외하였다.

70 이 표에서는 대호가 이루어진 호, 곧 호주가 바뀐 내역이 표시된 호에서만 파악한 것이다. 이러한 경우가 아니라도 아버지가 동거하는데 아들이 호주로 기재된 경우가 많이 있다. 이에 대해서는 1부의 2장 3절을 참고할 것.

71 『단성(하)』, 136a.

아닐까 한다.

어머니가 살아 있는데 아들이 호주가 되고 어머니가 호의 구성원으로 기재된 대호는 1678년에는 보이지 않다가 1717년에 74건으로 크게 증가하였고, 1759년에 41건으로 그보다는 감소하지만, 1789년에는 다시 1717년의 수준으로 증가하였다. 어머니가 살아 있는데 아들이 호주가 된 경우는 1717년에 양반·양인·천인이 각각 26·38·10건이고 1759년에 23·15·3건, 1789년에 32·37·2건이다. 1759년에 양인의 경우가 좀 적지만, 대체로 양반과 양인은 비슷한 정도로 나타났다.

그렇다면 어머니를 모시고 있으면서 대호하여 호주가 된 아들의 나이는 몇 살일까. 모와 동거하는 남성 대호의 나이를 보면, 대개 16세에서 50세 사이로 전체의 98%를 차지하였다.[72] 그 가운데 16세 이상 30세 이하가 35~45% 정도이고, 31세 이상 45세 이하가 40~48% 정도이다. 가장 연소한 경우를 보면 1717년에는 16세,[73] 1759년에 13세, 1789년에 13세[74]로 나온다. 또 가장 나이가 많은 경우는 1717년에 57세, 1759년에 58세, 1789년에 66세이다. 15세가 되지 않은 아들이 호를 이은 경우는 1759년에 3건, 1789년에 1건으로 모두 양반이다. 원당면 7리 3통 3호에 사는 박주교는 13세로서 유학 박수오의 뒤를 이어서 호주가 되었는데, 어머니인 주씨가 41세로서 그의 밑에 기재되어 있다.[75] 또 원당면 11리

72 아들이 31~50세 정도의 나이가 되었을 때, '부'가 사망하는 경우가 많았으며 그때에 대호가 이루어진 것이라고 생각할 수 있다.

73 "幼學李胤祉 故 代子玾 年拾陸)[……]"(『단성(상)』, 187b, 현내, 11-02-04). 그런데, 이는 어머니가 계모인 경우이다. 대호의 호주 이갑은 아버지인 유학 이윤지가 죽은 뒤에 호를 이어받아 호주가 되었다. 그런데, 그 호에는 이갑의 계모 권씨가 30세로 기재되어 있다. 이갑의 조모 김씨도 기재되어 있는데, 나이가 68세로 되어 있다.

74 이 경우는 유학 윤맹일이 13세에 아버지 윤광택이 죽어서 대호한 경우이다. 그때, 그의 어머니는 이미 죽고 없었다(『단성(하)』, 806a, 법물야, 04-01-02).

4통 2호의 호주 권대윤은 14세인데, 그의 어머니 곽씨는 35세였다.[76] 법물야면에 사는 유학 윤인갑 역시 15세에 호주가 되었다. 그의 어머니는 57세였는데, 윤인갑의 호에는 어머니뿐 아니라 처 오씨가 동거하고 있다.[77] 아마도 윤인갑이 결혼을 하면서 어머니로부터 호를 물려받았을 것이다. 그들이 어린 나이에도 어머니를 대신하여 호주가 된 데서 1759년에 아들을 호주로 기재하려는 경향이 특히 양반층에서 늘어났음을 의미하는 것으로 짐작된다.

이번에는 모가 살아 있는데 아들이 호주가 된 경우, 모의 나이를 살펴보자. 남성 대호에 동거하는, 모의 나이는 대체로 45세 이후이다. 45세가 되기 전에는 아들이 성장한 경우가 적기 때문이라고 생각된다. 아들이 대호한 경우, 그 호에 기재된 어머니의 나이를 보면, 1717년에는 37세, 1759년과 1789년에는 40세부터 아들이 호를 이은 것으로 나온다. 모가 45세 이하인 경우를 살펴보면, 1717년에 8건, 1759년에 3건, 1789년에 3건이다. 46세 이상 60세 이하는 1717년에 43건, 1759년에 26건, 1789년에 24건이다. 61세 이상이 각 31건, 32건, 43건인 것과 비교하면 반드시 모의 나이가 너무 많기 때문에 아들이 호주가 된 것은 아니었다.

1717년 이후로, 아들이 호주를 이은 사례가 많아진 것은 어머니가 없기 때문이 아니라, 어머니가 살아 있는데도 그렇게 된 것이다. 그리고 그 어머니가 호주가 되지 못했던 것은 그 나이가 너무 늙었기 때문만도 아니었다. 17세기 말에서 18세기로 가는 어느 시기, 또는 그 이전부터

75 『단성(하)』, 9a. 이때, 박주교는 박수오의 '양자'로 기재되어 있다. 박주교의 생부는 유학 박존오라고 명시되어 있다.

76 『단성(하)』, 15a.

77 『단성(하)』, 132b, 법물야, 15－13－05.

어머니가 아닌 아들에게 호주를 잇는 변화가 이루어졌음을 확인할 수 있다.

2) 여성호주의 대호와 아들

다음에는 여성이 대호한 호에 아들이 함께 살고 있는지 아닌지를 살펴보자. [표 2-1-10]은 여성이 호주인 호에 기재되어 있는 아들을 찾아서 그들이 기혼인지 미혼인지를 구별하여 표시한 것이다.[78]

[표 2-1-10] 아들과 함께 기재된 여성 대호

단위: 명(%)

연도	기혼 아들	미혼 아들	계	여성 대호
1678	40	56	96 (64.4)	149 (100)
1717	3	15	18 (28.1)	64 (100)
1759	0	15	15 (44.1)	34 (100)
1789	3	29	32 (50.0)	64 (100)

아들이 기재되어 있는데도 여성이 호주를 이은 호는 1678년에 64%이다가 1717년에는 28%로 격감한다.[79] 그리고 1759년에는 44%, 1789년에는 50%로 그 비율은 증가하지만, 1678년에 비하면 여성 대호 및 아들과 함께 기재된 여성 대호 모두가 여전히 크게 줄어든 수치를 보인다. 특히 기혼 아들의 경우만을 놓고 보면 그러한 변화가 더 분명하다.

78 기혼 아들과 미혼 아들이 기재되어 있는 경우, '기혼'의 수에 포함하였다.

79 이 표의 괄호 안에 있는 백분율(%)은 전체 여성 대호의 수를 100%로 놓고 산출한 것이다.

1678년에는 40명이던 것이, 1717년에는 단 3명으로 줄고 1759년에는 하나도 보이지 않게 되는 것이다.

요컨대 1678년에는 대호가 이루어질 때 이미 결혼한 아들이 같이 살고 있어도 어머니가 호주가 되었다. 그러나 1717년에는 결혼한 아들인 경우, 어머니보다 호주가 될 수 있는 자격에서 확실히 우선권을 갖게 되었다. 미혼인 아들의 경우에도 1717년으로 넘어가는 사이에 두드러진 변화를 나타내었다. 하지만 이러한 변화의 추세가 지속적으로 강화된 것은 아니어서, 1789년으로 가면서는 아들이 있는 여성이 '대호'하는 경우가 늘었다.

그런데 미혼의 아들이 있는 경우는 좀 더 자세히 검토해보아야 한다. 만약 아들이 너무 어리기 때문에 어머니가 호주가 된 것이라면 특별한 의미를 부여할 수 없기 때문이다. 만일 1678년의 미혼 아들은 나이가 어리고, 1717년의 미혼 아들은 나이가 많다면 지금까지 설명한 것과는 다른 해석을 내려야 하는 것이다. 그러나 1678년에 미혼 아들이 이미 장성해 있는 경우도 많다면, 어머니의 호주승계가 아들에 우선한다는 증거가 될 수 있을 것이다.

[표 2-1-11]을 보면, 어머니가 '대호'한 호에 기재된 미혼 아들은 1678년에 71명, 1717년에 15명, 1759년에 24명, 1789년에 37명이다.[80] 1678년에 여성이 대호한 호에 동거하는 미혼아들의 나이가 16세 이상인 경우가 56명이지만, 1717년에는 16세가 넘은 아들이 기재된 경우가 3명에 지나지 않는다. 16세가 넘은 아들은 혼인 여부와 상관없이 어머니

---

80 여기서 제시한 미혼 아들의 총 수는 앞의 [표 2-1-10]에 제시한 미혼 아들을 포함한 여성 대호의 수보다 많다. 그것은 물론, 한집에 미혼 아들이 둘 이상인 경우가 있기 때문이다. 즉 [표 2-1-10]은 '호'(戶)의 수이고, 이 수치는 '구'(口)의 수인 것이다.

의 호 밑에 구성원으로 기재되지 않고 자신이 호주가 되었던 것이다. 앞의 [표 2-1-9]에서 본, 어머니를 가족원으로 둔 남성 대호의 수가 이 시기에 증가한 것과 어울리는 결과이다. 1759년에는 16세가 넘은 경우가 14명, 1789년에는 24명으로 1717년에 비하면 조금 많아졌다.81

[표 2-1-11] 여성 대호에 기재된 미혼 아들의 연령

단위: 명

연도	~15세	16~30세	31세~	최대 나이	계
1678	15	47	9	44세	71
1717	12	2	1	33세	15
1759	10	12	2	46세	24
1789	13	23	1	31세	37

기혼의 아들과 미혼이지만 16세 이상인 아들이 어머니의 호에 동거하는 경우를 추려내서 그 둘을 더해보면, 1678년에 96건, 1717년에 6건, 1759년에 14건, 1789년에 27건이다. 호주가 되기에 적합한 나이, 또는 혼인 조건을 갖춘 아들이 1678년에는 호주인 어머니와 함께 살았지만, 1717년과 그 이후에는 반대로 그 자신이 호주가 되어 어머니를 호 구성원으로 기재한 것으로 이해할 수 있다.

하지만 이러한 흐름은 결코 일관된 것은 아니었다. 1678년에서 1717년

81 미혼 아들 가운데 가장 나이가 많은 경우를 보면, 1678년에 44세, 1717년에 33세, 1759년에 46세, 1789년에 31세로 나온다. 하지만, 이러한 30세를 넘은 경우는 1678년에 9명, 1717년에 1명, 1759년에 2명, 1789년에 1명 정도로 많지 않고, 대체로 30세 이하이다.

으로 넘어가는 시기에 아들이 있는 경우 그 아들이 호주를 잇는 경향이 매우 뚜렷하게 나타났다. 하지만, 1759년을 지나 1789년으로 가면서 장성한 아들이 있어도 그 어머니가 호주로 기재되는 일이 1717년보다는 증가하는 경향을 보였다.[82] 1789년의 수치를 1678년과 비교해보면 줄었지만, 1717년과 비교해보면 늘어난 것이다. 아들 중심으로 호주를 잇는 경향이 18세기에 늘어났지만 어떤 이유에서든, 그러한 흐름을 거스르는 경우들도 18세기 후반으로 가면서 나타난 것이다.

그렇다면, 어떤 신분에서 주로 이러한 변화가 나타난 것인지 다음의 [표 2-1-12]에서 알아보자.

[표 2-1-12] 아들과 함께 기재된 여성 대호의 신분

단위: 명

신분	양반		양인		천인		계	
연도	기혼	미혼	기혼	미혼	기혼	미혼	기혼	미혼
1678	15	29	17	18	8	9	40	56
1717	2	7	1	4	0	4	3	15
1759	0	3	0	7	0	5	0	15
1789	1	19	2	9	0	1	3	29

82 1789년에는 27건으로 1717년의 6건, 1759년의 14건에 비해 많아졌다. 그 의미를 알려면, 1789년의 호적 기재 과정, 신분, 혼인 등 여러 가지 변수가 고려되어야 할 것이다. 이는 앞에서 살펴본 1789년에 '남편→처'로 호를 잇는 일이 증가한 것과 같은 현상으로 1717년 이후의 변화가 1759년으로 대개 이어지다가 1789년에 조금은 역행하는 경향을 보이는 것이다.

기혼의 아들이 함께 기재된 상태에서 여성이 대호를 한 경우를 보면, 모든 신분에서 1678년 이후 뚜렷하게 줄어들어서 거의 보이지 않는다. 미혼의 아들은 줄어들긴 했지만, 1789년에 특히 양반층에서, 미혼의 아들이 있어도 그 어머니가 대호한 경우가 다시 증가한 것을 볼 수 있다.[83] 이에 대해 양반 과부들이 호주의 지위를 아들에게 넘겨주고 싶어 하지 않은 것이라고 볼 수 있을까? 어쨌든 이러한 수치는 조선후기에 '아버지－아들'을 강조하는 경향이 나타났지만, 또 한편에서는 그것이 순방향으로 단순하게 진행된 것도 아니며, 전면적이거나 지속적인 것만은 아니었음을 보여준다.

지금까지 1678년에서 1789년에 이르는 111년 동안의 기간에 호주가 바뀐 호의 사정이 어떠했는지를 알아보았다. 호주를 물려주고 받은 관계를 보면 남편에서 부인으로, 아버지에서 아들로, 어머니에서 아들로, 시어머니에서 며느리로, 아들에서 어머니로, 부인에서 남편으로, 형에서 동생으로, 장인에서 사위로, 아버지에서 딸로 이은 사례들을 찾을 수 있다.

1678년에는 남편에서 부인으로 이은 경우가 많았다. 여성은 누군가의 처(妻)라는 입장으로 그 남편의 자리를 이을 수 있었다. 심지어는 기혼의 아들이 함께 살고 있는 경우에도 과부 스스로가 호주로 기재되었다. 1717년 이후로는 부인이 남편의 뒤를 이어 호주로 기재되는 일이 크게 줄어들었다. 호주는 대개 아버지에서 아들로 이어졌다. 그리고 과부는 아들이 있는 한 아들의 어머니로서 호적에 기재되었다. 이러한 변화는

83 물론 이러한 경우에 아들의 나이가 15세를 넘지 않은 경우가 대부분이다. 그렇다 하더라도, 1789년의 증가 현상은 흥미로운 분석 대상이다.

점진적인 것이 아니라 매우 급격하게 나타난 것이었다. 1759년에는 아들이 아니더라도 남성을 호주로 기재하려는 경향이 강해졌다. 1789년에도 큰 흐름에서는 남성의 호주 승계를 이어갔지만, 다시 이전으로 돌아가는 모습도 보였다.

18세기 이후 부계질서가 호적대장의 호주 기재 방식에 적용되었던 것으로 볼 수 있다. 하지만 호주를 잇는 절대적이고 고정된 순서가 있는 것은 아니며, 각 호에 사는 사람들이 처한 상황에 따라 호주를 잇는 모습은 다양했다. 또 18세기 말까지 아들이 있어도 과부가 호주로 기재된 경우 또한 적지 않았다. 호주 승계의 내용은 호라는 단위 안에서 호주라는 상징적 지위를 계승하는 관계에 대한 것으로 가호 구성원 사이의 위계가 설정된 방식을 보여준다. 이러한 움직임들이 갖는 의미가 무엇인지 장을 달리하여 알아보기로 하자.

제2장
부계질서의 구축과 여성

조선의 국가 운영에 참여한 사람들은 사회 속에 유교 이념에 따른 생활관행과 예법 등을 보급하기 위한 여러 가지 조치들을 마련하였다. 앞선 연구들에서 조선전기에 그러한 노력이 이루어졌고 처음에는 기존의 습속과 충돌을 일으키기도 하지만, 조선중기 이후에는 신유학, 그 가운데서도 주자학에 기초한 생활관행이 사회에 정착했다고 이야기되었다.[1]

조선중기 이후 주자학적 질서가 자리 잡게 되는 것과 관련한 주된 논의는 재산 및 제사의 상속, 입양, 족보 기재 등의 변화에 집중하여 이루어졌다. 이러한 유교적 변화에 대해 본격적으로 논의한 도이힐러는 15세기에 '이념의 전환'이 이루어지고, 그에 따른 변화가 지속적으로 이루어져 조선후기에 부계친족조직이 절정이 달하는데, 그것이 17세기

1 대표적인 연구로는 최재석, 앞의 책, 1983; 마르티나 도이힐러, 앞의 책, 2003; 마크 피터슨, 앞의 책, 1999 등이 있다.

에 장자우대불균등 상속제도로 나타난다고 보았다. 도이힐러는 그 주된 요인으로 '이념'과 '의례'를 들었으며, 15세기에 유동성과 불확실성이 보이지만, 왕조 건립 이후 2세기가 되면서 종족 이데올로기가 내면화되고 적용되면서 관성이 붙었다고 설명한 바 있다.[2] 요컨대 조선전기에는 여러 가지 갈등과 각축이 있지만, 17세기 이전에 사회의 구성원들 사이에 '내면화'되어 유교적 질서가 정착되었다고 본 것이다.

여성의 호주승계가 줄어든 것도 부계를 중심으로 한 위계가 설정·강조되는 흐름과 무관하지 않다. 그런데 과연 호주승계에서 극적인 변화가 이념이 내면화된 결과로 나타났다고 할 수 있을까? 여기서는 그러한 변화가 조선후기에 새롭게 구성된 국가의 정책에 의해 추진된 것이라는 점에 주목하고자 한다. 이를 '유교화'의 영향이라고 설명하는 것만으로는 충분하지 않다고 생각되기 때문이다. 이는 기존의 '유교화' 논의에 대한 전면적 반박이라기보다는 그것이 조선후기 사회에 발현된 기재를 구체적으로 논의하기 위한 것이다. 국가의 제도 안에 유교 이념의 요소가 반영되었다는 점에서 유교 이념이 확산된 것이라는 설명은 틀리지 않지만, 너무 크고 모호하다. 조선후기 사회에서 유교가 작동한 방식을 이해하기 위해서는 그 이념 가운데 어떤 요소가 채택되고 강조되었는지, 그것이 조선후기의 시공간 속에서 어떠한 양상으로 관철 또는 굴절되었는지를 자세히 볼 필요가 있다.

호적대장에 호구를 기재하는 것은 곧 호의 구성원들을 적절한 순서에 따라 배치하여 위계질서를 정하는 과정이었다. 국가에서 구축하고자

---

2 마르티나 도이힐러, 앞의 책, 2003, 387~415쪽. 조선후기에 일어난 이러한 변화의 요인에 대해서 이념적 요인, 종족의 발전, 토지소유 방식, 정치적 요인 등이 다각도로 논의되었다(마크 피터슨, 앞의 책, 1999, 214~231쪽) 특히 주자학이라는 이념을 중심으로, 여러 요인들이 복합적으로 결합된 것으로 분석되었다.

한 질서가 호적대장이라는 행정 문서의 기재를 통해 제시되고 유포되었다. 막연한 유교의 효과라기보다는 유교의 특정한 요소를 활용한 국가의 기획이 있었던 것이다. 그렇다면 그 기획을 통해 어떤 질서를 만들고자 한 것일까. 호주 기재의 원칙에 대한 규칙들, 호주 및 가장의 지위와 역할, 여성의 지위에서 나타난 변화 등을 통해 그러한 질서의 원리를 읽을 수 있다. 한편 신분의 차이에 따른 다른 양상들, 새로운 위계가 만들어지는 과정에서 일어난 혼란은 그 질서가 만들어지는 과정에서 일어난 역동을 짐작하게 한다.

1. 국가의 호적 정책과 유교화

앞 장에서 1717년 호적대장에서 호 구성원 가운데 호주를 정하여 기재하는 방식에 큰 변화가 나타났음을 살펴보았다. 그 변화는 이념의 확산으로는 설명할 수 없을 만큼 극적인 것이었다. 이러한 뚜렷한 변화가 일어난 것은 호적에 호주를 기재하는 것에 대한 규정이 바뀐 것과 관련이 있다.

규정의 변화를 보기 위해 먼저, 1부 1장에서 이미 제시한 바 있는 『경국대전』의 호구식을 다시 보면 "호 무슨 부, 무슨 방, 제 몇 리. 거주하는 자의 직, 성명, 나이, 본관, 사조. 처 아무개씨, 나이, 본관, 사조. 솔거 자녀 아무개, 나이. 노비 고공 아무개, 나이"[3]라고 명시되어 있음을 확인할 수 있다. 이에 따르면 호의 주소와 호주의 직(職), 성명과

3 戶某部某坊第幾里 住某職姓名年甲本貫四祖 妻某氏年甲本貫四祖 率居子女某某年甲 奴婢雇工某某年甲(『경국대전』 권3 예전 호구식).

나이, 본관, 사조(四祖: 父·祖·曾·外祖)를 기재하고 그 처의 나이와 본관, 사조를 기록한다. 그리고 자녀와 노비와 고공을 기재하도록 되어 있다. 그것을 보면 호주는 남편이자 아버지이면서 노비와 고공을 거느린 존재이다.

그런데, 조선시대에 호적을 작성하는 지침에 가족 가운데 누가 호주로 기재되는가를 명확하게 밝힌 부분은 보이지 않는다. 그것은 호주로 기재되는 것이 누구인가를 달리 명시할 필요가 없었기 때문일 것이다. 대부분의 경우 호적대장의 호주는 당연히 한 가족의 가장(家長)이 기재되었다. 말하자면, 부부가 모두 살아 있고 그 자녀가 아직 어린 나이인 경우에 남편이자 아버지인 존재가 호주였다. 가족 가운데 남성이면서 연장자인 사람이 호주가 된다는 것은 법전(法典)이나 호적사목(戶籍事目) 등에서 달리 언급할 필요가 없는 자명한 일이었다고 생각된다.

남편이자 아버지인 존재가 호주로 기재되는 것이 상식이었겠지만, 현실의 다양한 가족들은 그보다 복잡한 상황에 놓이는 경우가 많았다. 모든 가족이 남편과 처, 그 아이들로 이루어진 부부가족으로 구성되는 것은 아니다. 아버지/남편이 먼저 죽은 경우, 또는 그가 살아 있지만 너무 늙은 경우 등 누가 호주로 기재되어야 할지 분명하지 않은 사정에 있는 가족도 많았다. 그럴 때 누가 호주로 기재되는가. 남편이 죽은 과부인가 그 아들인가, 또는 늙은 아버지인가 젊은 아들인가. 그러한 문제에 대한 규정은 어떤 것이었을까.

이에 대한 규정을 조선시대의 기록에서 찾기란 쉬운 일이 아니다. 조선시대의 법전에 이에 대한 명확한 규정은 보이지 않는다. 그런데 비록 그 연대가 불분명하기는 하지만, 「갑오식호적사목」(甲午式戶籍事目)에서 이와 관련한 기록을 찾을 수 있다. 그 속에서 과부와 그 아들만이 있는 집에서 과부와 아들 가운데 누가 호주로 기재되는지에 대한 다음과 같은 규정을 볼 수 있다. "과부는 비록 가사를 주관한다고 해도, 만일 아들이 장성했으면, 그 아들로 호를 주관하게 한다."[4] 곧 과부와 장성한 아들 가운데 호주 기재의 순위를 '아들'을 앞선 것으로 명시해놓은 것이다.

이러한 기록은 대략 17세기 이후 호적이 정비되는 과정에서 <호적사목>에 새롭게 추가된 규정이었을 수 있다.[5] 이 사목의 갑오년이 언제인지를 떠나서, 『단성호적』에서 1678년과 1717년 사이 어느 시점에 남성을 호주로 기재하는 경향이 뚜렷해진 것으로 비추어보아, 이 사목에 보이는 지침은 1717년 이전에 만들어졌을 가능성이 높다. 17세기 말, 18세기 초 어느 시기에 과부는 호주로 기재되지 않는다는 것이 호적 작성의 기본 지침으로 새롭게 마련되었거나, 강조된 것으로 볼 수 있다. 앞에서 살펴본 바와 같이 18세기 이후, 아들이 호주를 잇는 경향이 늘어난 것도 이러한 규정이 강조된 경향 속에서 나타난 일이라고 생각된다.

19세기의 기록으로 생각되는 『공이』(公移)에서도 누가 호주로 기재되는가에 대한 설명을 찾아볼 수 있다. 그것을 인용해보면 이렇다.

> 이 경우에, 무릇 호는 아버지가 있으면 아버지가 주(主)가 된다. 아버지가 늙으면 이따금 아들로 주를 삼기도 하는데, 이것은 매우 온당치 못한 일이다.

---

4 "寡婦雖主家事 子若長成 以其子主戶爲白齊" 「甲午式戶籍事目」(규장각 소장문서 문서번호: 규12318). 편자 미상의 필사본이다. 앞의 1부 1장 주 10 참조.

5 조선시대 <호적사목>은 호적을 조사하는 식년에 그 내용이 결정되어 전국에 반포되었다. 『비변사등록』 숙종 31년(1705년) 1월 18일의 다음과 같은 기사에서 그것을 알 수 있다. "좌윤 김석연(金錫衍)이 아뢰기를, '한성부에서 아뢸 일이 있습니다. 이번 식년(式年)의 호적사목을 미리 결정해야만 전국에 반포할 수 있습니다. 그러나 장관(長官)이 없음으로 아직도 지연되고 있음을 감히 아룁니다'라고 하니 임금이 이르기를 '속히 거행하는 것이 좋겠다'고 하였다.[……]"

비록 연로하여 아들에게 전(傳)했다고 해도 가장(家長)은 아버지이다. 부인은 전제지의(專制之義)가 없으므로 어머니가 있더라도 아들이 주가 된다. 잘 알아서 바로잡을 것.[6]

위의 기록을 통해서 호주 기재에 대한 조선후기의 기본 지침을 읽을 수 있다. 이는 곧 아버지가 살아 있다면 그가 호주로 기재된다는 것이다. 이러한 지침에서 가장과 호주를 동일한 인물로 기재하여, 가족 안에 아버지와 아들의 위계를 분명히 세우고자 하는 국가의 의지를 엿볼 수 있다. 그런데 어머니와 아들의 위계에 대해서는 다른 단서가 붙어 있다. 곧 어머니가 있어도 아들이 호(戶)의 주(主)로 기재되어야 한다는 원칙을 분명히 제시하고 있다.[7] 가족 가운데 남편이자 아버지인 존재가

6 "此亦中 凡戶 父在父爲主 而父老者往往以子爲主 此萬萬未安 雖年老傳子 家長則父也 婦人無專制之義 故母雖在而子爲主 知悉厘正次"(『公移』下, 飭諭牒示, 傳令各面, 八月 日條). 『공이』는 동경대학교에 소장되어 있다. 이 기사를 본 것은 朴秉濠, 앞의 논문(1976년 봄호, 74쪽)에서였다. 그런데, 그 원본의 소재는 알 수 없었다. 그러던 중 동경대학교 도서관 阿川文庫에 소장되어 있다는 것을 확인하였다. 이 자료의 기록을 확인할 수 있도록 한 장, 한 장 디지털카메라로 촬영하여 보내준 이타가키 류타(板垣龍太: 현 同志社大學 社會學部 敎授) 선생께 깊이 감사드린다.

7 여성을 호주 기재에서 배제하는 이러한 규정이 만들어지는 것은 조선후기에 冢婦權이 약화되는 것과 연관이 있을 수도 있다. 총부권이란 종가의 첫째 며느리의 권리이다. 특히 남편이 자식 없이 사망한 경우에 그 권리는 중요하다. 기존의 연구에서 조선초기에는 이들 총부가 제사권·입후권 등 남편을 대신한 권한을 가진다고 보았다. 그러다가 가부장권이 강화되면서 그 권리는 없어지고, 다만 제사를 실질적으로 주재(제수 장만을 총괄)하는 권한으로 남는다는 것이다. 그리고 입후권 등은 남편의 형제와 그들을 둘러싼 문중의 권한으로 넘어갔다고 한다. 죽은 남편을 이어 처가 호주가 되지 않고, 시동생을 호주로 하는 모습에서 그러한 실정이 구체적으로 그려진다. 총부권과 관련한 연구로는 다음과 같은 것들이 있다. 이성숙, 「李朝初期의 祭祀相續法理와 冢婦法」, 『숭전대학교 논문집』 15, 1985; 李舜九, 「조선중기 冢婦權과 立後의 强化」, 『古文書硏究』 9·10, 1996; 韓基範, 「17世紀 女性의 宗法的 地位」, 『忠南史學』 9, 1997; 마르티나 도이힐러, 앞의 책, 2003, 221~225쪽; 마크 피터슨, 앞의 책, 1999, 135~148쪽.

없이 과부와 그 아들만이 있을 경우는 아들이 장성했다면 아들이 호주가 되어야 한다는 것이다.

이러한 '호주' 기재에 대한 원칙이 제시된 것은 호적제도에 대한 정비가 이루어진 것과 같은 흐름 속에 있었다. 숙종 1년(1675)에 오가작통제(五家作統制)[8]가 시행되었으며, 숙종 3년(1677) 1월에는 호패법(號牌法)이 새롭게 시행되었다.[9] 오가작통제와 호패법이 시행되었다는 것은 호적제도가 강력하게 정비됨을 의미한다. 숙종대에는 지속적으로 호적제도를 강화하려는 논의가 이어졌다. 숙종 22년(1696)의 기사를 보면 국청(鞫廳)에서 죄인을 신문할 때 호패에 씌어 있는 이름을 확인하는 내용을 볼 수 있다.[10] 이때 죄인의 신분은 노(奴)이므로, 양반뿐 아니라 일반 양인·천인까지 호패를 지녔음을 알 수 있다.[11] 그리고 숙종 37년(1711)에는 호패가 없으면 과거 응시 자격을 정지한다는 전교가 내려졌다.[12] 호적제도에 대한 관심은 영조 대에도 이어져서, 호적 기재를 실상에 맞게 하고 엄격하게 제도대로 시행하자는 논의가 지속되었다.[13]

---

8 참고가 되는 연구는 申正熙, 「五家作統法 小考」, 『大丘史學』 12·13, 1977; 오영교, 『조선후기 향촌 지배정책 연구』, 혜안, 2001 등이 있다.

9 『숙종실록』 권6, 3년 3월 1일(정축); 38집 351면.

10 『숙종실록』 권30, 22년 4월 29일(갑인); 39집 420면.

11 오가작통법이나 호패법이 지속적으로 시행된 것은 아니었다. 흉년이 들면 호패법을 시행하지 않는 경우도 있었다. 숙종 4년(1678)에 흉년이 들어서 백성의 원한을 불러일으킬 수 있다는 이유로 호패법을 그만두게 하였다(『숙종실록』 권7, 4년 5월 11일[경술]; 38집 385면).

12 "시험에 응시할 사람이 조흘첩과 호패가 없으면 과거 응시 자격을 정지한다; 應赴之人 無照訖戶牌 則停擧"<康熙辛卯承傳>(『신보수교집록』 禮典 制科; 한국역사연구회 법전연구반 역주, 2000, 193쪽).

13 영조 5년(1729)에 호적법을 엄하게 정하여 오가작통법과 이정법을 시행하자는 건의가 올라온 것을 보면, 호적제도가 허술하게 시행되는 것을 바로잡기 위한 논의

그렇다면 이러한 호적 작성 지침이 조선후기에 강조된 것은 어떤 상황에서 이루어진 것이었을까. 그 배경에는 현종·숙종대에 임진왜란과 병자호란의 혼란을 수습하고 통치 질서를 정비하는 일에 국정의 관심이 집중되었던 상황이 놓여 있다. 그러한 통치 질서의 재정비가 '주자학적 이념'에 맞게 이루어진 것은 그것이 조선이라는 국가의 지배력을 유지하기 위한 명분을 제공하기 때문이었다. 조선 지배층은 명나라의 멸망 이후 사라진 의리명분론을 유지하는 유교 문명국가의 계승자, 중화 질서의 수호자를 자처함으로써 그 입지를 다지고자 했다.[14]

과부보다 아들을 중심으로 호주를 기재하는 것은 결국 아버지에서 아들로 이어지는 부계의 원리에 입각한 것이다.[15] 이는 주자학에서 강조한 '종법'(宗法)[16]의 원리와 연결되는 것이다. 종법은 유교식 의례의

가 이루어졌음을 알 수 있다(『영조실록』 권22, 5년 6월 11일[갑신]; 42집 134면 참조).

14 명의 몰락과 청의 등장이 조선에 가져온 변화에 대한 이러한 분석은 Jahyun Kim Haboush, "Constructing the Center: The Ritual Controversy and the Search for a New Identity in Seventeenth－Century Korea" in *Culture and the State in Late Chosŏn Korea*, pp. 50～51, 86～87 참조. 이에 따르면 병자호란 이후, 조선 조정의 세력들은 명이라는 문명국가를 조선이 어떻게 계승할 것인가를 고민했고, 그것을 성공적으로 수행하는가가 당시의 조선 지배세력의 기득권을 유지하는 문제와 직결되어 있는 상황이었다. 명을 포기하고 청나라를 중원의 새로운 지배세력으로 인정할 경우 그것은 청을 중심으로 한 새로운 권력 개편을 용인하게 되는 것이고 이는 기존의 조선 지배 집단의 몰락을 의미하는 것일 수 있었다. 조선은 유교 문명 최후의 보루이며 최선의 방법을 모두 강구하여 이 임무를 완수해야 한다는 절박한 입장에 놓여 있었다.

15 도이힐러의 표현을 빌리자면, 유교형 사회를 건설하기 위한 중요한 첫 걸음이 사회의 바탕에 종법(宗法) 또는 男系親族의 원리를 이식하여 出系集團 내에 부계 친족 의식을 활성화하는 것이었다. 儀禮를 수행하는 부계의 위계질서 및 서열에 따라서 출계 집단 내에서 개인의 권리와 의무가 정해지며, 정치적인 영역에서도 그에 상응하는 지위가 보장된다는 것이다(마르티나 도이힐러, 앞의 책, 2003, 187쪽 참조).

16 종법은 종가를 중심으로 하여 방계의 친족을 대종과 소종의 원리에 따라 구분하여 계승하게 하는 고대 중국의 친족제도이다. 그 내용은 장자상속법을 기초로 적장자와 적장손에게

기초이며, 동종 친족 집단의 질서를 유지하기 위한 원리였다. 종법의 내용은 장자를 중심으로 제사와 가계를 계승하는 제도인데, 이는 유교적 의례 생활의 지침인 『가례』[17] 속에 표현되어 있었고, 그 지침에 따라 의례를 실천하는 것은 곧 유교적 관계를 확인하는 작업이기도 했다. 이러한 질서는 기본적으로 '부계 친족' 중심의 친족제도를 전제로 한 것이었다.[18]

주자는 종법질서를 강조하면서 그것이 친족집단의 질서를 바로잡는 데 그치는 것이 아니라, 국가의 질서와도 바로 연결된다고 하였다. 그 내용을 보면 다음과 같다.

> 종자의 법이 없으면 조정에도 오래된 신하가 없을 것이며, 종자를 세우면

제사 및 가계, 신분 등의 계승을 하도록 한 것으로, 넓은 의미에서 종법은 적장자 상속의 원칙을 말한다고 볼 수 있다. 이러한 종법은 불교사회인 고려에서는 그다지 중요시되지 않았으나, 유교적 의례가 강조된 조선시대 사대부 계층에서는 가계 계승과 친족 조직을 운영하는 주요한 원리로 자리하게 되었다. 종법의 원리 및 이전 전통과의 충돌에 대해서는 李迎春, 「宗法의 원리와 한국 사회에서의 전통」, 『가족과 법제의 사회사』 한국사회사학회 논문집 46, 1995 참조.

17 『가례』는 흔히 『주자가례』라고 불리는 것으로, 남송대인 1170년에 '주자'가 편찬한 것으로 전해지고 있지만, 이후의 학자들은 그에 대해 이견을 보이기도 했다(주희 지음, 임민혁 옮김, 『주자가례』, 예문서원, 1999, 해제 참조).

18 '종법'은 엄밀하게 말하면, 부계질서 가운데서도 특히 '적장자 계승'을 강조한 것이지만 이 글에서는 조선시대에 '주자가례'를 통해 보급하고자 한 '부계 중심의 유교적 질서'를 주자학적 질서 또는 종법의 원리라는 용어를 통해 논의할 것이다. 조선 국가에서 『가례』에 기반한 제사 및 계승의 질서를 보급하였지만, 그것은 고려 이전부터 내려온 재산 균분 상속, 제사 윤회봉사 또는 외손봉사, 서류부가혼 및 처가살이 등의 습속과 충돌할 수밖에 없었다. 주자가례적 질서, 종법적 질서에 기반한 의례를 강조하는 것은 이러한 습속을 부계 중심으로 재편성하는 과정이기도 했던 것이다. 이에 대해서는 고영진, 「15·16세기 주자가례의 시행과 그 의의」, 『한국사론』 21, 서울대학교 국사학과, 1989 및 지두환, 『조선전기 의례 연구: 성리학 정통론을 중심으로』, 서울대학교 출판부, 1994 등 참조.

사람들이 근본의 중요함을 알아서 조정의 위세도 저절로 높아질 것이다. 옛날에는 자제가 부형을 따랐는데, 오늘날에는 부형이 자제를 따르니 근본을 알지 못한 데서 말미암은 것이다. 사람이 순종하고 거스르지 않는 것은 오직 존귀하고 천한 것, 높은 것과 낮은 것의 구분이 있기 때문이다. 종법을 세우지 않고 구차하게 나란히 묶어두는 것이 '과연' 옳겠는가.[19]

주자가 강조한 종법질서의 핵심은 '위계질서'를 세우는 데 있었다. 종법질서를 강조하는 것은 존귀한 것과 천한 것, 높은 것과 낮은 것 사이의 구분을 명확히 하여 그것을 통해 사람들로 하여금 '순종하고 거스르지 않도록' 만들겠다는 의도에서 비롯된 것이다. 종법질서를 통해 '자제가 부형을 따르는' 질서를 바로 세우면 사람들이 이른바 '근본'을 알게 되어, 통치력도 높아지리라는 것이다. 조선 국가에서 호적대장이라는 행정문서에 아버지에서 아들로 이어지는 부계의 원리를 적용하도록 조치한 것은 주자(朱子)의 표현대로 "조정의 위세도 저절로 높아지는" 효과를 보기 위한 것이었다.

조선후기의 통치자들은 주자학적 원리를 강조함으로써 국가의 통치질서를 바로잡고, 종법질서에 따라 윗사람에게 순종하도록 하는 이념을 현실 속에 구현하여 국가의 안정을 꾀하고자 하였다. 이러한 배경 속에서 호적제도의 정비가 이루어졌다. 부계 중심의 종법적 질서에 맞게 관계를 바로세우기 위하여, 직계가족을 하나의 호로 파악하여 기재하도록 하는 지침이 만들어지고,[20] 또 과부가 아닌 그 아들을 호주로 기재하라는

19 "宗子無法 則朝廷無舊臣 立宗子 則人知重本 朝廷之勢自尊矣 古者子弟從父兄 今也父兄從子弟 由不知本也 人之所以順從而不辭者 以其有尊卑上下之分而已 苟無法以聯屬之可乎"(『性理大全』 67, 治道 2, 宗法).

20 이에 대해서는 이 책의 1부 1장의 2절의 내용 참조.

지침도 강조된 것이었다.

2. 질서의 확산과 굴절

1) 신분과 차이

이러한 행정 지침의 변화는 주자학적 질서에 따른 관행이 확산되고 있는 당시의 사회적·문화적 분위기와 잘 어울리는 것이었다. 1678년에서 1717년 사이에 아들 위주로 호주를 잇는 방식으로 변화된 것은 조선중기 이후에 양반층에서 제사와 재산 등의 상속에서 적장자(嫡長子)를 중시하게 되는 현상과 궤를 같이한다.[21] 그렇다면 1678년에서 1717년 사이에 '아버지–아들'로 호주를 잇는 변화가 양반층에서 뚜렷하게 보였을까? 아니면 신분에 따른 차이 없이 모두에게 고르게 나타난 것일까. 만일 그렇다면, 조선후기 사회에 종법질서가 정착되어 '아버지에서 아들'로 지위를 승계한다는 관념이 사회 전반의 관행으로 자리하게 된 것이라고 이해될 수 있을까?

사실, 주자학적 생활관행은 양반층의 문화였다. 제사를 지내고, 재산을 상속할 수 있는 경제적 기반과 사회적 지위를 갖춘 사람들에게나 주자학에 기반 한 종법질서가 현실적인 의미를 가질 수 있었다. 양반이 아닌 양인 또는 노비들에게 그 영향은 크지 않았다. 이러한 신분적 차이를 고려하면 아들을 중심으로 하는 호주 기재의 방식이 양반층에서 뚜렷하고, 양인과 천인층에서는 그다지 선명하지 않았으리라고 생각할

21 이는 앞의 1부 1장에서 살펴본 직계가족으로 구성된 호의 증가 경향과 그 맥락을 같이한다.

수 있다.

그런데 앞에서 '대호'의 변화 양상이 신분별로 어떻게 다른지에 대해 살펴본 바에 따르면, 어머니가 아닌 아들을 기재하는 방향으로 바뀐 경향은 차이가 크지 않았다.[22] 그렇다면 18세기에 이르러 모든 신분층에서 주자학적 생활관행을 받아들이게 된 것일까. 이러한 현상을 어떻게 설명할 수 있을까. 양반이 되고자 하는 열망이 양인·천인들로 하여금 양반들의 문화적 관행을 추종하게 만든 것일까.[23] 과연 그 흔적이 국가의 공식문서인 호적대장에 그토록 극적으로 반영될 수 있을까.

이러한 의문을 갖고, 좀 더 자세히 그 변화의 흐름을 살펴보기 위해 대호의 유형을 세분화하여 신분별로 정리한 [표 2-2-1]을 만들었다. 이 표에서 대호가 이루어진 호의 성별을 살펴보면, 양반의 경우는 1717년을 기점으로 남성이 호주로 기재되는 방향으로 크게 바뀌는데, 1789년에 다시 여성 대호의 수치가 상대적으로 증가한 것으로 나타난다. 양인의 경우에 여성호주는 1717년 이후 1678년의 절반 이상으로 감소한 뒤 대략 그 수치를 일관되게 유지하였다. 천인의 경우에도 1678년과 1717년 사이에 여성호주가 크게 줄어들지만 1759년 이후에는 대호 자체도 줄고, 여성 대호의 수치도 줄어들었다. 변화의 양상에 차이가 있지만, 큰 흐름을 보면 신분과 상관없이 전반적으로 1678년에서 1717년으로 넘어가는 사이에 남성에 대한 호주승계가 늘어나고, 이후 그 추세가 대체로 유지되었다고 할 수 있다.

22 [표 2-1-3] 참조.

23 이에 대해서는 이이효재, 앞의 책, 2003 참조.

[표 2-2-1] 신분별 대호의 유형과 연도별 변화

단위: 명

신분	연도	남성호주			여성호주			합계
		아버지→아들	기타	계	남편→아내	기타	계	
양반	1678	3	6	9	66	2	68	77
	1717	30	11	41	26	0	26	67
	1759	18	14	32	3	2	5	37
	1789	40	5	45	29	2	31	76
양인	1678	1	2	2	54	0	54	56
	1717	41	48	48	25	1	26	74
	1759	27	39	39	18	3	21	60
	1789	50	57	57	26	1	27	84
천인	1678	0	0	0	25	2	27	27
	1717	14	6	20	11	1	12	32
	1759	1	7	8	5	3	8	16
	1789	6	2	8	6	0	6	14

이와 같이 호주승계 방식이 신분별한 격차 없이 변할 수 있었던 일차적 요인은 호주를 기재하는 행정 지침이 바뀌었기 때문이다. 종법에 따라 아버지에서 장남으로 이어지는 부계직계의 원리를 강조하는 원리에 맞게 호적 기재 지침이 바뀌었고, 그 지침에 따라 호적대장의 호주를 기재하는 방식도 변화된 것이다. 넓은 의미에서 이러한 지침이 '주자학'의 영향에 따른 것이라고 할 수는 있지만, 이러한 변화가 일어날 수 있었던 데는 '호적 기재'와 같은 행정 문서의 기재 방식을 바꾼 국가의

제도적 장치가 그것을 추동했음에 유념할 필요가 있다.

서로 다른 신분에서 같은 변화의 양상을 보인다고 하더라도, 변화의 구체적인 양상과 그 의미는 미묘하게 다르다. 대호가 이루어진 관계를 감안하여 그 내용을 좀 더 자세히 살펴보자. 먼저, 1678년에서 1717년 사이의 변화를 보면 아버지에서 아들로 호를 이은 경우가 양반층의 경우 3건에서 30건으로 늘어난 것이 눈에 띈다. 양인층에서는 1건에서 41건으로 늘고, 천인은 0건에서 14건으로 늘었다. 반대로 남편에서 아내로 호를 이은 경우는 양반층에서 1678년의 66건에서 1717년의 26건으로 줄었다. 양인은 54건에서 25건으로, 천인은 25건에서 11건으로 줄었다. 양반, 양인, 천인이 모두 유사한 경향으로 변화한 것이다. 특히, 1717년에 처에 대한 호주승계가 줄고 아들에 대한 호주승계가 늘어나는 경향은 양인에서 가장 뚜렷하게 나타난다. 이렇듯 1678년에서 1717년 사이에 각 신분들은 같은 쪽으로 변화하는 것처럼 보였다.

그런데 1717년에서 1759년으로 넘어가는 사이에는 달라진다. 양반의 경우를 보면, 특히 남편이 처에게 물려주는 경우가 26건에서 3건으로 크게 감소하였다. 대호의 총수가 전반적으로 줄어든 것을 감안하더라도 급격한 감소임에는 틀림없다. 또 아버지에서 아들로 호를 이은 비율은 1717년보다 증가하였다. 한편 형제 또는 살아 있는 어머니가 아들에게 호를 물려준 경우와 같은 '기타'의 남성 대호의 사례는 늘어났다. 아들이 없는 양반들은 처에게 호를 물려주는 대신 형제에게 호를 물려주었다. 또한 이미 호주가 된 어머니가 살아 있는 상태에서 아들에게 호주를 내어준 사례가 특히 늘어났다. 양반의 경우 18세기 중반에 이르러 남성을 호주로 기재하는 경향이 18세기 초에 비해 더욱 뚜렷해진 것이다.

반면 양인은 남편에서 처로 잇는 경우가 25건에서 18건으로 살짝 줄어들었을 뿐이어서, 이러한 경우가 크게 줄어들었던 양반과 대비가 된다. 아버지에서 아들로 이은 경우도 수치와 비율 모두에서 1717년과 비교하면 크게 줄었다. 천인은 대호한 사례 자체가 줄어들었기 때문에 그 수치를 액면 그대로 받아들이기 어렵지만, 아들에게 물려준 경우는 오직 1건뿐이었다. 1759년에 양반과 달리 양인과 천인에서는 아들 중심으로 호를 기재하는 경향이 다소 주춤한 것이다.

1789년에는 더욱 흥미로운 양상을 보인다. 양반은 아버지에서 아들로 이은 사례도 늘었지만 남편에서 처로 바뀐 경우도 1759년보다 늘었다. 양인은 아버지에서 아들로 이은 경우가 1789년에 다시 늘었다. 천인의 대호 사례는 워낙 적어서 추세를 읽기 어렵지만 아들에게 이은 것과 아내에게 이은 것이 비슷한 비율로 나타났다.

대호 관행의 변화 과정은 복잡한 양상으로 전개되었다. 앞 장의 [표 2-1-3]을 함께 보면서 위의 표를 살펴보면, 양반층에서는 1678년 이후 1759년까지 일관된 폭으로 '처'에게 호를 잇는 일이 감소하였다. 하지만 1789년에는 다시 증가하였다. 양인층에서는 1717년에 처의 승계가 감소하고, 18세기 내내 그 수준을 유지했지만, 1759년에는 아들 승계의 증가 추세가 주춤하고 처 승계의 감소도 크지 않았다. 천인층의 경우, 그 수는 적지만 1717년 처의 승계가 감소한 뒤 1759년 이후 '대호' 자체의 수치가 줄어든 상태에서 여성 대호의 비율은 증가하였다. 신분에 따라 변화의 흐름이 미묘하게 달랐으며, 어느 신분층에서도 호주승계 관행의 변화는 일관된 방향으로 나타난 것이 아니었다.

양반층에서 아들 중심으로 호주를 잇는 일이 다른 신분에 비하여 두드러진 것은 분명하다. 양반층에서 그 변화가 뚜렷하게 보이는 것은, 종법질서에 따라 부계를 강조하는 방향으로 제사 및 재산의 상속의 방식을 바꾸고 있었기 때문일 것이다. 양반의 경우 부계질서에 맞게 정비된 국가의 호적정책에 따라 호주를 아들로 기재하는 방향으로 변화되는 것이 자연스럽게 이루어졌을 수 있다.

양인의 경우, 호주를 아들 위주로 기재하게 된 것은 그들이 부계질서를 중시해야 한다고 생각했기 때문이라기보다는 남성을 호주로 기재하는 쪽으로 국가의 행정 방침이 바뀐 것이 더 크게 작용했으리라고 생각된다. 물론 일부 상층 양인들은 양반층의 주자학적인 생활관행을 의도적으로 따라 했을 수도 있다. 하지만 양인·천인층의 경우에 아들 중심으로 호주를 잇는 관행이 늘어났다고 해서, 그것이 곧바로 그들도 주자학적인 생활관행을 받아들였다는 의미로 해석될 수 있을 것인가에 대해서는 쉽게 결론내리기 어렵다.

여기서 '대호'를 파악한 수치 자체가 1759년에 전반적으로 줄어든 것을 주목할 필요가 있다. '대호'를 파악하고 기재하는 일이 1759년에 감소한 것은 1717년에 비해 호주가 바뀐 호의 상황을 파악하고 그것을 호적대장에 기재하도록 하는 국가의 행정적 통제가 약화되었음을 의미할 수 있다. 이러한 상황에서 양인은 예전의 방식대로 남편에서 부인으로 호를 잇는 쪽을 선택했을지도 모른다. 국가의 행정적인 통제가 강화된 시기에는 남성이 호주로 기재된 경우가 늘어나지만, 그것이 약화된 시기에는 과부인 여성을 호주로 기재하는 경향이 늘어났던 것으로 생각된다.

이렇듯 호적대장에서 남성을 호주로 기재하는 쪽으로 변화될 수 있었던 것은 그것이 생활관행 자체가 아닌 국가의 행정문서의 기재를 바꾸는 것이었기 때문이다. 어찌 보면 이는 기재되는 호의 호주나 구성원이 아니라 호구를 조사하고 호적대장에 기재하는 일을 사람들의 손에서 이루어졌을 수도 있다. 여기서 호적 작성 과정을 대략 떠올려보면 다음과 같다. 일단 조선시대의 호적은 3년마다 작성되는 것이 원칙이었다.[24] 호적이 작성될 때, 중앙에서 파견한 호적 담당 관원이 내려오고,[25] 지방 유지들의 모임인 유향소 등이 호적을 만들기 위해 동원되었다.[26] 민간에서는 호별로 호구단자(戶口單子)를 작성하여 제출하였다. 이때 특히 양반이 아닌 사람들의 호구단자는 호적을 만들기 위해 동원된 양반들의 손으로 작성되었을 수 있다. 이렇게 호구단자가 만들어지면, 호적소에서는 수합된 호구단자를 앞 식년의 호적대장 등과 비교하여 확인하고 바로잡아서 각 호에 돌려주었다. 호적을 만드는 일에 참여한 지방 양반 및 관원 등은 이 과정에서 그 기재의 형식과 내용에 개입하게 되었다.[27] 이 과정에서 호적 기재 방침에 따라 기재사항을 문서에 재배치하는 작업이 이루어졌을 것이고, 과부가 아닌 그 아들을 호주로 기재하는 등의 조정이 있었을 수 있다. 그리고 호패에도 이러한 사실이 기재된다.[28] 이 과정이 늘 일관된 원칙에 따라 이루어지지 않았으며, 호구단자를

24 호적은 자(子)·오(午)·묘(卯)·유(酉)로 끝나는 해에 작성되었다. 매 식년 초에 호적 업무를 총괄하는 역할을 맡은 한성부에서 호적 작성에 관한 관문(關文)과 사목(事目)을 마련하여 각 도를 거쳐 각 읍에 전달하면 각 읍에서는 임시 기구인 호적소(戶籍所)를 설치하여 그 일을 맡을 사람을 선출하고 면리에 전령을 보내 민간에 호적 작성을 알렸다. 민간에서는 호별로 호구단자 2통을 제출하였는데, 관에서는 지난 식년의 호적과 대조하여 1통은 각 호로 돌려보내고, 1통은 해당 식년 호적 작성의 자료로 활용하였다(山內弘一, 1997 참조).

25 조선후기 경상도 고성의 유학자인 구상덕(具尙德)의 일기 『승총명록(1725~1761)에는, "호적면도감허장의석서기(戶籍面都監許掌議席書記) 박명유(朴命宥)가 우리 마을에 도착했다(기유, 1729년 2월 23일)는 기록이 보여서, 호적을 작성하는 식년이 되면 호적을 작성하기 위한 담당관원이 지방 마을에 도착한다는 것을 알 수 있다.

26 『승총명록』에는 "이날 시임(時任) 좌수(座首)인 허표(許標)가 호적도감을 겸임했다(기유, 3월 1일)는 기록이 보여서, 지방 유향소의 구성원이 호적 작성의 임무를 맡는 일이 있었음을 알려준다.

27 『승총명록』 기유년 5월 16일의 일기에는 "교생(校生)이 청한 호적을 베껴 14장을 재서(再書)했다는 대목이 나온다. 이를 통해 호적을 작성하는 과정에 지방의 양반들 여럿이 참여하였다는 것을 짐작할 수 있다.

28 조선후기 호패법 시행 등 호적제도의 정비에 대해서는 앞의 주 8~13 참조.

제출하는 쪽에서 작성한 것이 큰 수정 없이 반영되었을 수도 있다. 다만 호적정책이 강조된 시기에는 그러한 조정이 면밀하게 이루어졌을 것으로 생각된다.

호적소의 확인 및 교정 과정을 거친 호구단자를 통해서 민간에서는 아들이 호주로 기재되는 것임을 알게 되었을 수 있다. 17세기 말, 18세기 초 호주기재 방식이 바뀐 것을 통해, 양반이 아닌 사람들도 부계질서에 접촉하기 시작했다고 볼 수 있다. 그들의 입장에서는 주자학적 질서가 파급된 결과로 호적 기재를 바꾸게 된 것이 아니라, 호적 기재를 통해서 그들의 관계가 종법질서에 맞는 새로운 위계 속에 구성되게 된 것이다.

호적대장에 아들을 중심으로 호주를 기재하도록 하는 국가의 정책은 하층민들까지 부계적 질서 속에 포섭시키는 장치였다. 호적에 호주를 기재하는 행정 지침의 변화가 양반층의 문화인 종법질서를 양인 이하의 사람들에게 도달하도록 하는 계기로 작동한 것이다. 부계 원리에 입각하여 호적 작성 지침이 변화하게 되었고, 이렇게 변화된 호적제도는 다시 그러한 원리가 사회 운영 원리로 작동하도록 하고 파급시키는 매개가 되었다.

그런데 1789년에 양반층에서 남편에서 부인에게 호주를 잇는 일이 29건으로 증가한 것은 흥미를 끄는 것이 사실이다.[29] 만일 아버지-아들의 원리가 지속적으로 강조되었다면, 특히 양반층에서는 아들 중심으로 호주를 잇는 일이 더욱 뚜렷했을 것이다. 비록 큰 수치는 아니지만 이를 눈여겨보면, 아버지에서 아들로 이어지는 변화가 일어난 것은

29 그 내용을 자세히 보면 29건의 사례 가운데 9건은 아들이 없는 경우이고, 남은 20건의 대부분은 아들이 성년이 되지 않은 경우이다. 그러한 상황을 감안하더라도, 1789년에 남편에서 부인으로 대호한 사례의 수치가 증가한 것은 이전 식년에서 이루어진 변화와는 방향을 달리한 것으로 볼 수 있다.

분명하지만, 그것이 양반층에서조차 단선적이고 일관된 방향으로 나타난 것은 아니었다.

2) 호주와 가장

호적대장의 호주를 남성으로 기재하는 정책이 추진되면서 '호주'와 '가장'이라는 지위에 대한 새로운 질문이 제기되었다. 조선시대에 호주와 가장의 관계는 모호한 것이고 어떤 면에서는 분명히 나누어 설명할 필요가 없는 것일 수도 있었다. 그 둘이 같은 것인지 아닌지에 대해 명료하지 않으며, 조선시대의 법전 등에서 그 용어의 관계에 대해 정리한 내용은 찾을 수 없다. 특히 '호주'라는 지위에 대해서 특별한 설명이 없다. 조선시대 자료에서 가호의 대표로 대체로 '호'를 생략한 채 '주'를 사용했을 뿐 '호주'라는 용어를 사용한 경우는 많지 않다. 호주는 대체로 호적의 조사에 호 구성원을 파악하여 제출하는 지위[30]로 이야기되었다.

『경국대전』 호구식을 보면 호는 혼인한 성인 남자와 그의 처, 그의 자녀, 그 호에 예속된 노비, 고공 등으로 구성된 것이었다. 호의 맨 앞에 기재된 존재인 호주 뒤에는 처, 자녀, 노비, 고공 등이 기재되었다.[31]

---

30 '호주'의 용례를 『조선왕조실록』에서 찾아보면 다음과 같다. "議政府請申戸口之法 啓曰 [···] 是以大小人民 各務容隱 不肯一一付籍 以致良賤相混 流亡不絶 更依判旨條令 一一申明擧行 且大小戶主 內外四祖中 各以所知具錄 子孫奴婢及挾居人 并男女勿論盡數書寫納狀 一皆付籍 其中生者 故者 新到者 各其戶主及里正里長 隨卽告官 [···] 其中生産物故新到者等小名 所居州名里號及戶主之名 備細施行 每年歲季 恒式呈報"(『태종실록』 권16, 8년 11월 23일(정묘), 1집 464~465면). 내용을 요약하자면, 의정부에서 호구의 법을 다시 펼 것을 주장하면서, 호주로 하여금 내외사조, 자손, 노비, 협거하는 사람의 남녀를 불문하고 기록하여 내도록 하자고 한 것이다. 이는 『경국대전』의 호구식의 내용과 일치하는 것으로, 호주는 호의 맨 앞에 기재되면서 호적의 기재에 책임을 지는 위치였음을 알 수 있다.

31 앞의 1부 1장 주 3 참조.

이는 법전의 다른 조항에 보이는 '가장'과 겹친다. 『경국대전』의 <고존장> 조항을 보면 가장 아래 자손, 처첩, 노비, 고공(雇工: 머슴) 등이 있는 것을 알 수 있다.[32] 그에 따르면 가장은 그에게 소속된 존재들, 자녀와 처첩, 노비와 그 배우자, 고공 등이 속한 '가'의 존장을 의미한다.[33] 특히 다음의 내용은 호적 기재에 대한 가장의 책임을 명시한 것으로, 앞의 호구식에서 호의 맨 앞에 기재된 존재, 그리고 호의 구성원을 기재해서 보고해야 하는 호주의 역할과 통하는 것이다.

○ 누정자(漏丁者). [가장이 1구(口)를 누락시키면 장(杖)100 도(徒) 3년에 처하고 3구(口) 이상 누락시킨 경우에는 사족(士族)은 무기한으로 유배 보내고 평민(平民)은 군역에 편입시키며 공사천(公私賤)은 섬으로 귀양 보낸다.]

○ [……] 나이를 늘이거나 줄인 자 [나이를 1년 증감(增減)하면 당사자와 가장은 장80, 3년 이상을 증감하면 장100, 5년 이상을 증감하면 장80, 도(徒)2년, 10년 이상을 증감하면 장100, 도 3년에 각각 처한다].[34]

---

32 아들과 손자·처와 첩·노비 등이 부모·가장을 고소·고발하면 모반과 반역의 경우 이외는 絞首하고 노의 처나 비의 부가 가장을 고소·고발하면 杖100 流 3000리에 처한다. 옛 노비나 고공이 옛 가장을 구타하거나 욕설·고소·고발하는 경우에는 각각 가장을 구타·욕설·고소·고발하는 형률에서 2등급을 덜어 벌준다(『경국대전』 권5 형전 고존장). 이 내용을 보면 존장, 가장, 부모 등의 호칭이 서로 중첩되고 구분되기도 하며 사용된 것을 볼 수 있다.

33 이러한 가장에 대해 국가에서는 가 구성원이 가장을 비방하거나 살해할 수 없으며, 또 고발하거나 그 죄에 대해 증언할 수 없도록 법적으로 권한을 보장해주었다. 『경국대전』 권 5 형전 고존장; 『수교집록』 형전 추단; 『수교정례』 부례비율; 『수교집록』 형전 살옥 참조. 이에 대한 자세한 논의는 정지영, 「조선시대 '가장'의 지위와 책임」, 『가족과 문화』, 25－1, 2013, 126～132쪽 참조.

34 『속대전』 권2 호전 호적.

가장은 자신에게 소속된 자녀 및 구성원을 호적에서 누락시키거나, 그들의 나이 등을 허위로 기재할 때, 그 신분의 고하를 막론하고 처벌을 받도록 되어 있다. 이는 소유하고 있는 노비가 호적에서 누락된 경우도 마찬가지이다.[35] 또 사부(士夫)의 여성과 아이가 누적되었을 때에도 그 가장이 형벌을 받는다.[36] 호적에 기재된 각 호의 첫머리에 오는 호주는 그 때의 현실에서 곧 '가장'이다.

호적대장에 호주로 기재되는 호주와 가 구성원에 대해 책임을 지는 '가장'은 대략 일치하는 자리로 간주되고, 호주의 권한을 따로 명시할 필요 없이 대체로 '가장'이라는 지위로 그것이 통칭되었던 것이다. 그래서인지 조선시대의 법전에서 호적의 맨 앞에 기재된 존재의 구체적인 역할·의무·책임 등에 대한 규정을 찾아볼 수는 없다. 다만, 가장의 역할에 대한 규정은 여러 곳에서 발견된다. 호의 주는 호적 기재 상의 위치일 뿐이며, 실질적인 가의 대표는 '가장'으로 제시되었던 것이다.

그렇다면 법전에 나와 있는 가장의 권한과 책임을 통해 호주에 대해 짐작해볼 수 있다. 가장은 가 구성원을 가르치고 통솔하는 권한과 함께 그들의 삶을 사회의 규범에 맞게 단속하고 그들의 잘못에 대해 처벌받아야 하는 책임이 주어졌다. 법전에서 찾은 '가장' 관련된 조항들의 대부분은 가장의 책임과 관련한 것이다. 그 책임은 생활 전반의 문제에 걸쳐 있다. 이에 대한 법전의 규정을 몇 가지 추려보면 다음과 같다.

---

35 이에 대해서는 다음 기록이 참조된다. "임금이 備局의 여러 신하를 引見하고, 영의정 金壽恒·우의정 南九萬에게 이르기를, [……] 또 형조 판서 朴信圭의 진달로 인하여, 公私賤으로서 漏籍된 자는 한 차례 엄한 형벌을 더한 뒤에 연한을 정하지 아니한 채 西北의 먼 변방에 定配하고, 統戶와 家長 이하도 차례로 論罪하는 일을 大臣에게 물은 뒤에 법식을 정하게 하였다(『숙종실록』 권15, 10년 9월 3일[병인]; 39집 9면).

36 士夫의 女와 子가 漏籍되면 그 家長은 徒刑과 流配刑에 처한다: 士夫女子漏籍者 其家長徒配(『대전회통』 권2 호전 호적).

사족(士族)의 딸로서 나이가 30이 가깝도록 가난하여 시집을 가지 못한 자에게는 예조(禮曹)에서 임금에게 아뢰어 재물(資財)을 헤아려서 지급한다. [그 집안이 궁핍하지 않으면서도 나이가 30세 이상이 되도록 시집가지 못하였을 경우에는 그 가장(家長)을 엄중히 다스린다.][37]

혼인(婚姻)은 한결같이 가례(家禮)를 따르되, 혼례식으로 기약한 날 이전이라도 납폐(納幣)한 후에는 양가의 부모상(父母喪)이 있어도 (파혼하지 못하고) 역시 3년(年)을 기다려야 한다. 이에 위반하는 경우에는 가장(家長)을 장(杖) 100에 처한다.[38]

가장은 자녀의 혼인과 관련한 문제에 책임을 지는 존재였다. 아버지인 가장은 자녀가 적절한 시기에, 적절한 상대를 만나,[39] 적절한 절차를 통해 혼인을 하도록 해야 했다. 이는 질서에 맞게 다음 세대의 가호를 재구성하는 책임을 가장에게 부과한 것이며, 조선 국가는 가장을 통해 가의 구성원을 통제하는 체계를 구축하고자 한 것이다.

가 구성원이 각종 금령을 위반했을 경우에도 가장이 처벌을 받도록 법률로 규정되어 있다. 대표적인 조항을 제시하면 다음과 같다.

○ 사족의 부녀가 수놓은 의상을 입으면 그 가장도 함께 논죄한다.[40]

---

37 『경국대전』 권3, 예전 혜휼.

38 『속대전』 권3, 예전 혼가.

39 영조 31년에 송유가 역적의 집안과 혼인한 일에 대해 그 아버지에게도 책임을 묻는 것을 볼 수 있다. "지평 鄭昌聖과 정언 李尙允이 所懷하기를, '급제한 宋瑜는 士夫로서 감히 무신년 이후에 멋대로 역적 李坦의 집에서 아내를 맞았으니, 청컨대 먼 변방으로 쫓으소서' 하니, 임금이 말하기를, '송유가 아내를 맞이한 것은 家長에게 죄가 있으니, 송유의 아비를 旌義縣으로 정배하고, 송유는 鍾城府로 정배하라' 하였다"『영조실록』 권85, 31년 7월 23일[을미]; 43집 590면.

40 『수교집록』 형전 금제; 『숙종실록』 권47, 35년 5월 6일[병자]; 40집 326면 참조.

○ 사가에서 하늘에 고하는 북두성에 절하며 밤에 향불을 피워고, 천등·칠등에 불을 켜는 등 외람된 짓을 하며 신명을 모독한 자는 장형 80에 처한다. 부녀자가 이런 것을 범하였을 때는 가장을 처벌한다.41

○ 소와 말을 사사(私私)로이 도살(屠殺)하는 자 서인(庶人)이 금령(禁令)을 위반한 경우에는 장(杖) 100 도(徒) 3년에 처하고 사부(士夫)이면 그 가장(家長)이 연좌하여 같은 형벌을 받는다.42

○ 소나무를 함부로 벤 (집의) 가장은 사사로이 소를 잡은 (집의) 가장과 마찬가지로 도배한다.43

○ 노량진의 푸주는 혁파한다. 드러나 잡힌 자가 있으면 그 가장을 논죄한다 [수교에 따라 도 3년에 처한다].44

○ 사부가(士夫家)의 노복(奴僕)이 난전행위(亂廛行爲)를 하다가 적발된 후 금리(禁吏)를 구타하고 시전인(市廛人)을 구류(拘留)하며 속전(贖錢)을 도루 받아낸 경우에는 그 가장(家長)을 적발하여 율문(律文)에 의거 죄를 정한다.45

위의 기록에서 부녀가 사치를 하거나 음사에 참여하는 일, 노복 등이 소를 도살하거나, 벌목하거나 난전행위를 한 것에 대해서도 가장이 책임을 지고 그 행위에 대한 처벌을 받아야 했음을 알 수 있다.

죄인을 심문하는 과정을 담은 『영조실록』의 한 대목에서도 가장에 대한 인식을 엿볼 수 있다. 아래의 기록은 영조 24년에, 왕의 팔촌

41 『대명률직해』 권11 예율 제사.

42 『대전회통』 권5 형전 금제; 『숙종실록』 권27, 20년 10월 3일[정유]; 39집 350면.

43 『신보수교집록』 형전 금제, 1713년(숙종 39, 강희 계사)에 받은 전교.

44 『신보수교집록』 형전 금제, 1694년(숙종 20, 강희 갑술)에 받은 전교.

45 『대전회통』 권5 형전 금제. 금제에 대해 책임을 지는 것뿐 아니라, '삼강행실도'를 부녀자나 아이들에게 가르치는 것도 가장의 역할 중 하나였다(『대전회통』 권3 예전 장권).

종실인 여천군(驪川君) 이증(李增)과 그의 외손 권혜(權嵇) 및 권혜의 숙부인 권집(權鏶) 등이 관련된 투서 사건에 대한 것으로, 권혜의 숙부인 권집을 사건의 배후로 의심하여 신문하는 정황을 담고 있다.

> 임금이 내사복(內司僕)에 나아가 권집(權鏶) 등 여러 죄인을 친국(親鞫)하였다. 다시 권집에게 신문하기를, "네가 지휘한 것이 의심의 여지가 없는데, 권혜는 스스로 감당하면서 누차의 엄한 형신에도 끝내 실토하지 않고 있다. 그가 만일 스스로 만든 일이라면 어떻게 장(杖)을 참을 수 있겠는가? 너는 권혜에 대해 곧 부자(父子)와 같은 처지인데 네가 미루는 것으로 인하여 그가 계속 형신을 받게 된다면 너는 요행히 죄를 피할 수 있겠으나 떳떳하지 않은 짓인 것이다." 하니, 권집이 공초하기를, 권혜가 만일 맞아죽는다면 이는 너무도 억울하고 원통한 일입니다. 실로 그의 말이 죽을죄가 되는 이유를 알지 못하겠습니다. 신이 어찌 털끝만큼인들 지휘한 일이 있겠습니까? '하지만' <u>집안일은 가장(家長)에게 맡겨진 것이니</u>, 신의 죄가 죽을죄에 해당이 됩니다.[46]

권혜는 일찍 부모를 여의었으므로, 숙부인 권집은 아버지와 같은 존재로 논의되었다. 위의 기록에서 권집은 자신이 일을 지휘를 한 적은 없다고 주장하면서도, 집안을 다스리는 일이 가장에게 맡겨진 것이므로 자신이 죽을죄를 지었다고 대답하였다. 이러한 기록에서, 가장은 집안을 다스리는 존재이며 그렇기 때문에 집안의 성원이 죄를 지어도 그것에 대한 책임을 나누어 가져야 한다는 것이 당시에 통용되고 있었음을 알 수 있다.

사실 조선시대에 호적대장의 호주는 그다지 중요한 의미를 지니는

46 『영조실록』 권68, 24년 11월 30일(경진); 43집 316면.

것이 아니고, 실제로는 '가장'이 가를 통솔하는 자리를 설명하는 용어였다. 호적대장의 호주 기재와 무관하게 '가장'이라는 지위가 있고, 그가 자연스럽게 호적에 호주로 기재되었으리라고 생각된다. 곧 호주의 기재와 무관하게 가장이 누구인지는 가 구성원의 조건에 따라 관행적으로 정해지기 때문에 호주로 기재되는 것에 큰 의미를 부여하지 않았을 수도 있다.[47] 이렇듯 가장과 호주의 관계가 문제로 인식되지 않은 상태에서, 1678년의 호적에서 아버지가 죽은 뒤에 그 부인이 호주로 기재되었던 것일 수도 있다.

그런데, 조선후기에 호적제도를 정비하고 호주로 기재되는 관계의 위계를 설정하면서 가장과 호주는 새롭게 설명해야 할 문제가 되었다. 국가에서는 호적대장이라는 국가의 공식적인 행정 문서에 '호'의 '주'로 기재된 존재가 곧 '가장'이 되는 것, 또는 가장이 호주가 되는 것으로 정비하고자 했다. 호주를 아버지 또는 아들로 기재하도록 하려는 지침들은 그러한 단일화의 의도 속에서 추진된 것이다.

이러한 점에 유념하면서 앞에서 살펴본 자료인 『공이』의 한 대목을 다시 읽어보기로 하자.

> 이 경우에 무릇 호는 아버지가 있으면 아버지가 주(主)가 된다. 아버지가 늙으면 이따금 아들로 주를 삼기도 하는데, 이것은 매우 온당치 못한 일이다.

47 예를 들면, 남편이 없는 부인은 스스로 가장이 되지 않고, 남편의 형제 등이 가장이 되었음을 알 수 있다. 18세기 이후의 자료이긴 하지만, 『추관지』에는 정조 7년(1783)에 경산의 하재적 등이 자신의 형수를 겁탈한 김수태를 때려 죽인 사건에 대한 수사 과정이 실려 있다. 하재적에 대한 처벌을 논의하는 과정에서, 과부인 정여인에 대해 그 죽은 남편의 동생인 하재적을 '가장'이라고 명시하고 있는 것을 볼 수 있다(『추관지』 상복부, 심리, 옥안). 과부는 스스로 가장이 되지 못하고, 죽은 남편의 친족 누군가를 가장으로 삼았다.

비록 연로하여 아들에게 전(傳)했다고 해도 가장(家長)은 아버지이다. 부인은 전제지의(專制之義)가 없으므로 어머니가 있더라도 아들이 주가 된다. 잘 알아서 바로잡을 것.[48]

이 기록을 통해 '아버지'를 호주로 기재하고자 하는 국가의 기본 지침을 명확히 읽을 수 있다. 여기서 중요한 것은 조선후기에 국가는 호주와 가장을 동일한 존재로 기재하고자 했다는 점이다. 곧 집안의 남편이자 아버지인 존재가 가장으로서 호주로 기재되는 것을 이상적이고 정상적인 모습이라고 보았다. "아버지가 있으면 아버지가 주가 된다"는 것이 그 원리를 가장 간명하게 표현한 것이다. 조선후기 국가에서는 '남성'이 호주이며 가장이 되어야 한다는 것을 명료하게 밝힌 것이다.

하지만 이 기록은 역설적으로 '늙은 아버지'가 아닌 '전하여 받은 아들'이 호주로 기재된 경우가 이따금 있음을 말해준다. 어머니는 주가 될 수 없으니 바로잡으라고 한 것도 역시 어머니가 호주로 기재된 경우들이 있기 때문에 나온 말이다. 앞 장에서 살펴보았듯이 실제로 호적에서 아버지가 아닌 아들이, 아들이 아닌 어머니가 '주'로 기재되는 일이 꽤 있다.

이러한 현실에서 '아버지'로 가장과 호주를 일치시키고자 한 국가의 기획이 추진되면서 가장과 호주, 아버지와 아들, 그리고 어머니와 아들의 관계가 얽히면서 복잡한 가족의 서열이 논의되고 있다. 아버지가 늙은 경우, 누가 호주로 기재되는가? 아들에게 '전'(傳)[49] 한 권한과 호주 기재

48 앞의 주 6 참조.

49 여기서 '傳'한 것의 의미가 무엇인지가 중요하다. 이 자료를 처음 사용한 박병호는 그 의미를 '가무(家務)를 전하다'로 해석한 바 있는데(朴秉濠, 앞의 논문, 1976, 74쪽), 이 문장만으로는 '전'한 것이 무엇인지를 정확히 알기 어렵다. 만일 '전'의 의미를 '호주의

의 관계는 무엇인가? 아버지가 사망한 뒤, 어머니와 아들 가운데 누가 호주로 기재되는가? 그리고 그 경우 누가 가장인 것인가? 호주 기재를 둘러싸고 여러 가지 얽힌 상황들에 대한 질문이 제기되고 있었다. 늙은 아버지, 제사를 비롯한 집안 행사를 주재하는 권한을 물려받은 아들, 아버지가 사망한 뒤의 어머니, 또는 그 아들 등 호주로 기재됨직한 사람들은 여럿이었다. 호주가 곧 가장인가, 아니면 호주와 가장이 분리될 수 있는 것인가를 설명해야 할 필요가 생긴 것이다.

국가의 지침은 아버지이자 남편인 존재가 가장이며 그가 호주로 기재되어야 한다는 것, 그가 없을 때는 과부가 아닌 그 아들이 호주로 기재되어야 하며, 과부는 '주'가 될 수 없다는 것이었다. '아버지-아들'의 위계를 세우는 것은 국가의 기강을 바로 세우는 데 중요한 것이었다. 이에 아버지가 늙은 경우라도 아들이 호주가 되는 것은 온당치 않은 일이라고 본 것이다. 이는 호적대장이라는 행정문서의 호 책임자와 현실에서 권위를 갖는 가장을 일치하게 하여, '가/호'를 명실상부한 통치의 단위로 만들고자 한 의지의 표현이었다.

앞 장에서 본 호적 기재의 내용에 따르면, 과연 18세기 이후에 큰 흐름에서 과부가 아닌 아들의 호주 기재에서 그러한 지침이 실제로

자리를 아들에게 물려준 것'으로 본다면 "아들이 호주가 되었다고 해도 가장은 아버지"라는 의미가 되어 호주와 가장은 별개로 존재하는 것이 된다. 하지만 통상적으로 조선시대 자료에서 '傳'은 제사를 주재하는 권한과 그에 따른 재산을 이전하는 의미로 사용되었다. 그러한 용법으로 '전'이 사용된 사례를 『세조실록』 가운데 '조말생'이 셋째 아들에게 제사를 주관하게 한 문제를 논의하는 기사 속에서 볼 수 있다. 곧 "제사를 받들기 위한 집[家舍]과 전지(田地)와 종들을 애정을 쏟는 아들에게 전(傳)해주고자 하여 거짓말로 꾸며서 제사를 주관하는 자손(子孫)에 허물을 돌리는 경우가 있을 수 있습니다"(『세조실록』 권13, 4년 8월 26일[신사]; 7집 291면)라는 대목이 그것이다. 이에 필자는 제사권 및 그에 따른 재산권을 아들에게 물려준다는 의미로 '전'을 해석하였다.

적용되었음을 알 수 있다. 하지만 다른 측면을 보면, 18세기 이후의 호적대장에도 아버지가 있지만 아들이 호주로 기재된 호, 그리고 장성한 아들이 있지만 과부가 호주로 기재된 호 또한 여럿 보였다. 위의 지침은 적용되었지만, 그다지 강력하게 관철된 것이 아니었다.

사실 아버지가 연로했다고 하더라도 아버지가 가장이고 호주라고 못 박긴 했지만, 젊음 아들이 호주로 기재되는 것이 호적대장을 활용한 행정에 효율적인 것은 사실이었다. 이 문제를 두고 국가에서 만들고자 한 '온당한 질서'와 '효율' 사이에 긴장이 발생했다.

아버지가 연로한 경우라도 아버지가 호주로 기재되어야 한다는 위의 규정은 연로한 경우에 호적에서 누락되어도 괜찮다는 다음의 규정과 모순된다. 그 내용을 보면, "여인으로서 호적에서 누락된 사람과 나이가 70세가 된 사람으로 누적된 사람은 그 아들이 입적(入籍)되었으면 단지 그 자신에 대한 속전만 받으며, 그 아들을 정배(定配)하지 않는다"[50]는 것이다. 여성과 70세가 넘은 연로한 남성은 그 아들이 있을 때, 호적에 누락되어도 속전으로 대신할 수 있었다. 여성이나 70세가 넘은 사람들도 기본적으로 입적되어 있는 것이 적법한 것이었지만, 그 아들이 속전을 내는 것으로 더 이상 문제 삼지 않겠다는 것이다. 어쨌든 다른 존재에 비해 여성이나 70세가 넘은 노인의 경우 호적에서 누락되는 것이 좀 더 가벼운 문제로 여겨졌다. 그들의 아들이 입적되어 있다면 큰 문제가 아닌 것이다. 여성이나 70세 이상의 노인보다는 그 아들을 파악하는 것이 호적대장 작성에서 더 중요했다.

국가의 기본 입장은 호주와 가장이 일치하도록 기재하는 것이었지만,

50 "女人漏籍者 七十漏籍者 其子入籍則 只收贖其身 勿配其子"(『수교집록』 호전 호적; 한국역사연구회 법전연구반 역주, 2001, 74쪽).

연로한 아버지를 대신하여 젊은 아들이 호주로 기재되는 것에 대해서는 허용할 수 있는 여지를 열어 둔 것이다. 국가에서는 원론적으로는 아버지가 호주가 되어야 한다고 했지만, 현실에서는 연로한 아버지가 아니라 실질적인 책임을 질 수 있는 아들을 호주로 기재하려는 힘이 작용했던 것으로 볼 수 있다. 아버지가 연로했더라도 호주이자 가장이어야 한다는 것과 70세 이상의 연로한 아버지는 누락되더라도 아들이 기재되어 있다면 크게 문제 삼지 않는다는 규정은 그 내포된 의미를 볼 때 서로 모순되는 것이다.

또 가장과 호주를 일치하도록 만들려는 국가의 의도는 아버지가 없는 호, 곧 과부가 있는 호에서 얽히고 만다. 위의 기록에서 과부는 '주'가 될 수 없고 아들이 주가 된다고 명시했지만, 아들이 호주로 기재된 경우라도, 그 아들이 과부의 '가장'이 되는 것은 아니었다. 다음 기록을 보면, '부녀자'에게 아들은 가장이 될 수 없었음을 알 수 있다.

> 부녀자를 거느리고 산에 올라가 난동을 부린 경우에 가장이 있으면 가장을 죄주고, 가장은 없지만 데리고 있는 아들(솔자)이 있으면 그 아들을 벌주되 모두 정배한다. [1714년(숙종 40, 강희 갑오)에 받은 전교] (『신보수교집록』 예전 산송)

부녀자의 잘못에 대해 대신 처벌 받는 존재로 '가장'과 '솔자'를 거론하고 있지만, 솔자 곧 데리고 사는 아들과 가장을 분명히 구별하고 있는 것이다. 부녀자에게 '아들'은 가장을 대신할 수 있는 존재일 뿐, 아들이 어머니에 대해 '가장'이 될 수 있는 것은 아니었다.

이 기록에서 논의하는 남편은 없지만 아들을 둔 '부녀자'는 호적대장에서 자기 자신이 '호주'로 기재되었을 수도 있고, 또는 '아들'이 호주로 기재된 호에 어머니로 기재되었을 수도 있다. 그런데, 그녀 자신이 호주로 기재되었다고 해서 여성인 그녀가 '가장'이 되는 것은 아니다. 조선시대의 재판 기록 및 문헌 설화 등에는 과부에게 시숙 또는 친정 오빠 등이 가장으로 논의된 경우를 볼 수 있다.[51] 이때 그들이 호적대장에도 하나의 호에 호주-호구성원의 관계로 기재되었는지는 알 수 없다.

호적의 호주와 집을 통솔하는 가장은 '과부'라는 애매한 위치의 여성에 의해 명료하게 정리될 수 없는 문제가 되어 버렸다. 과부는 호적 기재에서 호주나 구성원 중 어디에 놓인다 해도 호주와 가장의 의미를 교란시키는 존재였다.

'호주'는 호적대장에서 호의 첫머리에 기재된 존재로 국가의 지침에서는 아버지이자 남편이 기재되는 것이었다. 조선전기의 법전에는 기본적인 '호구식'만 제시했을 뿐, 아버지가 없는 상황 등에 대한 자세한 규정은 없었다. 그러므로 1678년의 호적대장에서 볼 수 있었던 것처럼 아버지가 유고 시에는 그의 부인이자 어머니가 호주로 기재되었다. 그런데 18세기로 넘어가는 어느 시기인가에 호적제도가 강조되고, 호적에서 아버지이자 남편인 사람, 또는 그 아들을 호주로 기재하는 지침이 강조되었다. 그리고 과부는 호주이자 가장인 존재가 될 수 없다고 못 박았다.

하지만 실제로 호적대장에 기재된 내용을 보면, 늙은 아버지가 있는데도 아들이 호주로 기재되거나, 아들이 있는데도 과부가 호주로 기재된 경우 등으로 다채롭다. '아버지' 및 '아들'을 중심으로 호주를 기재하고, 호주와 가장을 같은 존재로 기재하게 한다는 원칙이 제기되자 호주와 가장, 아버지와 아들, 어머니와 아들 사이의 위계에 대한 모순이 발견되었

51 이러한 사례와 관련해서는 정지영, 「조선시대 가장 지위의 구축과정과 국가 -<조선왕조실록>의 가장 관련 기사를 중심으로-」, 『한국고전여성문학연구』 26, 2013. 131~132쪽.

다. 호적의 호주와 가장을 정하는 일은 말끔하게 정리되기 어려운 상태로 조선시대에 복잡하게 '논의 중'인 문제였다.

3. '아들의 어머니'라는 지위

1) 아들과 어머니의 위계

호적대장에 과부가 아닌 그 아들을 호주로 기재하게 된 것은 적어도 호적의 호주기재에서 세대의 위계와 성별의 위계가 재조정되었음을 의미한다. 앞에서 자세히 살펴본 바와 같이 1678년에는 남편이 죽은 뒤 호주의 자리가 그 아내에게 이어졌다. 여성은 처(妻)로서 그 남편의 자리를 이을 수 있었다. 심지어는 기혼의 아들이 함께 살고 있는 경우에도 여성 자신이 호주로 기재되었다. 그런데 1717년의 호적에서는 부인이 남편의 뒤를 이어 호주로 기재되는 일이 크게 줄어들었다. 호주는 아버지로부터 그 아들로 이어졌다. 그리고 과부는 아들이 있는 경우 아들의 어머니로 호적에 기재되었다. 요컨대 여성은 17세기의 호적대장에서 그 남편이 죽은 뒤에 호주로 기재되었지만, 18세기 이후에는 누군가의 '어머니'로 호적대장에 기재되었다.[52]

52 조선시대에 모성을 강조하는 것을 통해 신분제를 강화했다고 보는 연구에서는 조선전기부터 모성을 강조하는 정책이 시행되었다고 보았다. 재가녀자손금고법, 수신전의 폐지, 부인 재주권(財主權)의 약화, 가례에서 어머니의 등급화 등이 그러한 정책의 일환으로 시행되었으며, 이러한 조치로 말미암아 부인으로서의 위치는 약화되고 아들의 어머니로서의 정체성이 강화되었다는 것이다. 그리고 "유교적 가부장제는 여성을 어머니로 본질화시키고 아들의 어머니로 규범화시킴으로써 남성에 의한 여성 억압과 지배를 가능케 한 제도"라고 지적하였다(조은, 「모성의 사회적·역사적 구성: 조선전기 가부장적 지배구조의 형성과 '아들의 어머니'」, 『사회와 역사』 55, 1999, 80~96쪽).

1678년 호적에서 연장자이자 어머니인 여성이 호주로 기재되었다면, 1717년 호적에서는 연소자이며 아들인 남성이 호주를 맡게 된 것이다. 모자(母子)의 위계 또는 연령에 따른 위계보다는 남여의 성별 위계가 더 중시되기 시작했다. '아버지-아들'로 이어지는 부계의 원리가 강조되면서 '여성'인 어머니는 호주 기재의 순위에서 밀리게 되었다.

『공이』의 대목에 다시 주의를 기울여보면, 일단 아버지는 호주이면서 가장이므로 부자의 위계가 전복될 수 없음을 분명히 하였다. 그리고 어머니는 호주로 기재되지 않는다는 원칙을 명확히 하였다. 이때 어머니에 대해서는, 아들이 호주라도 어머니가 가장이라든지, 어머니가 연로한 경우에 한정한다든지 하는 유보 조항이 전혀 없다. 그저 단순하게 "부인은 전제지의(專制之義)가 없으므로 어머니가 있더라도 아들이 주가 된다."[53]고 단정적으로 써놓았을 뿐이다. 아버지와 아들, 어머니와 아들의 위계에 대해 이중적인 기준이 적용되었다. 아버지와 아들 사이는 세대의 위계가 적용되었다면, 어머니와 아들 사이에는 세대의 위계가 아니라 성별 위계가 적용된 것이다.

여기서 부인이 '전제지의'가 없기 때문에 호주로 기재하지 않는다고 했는데, 전제지의의 의미를 풀어보면 대략 "본인의 독자적 판단에 따라 일을 처리할 수 있는 자격"이라고 할 수 있다. 곧 부인은 다른 사람의 지시를 받는 존재라는 것이다. '전제지의' 없음은 『대대예기』(大戴禮記)에서 '삼종지도'의 근거로도 활용되었다. 그 내용을 보면 "부인은 남에게 복종하는 자이다. 전제지의가 없어 삼종(三從)의 도가 있는 것이다. 결혼 전에는 아버지를 따르고 결혼 후에는 남편을 따르고 남편이 죽으면 자식을 따르니 감히 스스로는 이룰 것이 없다. 그러므로 가르침과 명령이

53 앞의 주 6, 48 참조.

집안을 나가지 않으며 일은 음식을 마련하는 데에 있을 뿐이다"[54]라고 되어 있다. 여기서 부인에게 전제지의가 없는 이유가 무엇인가에 대한 설명은 없다. 전제지의가 없어서 삼종지도가 있기 때문에 스스로는 이룰 것이 없는 존재라는 순환논리만 있을 뿐이다.

이러한 지침의 영향일까. 앞에서 본 대로, 과연 18세기 이후에 단성의 과부들은 남편의 부인으로서 이어받던 호주의 자리를 차지하기보다는 아들의 어머니로서 호적에 동거 가족원으로 기재되게 되었다. 17세기 중반 경까지도 가족 가운데 호주로 기재되는 순서가 '남편' → '부인' → '아들'이었다면 18세기로 넘어가면서 '아버지' → '아들'로 바뀌게 된 것이다. 남편의 부인이 아닌 아들의 어머니로 기재되어 '어머니'의 위치가 강조되었다.

여기서 어머니가 아닌 아들을 호주로 기재하는 것의 의미를 다시 짚어보면, 그것은 세대와 성별이 맞물리면서 중첩적인 위계가 설정된 것이었다. 남편과 부인 사이와 같이 동등한 세대에서 남편을 우선시하는 것과는 다른 차원의 문제였다. 아들과 어머니 사이에 세대를 거스르면서 성별의 위계가 적용된 것이다. 아버지와 아들 사이에 종법에 따라 세대의 위계가 강조된 것을 생각하면, 그 의미가 더욱 대비된다.

물론, 아들이 없는 과부나 혼인하지 않고 혼자 사는 여성들은 여전히 호주로 기재되었다. 하지만, 아들이 있는 과부가 더 이상 호주로 기재되지 않게 되면서 여성호주로 기재되는 일은 이전과는 다른 의미를 띠게 된다. 여성이 호주로 기재되는 것은 '아들이 없어서 어쩔 수 없이' 하는 일이 되는 것이다. 적어도 호적대장의 호주 기재에서는 어머니와 아들

54 "婦人伏于人也, 是故無專制之義. 有三從之道, 在家從父, 適人從夫, 夫死從子. 無所敢自遂也, 故令不出閨門, 事在饋食之間而已矣"(『大戴禮記』「本命解」).

사이의 오래된 위계를 뒤바꾸는 일이 18세기 초반에 급격히 추진되었다. 그 밑에는 여성은 호주가 될 만한 자질이 없다는 성차별적 인식이 깔려 있었다. 이는 '어머니'의 지위를 제한하기도 하고, 강조하기도 하는 두 가지 방향의 파장을 만들어내는 것이었다.

2) 보호와 배제

아들이 있는 과부가 그 아들이 호주인 호의 구성원으로 기재되는 일이 많아지면, 여성이 호주로 기재되는 일은 '아들이 없어서' 어쩔 수 없이 그렇게 된, 불행해 보이는 일처럼 여겨질 수 있다. 호주라는 자리가 무엇이든, 과부를 그 자리에 기재하지 않게 되는 것은 당시까지 호주로 기재되던 과부들 입장에서는 불편한 일일 수 있다. 그렇다면 호적대장에서 '호주'로 기재되다가 그 아들의 호에 어머니로 기재되게 된 과부들은 어떻게 아들이 호주로 기재되는 상황을 받아들일 수 있었을까. 호적에 누가 호주로 기재되는가 하는 문제는 어찌 보면 사소한 일일 수도 있지만, 어머니보다 아들이 앞서서 기재되는 변화는 가족의 구성원들에게는 쉽사리 받아들여지기 어려운 일이었을 수도 있다. 이러한 변화가 이루어지려면 더 이상 호주로 기재되지 않게 된 과부의 입장뿐 아니라 어머니에 앞서 호주로 기재되게 된 아들의 입장을 정당화할 만한 어떤 명분이 필요했을 것이다.

이 문제를 생각해보기 전에, 1678년과 1717년 사이에 어머니와 아들 사이의 호주 기재뿐 아니라 아버지와 아들 사이의 호주 기재 우선순위에서도 미묘하게나마 변화가 있었다는 점을 짚어볼 필요가 있다. 『단성호적』을 보면, 1717년 이후에 아버지가 살아 있지만 연로한 경우에 아들을 호주로 기재하는 호가 늘어난 것을 볼 수 있다.[55] 결국 어머니뿐 아니라 연로한 아버지를 우선하여 그 아들이 호주로 기재되는 일이 함께 늘어나게 된 것이었다. 이와 관련하여, 앞에서 살펴본 『공이』[56]를 다시 보면 비록 그것이 온당치 못한 일이라고 논의되긴 했지만, 아버지가 연로한 경우에는 아들을 호주로 기재하는 일이 이따금 있었다고 되어 있다. 이 설명은 앞의 [표 2-1-9]에서 본 바와 같이 호적 기재에서 그대로 찾아볼 수 있다.

이러한 상황에서 어머니보다 아들을 호주로 세우는 변화가 나타는 것에 대해, 여성인 어머니의 지위가 낮아진 것으로 해석할 수 있을까? 이와 같은 해석은 호주로 기재되면 지위가 높은 것이고 기재되지 않게 되면 지위가 낮아진 것이라고 보는 다소 도식적인 설명에 기초했을 때 가능한 것이다. 하지만 연로한 아버지가 있는 호에 아들이 호주로 기재된 경우를 떠올려보면, 아들에게 호주의 자리를 내어 준 늙은 아버지의 지위가 낮아지게 된 것이고 아들이 아버지보다 지위가 높은 것이라고 단순하게 이해하기는 어렵다.

이에 대한 답을 찾기 위해, 호적에 호주로 기재되는 일이 조선시대 사람들에게 어떤 의미를 지녔던 것인지에 대해 생각해보자. 호주로 기재되는 일은 당시 사람들에게 가족을 대표한다는 의미를 지니는 것이었을 수도 있고, 또는 그저 부담스러운 일이었을 수도 있다. 어쩌면, 당시 대부분의 사람들은 호적대장과 같은 행정문서에 누가 호주로 기재되는지 아닌지에 대해 그다지 관심을 기울이지 않았을 수도 있다. 아마도

55 앞의 [표 1-2-12]를 보면, 남성호주 가운데 아버지가 생존해 있는 호가 1678년에 4호였지만, 1717년에는 74호, 1759년에는 50호로 1678년에 비해 많다. 또 [표 2-1-9]에서 최근 3년 사이에 대호한 호를 보아도, 남성 대호 가운데 아버지가 생존해 있는 경우는 1678년에는 없지만, 1717년에 4호, 1759년에 11호로 증가한 것으로 나온다. 이 사례는 모두 양인의 경우라서, 특히 양인층에서 늙은 아버지를 대신하여 아들을 호주로 기재하는 일이 늘었던 것으로 생각해볼 수 있다.

56 앞의 주 6, 48 참조.

호주로 기재되는 일의 의미는 권한, 책임, 그리고 의미 없음의 사이 어딘가에 놓여 있었을 것이다. 또는 그것이 모든 사람들에게 같은 의미로 받아들여지지 않았을 수도 있다.

앞에서 살펴보았듯이, 가장이 된다는 것은 가족원 사이에서의 권위를 갖는 대신 가 구성원의 잘못에 책임을 지는 등 현실적인 부담을 지는 존재였다. 어찌 보면 가장의 역할을 담당하는 것은 권한보다 책임이 더 컸다고 볼 수도 있다.

어머니를 호주로 기재하지 않도록 하는 지침은 이러한 책임을 지는 가장의 자리에서 부녀를 면제해주고 그녀들을 보호하는 것처럼 보였을 수도 있다. 이는 부녀가 금령을 어겼을 때, 남편 또는 자손이 있을 때 스스로 처벌받지 않도록 한 것과 관련되어 있다. 남편이나 아버지가 없는 부녀의 경우 그의 잘못에 대해 책임을 지는 순서는, "장자－차자－장손－차손－본인"으로 매겨져 있었다. "금령을 범한 부녀가 만약 가장이 없으면 그 장자를, 그 장자가 없으면 차자(次子)를, 차자가 없으면 장손을, 장손이 없으면 차손(次孫)을 죄주고, 만약 가장과 자손이 없으면 부녀자 자신에게 죄줄 것입니다"[57]라는 것에서 이를 볼 수 있다. 부녀자에게는 아버지 또는 남편, 그리고 자손까지 그녀를 대신해서 처벌받게 되어 있다. 이에 따르면 부녀자는 장자, 차자, 장손, 차손 등이 없을 때 비로소 자신의 잘못에 대해 스스로 처벌을 받는 것으로 설정되어 있는 것으로, 이를 뒤집어 보면 자손을 가진 부녀는 처벌의 대상이 되지 않는 것이며, 그렇지 않은 부녀는 잘못에 대해 스스로 책임져야 하는 것이 된다.

이는 부녀의 수금, 신문에 대한 제한 등 부녀에 대한 특별 배려가

57 『세종실록』 권101, 25년 8월 25일(정미); 4집 505면.

이루어진 것과 그 맥락을 같이한다. 조선시대에 여성은 체포·수금(囚禁)되는 일에서 남성과는 다른 대접을 받았다. 『경국대전』 및 『속대전』 형전의 다음 조항들은 부녀를 수금하거나 국문하는 등 처벌할 때 신중히 가려서 하도록 규정했음을 보여준다.

○ 장형(杖刑) 이상의 죄수는 수금하되 문무관(文武官)이나 내시부(內侍府)의 내시(內侍) 및 사족(士族)부녀(婦女)·승인[僧人] 등은 임금에게 보고하고 수금한다. [……] [녹관(祿官)·녹사(錄事)·장교(將校)의 정처(正妻)는 수금(囚禁)할 수 없다. 액예(掖隷)의 정처(正妻)도 이와 같다.][58]

○ 부녀(婦女)는 자신이 대역(大逆) 죄를 범하여 스스로 비밀계획을 주도하였다는 것이 역적(逆賊)의 진술 조서에 분명히 나타난 경우 이외는 신문(訊問)하지 아니한다. [영종(英宗) 을축(영조 21년)의 하교(下敎)이다.][59]

이러한 조선시대에 부녀자를 함부로 체포하여 신문하거나 가둘 수 없다는 법전의 조항은 단순히 법적인 명분으로만 존재한 것이 아니라, 현실적으로도 효력이 있는 것이었다. 그러한 상황은 위에서 살펴본 바 있는 권혜와 권집에 대한 신문 과정을 통해서도 엿볼 수 있다. 먼저, 그 내용을 자세히 인용해보면 다음과 같다.

[왕이] 권선을 풀어주라고 명하였다. 어제 친국(親鞫)하고 나서 갑자기 권선을 석방하라고 명하였는데, 권선에게 하교하기를, "듣건대 권혜의 어미가 말하기를 '여천의 집에 투서한 것은 곧 그 집 나인들의 소행이지 내 아들이 무엇에 참여했느냐'고 했다 하니, 그것이 사실이라면 권혜가 억울한 것이

58 『경국대전』 권5, 형전 수금.

59 『속대전』 권5, 형전 추단.

된다. 부녀를 체포하여 신문할 수 없으니, 내가 매우 가엾이 여기고 답답해한다고 하였다. 오늘 또 갑자기 권선을 체포하라고 명하니, 대신 이하가 임금의 의도를 알 수가 없었다. 권선이 체포되어 오자, 임금이 말하기를, "네가 나가서 권혜의 어미를 만나 말하는 사이에 반드시 어제의 하교 내용을 언급하여 전하였을 것이다 하니, 권선이 말하기를, "과연 그 일에 관련하여 말을 하였습니다. 그러자 권혜의 어미가 말하기를, '너무나 원통하다 보니 나인들에 대한 이야기를 하기는 했으나 실제로 그것이 사실인 줄은 모른다'고 했습니다 하자, 임금이 말하기를, "그러한가?" 하고 이내 권선을 풀어주었다. 임금의 의도는 오로지 부녀를 붙잡아두고 싶지 않았기 때문에 권선을 풀어주어 그로 하여금 말을 전하게 했던 것이고, 권선을 체포하여 다시 신문함으로써 대신이 권혜의 어미를 잡아오기를 청하려고 하는 것을 타파시킨 것인데, 이에 신하들이 비로소 열복하였다.[60]

권혜의 어머니가 권혜의 억울함을 주장하고 다니자, 그 말을 전해들은 영조는 부녀를 체포하여 신문할 수 없는 것을 안타까워한다. 그리고 왕은 권혜의 어머니, 곧 부녀자를 잡아오지 않게 하기 위해 권선을 풀어줬다가 다시 체포하고 다시 풀어주기를 반복하였다. 왕은 부녀를 체포 및 심문하지 않는다는 지침을 직접 보여주고자 노력하였다. 당시에 대신들은 권혜의 어머니를 잡아오기를 원했던 것으로 볼 때 그러한 지침이 현실적으로 확고하게 지켜진 것은 아닐 수 있다. 하지만, 영조는 권혜와 관련한 사건을 심문하는 과정에서 그 원칙을 적용하여 부녀를 심문하지 않겠다는 의지를 명확히 표명했다.[61]

60 『영조실록』 권68, 24년 12월 2일(임오); 43집 318면.

61 이러한 왕의 입장은 조선전기, 부녀자의 사찰 출입 금지 등에 대한 처벌 문제와 관련하여, 세종이 (부녀는) "지각이 없으므로" 처벌하기 어렵다는 입장을 고수했던 것에서도 볼 수 있다(『세종실록』 권30, 7년 11월 8일[계묘]; 2집 699면).

이와 관련하여, 집안 사람이 공범일 때, 가장만 처벌한다는 조항 뒤에, "만일 부인이 존장이고 남자인 아랫사람이 공범일 경우에는 비록 부인이 주모자일지라도 남자만을 처벌한다"[62]는 설명을 참고할 수 있다. 이러한 원칙을 적용하는 것은 부녀에 대한 보호이면서, 한편으로는 부녀를 책임지는 지위에 둘 수 없다는 것을 확인하는 일이다. 이는 『경국대전』의 조항인, "사족부녀의 모든 소송행위는 아들·손자·사위·조카·노비 중에서 대행시키는 것을 허용한다"[63]는 규정과 맥락을 같이한다. 부녀가 직접 신문을 당하지 않을 수 있고, 또 소송도 대행시킬 수 있다는 것은 그들을 보호하는 의미를 담고 있지만 동시에 이른바 '전제지의'가 없으므로 '삼종지도'가 있을 뿐인 부녀의 입지를 한정하는 것이기도 하다.[64] 이러한 제한된 역할 범위에 놓인 부녀들은 한 호를 대표하면서 호의 구성원의 행동을 책임지는 가장이 되기에 적합하지 않은 것이다. 이러한 제한 속에서 과부들은 아들이 있다면 호주로 기재되지 않도록 한 것이며, 이에 부녀는 가족원에 대해 책임져야 하는 가장의 의무에서 면제되고, 권한에서 배제되도록 한 것이다.

국가에서는 한 가(家)의 가장(家長), 곧 남성을 호적에 호주로 기재하고 누군가 잘못을 저질렀을 때, 그 호적을 참고하여 가장 곧 호주에게도 책임을 묻는 방식으로 백성을 통제하고자 했다. 그리고 부녀의 잘못에 대해서는 그 가장이 있으면 가장을 죄주고, 가장이 없으면 아들에게 죄를 주는 방식으로 부녀에 대한 직접적인 처벌을 꺼렸다.[65] 이렇듯

62 『대명률직해』 명례율 권1 십악 共犯罪分首從.

63 『경국대전』 권5, 형전 수금.

64 앞의 주 54 참조.

65 이에 대해서는 다음의 조항에서 볼 수 있다. "부녀자를 거느리고 산에 올라가 난동을 부린 경우에 가장이 있으면 가장을 죄주고, 가장은 없지만 데리고 있는 아들(솔자)이

부녀가 처벌받지 않는 존재라면, 그러한 부녀가 호의 대표로 기재되는 것은 가(家) 구성원에 대해 책임을 지는 '가장'과 호의 대표가 일치하지 않게 됨을 의미했다. 결국 과부보다 그 아들을 중심으로 호주를 잇도록 규제하고자 한 것은 '가장'을 통한 개별 가호의 통제를 용이하게 하기 위함이었다.

한편, 과부를 호주로 기재하지 않고 호주로 기재되는 책임을 아들이 지는 것은 연로한 부모에 대한 '효'의 의미로 이해되었을 수도 있다. 조선후기에 활발히 발간된 지방의 읍지(邑誌) 등을 보면, 열녀와 효자(녀)를 표창한 기록이 많이 보인다.66 17세기에는 지방의 양반을 중심으로 사찬읍지(私撰邑誌)가 활발히 간행된 시기이다. 이러한 사찬읍지에는 그 지방에 실존하는 효자와 열녀를 적극적으로 기록하였고, 이에 기재된 효자와 열녀는 양반뿐 아니라 양인·천인으로 그 범위를 더욱 넓혀갔다.67 이러한 사찬읍지의 간행은 지방 사회에서 효(孝)의 이데올로기를 전파하려는 의도와 관련이 있다고 생각되며, 이러한 노력은 17세기 이후 어느 정도 성과를 거두었을 것이다.68

조선후기에 아들이 아버지나 어머니보다 앞서서 호주로 기재되는 일은 호주가 힘든 의무를 져야 하는 자리이며, 아들은 부모에 대한 효도의 뜻으로 그 힘든 역할을 대신 담당한다는 명분 속에서 가능했던

있으면 그 아들을 벌주되 모두 정배한다."(『신보수교집록』 예전 산송, [1714년(숙종 40, 강희 갑오)에 받은 전교])

66 朴珠, 「18세기의 旌表政策」, 『국사관논총』 22집, 국사편찬위원회, 1991.

67 崔允榛, 「16, 17세기에 편찬된 慶尙道의 私撰邑誌」, 『全北史學』 第17輯, 1994, 19~52쪽.

68 조선전기부터 국가에서는 효행에 대해 적극적으로 보상하는 한편, 불효했을 때는 남녀나 계급의 차이 없이 엄격하게 처벌함으로써 효의 실천을 유도했다(김태연, 「조선전기 가부장제와 여성: 효사상의 확대와 노인우대를 중심으로」, 박용옥 엮음, 『여성: 역사와 현재』, 국학자료원, 2001, 449~478쪽).

것으로 생각할 수 있다. 다만 여기서 놓치지 말아야 할 점은, 이러한 효의 명분과 호주의 의무로부터 부모를 보호한다는 명분이 성별에 따라 다르게 적용된다는 사실이다. 아버지의 경우는 그가 연로했을 때에만, 아들이 그를 대신하여 호주로 기재되었다. 하지만 어머니의 경우는 연령과 상관없이 아들을 호주로 기재하게 되는 것이다. 그리고 국가에서는 어머니를 대신하여 아들이 호주로 기재되는 것은 마땅하고 옳은 일이지만, 아버지를 대신하여 아들이 호주로 기재되는 것은 그 아버지가 연로한 경우 외에는 적절하지 못한 것이라고 보았다.

국가의 입장에서 어머니가 아닌 젊은 아들을 호주로 기재하는 것은 호구를 통제하는 데 효율적이었다. 그리고 그러한 변화는 주자학적 질서와 잘 어울리는 것이었다. 어머니와 아들 사이에는 새로운 위계가 설정되었다. 이러한 흐름 속에서 적어도 국가의 지침 속에서는 아들을 둔 여성은 호주라는 권리와 의무로부터 원칙적으로 배제되었다.

3) 호주(戶主)와 재주(財主)[69]: 어머니의 가산관리

아들을 호주로 기재하고 그 밑에 "솔모"(率母)로 기재된 과부들은 가족 관계 속에서 어떠한 입장에 놓이게 되었는지 살펴보자. 앞에서 살펴본 호적의 작성 지침인 「갑오식호적사목」에서 "과부가 비록 가사를 주관한다고 해도 만일 아들이 장성했으면 그 아들로 호를 주관하게

69 '재주'는 재산을 나누어줄 때(分財), 그 대상물의 소유자로서 일반적으로 '부모'를 가리킨다. 부모가 분재를 못하고 사망하였을 때, 자식들이 그 재산을 나누어갖거나 관이 나서서 분재를 중재하는 경우도 있지만 이때 자식들 혹은 관은 실질적인 재주는 아니다. 조선시대에 '별급'과 같이 특정인에게 일부의 재산을 증여할 경우 재주는 부모·조부모·처부모·삼촌·형제 간 등 다양하게 나타나지만, 일반적으로 재산에 대한 분재는 부모의 재산을 그 자식에게 나누어주는 것을 의미하며, 재주는 부모가 되는 경우가 많다. 이러한 재주에 대한 설명은 문숙자, 『조선시대 재산상속과 가족』, 경인문화사, 2004, 24~25쪽 참조.

한다"는 내용을 볼 수 있다.[70] 이 기록의 핵심은 아들이 장성했으면 그에게 호를 주관하게 하라는 데 있지만, 역으로 아들이 호주로 기재된 경우에도 '가사'를 과부가 주관하는 경우가 있었음을 말해준다. 이 기록의 속뜻을 풀어보면, 일반적으로 아들이 아직 어린 경우에 과부가 호주이면서 동시에 가사를 주관하지만, 아들이 장성했다면 과부가 가사를 주관하더라도 그 아들을 호주로 기재하라는 지침인 것이다. 어쨌든 호주 기재와 상관없이, 가사를 주관하는 것은 과부인 경우가 많았음을 알 수 있다.

이때 가사를 주관한다는 것이 무엇을 의미할까. 이는 단순하게 집안의 일을 맡아서 한다는 의미가 아니라, 집안 살림을 맡는다는 것, 곧 죽은 호주가 남긴 재산이 있을 때 그것을 관리하고 처분할 수 있는 권한을 갖는다는 의미로 보인다. 『경북지방고문서집성』에 수록되어 있는 고문서의 분재기(分財記)를 보면, 남편이 죽은 뒤 그 처가 재산을 자녀들에게 상속하는 문기를 작성한 경우를 종종 볼 수 있다. 예를 들면 1695년(숙종 21) 1월 7일에 「권윤처박씨허여문기」(權鈗妻朴氏許與文記)가 만들어졌는데, 당시 권윤(權鈗)은 이미 사망한 상태이므로, 그의 처인 박씨가 7남매에게 재산을 분급하는 문서를 만들었다.[71] 곧 과부들은 자녀들의 '어머니'로서 죽은 남편을 대신하여 재산을 관리하고 처분할 수 있는 권한을 가졌다.

다음에 인용하는 『영조실록』의 기록을 보면, 아버지가 먼저 사망한 상태에서 어머니에게 어떤 권한이 주어지는지를 구체적으로 이해할 수 있다. 영조가 이경(李埛)을 친국한 내용을 담은 다음 기록은 남편이

70 "寡婦雖主家事子若長成以其子主戶爲白齊", 출전에 대해서는 앞의 주 4 참조.

71 마크 피터슨, 앞의 책, 66쪽 참조.

죽은 뒤 남겨진 처(妻)의 입지, 가장권의 내용, 정처와 첩의 관계, 양자와 서자의 관계, 재산권 등에 대해 많은 이야기를 들려준다.

> 임금이 친국하여 이경(李坰)을 신문하였는데 경은 이소(李炤)의 양자(養子)이다. 경이 대답하기를, "신(臣)과 소는 25촌이고, (소는) 신이 나고 자란 외가와 인척관계가 있습니다. 신의 양모가 이르기를, '제사를 받드는 일은 사체가 소중하니 천첩의 소생으로 적통(嫡統)을 이을 수 없다'고 하면서 기어코 후사(後嗣)를 세우려 하였는데, 이경제(李經濟)가 사이에 들어 주선하여 신의 나이 16세에 출계(出系)하여 소의 뒤를 이었습니다. [……] 신의 양부(養父)가 살아 있을 때에 신의 양모를 소박하여 버리고 이경명의 어미만을 두어 집안일을 전담시켰습니다. 신의 양부가 죽은 뒤에 신의 양모가 서모에게 집을 사주고 또 보령(保寧)에 있는 전토(田土)도 주어 한결같이 그의 말대로 하여 세간을 내주었습니다. [……] 계해년에 이경명의 어미가 신문고(申聞鼓)를 치고 신의 파양(罷養)을 청하니, 예조(禮曹)에 내렸으나 오랫동안 해결되지 못하였습니다. 그러자 이양제가 식량과 잡비를 마련하기 위하여 이경명의 어미를 사주하여 보령의 전토를 다 팔도록 하고, 신의 양모에게 본 문기(文記)를 내달라고 청하였으나 신의 양모는 팔아서 써버릴 것을 걱정하여 내주지 않았습니다. 저들이 또 날조하여 형조에 정소(呈訴)하였기 때문에 신의 양모가 결국 내주어버렸습니다. 서모(庶母)는 그 뒤로 발길을 끊고 신의 집에는 오지도 않았으며, 이어 집까지 팔고 이양제를 따라서 가평으로 가버렸습니다. 지난 섣달에 신의 양모가 죽은 뒤에 이경명의 모자(母子)가 올라와 전토와 노비를 나누어주기를 청하였으나 제사를 받들 위토(位土)만이 남았기에 아직까지 나누어주지 못하고 그대로 신의 집에서 함께 살고 있었습니다. 서모는 날마다 해괴한 일만 만들어내고 불순하기가 심합니다. [……] 임금이 다시 불러들여 하교하기를, [……] "너의 집은 말할 것도 없거니와, 너의 서제(庶弟)가 비록 불량하다 하더라도 너는 가장(家長)이 되어 어찌 단속하여 통솔하지 않을 수 있겠느냐? 이 뒤로는 함께

살면서 살림살이도 나누어주어 동기간이 떠도는 일이 없게 하라" 하였다.[72]

위의 내용을 정리해보면 다음과 같다. 이소는 살아 있을 때 정처(正妻)를 소박하고, 천첩(賤妾)에게 집안의 일을 맡겼다. 이소가 죽은 뒤에 이소의 정처는 이경을 이소의 양자가 되도록 주선하였다. 이렇게 해서 이경이 이소의 양자로 들어왔지만, 천첩의 아들인 이경명은 이소의 후계가 되고자 하였다. 이소의 정처, 곧 이경의 양모(養母)는 천첩과 그 아들을 위해 보령에 있는 집과 전토를 주었는데[73] 나중에 천첩과 그 아들이 보령에 있는 전토를 팔기 위해 문권(文券)을 내달라고 요청했고, 이경의 양모는 결국 문권을 내어주었다. 이소의 정처(이경의 양모)가 죽은 뒤, 천첩과 그 아들 이경명이 이경에게 와서 전답과 노비를 나누어줄 것을 요청했다. 이경은 나누어주지 못하고 그들을 집에 데리고 살고 있었다. 그러다가 이경은 이소의 천첩이 호소한 것에 따라 공초를 받게 되었다. 이때 왕은 이경에게 "너는 집안의 가장으로서 서제(庶弟)를 통솔해야 한다. 함께 살면서 살림살이도 나누어주고 동기간이 떠도는 일이 없도록 하라"고 지시하였다.

이 상황을 다시 정리해보면, 이소가 살아 있을 때 그의 정처는 소박을 맞았지만, 그가 죽은 뒤에는 그의 집안에 남겨진 재산을 관리하고 처분할 수 있는 권한은 그의 정처에게 돌아갔다. 이소의 정처는 이경을 양자로 들이고, 이소의 상속자인 이경의 어머니라는 자격을 획득한다. 그리고 죽은 이소의 정처이자, 이경이라는 아들의 어머니로서 상속재산을 관리

72 『영조실록』 권76, 28년 4월 19일(경술); 43집 444면. 이 기록에 등장하는 이소(李炤)는 인조의 다섯 번째 아들인 숭선군(崇善君)의 손자이며, 이양제는 이소와 이종사촌관계이다.

73 뒤에 이경명 등이 이경(李坰)의 양모에게 문권을 달라고 요청하는 대목으로 보아, 여기서는 토지의 소유권을 준 것이 아니라 경작할 수 있는 권리를 주었다는 의미로 생각된다.

할 수 있는 권한을 얻을 수 있었다.[74]

그렇다면 이경의 양모—이소의 정처—와 이경은 호적에 어떻게 기재되었을까. 위의 사료만으로는 이경의 양모가 살아 있을 때 호주가 누구로 기재되었는지는 알 수 없다. 그런데 이 기록이 일어난 때를 살펴보니, 영조 28년(1752)이다. 호적에서 아들과 함께 살면서 여성이 호주로 기록되는 경우가 크게 감소한 18세기를 훨씬 넘은 시기인 것이다. 앞에서 살펴본 호적 기재 방식의 변화를 참고할 때 양모가 살아 있지만 이경 자신이 호주로 기재되었을 가능성이 높다.[75] 이때, 이소의 천첩과 그 아들인 이경명 등은 이경의 호에 서모(庶母), 얼제(孼弟)로 기재되었을 수도 있다.[76] 어쨌든 이경의 양모, 즉 이소의 정처는 호주로 기재되지는 않았을 수 있지만 살아 있는 동안 재산을 관리할 수 있는 권한을 갖고 있었다.[77]

74 이는 이소의 정처가 이소의 뒤를 이을 양자 이경의 어머니라는 입장에 있었기에 가능한 것이었지만, 첩에 비하여 정처의 지위가 확고하였기 때문이기도 했다. 정실부인과 첩 사이의 위계 등에 대해서는 정지영, 「조선후기의 첩(妾)과 가족질서: 가부장제와 여성의 위계」, 『사회와 역사』 65, 2004 참조.

75 이와 관련이 있는 사례들을 『단성호적』에서 보면, 먼저 양자가 호주로 기재된 경우는 앞 장에서 살펴본 바 있는 1759년 원당면 7리 3통 3호에 사는 박주교의 사례에서 볼 수 있다. 박주교는 13세로서 새로 호주가 되었는데, 어머니인 주씨가 41세로서 그의 밑에 기재되어 있다. 그런데, 박주교는 죽은 박수오의 '양자'로 기재되어 있고, 박주교의 생부는 유학 박존오라고 명시되어 있다(제2부 1장의 주 75 참조).

76 서모의 경우는 1678년 원당면 4리 7통 2호의 박세익의 호(제2부 1장의 주 22, 23 참조)에 기재된 정소사의 사례에서 볼 수 있다. 얼제의 경우는 1678년 현내면 3리 7통 4호(『단성(상)』, 37b)에서 볼 수 있는데, 10명이 넘는 노비가 기재된 양반 집안의 호주인 생원(生員) 권성(40세)의 호에 그의 처와 자 그리고 허통교생(許通校生) 권급(22)이 얼제로 기재되어 있다.

77 조선시대의 분재기 등을 보면, 친아들이 있는 경우에도 남은 재산을 관리하는 권한은 어머니에게 있었다. 문숙자는 조선시대 분재기에 대한 분석을 담은 저서의 부록으로 "조선시대 분재기 일람"(앞의 책, 265~308쪽)을 실었는데, 그 재산 분재의 관계에서

1678년까지는 과부가 된 한 아들의 어머니가 집을 대표하여 호주가 되면서 동시에 집안의 재산을 관리할 수 있는 권한도 가졌을 것이다. 그러다가 1717년 이전 어느 시기부터 과부는 점차 호주로 기재되지 않게 되고, 가족 안에서의 가사를 주관할 수 있는 권리만을 갖게 되었다.[78] 하지만, 그 권리는 아들이 있을 때에만 확보될 수 있었다. 이소의 정처가 이경을 양자로 들인 것은 그러한 자격을 획득하기 위한 것이다. 이소의 천첩자인 이경명이 이소의 대를 이었다면 이소의 정처가 가산관리의 권한을 얻을 수는 없는 것이었다. 여성은 남편의 부인으로서가 아니라 아들의 어머니로서 상속 재산에 대한 관리권을 가질 수 있었다.

이렇듯 아들을 가진 여성은 호주로 기재되는지 아닌지를 떠나서 재산을 관리하는 실질적 권한을 유지할 수 있었다. 어머니의 입장에서 생각해 보면 호주의 자리를 단지 무기력하게 빼앗긴 것이 아니라, 재주로서의 가산관리권을 쥔 상태에서 호주로 기재되지 않게 된 것뿐이다. 그 아들에게 상속된 재산을 관리할 수 있는 권한을 유지할 수 있었던 것은 어머니가 호주의 자리로부터 배제되는 일을 사소한 일로 받아들이도록 만드는

'부－자'뿐 아니라 '모－자'인 경우가 상당수 보인다. 물론 그 가운데는 부 생존 시에 모의 재산을 나눠준 경우도 있지만, 부가 사망한 후에 모가 그 재산에 대한 '재주' 역할을 한 경우가 많은 것을 볼 수 있다.

78 조선전기의 사례를 통해 이러한 문제에 접근한 바 있는 조은, 「가부장적 질서화와 부인권의 약화: 조선전기 재산상속 분쟁 사례를 중심으로」(『한국여성학』 16, 2000)에서는 이미 태조에서 성종에 이르는 기간 동안 남편의 부인으로서 부부가 동등하게 가질 수 있는 재주권(財主權)은 약화되고, 아들의 어머니로서 여성을 규정하는 방식이 강조되었음을 밝힌 바 있다. 이 글에서 '남편의 부인에서 아들의 어머니'로 여성의 지위가 바뀌는 문제에 주목하게 된 데는 조은의 연구에 빚진 바 크다. 한편, 조은은 성종대 이전에 남편의 부인에서 아들의 어머니로 바뀌었다고 보았지만, 호적대장을 통한 검토에 근거해서 볼 때 17세기, 18세기에 이르는 동안에도 그러한 변화가 이루어지는 과정이 진행 중이었다고 생각할 수 있다.

기제가 될 수 있었다. 호주의 자리에서 여성을 배제하는 일이 어느 정도 성공적으로 이루어질 수 있었던 것은 '아들의 어머니'에게 재산을 관리할 권한을 부여하는 등 실질적 역할과 권한을 그대로 유지할 수 있도록 보장해주었기에 가능했을 수도 있다. 여성이 가진 권한과 의무를 축소시키는 일은 보호와 배제의 논리 사이를 오가며 긴장 속에 단계적으로 진행되었다.

지금까지 17세기에서 18세기에 일어난 호적 기재 상의 변화, 곧 호주를 어머니가 아닌 아들을 중심으로 잇도록 하는 경향이 나타난 것이 국가의 호적정책, 새로운 위계의 설정, 여성의 지위와 관련하여 어떤 의미를 지니는가를 분석해보았다.

18세기의 호적대장에서 아버지에서 아들, 또는 남성에서 남성으로 호를 잇는 방식의 변화는 양반층뿐 아니라 양인 이하의 신분에서도 큰 흐름에서 유사하게 나타났다. 하지만, 그 변화가 일관된 방향으로 나타나거나 단선적인 흐름을 보인 것은 아니었다. 신분에 따라 그 변화의 양상은 조금씩 달랐다. 아들이 호주를 승계하는 일이 대세가 된 18세기의 호적대장에서도 장성한 아들과 함께 사는 양반 과부가 아들을 대신하여 스스로 호주로 기재된 경우를 찾아볼 수 있다.[79] 양반층에서도 주자학적 질서에 따라 '부계'의 원리를 적용하는 일이 매끄럽게 진행된 것이 아니었다.

79 아들과 함께 살고 있으면서 과부 스스로 호주로 기재된 경우는 1678년에 양반 44호, 양인 35호이다. 1717년이 되면 양반 9호, 양인 5호로 감소하고 1759년에는 양반 3호, 양인 7호로 더욱 줄어들었다. 하지만 1789년에는 양반 20호, 양인 11호로 늘어났다. 1717년 이후 아들을 호주로 기재되는 방향으로 바뀐 것은 명확하지만, 18세기에도 여전히 과부 스스로 호주로 기재된 경우가 여전히 있고 또 18세기 말에는 증가하였던 것이다.

양인 신분에서는 18세기 이후에 처의 승계가 줄어든 채로 유지된 것처럼 보이지만, 처의 대호 비율은 18세기 내내 30%를 상회하며 쉽게 줄어들지 않았다. 호적대장에 어머니와 아들 사이의 기재 순서를 바꾸는 일은 간단한 문제가 아니었다. 국가의 지침에 따른 행정적 규제, 수취와 관련한 이해관계, 호가 처한 상황 등 다양한 입장들의 각축이 작용했을 것이다.

국가는 호적대장의 기재 방식을 통해 통치의 질서를 세우고자 했다. 이에 호주를 가장과 일치하는 것으로 만들고자 했다. 아버지이자 남편인 존재가 가장이면서 호주가 되는 것이 국가에서 호를 구성하고 호주를 기재하는 일에 대해 세운 원칙이었다. 아버지에서 아들로 이어지는 부계의 질서를 강조한 것이다.

이러한 질서를 세우는 것은 호적에 기재되는 여성의 지위를 바꾸는 것으로 나타났다. 여성은 '남편의 부인'의 자격으로 남편이 죽은 뒤에 호주로 기재되는 경우가 많았지만, 18세기 이후의 호적에서는 '아들의 어머니'로 호의 구성원으로 자리하게 되었다. 이러한 변화가 이루어진 데는 어머니를 보호한다는 명분이 작용했다. 부녀는 책임을 질 수 있는 자격이 없다는 것과 책임에서 면제해준다는 보호의 논리가 작동했다. 또 과부는 호주 기재와 무관하게 그 아들에게 상속될 재산을 관리할 수 있었다.

여성은 누군가의 어머니로 호명되고 그러한 '이름'은 다시 현실의 지위를 제한하는 것으로 되돌아왔다. 여성은 아들의 어머니여야 했고, 아들을 낳지 않은 여성은 보호의 대상에서 밀려나게 되었다. 이전에, 남편이 죽은 뒤에 과부는 집안의 일을 맡아하면서 명실상부하게 호주로 기재되었지만, 이제 호주로 기재되는 여성은 아들이 없어서 예외적으로 기재되는 것이 되었다. 이는 여성의 상징적 자리, 정상적인 여성에 대한 표준을 바꾸는 것이었다.

소결

17, 18세기에 호적대장에 아들을 중심으로 호주를 잇는 관행이 새롭게 만들어졌다. 남편이 죽은 뒤에 호주로 기재되던 과부들은 18세기 이후에는 대체로 그 아들에게 호주의 자리를 내어주게 되었다. 호적대장에서 호주를 기재하는 일에 부계적 질서가 도입된 것이다. 변화의 흐름을 신분별로 보면 미묘한 차이가 있지만, 큰 흐름에서 같은 추세를 보였다. 이는 오랫동안 이어진 관행을 바꾸는 것이고, 새로운 위계를 설정하는 것이었다. 이러한 변화가 함축하는 바를 다시 정리해 보자.

첫째, 이러한 변화는 국가의 정책을 통해 이루어진 것이었다. 호적기재의 변화가 나타난 것은 주자학적 질서와 이념이 점차 영향력을 갖게 된 결과가 아니라, '아버지와 아들'을 중심으로 호주를 기재하도록 하는 국가의 지침에 따른 것이다. 그 국가의 지침은 주자학적 질서에 맞게 사회를 재편성하고자 한 의도에서 만들어진 것이었다. 호적대장에서 대호를 남성으로 하는 관행이 양반층뿐 아니라 양인 이하의 신분에까지 적용된 것은 그것이 국가의 정책적 개조에 따른 일이기에 가능했다. 그렇다면 이러한 변화가 조선전기부터 시작된 유교적 제도들의 효과가 도달하게 된 결과라고 볼 수가 없다. 만일 그 영향에 따른 것이라면, 1678년에서 1717년 사이에 그러한 급격한 변화가 이루어진 것을 설명하기 어렵다. 18세기의 급격한 변화 양상은 유교적 질서의 수용 정도를 보여준다기보다는 행정문서의 작성에 국가의 지침이 어느 정도 성공적으로 적용되었는가를 보여준다. 조선후기 사회는 조선전기로부터 이어져 내려온 시기이기도 하지만, 당시의 구체적인 조건과 상황에 맞게 새롭게 재편되는 과정 속에 있었다.

둘째, 이렇듯 호적대장의 호주 기재 방식이 변화된 것은 주자학적 원리가 양반층의 규범을 넘어 사회 전체를 운영하는 원리로 적용되기 시작했음을 의미한다. 호적대장은 국가에서 호와 인구의 상태를 파악하여 기재하는 통치의 근간이 되는 행정 문서이다. 이러한 공식 문서의 작성에 적용되는 것은 지배 신분층의 규범, 생활 관행으로 작용하는 것과는 차원이 다르다. 호적대장의 호주를 아들 중심으로 승계하도록 한 것은 양반뿐 아니라 하층 신분을 부계질서의 체계 속에 배치하는 장치였다. 하층신분은 호적이라는 문서를 통해 부계질서의 세례를 받게 되었다고 할 수 있다. 물론 이는 파급의 계기일 뿐 부계질서의 원리가 하층민의 삶 속에 스미게 되었다고 속단할 수는 없지만, 적어도 주자학적 질서가 호적에 기재되는 인구 전반에 대한 '재조직화'의 원리로 적용되기 시작한 것이라고 할 수는 있다.

셋째, 질서를 구축하는 과정에서 새로운 질문과 혼란이 제기되는 역설이 만들어졌다. 호주와 가장을 일치시키고, 과부와 아들 사이의 위계를 설정하는 과정은 매끄럽게 달성될 수 있는 것이 아니었다. 새로운 위계를 설정하고 질서를 정비하면서 다양한 현실의 관계에 대한 질문들도 제기되었다. 사실 조선시대의 호적에서 '호주'로 기재되는 것과 법전에 제시되어 있는가를 통솔하는 '가장'이 되는 것 사이에 어떤 관련이 있는지가 애매했다. 조선전기의 규정에서 '호주'라는 용어는 큰 의미를 지니지 못했고, '가장'이라는 말이 호주의 지위를 대신하는 의미로 사용되었다. 조선후기에 호적대장의 '호주'를 남성을 중심으로 기록하고, 호주와 가장을 일치하게 만들고자 하는 지침이 강조되면서, 호주와 가장의 지위를 새롭게 구분하고 설명해야 할 필요가 제기되었다. 연로한 아버지와 젊은 아들, 과부와 아들 사이에 호주와 가장의 관계가 복잡하게 얽혔다. 질서가 구축되자 내부의 모순이 발견되었으며, 한편에서는 위계가 설정되고 다른 한편에서는 혼란이 야기되었다.

넷째, 이러한 재조직화를 이루는 과정은 여성과 남성 사이의 위계를 재설정하는 과정이었다. 그것은 남·여라는 성별의 단순한 위계가 아니라 아버지와 아들, 어머니와 아들 사이에 중첩적인 위계를 설정한 것이다. 아버지와 아들 사이에는 세대의 위계가, 어머니와 아들 사이에는 성별 위계가 적용되었다. 이는 동일한 세대, 부부 사이에 성별 위계가 설정된 것이 아니라 '아버지―아들―어머니'라는 세대를 거스르는 위계를 설정하여 여성을 하위에 두는 방식이었다.

이러한 변화가 이루어진 바탕에는 여성을 남성에게 복속된 존재로 보는 시각이 놓여 있었다. 또 그러한 변화를 정당화하기 위해 여성을 복종하는 존재로 규정하고, 책임지는 역할에 적합하지 않다는 논의를 강조한 것이기도 하다. 국가에서는 지방관청에 내린 호적 작성지침을 통해 여성은 호주가 될 만한 자질을 갖지 못했기에 호주로 기재될 수 없다는 성차별적 지배이념을 유포했다. 또 남편이 없는 여성을 여러 가지 책임으로부터 벗어나게 하며 보호하겠다는 명분, 아들의 어머니일 때 가산관리권이 유지되는 조건이 그 변화를 뒷받침했던 것으로 보인다. 점차 여성이 호주로 기재되지 않게 되면서, 여성은 호의 대표라는 권리로부터 배제되고, 또 의무로부터 면제되었다.

조선후기의 국가는 아버지에서 아들로 잇는 부계적 질서를 강화하기 위해 과부를 호주의 자리에서 배제했다. 과부보다는 젊은 아들을 호주로 기재하는 것이 호구 통제에도 효율적이었다. 남편의 부인으로서 호주를 잇던 여성들은 아들의 어머니로서 아들의 동거인으로 기재되게 되었다.

그 결과, 여성은 남편의 부인이라는 지위보다는 아들의 어머니라는 점이 강조되었다. 18세기로 들어서면서 여성과 남성의 역할을 안과 밖의 영역으로 분리하는 과정이 뚜렷하게 나타났다. 호적이라는 문서에 기재되는 위치의 변화를 통해 성별에 대한 인식은 명료한 모습을 갖추게 되었다. 여성에 대한 차별적 인식에 기반한 국가정책에 따라 과부는 호주의 자리에서 배제되었고, 또 과부를 호주의 자리에서 배제하는 일은 다시 그 성차별적 이념을 사람들에게 설파하는 매개가 되었다.

하지만 아들 중심의 호적 기재가 일반화된 18세기 이후에도 어머니, 과부가 호주로 기재된 경우들이 눈에 띈다. 1789년에 특히 양반층에서 여성 대호가 증가한 것은 어머니들을 배제하고 부계적 원리를 적용하는 것이 순조롭지 않았음을 보여준다. 이렇게 된 데는 각 호가 처한 상황에서 실질적인 이유들이 작용했을 수 있지만, 어쩌면 호주라는 자리에서 물러서고 싶어 하지 않은 어머니들이 있었던 것일 수도 있다. 과부는 매끄럽게 질서를 정비하는 데 걸림돌이었다. 새로운 방식의 위계를 설정하는 일은 그 재배치의 대상이 되는 사람들 사이의 각축과 긴장 속에서 진행된 것이었다. 또 질서를 정연하게 정비하면 할수록 정리될 수 없는 복잡한 현실의 문제도 함께 불거졌다. 제도는 '현실'의 다양한 맥락 속에서 울퉁불퉁하게 굴절되었다.

제3부
과부의 선택지

제1장
과부의 삶과 처지

호주를 잇는 관행이 달라지면서, 과부가 호적대장에 기재된 위치도 달라졌다. 18세기 이후, 과부는 아들이 호주인 호의 '어머니'로 기재되는 일이 많아졌다. 이렇듯 호적대장에서 과부의 기재 위치가 달라졌다면, 그러한 변화의 흐름 속에서 과부들의 삶의 조건은 어떻게 달라졌을까.

조선후기의 여성들은 변화의 흐름 속에서 지배질서를 내면화하기도 했을 것이고, 그 질서의 전파에 앞장서기도 했을 수 있다. 또는 각자의 입장에 따라 적절한 선택을 하며, 변화의 물결을 타고 넘기도 하고 때로는 거스르기도 했다. 그렇다면, 과연 어느 정도로 조선후기 향촌에 사는 다양한 사람들의 삶 속에게 주자학적 원리가 스며들었으며, 그들이 그러한 원리를 실제의 관계 속에 어떻게 구현하였는지 궁금하다.

호적이라는 행정문서에 과부의 기재위치가 바뀐 것이 상징적 지위의 변화를 보여준다면, 재혼과 관련하여 과부의 선택지가 달라지는 것은 그것의 현실적 효과 또는 좀 더 실질적인 삶의 영역에서 일어난 변화를 보여주는 것일 수 있다. 그러한 변화를 읽기 위해 이른바 '수절'[1]하는 과부가 남편 없이 남겨진 삶을 꾸려간 방식을 읽어볼 것이다.

이는 조선시대 과부에 대해 기존의 연구와는 다른 각도에서 조명해보는 작업이기도 하다. 조선시대의 과부에 대한 앞선 연구들은 주로 재가(再嫁)를 금지하는 관습에 초점을 맞추었다. 과부보다는 '재가 금지'라는 관습 또는 그에 열렬히 순응한 '열녀'[2]가 관심의 대상이었다. 정절을 지키기 위해 죽은 열녀에 관심을 가질 뿐, 수절하면서 과부로 살아가거나 재혼을 선택한 과부에 대해서는 그다지 관심을 기울이지 않았다. 과부들은 그 '삶'보다는 '죽음'을 통해 기억된 것이다.

『단성호적』에는 여러 위치에 과부들이 기재되어 있다. 1717년 도산면에는 32세의 주남한이 호주인 호에 그의 과부가 된 누나가 '과매(寡妹) 주씨'라고 기재된 것을 볼 수 있다. 1759년에는 36세의 과숙모(寡叔母)가 기재된 경우도 있고, 1789년 호적에서는 서제수과부(庶弟嫂寡婦) 문씨(32세)가 49세의 이조홍이 호주인 호에 기재된 경우도 있다. 또 과부 며느리 강씨(46세)가 기재된 모습도 보인다.[3] 이렇듯 과부들은 호주로 기재된 경우도 있지만, 다른 호주 밑에 호 구성원으로 기재된 경우도

1 '수절'(守節)이라고 하면 정절(貞節)을 지킨다는 뜻으로서 엄밀한 의미에서 재혼을 하지 않았다고 하여 수절했다고 할 수 있는 문제는 아니다. 무엇이 '수절'인가 자체가 논의의 대상인 것이다. 또 그 용어 속에 여성이 정절을 지키는 것을 가치 있게 평가하는 관념이 담겨 있으므로, 그 용어를 사용하는 것이 적절한지 고민스럽기도 하다. 그런데 과부가 재혼하지 않고 계속 혼자서 살아가는 것을 표현할 만한 적당한 용어를 찾지 못하였다. 이 글에서는 과부가 재혼하지 않고 살아가는 상태를 표현하는 의미로 사용한다. 여기서 '재혼'은 다른 남자를 만나 함께 살고 호적대장에도 부부로 기재된 상태에 있는 것을 말한다.

2 조선시대 여성사에서 '열녀'는 많은 연구자들의 관심을 끌었다. 대표적인 저서로는 정표정책의 시행 실태를 밝힌 연구(박주, 『조선시대의 정표정책』, 일조각, 1990) 및 조선시대 열녀담론에 대한 분석(한국고전여성문학회, 『조선시대의 열녀담론』, 월인, 2002) 등이 있다.

3 이상의 호적은 『단성(상)』, 224b, 도산 05－03－02; 『단성(하)』, 48b, 북동, 11－06－02; 『단성(하)』, 717b, 현내, 08－01－04; 『단성(하)』, 742a, 오동, 07－03－02.

많다. 그 흔적은 단편적이지만, 살아남은 과부들의 사정을 보여준다.[4] 호적에 기재된 과부에 집중하여, 그들이 누구의 호에 기재되어 있는지, 그리고 그 처지가 신분에 따라 또 시간이 흐르면서 어떻게 달라지는지 알아보자.

1. 경계 위의 과부들

과부는 혼인을 했지만 배우자가 먼저 사망한 여성을 말한다. 그들은 남성의 부인이라는 지위를 가졌지만, 그 남성의 보호에서 벗어나 있다는 점에서 이중적 위치에 놓여 있었다. 조선시대에 여성은 '여필종부'(女必從夫) 또는 '삼종지도'(三從之道)의 원리에 의거하여 아버지·남편·아들이라는 남성에게 속하는 것을 통해 지위를 얻을 수 있었다. 과부는 한 남편의 정실부인으로서 지위를 획득하였지만, 한편으로는 남편의 죽음을 계기로 그 상태로부터 벗어나 있다는 점에서 '경계' 위의 여성이라고 할 수 있다. 과부는 혼인을 했거나 언젠가는 혼인을 할 여성들, 곧 일반 '부녀'와는 다른 위치에 놓여 있는 것이다.

과부의 애매한 위치는 조선시대에 여성의 혼인에 대한 이중적 정책에서 비롯된 것이기도 하다. 조선 국가는 처녀에게 혼인을 권장하는 한편, 과부의 혼인(재혼)은 금지했다. 조선시대 여성의 지위가 규정된 조건을 보면, '신분적 차이'가 물론 중요했지만, 같은 신분일 경우 혼인 여부에 따라 선택적인 보호와 배제가 이루어졌다. 조선시대의 기본 법전인

4 과부는 가족집단의 일원이므로, 가족들의 이해와 요구로부터 자유로울 수 없었다. 과부의 거취 문제는 당시에 살았던 사람들의 생활방식과 사고방식이 비추어지는 거울일 수 있다.

『경국대전』을 보면, "사족(士族)의 딸로서 나이가 30이 가깝도록 가난하여 시집을 가지 못한 자에게는 예조(禮曹)에서 임금에게 아뢰어 곡식과 옷감(資財)을 헤아려서 준다. [그 집안(門戶)이 궁핍하지 않으면서도 나이가 30세 이상이 되도록 시집가지 못하였을 경우에는 그 가장(家長)을 엄중히 논죄(論罪)한다]"[5]라고 하여, 30세가 넘도록 혼인하지 않은 것에 대해 구제 또는 처벌하도록 한 것을 알 수 있다.[6] 조선시대 여성의 혼인은 단순한 권장 사항 이상의 문제였으며 국가는 그에 대해 적극 개입하고자 하였다. 그러한 개입을 위한 근거로 혼인하지 않은 처녀의 울부짖음은 화기(和氣)를 상하게 하며, 그것이 국가적인 재앙을 가져온다는 논의가 제기되곤 했다.[7] 혼인하지 않은 처녀들은 국가를 위기에 빠뜨리는 위험한 존재들이었던 것이다.

이렇듯 한편으로는 '혼인할 것'을 권장하는 상황 속에서, 조선 성종대에 '재가녀자손금고법'[8]이 제정되었다. 이 법에 따르면 과부가 된 뒤

5 『경국대전』 권3, 예전 혜휼.

6 그런데 『조선왕조실록』의 기록에서 실제로 가장을 처벌한 사례는 찾아지지 않고, 대체로 혼인을 위한 쌀과 돈 등의 물품을 지급하도록 했던 기록이 보인다. 이 조항은 초기에 '사족'의 딸에 제한되었지만, 조선후기에는 양인을 대상으로 확장되었다. 이와 관련한 자세한 논의는 정지영, 「조선시대 혼인장려책과 독신여성: 유교적 가부장제와 주변적 여성의 흔적」, 『한국여성학』 20-3, 2004 참조.

7 이러한 논의는 <조선왕조실록>의 여러 곳에서 찾을 수 있다. 그 한 대목을 인용하면, "나이 많은 처녀로서 가난하여 시집가지 못한 사람이 많으면, 화기를 손상하여 재앙을 부름이 여기에 말미암지 않음이 없으니 […]"(『중종실록』 권8, 4년 5월 28일(기미); 14집 337면)와 같은 내용으로 되어 있다. 정지영, 위의 논문, 11~15쪽 참조.

8 이에 대한 『경국대전』의 조항을 보면 다음과 같다. "[……] 失行한 婦女와 再嫁한 여자에게서 태어난 사람은 東班·西班의 관직에 임명하지 못하며, 曾孫 代에 이르러야 이상에 열거한 각 官司 이외의 관원으로 임용하는 것이 허용된다. [……]; 失行婦女及再嫁女之所生 勿敍東西班職 至曾孫方許以上各司外用之"(『經國大典』 권1 吏典 京官職). 곧 재가한 여자의 자손에게 관직 임용을 크게 제한한 것이다. 이와 관련한 연구로는 李相佰, 앞의 논문, 1978[1937]; 金斗憲, 앞의 책, 1969, 제7장 제5절 등이 있다.

수절하지 않고 재가를 할 경우 그 자손은 벼슬길이 막히게 되는 것이다. 이는 과부의 재가를 금지한 것은 아니지만, 어떤 의미에서 직접적인 금지조치보다 더 강력한 통제의 효과를 내는 것이다.9

그런데 혼인을 권장하는 것과 재혼을 막는 정책 사이에 묘한 긴장이 있다. 미혼의 여성에게는 결혼할 것을, 과부에게는 비혼 상태로 유지할 것을 요구한 것이기 때문이다. 만일 독신인 여성을 용납하지 않고 결혼시키고자 하는 정책의 원칙을 그대로 견지한다면, 남편이 죽어서 다시 독신이 된 여성, 곧 과부도 재혼하도록 권유하는 것이 자연스러울 수도 있다. 그런데 조정에서는 한편으로는 여성이 혼자서 사는 것이 '화기'를 상하게 하는 일이라고 우려하면서, 다른 한편으로는 과부의 재가를 허용하지 않는 모순된 입장을 취했다.10

이러한 상황에서 재혼하지 않는 과부들은 보호와 배려의 대상이 되었다. 재혼을 할 수 없는 것은 큰 구속이지만, 그 구속을 받아들이는 한 과부들은 어느 정도 안정적 위치에 놓이게 되었다. 과부가 수절을 하며, 자신의 자리를 지킬 때 그들은 안정된 가부장제의 정착에 기여하는

9 '재가녀자손금고법'을 제정하고 시행하는 과정에서 사대부 사이에 논란이 있었다. 이에 대해서는 朴南勳, 「朝鮮前期의 再婚禁止法과 實際」, 『한국의 사회와 역사』, 최재석 정년기념논총간행위원회, 1991 및 조은, 「모성·성·신분제: 『조선왕조실록』 '재가금지' 담론의 재조명」, 『사회와 역사』 51집, 1997 참조.

10 이에 과부의 재가를 허용하여 남편에게 소속되도록 해야 한다는 논의가 제기되기도 했다. 성종 때 과부의 재가를 금지하는 법을 만드는 문제를 놓고 이루어진 조정의 논쟁에서 "[……] 부인(婦人)의 덕(德)은 일부종사(一夫從事)하는 것보다 더 큰 것이 없습니다. 그러나 나이가 젊어 일찍 과부가 된 사람에게 재가(再嫁)하기를 허락하지 않는다면, 위로 부모(父母)가 없고, 아래로 우러를 바가 없으므로 실절(失節)을 하는 자가 많아질 것입니다"(『성종실록』 권82, 8년 7월 17일(임오); 9집 473면)라고 우려한 것을 볼 수 있다. 이는 결국 과부의 재혼을 막으면 그 과부들이 부모나 남편에게 소속되지 않은 상태가 되는 것을 경계한 것이다.

존재였기 때문이다. 과부는 종법질서가 강화되는 과정에서 아버지와 아들을 잇는 매개로 자신의 지위를 유지해야 했고, 그 대가로 그 계승관계에 개입할 수 있는 위치에 있었다.[11]

그런데 과부는 일단 혼인을 하여 누군가의 처(妻)라는 지위를 갖게 되었지만, 남편의 사망과 동시에 그 위치에서 벗어날 수 있는 가능성에 노출된 것이기도 했다. 그러므로 과부는 각별한 감시와 보호의 대상이었다. 여기에 과부가 가진 이중성이 있다. 그들이 수절을 하며 안정적인 과부의 역할을 해 내면 보호의 대상이 된다. 그리고 그들이 자신의 정절을 위해 죽을 경우는 극찬을 받고 실질적인 포상도 받는다. 그 반대일 때는 사회질서를 깨뜨린 나쁜 여성으로 전락하게 되었다. 그 경계 위에 놓여 있는 불안한 여성, 그러므로 늘 조심스럽게 다루어야 할 여성, 그것이 과부를 바라보는 조선후기의 시선이었다.

그러므로 국가에서는 기근이 나서 진휼을 할 때 과부에게 먼저 혜택을 주었다.[12] 과부가 재혼을 하지 않고 산다는 것은, 죽은 전남편의 집안을 떠맡는다는 것을 의미한다. 그러므로 과부가 된 여성들은 여성이지만 제한적이나마 죽은 남편을 대신하여 남성의 영역에 설 수 있었다. 그러한 입장에서, 과부들은 남편이 있는 부녀와 다른 입지를 가질 수 있었다.[13]

---

11 앞 장에서 살펴본 이소의 사례를 보면, 조선후기에도 여전히 '양자'를 들이는 등 부계의 계승관계에 개입할 수 있는 권한이 과부에게 있었던 것을 알 수 있다.

12 진휼을 할 때 과부는 먼저 배려해야 할 대상으로 논의되곤 했다. 예를 들면, "다만 상평창을 둔 본의는 오로지 과부(寡婦) 및 가난한 민중을 위한 것인데, 오부(五部)의 관원들이 잘 선별하지 못하기 때문에 더러 균등하지 못한 폐단이 있기는 합니다. [……]"(『중종실록』 권56, 21년 2월 24일[정축]; 16집 500면)와 같은 대목 등에서 그러한 상황을 읽을 수 있다.

13 앞에서 살펴보았듯이 과부가 된 여성들은 호적대장에서 호주로 기재되기도 했다. '호주'로 기재되는 것에 특별한 의미를 부여하지 않는다고 하더라도, 남편이 있는 부녀의 경우는 대개 '호주'로 기재되지 않았다는 점에서 과부는 그들과 다른 입지에 있었음을 볼 수

그러한 과부들은 조선시대의 주자학적 규범이라는 틀 속에서 강한 규제를 받기도 했지만 동시에 그 규범의 문지방을 넘나들 수 있는 존재이기도 했다. 불안한 지위는 한편으로는 틈새를 만들어내는 새로운 가능성을 여는 계기가 될 수 있다. 그녀들은 그 틈새에서 그들만의 질서 또는 영역을 확보할 수도 있지 않았을까. 과부는 남편 없이 남겨진 삶을 어떻게 꾸려갔을까. 어디서 누구와 함께 살았을까.

2. 과부로 살아간 여성들

먼저 『단성호적』에서 과부 수치의 증감 추세를 살펴보기로 하자. 과부가 된 여성이 얼마나 많은지, 또 과부가 된 여성이 재혼하지 않고 '과부'라는 지위를 그대로 유지하는 경향이 어느 정도인지를 알아볼 것이다.

여성호주로 기재된 과부는 호적에 기재된 형태를 통해 수절하는 기간이 대략 3년을 넘었는지 여부에 따라 둘로 나누어볼 수 있다. 첫 번째 유형은 '대호'(代戶)라는 표시와 함께 과부·과녀로 기재된 경우이다. 대체로 남편이 죽고 난 뒤 호를 이어받은 과부들이다. 대호의 표기는 지난 식년(式年) 이후, 호주가 바뀐 경우를 표시한 것이므로, 이는 과부가 된 지 3년이 채 안 된 것을 의미한다.[14] 비유하자면, 남편의 삼년상(三年

있다.

14 이러한 기준은 호적이 3년에 한 번씩 작성된다는 점에 착안하여 마련된 것이다. 호적대장에서는 한번 대호(代戶)의 내용을 기재하였으면 그 다음 식년의 호적에는 더 이상 대호라는 표현은 쓰지 않고, 새로 호주가 된 사람의 직역과 이름을 바로 호주로 기재한다. 호적은 3년마다 작성되므로, 대호라는 사실이 기록된 경우는 지난 3년 사이에 호주가 바뀐 경우이

喪)을 막 끝냈거나, 삼년상 중에 있는 과부들인 것이다.

두 번째는 대호라는 표시 없이 과부·과녀로만 기재된 경우이다. 이는 곧 지난 식년에 이미 남편이 죽어서 호를 물려받은 것을 의미한다. 곧 남편이 죽은 지 최소한 3년이 넘은 것으로 볼 수 있다. 이 두 가지 경우를 잘 견주어보면, 과부가 된 여성들에 대해 몇 가지 정보를 얻을 수 있다. '대호'라는 표시가 있는 경우와 그렇지 않은 경우를 나누어서 이제 막 과부가 된 여성과 과부인 채로 살아가는 여성을 나누어서 파악할 수 있는 것이다. 그러한 방식으로 과부 호주의 유형을 나누어서 작성한 것이 [표 3-1-1][15]이다.

[표 3-1-1] 과부 호주가 과부로 지낸 기간

단위: 명(%)

연도	3년 이내	3년 이상	과부 호주 계	전체 호주
1678	149 (6.8)	34 (1.6)	183 (8.4)	2,188 (100)
1717	64 (2.5)	65 (2.5)	129 (5.0)	2,564 (100)
1759	34 (1.2)	217 (7.9)	251 (9.1)	2,764 (100)
1789	64 (2.4)	96 (3.6)	160 (6.0)	2,683 (100)

이 표를 보면, 1678년에서 1789년 사이에 과부 호주는 129~251명

다. 그 의미를 생각해보면 남편이 죽어서 그 아내가 호주가 되면서 대호라는 사실이 밝혀져 있는 경우, 그 여성은 과부가 된 지 3년이 채 안 된 경우라고 생각할 수 있다.

15 ( ) 안의 백분율(%)은 오른쪽에 제시된 전체 호주의 수를 기준으로 산출되었다. 전체 호주 가운데 과부가 차지하는 비율을 알아보기 위한 것이다.

사이에서 증감을 반복한 것으로 나온다. 그런데 과부 호주를 두 가지 유형으로 나누어놓고 보니, 한쪽은 점차 줄어들고 다른 한쪽은 점차 늘어난 것으로 나타난다. 과부가 된 지 3년이 안 된 경우, 즉 남편이 죽은 뒤 과부로서 새로 호주가 되는 경우는 점차 줄어들었다. 과부로서 호주가 되는 여성이 줄어드는 것은 앞의 2부 1장에서 살펴본 바 있는 호주승계 방식의 변화와 관련된 문제이다. 1678년에는 호주가 죽었을 때, 그 처가 호주가 되는 경우가 많이 나타나는데, 1717년 이후의 호적에서는 장성한 아들이 있을 경우 그 아들에게 호주를 물려주는 사례가 대부분이었다. 그래서 과부들 대부분이 아들의 호에 동거하는 것[16]으로 기재되었다.

이렇게 과부가 된 뒤 더 이상 호주가 되지 않고 호주 밑에 구성원으로 기재되면 전반적으로 과부 호주의 수치가 줄어들어야 할 것 같은데, 과부 호주의 전체 수치는 그다지 크게 줄지 않았다. 이미 3년 전에 과부가 되어 호주로 기재되고 그 과부가 과부인 채로 사는 경우는 1717년 이후 늘어났기 때문이다. 이전부터 과부였던 여성호주가 전체 호주 가운데 차지하는 비율은 1678년에 1.6%, 1717년에 2.5%, 1759년에 7.9%로 차츰 늘어나고, 1789년에는 3.6%로 줄어들었지만, 그 수는 1717년보다는 여전히 많았다.[17] 1759년까지의 추세를 보면 새로 과부가

16 여기서 '동거'라는 표현을 쓴 것은 과부들이 호주로 기재되지 않고 아들 등 다른 호주 밑에 호 구성원으로 기재된 경우를 나타낸 것이다. 그녀들이 호의 구성원으로 기재되었다고 해서 그 호에 실제로 머물면서 거주하고 있었는지 여부는 정확히 알 수 없으므로 엄밀하게는 '동거'라는 표현은 적합하지 않을 수 있다. 다만 '호주'로 기재되지 않았고 그 호에 소속되었다는 의미로 썼음을 밝힌다.

17 이와 같이 1678년, 1717년, 1759년으로 가면서 일관된 추세를 나타내던 것이 1789년에 이르러 역행하는 모습은 여러 경우에서 발견된다. 그러한 문제를 설명해내기란 쉬운 일이 아니다. 기재된 내용 그대로 받아들인다면, 그러한 변화의 과정이 '일관되지 않았다'는

된 여성이 호주로 기재되는 경우는 줄어들지만, 3년 그 이전부터 이미 과부 호주였던 여성이 계속 과부 호주로 남아 있는 경우는 대체로 증가한 경향을 보인 것이다.

이것은 어쩌면 18세기로 들어서면서 과부가 재혼을 하지 않고 과부인 채로 사는 수가 늘었기 때문일까. 하지만 과부가 호주로 기재되지 않는 경향이 강화되면서 점차 과부들은 다른 누군가의 호에 가족원으로 기재되는 일이 많아졌다는 점을 염두에 둘 때, 단순히 3년이 넘었는데 호주로 남아 있는 과부의 수가 늘었다는 사실만으로, 과부들이 수절하게 되었다고 말할 수는 없다. 전체 과부 수치의 증감을 파악할 필요가 있는 것이다. 이에 호주로 기재되어 있는 과부와 다른 사람의 호에 동거인으로 들어 있는 과부를 모두 찾아서 [표 3-1-2]를 만들었다.[18]

호주로 기재된 과부와 동거인으로 기재된 과부를 모두 합산하여 『단성호적』에 기재된 과부의 전체 수를 살펴보면, 전체 여성 인구 가운데 과부의 비율이 18세기로 넘어가는 시기에 늘어난 것을 볼 수 있다. 여성 인구 중 과부의 비율은 1678년에 6.1%이다가, 1717년에는 7.8%로

것을 보여주는 일이며 이는 사실일 것이다. 다른 한편에서는 서론에서 이미 논의한 바 있듯이 1789년 호적에서는 호에서 일어난 변동 사항을 그다지 자세히 기재하지 않은 경향이 나타난다는 점을 감안할 필요가 있다.

18 다른 사람의 호에 동거인으로 기재되어 있는 여성이 과부인지 아닌지를 가려내는 일도 쉬운 일은 아니다. 여기서는 호주 또는 호주의 처를 제외하고, 동거인으로 되어 있는 여성 가운데 30세 이상이면서 배우자가 함께 동거하지 않는 경우를 추려내었다. 그런데 천인의 경우 남편과 함께 기재되어 있지 않았다고 해도, 과부가 아닐 가능성이 상당히 높다. 여러 가지 이유에서 남편과 따로 기재된 경우가 많았을 것이기 때문이다. 뿐만 아니라, 하층 여성의 경우는 30세가 넘었다고 하더라도 과부가 아니라 미혼 상태인 여성도 있을 수 있다. 그러므로 동거인 과부에는 천인을 포함시키지 않았다. 한편, 양반이나 양인 여성 가운데는 30세가 넘지 않았지만, 이미 과부가 된 사람도 있을 것이다. 그런데 그 경우는 미혼인지, 과부인지를 판별하기가 불가능하다. 그러므로 대체로 30세가 넘은 경우를 과부가 된 것으로 추정하였으므로 여기서 추산한 수에는 오차가 있음을 밝힌다.

늘었고, 그 뒤의 식년에는 1759년 7.5%, 1789년 7%로 다시 조금씩 줄어들지만 1678년보다는 여전히 많다. 17세기에서 18세기로 넘어가는 동안 남편이 죽은 뒤에 재혼하지 않고 과부인 채로 살아가는 수는 조금이나마 늘어났고 그 이후 대체로 그 비율을 유지했다고 볼 수 있다.

[표 3-1-2] 호주 과부와 동거인 과부

단위: 명(%)

연도	호주 과부			동거인으로 기재된 과부	합계	여성 인구 중 비율
	3년 이내	3년 이상	계			
1678	149 (40.4)	34 (9.2)	183 (49.6)	186 (50.4)	369 (100)	6.1%
1717	64 (9.0)	65 (9.1)	129 (18.0)	586 (82.0)	715 (100)	7.8%
1759	34 (4.8)	217 (30.7)	251 (35.6)	455 (64.4)	706 (100)	7.5%
1789	64 (10.7)	96 (16.0)	160 (26.7)	440 (73.3)	600 (100)	7.0%

호주로 기재된 과부와 호의 구성원으로 기재된 과부를 나누어서 살펴보면, 1678년에는 호주로서 과부인 사람과 다른 사람의 호에 동거인으로 기재된 과부의 비율이 비슷하다가, 1678년에서 1717년으로 넘어가는 사이에 호주 과부는 줄어들고, 동거가족원 과부는 늘어난 것을 볼 수 있다. 1759년에는 다시 호주 과부가 늘어나는 것으로 나타나지만 1789년 호적에서는 다른 호의 구성원으로 기재된 과부의 비율이 늘었다. 늘고 줄어드는 경향은 있지만, 대체로 17세기보다는 18세기에 과부가 호주로

기재되는 경우는 줄어들고, 동거가족원으로 기재되는 경우가 늘어나는 추세였다.

과부 전체의 수를 살펴보았으니, 이제는 과부가 재혼하지 않고 과부인 채로 남아 있는 경향이 어떠했는지에 초점을 맞추어 살펴보기로 하자. 대호라는 표시 없이 '과부'로 기록된 경우를 추리면,[19] 과부가 된 지 적어도 3년이 넘은 경우가 얼마나 되는지 알아볼 수 있다.[20] 물론 과부가 된 지 3년이 넘었다고 해서, 수절을 한다고 단정 짓기는 어려울 것이다. 사실 과부의 수절 경향을 파악할 때 3년을 기준으로 삼는 것은 무리이다. 하지만 많은 설화의 내용 속에 과부가 된 뒤 삼년상을 치르고 나면 그 부모가 개가할 것을 권하는 것을 볼 수 있다. 과부가 된 지 3년이 지나면 더 시간을 끌지 않고 개가했을 가능성이 높다고 생각된다.

조선후기의 문헌설화 속에서 이러한 상황을 읽을 수 있다. 경성 남촌에 사는 선비 이용묵(李容默)과 과부의 이야기인데, 이용묵에게 접근한 과부는 자신에 대해 "부잣집의 양가(良家) 여자로 열세 살에 시집와서 열네 살에 과부가 되어 이제 3년이 지났습니다. 부모가 가엾게 여겨 개가(改嫁)를 권하는데, [……] 개가를 결심하였다"[21]라고 설명하고 있다. 이 이야기 속에서 과부가 된 지 3년이 지나자 부모가 개가를 권했다는 이야기를 보면, '3년'은 과부가 수절을 할 것인가, 말 것인가를

19 호적대장에서 '대호'라는 표시가 없이 과부로 기재된 것은 그들이 과부가 된 지 3년이 막 지난 때가 아니라 최소한 3년, 또는 그 이상이 지난 경우이다.

20 이는 호적에 그녀들의 남편이 사망한 사실이 시차 없이 기재되었다는 것을 전제로 하는 것이다. 실제로는 과부가 된 지 수년이 지난 뒤에 호적대장에 그 사실이 명시되었을 가능성이 있기 때문에 이러한 수치는 실제로 과부로 산 기간을 보여주는 것은 아니다. 하지만 비록 그 오차 범위가 크다고 할지라도 전반적인 추세를 짐작하는 데는 큰 무리가 없다고 생각된다.

21 <李容默>(김현룡, 앞의 제3책, 1999, 181~182쪽), 『羅孫所藏本』.

결정하는 기준점이었던 것 같다. 그러므로 과부가 된 지 3년이 지난 경우를 통해 수절 지속 가능성을 엿볼 수 있으리라 생각된다.

어쨌든 대호라는 표시 없이 과부 호주로 기재된 경우 과부가 된 지 3년이 지났다고 생각할 수 있지만, 다른 사람의 호에 동거인으로 기재된 경우는 과부 된 지 3년이 지났는지 알 수 없다.[22] 다만 그 가운데 친가에 소속된 과부의 경우는 3년이 지났을 가능성이 높다. 과부가 된 뒤 친정에 온 경우는 대체로 남편의 삼년상을 치른 뒤라고 생각되기 때문이다.

이러한 사정은 『청구야담』(靑邱野談)에 실려 있는 김견신(金見臣)의 모친에 대한 설화 내용에서도 읽을 수 있다. 김견신 모친은 15세에 동향의 총각과 혼인을 맺어 폐백을 받았는데 결혼식 전에 그 총각이 사망하였다. 그 뒤 시부모를 3, 4년간 극진히 받들고 나서, 친정에 왔다고 한다.[23] 김견신은 순조(純祖) 때의 실존인물로, 32세 때인 순조 12년(1812)에 홍경래 난을 진압하였다. 그러므로 김견신의 모친이 15세 경일 때라면, 18세기 말의 상황을 보여준다.

다음의 [표 3-1-3]은 '대호'라는 표시가 없어서 혼자 된 지 3년이 넘은 것으로 보이는 과부 호주와 다른 사람의 호 구성원으로 기재된 과부들만을 추려 본 것이다. 이 표에서 3년 이상 과부로 지낸 것으로 간주되는 경우를 따로 구분하여 보니, 1678년에서 1717년 사이에 그 비율에서 눈에 띄는 변화가 나타났다. 1678년에 전체 여성 인구 가운데 3.6%를 차지하던 것이, 1717년 이후에는 약 7% 정도로 증가한 것이다.

---

22 특히, 시가(媤家)의 구성원으로 남아 있는 과부 가운데는 최근(3년 이내)에 과부가 된 경우도 섞여 있을 것이다. 물론 친가의 구성원이라도 과부가 된 뒤에 친가로 오는 기간도 신분에 따라서 달랐으리라 생각된다. 신분이 낮은 경우에 삼년상을 다 치르지 않고 이동했을 수도 있는 것이다.

23 <金見臣母>(김현룡, 앞의 제3책, 182~183쪽), 『靑邱野談』.

그 수치만으로 단정적으로 결론 내릴 수는 없고, 이러한 양상이 나타난 데는 다른 요소들이 있겠지만, 18세기 이후에 과부의 재혼이 줄어든 것이라고 생각해볼 수 있다.[24]

[표 3-1-3] 3년 이상 과부로 지낸 경우

단위: 명

연도	3년 지난 호주 과부	동거인 과부	합계	여성 인구 중 비율
1678	34	186	220	3.7%
1717	65	586	651	7.1%
1759	217	455	672	7.2%
1789	96	440	536	6.3%

그리고 이를 뒤집으면, 17세기까지는 과부가 된 여성들 가운데 재혼을 하는 사례가 꽤 있었음을 의미하는 것일 수 있다. 이와 관련한 기록을 『조선왕조실록』에서도 찾아볼 수 있다. 중종(中宗) 23년 윤10월에 대사간 김유(大司諫 金鏐) 등이 말한 내용을 보면, "[……] 요사이 문벌 좋은 큰 집안이 먼저 법을 무너뜨려, 과부가 젊으면 그 부형(父兄)된 사람이 다른 사람에게 시집가도록 허락하고도 태연하게 부끄러워하지

24 재혼의 경향에 대해 좀 더 정밀하게 추적하려면, 과부인 여성들의 기재 사항이 어떻게 변화하는지를 식년별로 추적해보는 것도 좋은 방법이다. 그런데 아쉽게도 『단성호적』은 1678년과 1717년 사이에 남아 있는 식년의 호적이 없다. 그러므로 1678년에 기재된 과부들이 1717년에서 찾아지는 경우가 극히 드물다. 또 여성의 경우에 성 다음에 소사, 또는 씨를 붙이는 방식으로 단순하게 표기되므로, 동일한 인물을 추적하는 것이 쉽지 않다.

않는 수도 있으니 강상(綱常)의 도리가 거의 없어졌습니다. [……]"[25]라고 되어 있다. 양반들도 젊은 나이에 과부가 되면 재가하는 경우가 종종 있었던 것이다. 성종대(成宗代)에 재가녀(再嫁女)의 자손을 금고(禁錮)하는 규정이 만들어졌지만, 16세기 초반까지도 그 법이 큰 효력을 미치지는 못한 것을 알 수 있다.

어쨌든 호적대장의 기재 내용을 볼 때 18세기로 넘어가는 시기에 과부의 수는 늘어났다. 부계질서가 강조되는 분위기 속에서 한번 혼인한 여성은 남편이 죽은 뒤에도 그 자리를 지켜야 한다는 인식이 확산된 것으로 생각된다. 이어서 이러한 경향이 신분에 따라 어떻게 다른지 알아보자.

3. 과부로 남은 여성과 그 신분

과부들이 수절하고 남편의 집안에 남아 있는 것은 때로는 시가의 누군가가 그 생계를 책임지게 됨을 의미한다. 생계를 보장받지 못한 과부들에게 수절을 한다는 것은 사치일 수도 있다. 과부가 처한 사회적 상황과 과부인 채로 살아가는 일 사이에는 긴밀한 상관관계가 있다. 과부의 처지에 따른 차이를 이해하기 위해 호적대장에 기재되어 있는 과부를 신분별로 나누어 살펴보자.

[표 3-1-4]에 따르면, 양반 과부의 비율이 꾸준히 증가하고, 양인에서는 크게 수치의 변화를 보이지 않지만 조금씩 증가하는 것으로 나타난

25 『중종실록』 권64, 23년 윤10월 18일(병술); 17집 70~71면.

다. 천인 과부는 오히려 줄어드는 것으로 나타난다. 그런데 각 신분별로 보면 모든 시기에 양인 과부가 가장 많은 비중을 차지하는 것으로 보여서 양인이 과부인 채로 오래 남아 있기 때문이라고 추측하게 된다. 그러나 양인 여성의 인구 자체가 양반보다 많기 때문에 양인 과부의 수가 많은 것일 수 있다.

[표 3-1-4] 과부의 신분

단위: 명(%)

연도	양반	양인	천인	합계
1678	85 (23.0)	156 (42.3)	128 (34.7)	369 (100)
1717	187 (26.2)	346 (48.4)	182 (25.5)	715 (100)
1759	238 (33.7)	371 (52.5)	97 (13.7)	706 (100)
1789	277 (46.2)	283 (47.2)	40 (6.7)	600 (100)

한편 천인의 경우, 동거인으로 기재된 사람이 과부인지 아닌지를 알아내기가 매우 어렵다. 천인의 경우 남편이 살아 있더라도 같은 집에 동거하지 않을 가능성이 매우 높기 때문이다. 따라서 남편이 죽어도 '과'(寡)로 기재되어 있지 않을 경우도 적지 않게 있었을 것이다. 그러므로 천인 가운데 남편이 먼저 죽은 여성이 실제보다 적게 파악될 수밖에 없었다. 하지만 이런 경우를 알아낼 방법이 없기 때문에 천인은 어쩔 수 없이 그 직역에 '과'라고 명시된 경우만을 추려서 위의 [표 3-1-4]를 만들었다. 여기서 전반적으로 양인에 비해 천인의 수가 적은 것은 이러한 사정으로 천인 과부가 양인 과부보다 적게 파악된 것에 말미암은

것이다. 어쩌면 당시의 실정도 그러했을 것이라는 생각이 든다. 천인의 경우, 과부인지 판단하기가 애매한 경우도 있고, 남편이 죽은 뒤에 다른 누군가와 다시 결합한 경우 또한 많았을 것이다.

과부 수의 증감의 의미를 알려면, 각 신분별 전체 여성 인구의 증감을 고려하지 않을 수 없다. 이에 각 신분별로 20세 이상인 여성의 인구를 추출하고, 그 가운데 과부가 차지하는 비율이 신분별로 어떻게 다른지를 [표 3-1-5]에서 나타내보았다.

[표 3-1-5] 20세 이상 여성 인구 중 과부의 신분별 비율

단위: %

연도	양반	양인	천인
1678	30.0	16.2	7.5
1717	28.9	18.2	8.4
1759	27.5	18.9	6.7
1789	23.9	14.5	2.9

[표 3-1-5]를 보면, [표 3-1-4]에서는 분명하게 드러나지 않았던 사실을 알 수 있다. 양반 여성이 과부인 경우의 비율이 양인 여성의 1.5배를 넘어서는 정도였음을 알 수 있다.[26] 역시 양반 여성이 과부인

26 [표 3-1-5]를 보면, 시간이 흐르면서 양반 과부의 비율이 조금씩 줄어드는데, 이는 실제로 양반층에서 과부의 비율이 줄었음을 보여줄 수 있다. 또는 다음과 같은 요인이 작용했을 수 있다. 첫째, 이 표 자체가 갖는 오류이다. 이 글에서 과부의 수를 뽑을 때, 호적에 호주로 기재된 경우와 동거가족원으로 기재된 경우를 모두 포함하였다. 그런데

채로 남아 있는 경우가 많았다. 천인은 그보다 훨씬 적어서, 천인의 신분으로서 과부의 상태를 오래 유지하기가 어려웠을 것이라는 생각을 확인해준다.

양반층의 경우 17세기 중반에 이미 재혼을 하지 않고 과부인 채로 사는 길이 대세를 이루었음을 알 수 있다. 이와 달리 양인은 16~18%만이 과부인 채로 남아 있고, 나머지 여성들은 과부가 된 뒤 머지않아 재혼을 선택했다. 17세기 중반보다는 18세기로 넘어와서 양인 가운데 과부의 비율은 증가한다. 아마도 과부의 재혼을 부정적으로 보는 사회적 관념이 양반층뿐 아니라 하층민의 생활 속에도 조금씩 스며들었기 때문일 수도 있다. 그러나 그 영향력은 그다지 크지 않았다.

양반과 양인 과부가 과부인 채로 남아 있는 경향에 그러한 차이를 보이는 데는 경제적인 요인이 크게 작용했다. 경제적인 뒷받침이 있는 여성은 재혼을 하지 않고서도 살 수 있었겠지만, 그렇지 못한 여성은 혼자의 힘으로 살아가기 어려웠다. 대체로 양반 여성이 경제적인 기반을 가진 경우가 많았다. 또 시가에 상속받을 재산이 있는 경우, 과부가 수절을 해야 시가(媤家)의 재산이 그 자녀에게 상속될 것을 기대할 수 있었다. 이와 달리 양인은 혼자서 살아갈 수 있을 만큼의 넉넉한

호주로 기재된 경우는 과부임이 분명하게 드러나지만, 가족원으로 기재된 과부는 과부인지 여부가 명확하지 않으므로 실제보다 적게 추출되었을 수 있다. 양반의 경우에 이 책 1부 2장 및 2부 1장에서 보았듯이 여성이 호주로 기재되는 경향은 크게 줄고, 동거가족원으로 기재되는 일이 많아졌다. 그러므로 가족원으로 기재된 양반 과부들이 이 표에서 빠진 경우가 더 많아졌을 것이다. 둘째, 양반으로 파악된 여성의 수가 늘어난 것과 관련이 있을 것이라는 생각이다. 18세기로 가면서 호적에 양반으로 파악되는 인구가 늘어나는데, 때로는 양반이 아니지만, 양반처럼 호적대장에 기재되었을 수도 있다. 그렇다면 20세 이상 양반 여성이라는 모집단의 범위가 넓어지기 때문에 위의 백분율(%)에서 양반 과부가 줄어드는 방향으로 나타날 수 있다.

재산을 모으지 못한 경우가 대부분이었다. 이러한 처지의 과부들은 수절하는 대가로 받을 수 있는 상속에 대한 기대도 품을 수 없었다. 경제적 여건이 되지 않는데 도덕적 규범을 따르기는 어려웠다.

양반 여성은 재혼을 할 경우 그 자녀의 벼슬길이 막힐 수 있었다. 이러한 정황은 박지원의 「열녀함양박씨전」27 속에 등장하는 과부의 사연을 통해 들어볼 수 있다. 사회적 시선 때문에 수절을 하긴 하지만, 그러한 자신의 처지를 한스럽게 생각한 과부의 이야기이다. 그 이야기를 간추려보면, 어느 날 열녀 박씨의 아들이, 행실이 나쁘다고 소문난 과부를 조상으로 둔 다른 관원을 탄핵하려고 했다. 그러자 박씨는 둥그런 둘레도, 글자도 닳아 없어진 동전을 꺼내어 아들에게 보여준다. 그녀는 그 동전을 하룻밤에 대여섯 번씩 굴리며 정욕과 혈기를 억제하며 외로운 밤을 지새웠다는 고백을 하며, 소문이 난 과부를 비난하지 말라고 권한다. 그녀가 밤마다 동전을 굴리며 수절 생활을 버텼던 이유는 '아들의 벼슬길' 때문이었을 것이다. 박지원이 이 이야기를 다룬 것은 과부에게 수절을 강요하는 사회 분위기를 비판하기 위한 것이었지만, 이 이야기 속에서 당시에 많은 양반 과부들이 처한 상황을 짐작할 수 있다. 양반 여성이 수절을 한 데에는 그 자녀의 미래를 막을 수 없다는 실질적이고 분명한 이유가 있었다. 수절에 대한 다른 사람들의 시선과 도덕관념도 무시할 수 없는 요인이었다. 양반 여성 가운데는 경제적으로 그다지 풍요롭지도 못하고, 상속을 기대할 만큼의 재산이 없는 집안의 며느리인 경우도 꽤 있었다. 그렇지만 재혼한 여성의 자손은 벼슬길에 오를 수 없다는 규정이 법전에 올라 있는 상황에서 재혼을 부정적으로 생각하는 주위 사람들의 시선을 의식할 수밖에 없었다. 때로는 과부 자신이 수절에

---

27 『燕巖集』 권1, 「烈女咸陽朴氏傳」.

대한 신념으로 무장되어 있기도 했을 것이다.

양인 과부들은 어땠을까. 그것에 대해 분명한 답을 내릴 수는 없다. 양인은 대부분의 경우 어차피 그 자손이 벼슬길에 오르는 꿈을 접고 살았던 터였다. 양인 여성들의 입장에서 재혼을 하면 자손의 벼슬길을 막을 수 있다는 생각은 처음부터 성립되지 않았다. 그러한 현실적인 규제가 없는 양인 이하의 여성들은 재혼에 대한 도덕적인 거부감도 크지 않았다. 점차 재혼을 부도덕한 것으로 생각하게 되었을 수 있지만, 혼자서 생계를 유지할 수 있는 경제력이 없는 하층민 과부들이 굳이 그러한 도덕적인 규범을 따랐을 것 같지 않다.

설화를 참조해보면, 『이향견문록』(里鄕見聞錄)에 들어 있는 '영동열녀'(嶺東 烈女)의 이야기에서 수절 관념이 하층의 사람들에게 그다지 많이 퍼져 있지 않았던 실정을 읽을 수 있다. 그 이야기를 요약해서 인용하면 다음과 같다.

> 영동에서 온 한 남녀가 서울의 어느 벼슬아치 집에서 고용살이를 하고 있었다. 주인집의 아들이 『사기』(史記) 중에 왕촉(王蠋)이 말한 "충신은 두 임금을 섬기지 아니하고, 열녀는 지아비를 바꾸지 않는다"는 대목을 배우고 있었는데, 여자가 불을 때다가 그 소리를 듣게 되었다. 그리고는 "사람의 사람다운 일을 지금에야 비로소 듣게 되었다"라고 하고, 남편에게 헤어지기를 청했다. 그 남편은 여자가 개가하여 따르게 된 사람으로 젖먹이 아이가 있었다. 남편이 그 이유를 꾸짖어 묻자, 여자가 말했다. "지난날에 당신을 따랐던 것은 단지 사람이면 누구나 다 남편을 가지게 마련인 줄 알아서였지만, 오늘 의리를 알았으니 지금부터는 마땅히 몸을 깨끗이 하여 전남편에게 보답하겠습니다." [……] 남편은 성내고 또 때리며 말렸으나 여자는 굳은 결심을 돌이키지 않고, 주인집으로 달려 들어갔다. 주인집에서도 사실을 듣고 기이하게 여겼다. 그 뒤로 밖에 나다닐 경우 길에서 남편을

피하였는데, 그 차가움이 마치 얼음과 같았다.[28]

이 이야기에는 열녀의 의리를 지키겠다며 재가한 남편과 헤어진 하층 신분의 여인이 나온다. 이에 대해 주인집에서도 기이하게 여겼다는 대목이 재미있다. 하층 여성이 수절관념을 갖는다는 것과 또 이 때문에 현재의 남편을 떠나려 하는 일은 조선후기에도 드문 일이었다. 이 이야기로 일반화하기는 어렵지만, 위 이야기의 주인공과 같이 특별히 교육을 받을 기회를 갖지 못한 양인 이하의 여성들은 정절을 지키는 것이 옳다는 것조차 몰랐을 수 있다. 이러한 정황은 [표 3-1-5]에서 양인 가운데 과부가 차지하는 비율이 낮았던 것과 잘 어울린다. 18~19세기에 하층민이 수절하는 것은 매우 특이한 경우였던 것이다.

지금까지 살펴본 바에 따르면, 과부들이 재혼을 하지 않고 과부인 채로 살아가는 일이 늘어난 것으로 보인다. 그리고 양인이나 천인보다는 양반에서 과부의 비율이 높았다. 다음에는 『단성호적』에 보이는 과부들이 누구와 어떻게 살았는지를 좀 더 자세히 살펴보기로 하자. 과부들과 동거하는 가족들과의 관계를 통해서, 17세기 후반에서 18세기에 걸쳐 그들의 상황이 어떻게 변하는가를 알아보겠다.

---

28 『里鄕見聞錄』 권4 烈女 嶺東 烈女(劉在建, 實是學舍 古典文學硏究會 譯註, 민음사, 1997, 214~215쪽). 이 글은 원래 『委巷瑣聞』에 실려 있던 것을 유재건이 『里鄕見聞錄』에 담은 것이다. 『委巷瑣聞』의 저자 신광현(1813~?)은 19세기 초의 문인 화가라고 알려져 있다. 그렇다면 이는 내용은 19세기 초의 상황이다. 민간에 떠도는 이야기를 기록한 것이라고 하니, 이야기가 전해지는 데 걸리는 시간을 생각하면 18세기에 있었던 일이라고 볼 수 있을 것이다.

4. 시가(媤家)와 친가(親家)의 갈림길: 과부의 귀속

결혼해서 남편이 먼저 죽게 되면 여성들은 어디서 누구와 함께 살았을까. 대개 남편과 함께 살던 집에 남아서 수절하거나, 시댁에서 며느리로서 늙어갈 것이다. 『단성호적』에 기록된 과부의 사례를 통해 과부의 거주, 함께 기재된 구성원과의 관계를 살펴보기로 하자.

1) 호주로 기재된 과부

먼저 남편과 함께 살던 집에 남아 죽은 남편을 대신하여 호주로 기재된 과부들에 대하여 살펴보자. 그들은 누구와 함께 살았을까.[29]

[표 3-1-6] 과부 호주의 동거가족

단위: 명

연도	독거	노비	아들		딸		며느리	양자	손	조카	동생	합계
			기혼	미혼	기혼	미혼						
1678	25	21	40	61	8	17	5	1	2	1	2	183
1717	22	17	8	34	4	37	5	0	2	0	0	129
1759	55	10	4	72	4	88	6	1	9	0	2	251
1789	13	12	15	68	3	37	5	0	6	1	0	160

29 여기서 수를 산출한 방식은 이 책 1부 2장의 [표 1-2-7]에서 한 것과 같다. 1부 2장의 주 35 참조. 단, 이 표의 수는 [표 1-2-7]의 수보다 적다. 그 이유는 [표 1-2-7]이 여성호주에 대한 것이라면, 이 표는 과부 호주만을 추린 것이기 때문이다. 여성호주와 과부 호주의 대비는 [표 1-2-5]를 참조할 것.

호주가 된 과부들과 함께 사는 구성원은 아들, 딸, 혼자 된 며느리, 양자, 손자, 조카, 동생 등 다양하다. 일단 18세기 이후, 아들이 있는 경우에는 호주가 아니라 아들의 어머니로 기재되는 일이 많아졌으므로 과부의 호에 아들이 기재된 경우도 줄었다. 기혼의 딸과 동거한 경우는 적은 사례만이 보이지만 점차 줄어든 것을 볼 수 있는데, 18세기 중반으로 가면서 그러한 경향은 더욱 커졌다. 그리고 며느리와 둘이 살고 있는 경우가 보이는데, 그 경우는 2대가 모두 과부로 사는 경우이다. 혼자가 된 여성은 양자(養子)를 들이기도 했지만, 그 경우는 드물었다. 여기서 이미 혼인을 한 장성한 자녀가 있는 경우는 이미 연로한 상태에서 과부가 되었을 가능성이 높다. 자녀가 다 성장하고 부부가 늙은 뒤에 남편이 먼저 죽어서 과부가 된 경우는 과부의 수절 문제와 그다지 관련이 없다.

[표 3-1-6]에서 '독거'와 '노비'라고 분류된 경우는 혈연관계가 있는 '가족'과 동거하지 않고 혼자서 또는 노비와 더불어 사는 과부이다. 이렇듯 호주로 기재된 과부에게 함께 기재된 가족원이 있는 것과 없는 것은 그 의미가 다르다. 함께 살 자녀가 없는 과부라면 대개 나이가 젊거나, 또는 젊은 나이에 과부가 되어 오래 혼자 산 경우일 수도 있다. 그렇더라도 다른 친인척이 호주로 있는 호에 가 구성원으로 기재될 수도 있을 텐데, 스스로 호주가 되어 혼자 사는 과부들의 모습이 흥미롭다. 이러한 과부들은 마땅히 부양할 가족도 없고 달리 의탁할 만한 가족도 없는 경우일 수 있다.

이에 [표 3-1-7]에서 과부를 동거하는 가족이 있는지 여부에 따라 나누어보았다. 이 표를 보면, 과부로서 호주로 되어 있는 여성 가운데 가족 없이 사는 경우는 대체로 15~30% 정도이다. 이렇듯 가족 없이 단독 또는 노비와 기재된 과부들의 수는 신분별로 눈에 띌 만한 차이를

[표 3-1-7] 과부 호주의 동거 상황

단위: 명(%)

연도	가족 없음			가족 있음				합계
	혼자 삶	노비	계	아들	딸	기타	계	
1678	25	21	46 (25.1)	101	25	11	137 (74.9)	183 (100)
1717	22	17	39 (30.2)	42	41	7	90 (69.8)	129 (100)
1759	55	10	65 (25.9)	76	92	18	186 (74.1)	251 (100)
1789	13	12	25 (15.6)	83	40	12	135 (84.4)	160 (100)

보이지 않았다. 식년마다 다르게 나타나는데, 그 수가 많지 않으므로 4개 식년을 합산해서 보면 양반과 천인이 50~60호 정도로 비슷하고 양인이 90호를 넘어서서 많은 편이다.[30] 한편, 혼자 사는 과부의 나이를 살펴보면, 나이가 50세, 60세가 넘은 경우도 많다.[31] 이에 대해 아이를 아직 낳지 않은 상태에서 과부가 되어 오랜 세월을 수절했다고 볼 수도

30 이에 대해서는 1부 1장의 [표 1-1-4] 및 그에 대한 설명 참조.

31 참고로, 과부 호주의 나이 분포를 알아보면 다음 표와 같다. 예상대로 40대 이후의 과부가 많은 것을 알 수 있다.

과부 호주의 나이

단위: 명

연도	최소	~30	31~40	41~50	51~60	61~70	71~	최대	합계	40세 이하(%)
1678	24세	5	30	54	49	30	14	81세	183	35 (19.1)
1717	22세	3	22	38	37	17	1	82세	129	25 (19.4)
1759	21세	9	28	63	70	59	22	89세	251	37 (14.7)
1789	23세	4	12	43	36	44	21	88세	160	16 (10.0)

있다. 또는 50대, 60대에 과부가 되었고 자녀도 있지만, 자녀는 출가하여 멀리 떠났거나, 독립된 호를 이루고 어머니를 모시지 않은 경우일 수도 있다. 아들 없이 딸만을 둔 경우는 딸의 집에 동거할 수도 있지만, 사정이 여의치 않은 경우도 있을 것이다.

한편, 가족은 아닌 듯하지만, 2명의 동거녀와 함께 사는 것으로 기재된 과부의 사례를 1678년 생비량면에서 찾아볼 수 있는데, 과녀 김소사(55세)가 호주로 기재된 호에 임소사(65세), 박소사(75세)가 '동거양녀'(同居良女)로 되어 있는 경우이다.[32] 이들이 어떤 관계로 맺어졌는지 알 수 없지만, 남편 없는 3명의 나이 든 여성이 한 호에 기재되어 있어서 흥미롭다.

2) 동거가족원으로 기재된 경우

과부가 다른 호주 밑에 동거인으로 들어가 있는 경우, 누구의 호에 기재되었는지 살펴보자. 가장 흔한 경우는 아들의 호에 어머니로 기재된 경우이다. 그 밖의 경우는 친가 또는 시가의 친척 집 중 한곳에서 살 가능성을 갖게 된다. 조선후기의 부계 위주의 사회에서 과부가 되면, 당연히 시가에 남을 것이라고 생각하기 쉽다. 곧, 시부모를 모시며 살거나, 시부모가 없을 때는 남편의 다른 형제의 집에 얹혀서 살 것이라는 예상을 하게 된다. 그런데 『단성호적』을 살펴보면 어머니·장모·딸·며느리·누이·형수·사촌형수·숙모·외숙모·동거인 등 다양한 관계로

32 『단성(상)』, 96a, 생비량 03－03－06. 호주는 과녀 김소사이고, 임소사와 박소사는 '동거양녀'라고 표시되어 있다. 이때, 호주인 김소사는 확실히 과부이지만 임소사와 박소사는 '과부'가 아닐 수도 있다. 남편이 없고, 나이가 65세 이상이므로 과부로 추정될 뿐, 혼인한 일이 없을 수도 있고, 또 남편을 떠난 경우일 수도 있다. 이 사례에 대해서는 1부 2장의 주 54 참조.

기재된 과부들을 찾을 수 있다. 누군가의 호에 동거인으로 기재된 과부가 호주와 어떤 관계에 있는지를 정리해보면 다음과 같은 결과를 얻게 된다.

[표 3-1-8] 동거인으로 기재된 과부와 호주의 관계

단위: 명

연도	어머니	장모	딸	자매	며느리	형수 제수	숙모	외숙모	종수	동거	합계
1678	148	10	6	9	7	2	2	0	0	2	186
1717	457	39	14	25	15	28	6	2	1	1	586
1759	367	29	5	12	15	22	3	0	2	0	455
1789	393	10	6	2	11	16	2	0	0	0	440

이 표의 호칭은 호주에 대한 과부의 관계를 나타낸 것이다. 누군가의 호에 가족원으로 기재된 경우, 그 '가족 관계 속 위치'를 통해 그 과부가 노년에 접어들었는지, 아니면 아직 젊은 과부인지 짐작할 수 있다. 그 가운데 어머니, 장모, 숙모로 기재되어 있는 경우는 대체로 50세 이상인 경우가 대부분이다. 어머니로 기재된 경우는 아들이 호주인 집에 '솔모'(率母)로 기재된 경우이다. 장모로 기재된 경우는, 사위가 호주로 있는 집에 '처모'(妻母)의 관계로 기재된 사례를 추린 것으로, 달리 의탁할 아들이 없어서 딸과 사위가 함께 사는 호에 기재된 경우이다.[33] 이와

33 사위와 함께 사는 장인·장모, 또는 처가에 들어가서 사는 사위의 모습은 고려에서 일반적이었다고 하는 서류부가혼(婿留婦家婚)과 처변거주(妻邊居住)의 형태를 떠올리게 한다. 권순형의 연구에 따르면, 고려의 서류부가혼은 단순히 결혼 초에 처가에 거주하다가

같이 아들 또는 딸의 집에 함께 사는 과부들은 그래도 형편이 좋은 것이었다. 숙모의 경우는 아들·딸의 집에 의탁할 수 없는 사정이어서 남편의 조카 집에 머물게 된 사례이다. 이 가운데는 과부가 '외숙모'로 기재된 경우도 있다.[34] 이는 과부가 전남편의 여자형제의 아들집에 살고 있는 경우이다. 과부 자신의 입장에서 보면, 전남편의 친척집에 산다는 점에서는 시가(媤家)에 사는 것인데, 그 호주의 입장에서 생각하면 죽은 외삼촌의 처를 모시는 것이므로, 친가가 아닌 외가의 친지를 모시는 것이 된다.

한편 설화 속에서 숙부의 집 옆에 과부가 된 어머니와 딸이 단둘이 의지하여 살아가는 경우를 찾아볼 수 있다.[35] 이야기의 기본 줄거리는 다음과 같다. 한 선비가 한 소녀를 보고 반하여 혼인을 했는데, 선비가 먼저 죽어서 혼자 남은 그 소녀(장씨)는 수절을 하고 아들·손자들을 잘 키웠다. 하지만 장씨 부인은 죽음에 임박하여 그 집안의 며느리들에게

이후에 부가로 가는 것만을 의미하는 것이 아니라, 장기간 머물기도 하고 나중에 장인·장모를 모시고 살기도 했다(권순형, 「高麗時代 婚姻制度 硏究」, 이화여자대학교 박사학위논문, 1997, 67~73쪽). 최재석은 주로 호적을 분석하여 결혼한 부부가 혼인 후 3~24년 동안 친정생활을 한 뒤 남편 집으로 돌아간다고 설명했다(崔在錫, 앞의 책, 211쪽). 이렇듯 사위와 함께 사는 경우는 오랜 습속에 기반을 둔 것이겠지만, 17, 18세기 단성현에서 그다지 일반적인 상황은 아니었다. 어쨌든 아들도 없고 남편도 없어 달리 의탁할 곳 없는 장모가 결혼한 딸의 집에 함께 사는 일은 특정한 제도나 관습에 상관없이 충분히 있을 수 있는 일이다. 한편, 사위가 장인의 호에 기재된 경우에 대해서는 1부 1장 "딸과 사위"에 대한 설명 참조.

34 1717년 호적대장에서 두 사례를 볼 수 있는데, 그중 한 사례를 보면, 호주 유학 주남중(38세)의 호에 65세의 외숙모 허씨가 살고 있다. 주남중이 과부가 된 외숙모 허씨와 살고 있는 것이 흥미롭다. 이 호에 비 2명이 함께 기재되어 있고, 주남중의 직역이 유학이고 '허씨'라고 '씨'를 붙여 표기된 것으로 보아 양반일 가능성이 높다(『단성(상)』, 224b, 도산, 05-02-05).

35 <遺訓>(李佑成·林熒澤 譯編, 『李朝漢文短篇集(上)』, 一潮閣, 1973, 249~254쪽), 『동야휘집』 '授簡書老婦垂誡.'

만일 과부가 되거든 수절하려고 하지 말고 원할 경우 재가를 하는 것도 좋은 방법이라고 유언을 남기었다는 이야기이다.

그런데 그 장씨 부인이 소녀인 시절에 선비와 만난 직후에 선비가 그 소녀의 사정을 알아보는 대목에서 "대대로 사족인 장씨 댁인데, 집안 살림이 빈한하여 숙부 집 옆에서 모녀 단둘이 의지해 살고 있고 아직 딸의 배필을 정하지 못한 줄 알게 되었다"라는 내용을 볼 수 있다. 장씨 부인이 소녀이던 시절에 그 어머니는 과부가 된 상태였고, 가난하기 때문에 숙부 집 옆에 의지해서 살았던 것이다. 이 경우 숙부는 그 소녀의 숙부이므로, 곧 과부 입장에서는 남편의 시동생집 근처에 의지해 살았던 것이 된다.

이와 같이 숙모로 기재된 경우 외에 시댁에 며느리로 남아 있는 경우, 죽은 남편의 형제 집에 사는 경우,[36] 친정으로 들어가서 딸로 표기된 경우,[37] 친정오빠의 집에 가서 여동생으로 되어 있는 경우[38] 등을 찾아볼 수 있다. 또 예외적이긴 하지만, 결혼한 친정언니의 집에 처제로 기재된 경우도 보인다.[39] 이러한 경우들 가운데 딸이나 며느리로 기재된 경우는

---

36 과수(寡嫂)라고 표현되어 있는 경우가 있다. 그런데 그렇게 표현되어 있지 않더라도, 형수(兄嫂) 또는 형처(兄妻), 제수(弟嫂) 또는 제처(弟妻)라고 표시된 것 가운데, 30세가 넘었는데 그녀의 남편이 그 집에 기재되어 있지 않은 경우를 과부로 생각하였다. 단 노비의 경우는 그런 경우라고 해도, 그 남편이 다른 집에 솔거하는 등 여러 사정에 의해 부재중일 수도 있다고 생각하여, 과부의 수에서 일단 제외하였다.

37 1678년 호적에 주이룡(65세)이 호주인 호에 35세의 그의 딸이 '솔과녀'로 표시된 것을 볼 수 있다. '과녀'는 일반적으로 과부이지만, 이 경우는 과부가 된 딸이라는 의미로 해석된다.(『단성(상)』, 26b, 현내, 01－12－04)

38 이 가운데는 과매(寡妹)라고 기재된 경우가 있다. 이는 과부인 것이 분명하다. 그 밖의 경우에도 나이가 30세가 넘었는데 배우자 없이 남자 형제의 집에 동거하는 경우, 과부로 간주하였다. '딸'로 표기된 경우도 마찬가지이다. 그런데 사실 딸, 또는 여동생일 때 30세를 조금 넘은 경우는 아직 결혼을 하지 않은 것일 수 있으므로, 이 수치가 정확한 과부의 수를 추린 것이라고는 할 수 없다.

아무래도 젊은 과부일 가능성이 높다. 그리고 여동생이나 형수·제수로 기재된 경우 역시 대체로 그 정도 나이가 될 것으로 예상된다.[40]

어쨌든 우리의 관심을 끄는 것은 20대 또는 30대의 젊은 과부들이다.[41] 이에 어머니나 장모·숙모로 기재된 경우보다는 딸 또는 여동생, 며느리 또는 형(제)수로 기재된 과부들의 사례가 흥미롭다. 이에 딸·자매·며느리·형수·제수로 기재된 경우만을 뽑아서 그 호주와의 관계를 기준으로 친가와 시가로 나누어 [표 3-1-9]를 만들어 보았다. 이 표에서 친가에로 표시된 것은 과부가 딸·여동생으로 기재된 경우이고, 시가로 표시된 것은 과부가 며느리·형수 또는 제수로 기재된 것이다.

[표 3-1-9] 과부의 친가 및 시가 거주 상황

단위: 명

연도	친가	시가	시가/친가
1678	15	9	0.6
1717	39	43	1.1
1759	17	37	2.2
1789	8	27	3.4

39 『단성(하)』, 100b, 1759, 생비량, 09-03-03. 호주는 군향보 전악지이다. 전악지의 처는 차소사로 기재되어 있고, 처제로 기록된 차소사는 33세이다. 그녀가 과부인지, 늦도록 결혼하지 않은 경우인지 분명히 알 수는 없다.

40 『단성(상)』, 60a, 1678년 호적의 북동면 7통 3리 2호에 사는 호주인 박점금의 호에 죽은 형의 처 정소사가 가현(加現)한 것으로 표기되어 있는데 그녀의 나이는 32세로 되어 있다.

41 예를 들어, 50~60대 이상의 과부는 젊은 때부터 수절한 경우일 수도 있지만, 연로하여 남편이 사망했을 수도 있으므로, 그 거취 등과 관련하여 그다지 의미 있는 분석 대상이 아니라고 보았다.

1678년을 보면, 친가식구들과 함께 사는 경우가 시가식구와 같이 사는 경우보다 많다. 그런데 1678년에서 1789년으로 가면서, 친정 또는 시가의 친지와 동거하는 비율이 점차 역전되었다. 물론 그 수는 전체 인구를 생각할 때 극히 적은 수이다. 이와 같이 적은 수를 갖고 추세를 이야기한다는 것이 무리일 수도 있지만, 변화의 흔적을 엿볼 수는 있다.

조선전기에 과부가 친가로 간 경우는 『조선왕조실록』의 기사에서도 볼 수 있다. 중종 13년에 경상도 관찰사 한세환(韓世桓)이 효행(孝行)과 절의(節義)를 보인 사람에 대해 보고한 기록을 보면, 다음과 같다.

> 김씨(金氏)는 나이 20에 양정(梁貞)의 집에 시집갔다가 3년 만에 양정이 죽자 몸소 전물(奠物)을 드리며 삼년상을 마쳤는데, 친정아버지가 일찍 과부된 것을 불쌍히 여겨 개가시키려 하니 (김씨는) 시가로 도망쳐 와서 친정으로 돌아가지 않고 시부모를 봉양하였습니다.[42]

위의 기록에 나오는 김씨는 효행과 절의가 뛰어나서 특별히 거론된 경우이다. 김씨는 개가를 거부하고 시가로 도망쳐 와서 친정으로 돌아가지 않고 시부모를 봉양한 여인이었다. 그런데 이렇게 개가를 거부한 여인도 어쨌든 남편의 삼년상이 끝나자 친정으로 돌아갔던 것이다. 그리고 친정부모가 개가시키려 하자 시가로 도망쳐서 친정으로 돌아가지 않았다. 이 이야기에서 몇 가지 사실을 확인할 수 있다. 첫째, 대부분의 과부가 남편의 삼년상을 마치면 친정으로 돌아갔고 그것은 전혀 이상한 일이 아니었다는 점이다. 둘째, 그러한 경우 친정부모는 개가를 적극 권유했다는 사실이다. 셋째, 부모가 추진한 개가를 거부하고 시가로

42 『중종실록』 권34 13년 10월 18일(갑신); 15집 485면.

와서 시부모를 모시며 산 여인은 각별히 포상을 받을 만큼 특수한 경우라는 점이다.

퇴계 이황(退溪 李滉)과 그 며느리에 대한 이야기에서 양반들도 과부가 된 뒤 재혼을 하기 위해 친정으로 가는 경우가 있었다는 것을 알 수 있다.[43] 그 이야기 속에는 이 책에서 주로 분석하고 있는 지역인 '단성현'이 등장하여 더욱 흥미로운데, 그 내용을 요약하면 다음과 같다. 퇴계 선생의 맏아들이 일찍 사망하고 자식이 없었다. 그런데 그 자부는 친정에서 9대 독자의 딸이었다. 선생은 아들 잃은 슬픔 못지않게 그 자부가 청상과부가 된 것을 슬퍼했다. 그래서 친정으로 보내면서, "9대 독자의 딸로 우리 집에 시집와 손이 끊기게 되는 것을 차마 볼 수 없으니, 비록 너의 절행(節行)을 알지만 <u>다시 돌아오지 말고 친정부모 명령에 따르도록 해라</u>" 하며 타일러서 보냈다. 그리고 수십 년 후, 선생이 단성 지역을 지나다가 한 양반 가정에 묵게 되었다. 주인이 저녁식사를 아주 풍성하게 잘 차려왔는데, 보니까 청장을 큰 그릇에 가득 담아 올려놓았다. 선생이 이상하게 생각하고 그 인척관계를 물으니, 주인은 주부가 어느 집안의 딸이라고 알려주었다. 곧 이 집은 선생의 옛날 자부가 개가(改嫁)한 집이었고, 이날 선생이 유숙한 것을 안 주부는 선생이 늘 좋아하던 청장을 만들어 상에 올린 것이었다.[44] 이 이야기에서 퇴계의 며느리가 재가를 하기 위해 친정으로 간 것과 그녀가 재가를 할 때 단성 지역의 당당한 양반집안의 정실(正室)로 들어갔다는 것이 흥미롭다. 16세기 중반까지도 양반들의 재혼이 큰 흠으로 여겨지지 않았던 사실을 짐작할 수 있다.

43 이는 명종 때의 이야기이므로, 16세기 중반에 있었던 일이다.

44 <李退溪子婦>(김현룡, 앞의 제3책, 1999, 169~170쪽), 『東稗洛誦(329)』.

이러한 이야기들을 통해 조선전기에는 과부들이 친정으로 가서 지내거나, 개가(改嫁)를 하는 일이 예사였음을 짐작할 수 있다. 그런데 조선후기의 설화 속에서도 딸을 재가시키는 친정아버지의 이야기를 볼 수 있다. 『계서야담』(溪西野譚)에 실린 이야기를 보면, 한 재상의 딸이 시집간 지 얼마 지나지 않아 청상과부가 되어 친정에 와 있었다.[45] 어느 날 재상은 거울을 보며 화장을 하다 말고 슬피 우는 딸의 모습을 보게 된다. 이에 재상은 평소에 알고 있던 젊은 무변(武弁)에게 "계속 이렇게 곤궁하게 살 것이 아니라 나의 사위가 되지 않겠느냐?"라고 제안했다. 재상은 곧 상자 속에서 은주머니를 꺼내 주면서, "지금 가서 이 돈으로 좋은 말 한 필과 가마를 세내어 내일 새벽에 우리 집 뒷문 밖에서 기다려 달라"고 당부했다. 무변이 약속대로 말과 가마를 준비해 기다리니, 재상은 한 여자를 데리고 나와 가마에 태우고는, "곧바로 함경도 지방에 가서 살아라"라며 길을 재촉했다. 그리고 방에 들어온 재상은 곧 곡성을 내고 딸이 자결했음을 알렸다. 그리고 딸이 유언에서 부친 외에는 아무도 자기의 죽은 모습을 보지 못하게 했다고 둘러대면서 혼자 이불을 싸서 딸의 시체를 만들어 염습해 덮은 다음 시집에 알렸다. 이렇게 해서 시가 사람들이 와서 장례를 치르고 관을 시가의 선산 끝에 묻었다. 뒷날에 재상의 아들이 암행어사가 되어 함경도 지방으로 가서, 한 집에 들러 하룻밤을 묵게 되었는데 어쩐지 아이들이 자기 집안의 얼굴과 닮은 것 같았다. 그런데 밤중에 안에서 부인이 나와 자신의 손을 잡고 울기에 자세히 보니 자결했다고 알고 있던 자신의 누님이었다.

이 이야기는 조선후기에 개가에 대한 부정적인 인식 때문에 드러내고

45 <一宰相女>(김현룡, 위의 책, 168쪽), 『계서야담』 146, 『청구야담(김 556)』, 『청야담수(540)』.

재가하지 못하고, 죽은 것처럼 위장하여 남 몰래 먼 타향으로 떠나서 비밀리에 새 삶을 사는 것만이 가능했던 정황을 보여준다. 그런데 이야기를 풀어가는 서술 태도를 보면, 재가는 감추어야 할 일임을 전제로 하고 있지만, 청상과부가 친정에 와서 지내는 것에 대해서는 아무런 거리낌 없이 서술한 것을 볼 수 있다.

『단성호적』 속에서도 과부가 된 뒤에 친가로 간 것으로 보이는 양반의 사례를 찾아볼 수 있다. 1759년 호적대장을 보면, 현내면의 유학 권중백은 안동 권씨로 양반 신분이다.[46] 그와 함께 살던 며느리 성씨는 40세인데 남편은 보이지 않는다. 아마도 과부가 된 지 3년 또는 그 이상의 시간이 흐른 경우라고 생각된다. 그리고 성씨는 진주(晉州)로 이거(移去)했다고 기재되어 있다. 성씨의 아들인 권봉원도 역시 진주로 이거했다고 표시되어 있다. 성씨는 과부가 된 뒤 얼마 동안 시가에서 시부모를 봉양하며 살다가 아들을 데리고 진주로 떠난 것이다.[47]

한편, 법전에서도 출가했다가 다시 본가로 돌아온 여성에 대한 조항을 찾을 수 있다. 『경국대전』에는 "출가녀(出嫁女)에게는 본복(本服)의 1등을 강복(降服)하고 고(姑)·자(姉)·매(妹)·여(女)·손녀로서 출가했였다가 본가로 돌아온 자에게는 혼인하지 않은 자(未嫁者)와 같이 한다"[48]라고 규정되어 있다. 곧 시집간 딸의 경우 1등을 내려서 복을 입지만, "고모, 자매, 딸, 손녀가 출가했다가 다시 본가로 돌아 온 경우"는 출가하지 않은 딸과 같은 등급의 복을 입는다는 것이다. 이러한 규정을 통해 시집갔다가 다시 친가로 돌아온 '딸들'의 사례가 이례적인 것이

46 『단성(하)』, 25b, 현내, 10－02－02.

47 과부 성씨의 친가가 진주에 있다는 증거는 없다. 그녀가 어떤 사정에서 진주로 옮겨가서 스스로 호주가 되어 살았는지 알 수는 없다.

48 『경국대전』 권3, 예전 오복. '본종(本宗)'.

아님을 알 수 있다.

또 다른 조선후기에 기록된 문헌설화에서 과부가 된 뒤 친정오빠와 함께 지내는 사례를 찾아볼 수가 있다. 「고담」(古談)이라는 이야기 속에 나오는 과부는 권진사의 첩이 된다. 그 이야기 속에서 그녀는 처음 권진사를 만난 날 이렇게 자신을 소개한다.

> 저는 서울의 가문이 번화한 벼슬아치 집의 딸입니다. 14세에 출가했다가 15세에 남편을 잃고 부친도 일찍 작고하셔서 지금은 오빠에게 의지해 있는데, 오빠는 성벽이 남달라서 세상 습속을 좇아 예법에 구애되어 어린 누이를 혼자 늙히고 싶지 않대요. 개가할 자리를 구하려 하니 온 문중에 말썽이 크게 나서 모두들 가문을 더럽힌다고 반대하여 꾸중하시기 때문에 부득이 의논을 그만두었습니다. [……] 오빠는 적당한 남자를 만나 소녀를 맡기고 돌아가서 일가(一家)들의 이목을 피하겠다는 것이어요. [……][49]

여기서 주인공인 여인은 자신의 개가를 추진한 오빠의 행동은 세상의 습속을 좇지 않는 행동이라고 설명했다. 당시에 재가를 금지하는 분위기가 양반층에 널리 퍼져 있었다는 것을 알 수 있다. 하지만 여동생이 오빠에게 의지해 있는 것 자체에 대해서는 매우 당연한 것으로 그려놓았다. 조선후기에도 과부가 된 젊은 여성들은 친정식구에게 의지하는 경우가 종종 있었다는 것을 짐작하게 한다. 또 친정식구와 함께 지낼 경우, '세상의 습속'과 달리 재혼을 할 수 있게 친정식구가 주선하는 경우가 있었음을 알 수 있다.

이렇게 친가에서 사는 여성들은 어떤 신분이었을까. 친가에서 살았던

49 <古談>(이우성·임형택 역편, 앞의 책(상), 1973, 234~242쪽), 『계서야담』.

과부들은 어쩌면 대부분 하층 여성일 수도 있지 않을까. 양반 여성들도 친가로 옮겨 살았을까. [표 3-1-10]에서 신분별로 거주 상황을 표시하였다.

[표 3-1-10] 과부의 신분별 친가 및 시가 거주 상황

단위: 명

연도	양반			양인			천인			합계		
	친가	시가	친가:시가	친가	시가	친가:시가	친가	시가	친가:시가	친가	시가	친가:시가
1678	4	3	1 : 0.75	5	6	1 : 1.2	6	0	6 : 0	15	9	1 : 0.6
1717	2	19	1 : 9.5	21	20	1 : 1	16	4	1 : 0.3	39	43	1 : 1.1
1759	3	26	1 : 8.7	11	10	1 : 0.9	3	1	1 : 0.3	17	37	1 : 2.2
1789	0	21	0 : 21	4	5	1 : 1.3	4	1	1 : 0.3	8	27	1 : 3.4

[표 3-1-10]에서 확인해보니, 친가 쪽에서 시가 쪽으로 옮겨가는 경향을 가장 뚜렷하게 드러내는 것이 양반층 여성이었다. 양반층에서는 1678년과 1717년 이후에 뚜렷한 변화가 나타난다. 곧 18세기로 가는 사이 어떤 변화가 보이기 전에는 대체로 양반들도 과부가 된 뒤 친정으로 가서 사는 경우가 많았다. 그녀들은 친정으로 옮겨가서 살면서 재혼할 기회를 찾았을지도 모른다. 반면, 양인이나 천인은 18세기에도 별 변화를 보이지 않는다. 그들은 계속 시가를 떠나 친가로 갔던 것이다. 양인 과부들은 친가든 시가든 그 두 집안 가운데 편하게 의탁할 수 있는 곳을 택했을 수 있다. 시가의 입장에서도 혼자된 며느리를 데리고 살기가 버거웠을 것이다.

이를 지위와 관련하여 생각할 수 있을까? 과부가 된 뒤에 친정 쪽에 소속되는 것을 여성의 지위가 높은 것이라고 보고, 시가로 가게 되는 것을 낮은 것이라고 단순하게 이해할 수는 없을 것이다. 이 문제와 관련하여 고봉 기대승이 퇴계 이황에게 보낸 편지의 한 대목이 눈길을 끈다. 기대승은 "며느리가 제사를 주재하는 것은 결단코 안 됩니다. 지금의 이 법은 비록 과부가 내쳐지는 화를 면하게 하기 위한 것이기는 하지만, 큰 근본이 이미 틀렸으니 다시 무슨 예를 논하겠습니까. 그러나 만약 맏며느리를 위해 하나의 법을 세워 알맞은 도리를 얻게 하려면, 어떻게 법을 만들어야 예의 뜻에 합당할지 모르겠습니다. 제 생각에는 제사를 잇는 이가 자손 없이 죽었을 경우, 그 집안사람으로 제사를 이어받을 이가 곧 전중[傳重: 조상의 제사를 자손에게 전해 이음]해야 되고, 그 과부는 그대로 그 집에 있으면서 평생을 마칠 뿐, 제사에 관한 모든 일은 모두 전중하는 이에게 맡겨 드나들면서 받들게 한다면, 예문의 본뜻과 오늘날 풍속의 마땅함에 다 서로 방해될 것이 없을 것으로 여기는데, 이 뜻이 어떨지 모르겠습니다"[50]라고 하여 며느리가 제사를 주재하는 것에 반대하고 있다. 그러한 논의를 펼치면서, 과부가 된 맏며느리가 제사를 지내도록 한 것은 과부를 내쫓는 일을 막으려는 의도라고 설명하였다. 맏며느리가 제사를 주재하는 권한을 갖는 것은 궁극적으로 재산 상속의 문제, 그리고 제사를 받을 사람을 지정하는 권한 등과 연관이 있는 것이다.[51] 장남이 죽은 뒤 그 과부인 종부를 내쫓을 경우, 장남의 아들에게 배정된 상속분은 다른 아들들이 차지하게 될 가능성이

50 기대승, 「主祭說」, 김영두 편역, 『퇴계와 고봉 편지를 쓰다』, 소나무, 2003, 514~516쪽.

51 이는 과부가 된 맏며느리의 권한이 조선후기에 변화되는 문제와 관련이 있다. 총부의 권한에 대해서는 이순구, 앞의 논문, 1996 참조.

높았다. 어쨌든 이 기록에서, 양반의 과부가 제사를 맡지 않을 경우, 시가에서 '내쳐지는 화'를 당하는 일에 대해 걱정해야 하는 상황임을 알 수 있다. 하물며 양인 등의 하층민의 경우, 과부가 된 뒤에 시가의 친척에게 의지하여 살아간다는 것은 쉽지 않은 일이었을 것이다.

과부가 된 뒤에 어디에 거주하는가에 대해 단순하게, 하나의 기준으로 그 의미를 평가할 수는 없다. 친정으로 가거나, 시가로 가게 되는 사정은 매우 다양할 것이다. 어떤 점에서 과부들은 시가에 남기를 원했을 수도 있다. 또는 그것은 여성을 시가의 일원으로 분명하게 인식한다는 점에서 혼인을 한 여성의 지위가 확고하게 유지되었음을 의미할 수도 있다.[52] 다만, 과부가 된 뒤에 친가로 가는 경우가 많은 상황은 '출가외인'의 관념이 그다지 강하지 않은 상태임을 보여주는 것이다. 그것은 한편으로는, 친가의 딸이라는 자격으로 갖는 권한을 유지한다는 점에서 여성에게 혼인 후에 남편과 시가의 영향력에 온전히 포섭되지 않는 어떤 여지를 가질 수 있었던 것일 수 있다.

조선시대 이야기 가운데 시가에 머물러 사는 과부가 스스로 재혼을 할 기회를 만들고, 그 과정에서 친정식구의 도움을 받는 이야기가 있다.[53] 그 이야기를 소개하면 다음과 같다. 한 선비가 점쟁이의 말을 믿고 길에서 만난 소복한 여인, 곧 과부를 따라 그 집까지 들어간다. 그러자 한참 후에 한 노인이 이웃으로부터 와서 하는 말이, "어디서 오신 손님이

52 이에 대해 장병인은 "조선시대 여성에 대한 도덕적 주체로서의 자격 부여가 가부장적 이데올로기의 테두리 안에서 이루어진 것이긴 하지만, 적어도 남편의 부인에 대한 예우나 자녀에 대한 권위가 높아지는 결과로 나타날 수 있었다(『조선전기 혼인제와 성차별』, 일지사, 1997, 417~418쪽)라는 측면을 언급한 바 있다.

53 <馬>(이우성·임형택 역편, 앞의 책(상), 1973, 242~248쪽). 이 이야기는 「東稗洛誦」, 「靑邱野談」 등에 '信卜說 湖儒探香' 또는 '假竊馬 轉禍媒榮'라는 제목으로 들어 있다.

이 빈 사랑에 드셨소? 여긴 혼자된 내 며느리 집이오. 주인 노릇 할 남자가 없으니, 내 거처로 가십시다. 내게서 유하고 떠나시오"라고 하였다. 그러자 선비는 폐를 끼치고 싶지 않다며 사양한다. 노인이 여기에 머물 수 없다는 뜻으로 말했으나, 나그네가 기어이 순종하지 아니하므로 노인은 못마땅한 기색을 보이고 돌아갔다. 그리고 선비는 과부의 방에 숨어 들어가 과부가 들어오길 기다렸다. 과부가 들어온 뒤에 사정을 이야기하니 과부는 이야기를 모두 듣고 나서, "이건 하늘이 시킨 일이군요. 하늘을 어길 수 있나요. 저는 어느 고을 민촌 부자의 딸로 16세에 이 집 큰아들에게 시집와서 17세에 상부했습니다. 창밖에 있는 말이 제 남편이 사랑하던 말이라, 제 손수 기르며 죽은 남편을 대하듯 하지요. 금년 19세인데 종신토록 절조를 굳게 지키리라 결심한 바 있습니다"라고 하며 지난밤 꿈 이야기를 들려준다. 그것은 이 선비를 만나는 것이 이미 꿈에서 본 것이라는 것이었다. 과부는 하늘의 뜻이라는 말로 선비와의 재혼을 정당화하며 잠자리를 같이 했다. 그 뒤, 남편이 키우던 말에 포목·비단·돈을 실어서 하인을 먼저 보내고, 여자는 도적이 말을 훔쳐 간 것처럼 꾸미고 통곡했다. 그 여자의 시아버지와 시동생들이 곡성을 듣고 일제히 달려와서 선비에게 화를 내며 욕했다. 하지만 과부의 계략에 따라 선비는 무사히 과부의 친정집에서 보낸 사람을 만난다. 하지만 선비는 위기를 모면하고 기일을 맞춰 상경하여 과거에 급제한다. 이에 두 부부는 해로했다. 이 이야기는 과부가 주도하여 시부모·시동생·시누이 등 시댁식구를 따돌리고 친정식구의 힘을 빌려 그 집에 찾아온 선비와 재혼에 성공하는 이야기이다. 스스로 재혼의 기회를 기획한 한 과부가 재혼을 성공시키기 위해 전남편이 남겨둔 말을 이용하고, 친정사람들을 동원하는 모습이 등장하여 흥미롭다.

앞에서 1759년의 호적에서 살펴본 권중백의 며느리 성씨가 진주로 이거한 사례[54]와 마찬가지로 『단성호적』에서 과부가 된 뒤 시가에 동거하는 것으로 기재된 사람 가운데, '이거'(移去)한 것으로 표시되어 있는 것을 찾을 수 있다. 이렇듯 집을 떠난 가족인 경우, 더 이상 그 집에 살지 않는다는 표시로 나이를 기재하지 않았다. 1678년의 『단성호적』을 보면 도산면에 사는 한 여성이 호주가 된 과정을 읽을 수가 있는데, 그 속에서 이거한 사례를 볼 수 있다. 원래 그 호의 호주는 학생 윤적빙(學生 尹商聘)이었다가 그가 죽은 뒤 그의 처 박씨(朴氏)가 호주가 되었다. 그런데 그녀가 함양으로 이거하였다. 그래서 죽은 학생 윤동주(學生 尹東柱)의 처 정씨(妻 鄭氏)가 호주가 되었다.[55] 아마도 윤적빙과 윤동주는 친척관계였을 것이고, 그들이 죽은 뒤, 그들의 처가 차례로 호주로 기재된 것으로 보인다. 또 같은 해, 법물야면의 4리 4통 2호를 보면 그 집의 며느리였던 이소사(李召史)가 의령으로 이거했다고 되어 있다.[56] 1717년 호적에도 그러한 사례는 계속 보인다. 죽은 남편의 형의 집에 제처(弟妻)로 기재되어 있던 서소사(徐召史)는 합천으로 이거하였다.[57] 역시 제처(弟妻)로 기재되어 있던 법물야면의 서소사(徐召史)도 그녀의 아들 시태(時太)를 데리고 산음으로 이거하였다.[58] 도산면에 살던 유학 류시복(柳時復)의 숙모(叔母)도 그의 호에 동거하다가 진해로 이거하였다.[59] 또 1759년 북동면에 보이는 금위군 전귀업(禁衛軍 田貴業)의 호에

54 앞의 주 46 참조.

55 "故學生尹商聘妻朴氏咸陽移去 故學生尹東柱妻鄭氏年三拾伍甲申 [……]"(『단성(상)』, 75b, 도산, 02－09－01).

56 『단성(상)』, 132a, 법물야, 04－04－02.

57 『단성(상)』, 206b, 북동, 07－05－01.

58 시태(時太)는 질자(姪子)로 표기되어 있다. 호주의 조카라는 뜻이므로 호주의 제처(弟妻)인 서소사에게는 아들이 된다(『단성(상)』, 286a, 법물야, 09－04－01).

59 『단성(상)』, 232a, 도산, 08－15－03.

는 아들에 대한 기록은 없고 며느리 박성(朴姓)만 기재되어 있다. 그리고 그 며느리가 율현촌(栗峴村)으로 이거했다고 나온다.[60]

위에서 열거한 사례들은 대체로 양인 신분의 사람들이다.[61] 앞에서 살펴본 바와 같이, 양반 과부는 남편이 죽은 뒤에도 시가 쪽에 그대로 사는 경향이 강해졌음에 비해, 양인의 경우 꾸준히 시가를 떠나는 사례들이 보이는 것이다. 이들은 왜 살던 곳을 떠나갔을까. 그들은 어디로 옮겨간 것일까. 어쩌면 그들은 친정으로 옮겨간 것이 아닐까. 그리고 얼마 뒤에 재혼을 한 것이 아닐까. 친가 쪽에서 사는 과부들은 시가 쪽에서 사는 과부들보다 재혼하기 쉬웠을 것이다.[62] 어쩌면 재혼을 위해, 친가로 옮겼을 수도 있다.

지금까지 『단성호적』을 분석하여 과부의 상황에 대해 살펴보았다. 호주로 기재된 과부와 동거인으로 기재된 과부를 모두 파악하여 과부의 수치 변화를 알아보니, 전체 여성 인구 가운데 과부가 차지하는 비율은 18세기로 넘어가면서 증가한 것으로 나타났다.

---

60 『단성(하)』, 49a, 북동, 12－01－01.

61 1789년 호적에서는 과부로 보이는 경우, '이거'(移去)를 했다는 기록을 찾을 수가 없었다. 이거한 사례는 많이 발견되지만, 과부가 확실한데 이거한 경우는 보이지 않았다. 앞에서 열거한 사례들이 모두 며느리·제처·숙모 등 시가 쪽에 살고 있는 사람들인 것도 그것과 관련 있다. 시가 쪽에 기재된 경우는 결혼을 했던 사람이라는 것, 그리고 배우자가 함께 이거한 것으로 기재되어 있지 않은 경우, 과부일 가능성이 높다는 것을 쉽게 추려낼 수가 있다. 그런데 딸·여동생으로 기재된 경우는 이거하여 현재 그 집에 살고 있지 않을 때, 그들이 과부가 되어 친가 쪽에 살던 사람인지 아닌지를 밝혀내기가 어려웠다.

62 위에서 '재상 딸'에 대한 이야기를 살펴본 바 있지만, 그밖에도 『靑邱野談』 등의 야담집에는 과부가 된 딸을 안타깝게 여긴 친정아버지가 딸이 죽었다고 부고(訃告)를 내고, 그 딸을 재가하도록 하는 이야기가 여럿 들어 있다. 대표적인 것으로 <太學歸路>가 있다(이우성·임형택 역편, 앞의 책(상), 1973, 229～233쪽).

신분별로 보면, 양반 여성 가운데 과부의 수는 약 23~30%대를 점하는 것으로 나타나서 양반 여성인 경우 과부가 된 뒤 재혼하지 않는 경향이 높았음을 알 수 있다. 양인 여성 가운데 과부가 차지하는 비율은 16~18%대를 점하여서, 양반층에 비하여 적게 나타났다. 천인 여성의 경우 과부의 수는 더욱 적었다. 양반 여성들이 과부가 되면 거의 재혼을 하지 않고 수절했음에 비해, 양인 이하의 여성들은 상당수가 재혼했음을 추정할 수 있다. 도적적 규범보다는 실질적인 이해관계와 삶의 조건이 중요했다.

재혼하지 않은 과부들이 누구와 사는지를 통해 과부가 어느 정도로 남편의 집안에 속해 있는지 알아보았다. 과부로 살아가는 여성들은 대체로 아들이 있으면 아들의 호에 의지하고, 또는 남편과 살던 집에 호주가 되어 혼자 살기도 했다. 그런데 이러한 여건이 되지 않는 여성들은 17세기의 경우, 시가보다는 친가에서 살았다. 양인뿐 아니라 양반 과부들도 마찬가지였다. 그런데 18세기로 들어서면서 신분별로 다른 양상을 보인다. 곧 양반 과부들은 대부분 시가에서 살지만, 양인은 여전히 친가에서 사는 경우가 많았던 것이다.

조선후기에 양반이 아닌 과부들은 대개 재혼하는 길을 선택했다. 또 양반 과부들도 드러나지 않게 재혼하는 경우들이 있었다. 또 18세기 이전에는 과부가 된 뒤 아들과 살거나 혼자 살 여건이 안 될 때, 시가보다는 친가의 가족원과 함께 지내는 일이 더 많았다. 열녀에 대한 포상 등 과부의 수절을 권장하는 사회 분위기 속에서 그에 순응하는 과부들도 있었지만, 다른 선택을 하는 경우도 꽤 있었다.

제2장
재혼한 사람들

『단성호적』에서 재혼한 여성의 사례를 찾을 수 있을까?[1] 조선후기에 재혼을 하지 않는 것이 규범화되면서, 재혼은 더욱 숨겨야 하는 일이 되었다. 양반 여성의 경우 그러한 경향은 좀 더 강했다. 그러므로 호적 속에서 재혼의 흔적을 찾는 것은 쉽지 않다.

그런데 『단성호적』에서 여성의 재혼을 짐작하게 하는 사연을 볼 수 있다. 1717년 북동면의 문일만(64세)의 호도 그 가운데 하나다. 그 호에는 호주인 문일만 다음에 호에는 처 박소사(61세)가 기재되어 있고 그 뒤에 보인인 '오갯지'(吳介叱之, 21세)가 "솔 의자"(率 義子)라고 기재되어 있다.[2] 문일만에게 오갯지는 의자, 곧 친아들이 아니라 '의'로

1 여기서 재혼이라는 표현을 쓰지만, '혼인'을 근대적 결혼의 개념과 동일한 것으로 간주할 수는 없다는 점에 유념할 필요가 있다. 특히 하층 여성이 이전 혼인 관계에서 낳은 아이가 있을 때, 그것이 '혼인 관계'에 따른 것인지 아닌지 불명확하다.

2 『단성(상)』, 195b. 북동, 02－02－04. 문일만의 직역은 보인이고 그의 부, 조, 증조, 외조 모두 정병(正兵)인 것으로 보아 그는 전형적인 양인이다. 그의 처 박소사(61세) 또한

맺어진 아들이다. 오갯지와 문일만은 성도 다르다. 박소사가 다른 사람과의 혼인 관계에서 오갯지를 낳아서 데리고 왔기 때문이다. 결국 박소사는 문일만과 재혼한 것이 된다. 호적대장에서 간간이 찾아지는 이런 사례는 조선후기에 재혼한 사람들의 생생한 모습을 보여준다.

앞선 연구들에서 과부의 재혼에 대해서는 조선초기에 재혼 규제의 법규가 만들어지는 과정, 상층 양반 여성들의 수절 문제 등에 초점이 맞추어졌다.[3] 그 결과, 성종대(成宗代) 이후에 재가녀자손금고법(再嫁女子孫禁錮法), 곧 재가녀 자손의 관직 진출을 막는 법이 마련되었다는 것,[4] 하지만 조선전기까지는 양반층에서도 재혼하는 경우가 종종 있었다는 점 등이 논의되었다.[5] 또 설화·야담 등을 소재로 하여, 재가의 양상, 과부들의 다양한 모습을 분석하는 연구가 이루어지기도 했다.[6] 하지만 조선후기에 대해서는 재혼하는 과부보다는 열녀가 된 사연들과 국가적 차원의 포상에 관심이 집중되었다.[7]

신분이 양녀라고 되어 있다.

3 조선시대의 과부 재혼에 대한 금지 습속에 대해서는 李相佰의 연구(앞의 논문, 1937)가 선구적이다. 그 연구에서 위의 『경국대전』 법조문에 주목한 바 있다. 그 뒤 김두헌은 그러한 법조문이 만들어지게 되는 과정과 그 뒤 재가한 사람을 처리하는 문제를 놓고 조정에서 어떤 논의가 이루어지는지에 대하여 밝혀놓았다(金斗憲, 앞의 책, 1969, 제7장 제5절). 그런데 그러한 연구들에서 『경국대전』의 규정을 '再嫁禁法'이라고 표현하였다. 그것은 자칫하면 조선시대에 재가 자체를 금지하거나, 재가한 여성을 직접 처벌하는 법이 있었던 것 같은 오해를 줄 수 있다고 생각된다.

4 최재석, 앞의 책, 1983, 231~137쪽. '재가녀자손금고법'에 대해서는 제3부 1장의 주 9 참조

5 이와 관련하여, '재가금법'이 기본적으로 양반층 여성에게만 실질적인 의미를 지녔으며, 조선초기까지는 양반층에서도 재혼이 빈번하게 이루어졌음을 밝힌 연구가 있다(박남훈, 앞의 논문, 1991).

6 주로 과부의 모습과 재가의 여러 유형을 설명하였다. 김기형, 「口碑說話에 나타난 寡婦의 形象과 意味」, 『한국민속학』 26, 1994; 金相助, 「朝鮮後期 野談에 나타난 再嫁의 樣相과 意味」, 『漢文學論集』, 1986.

그런데 '열녀'에 대한 포상이 이루어졌다는 것은 그것이 국가적 차원의 권장 사항이었다는 사실과 함께, 그것이 포상 받아야 할 만큼 특별한 일이었음을 말해주는 것일 수 있다. 조선시대의 과부를 열녀로 연결지어서, 포상 받은 소수의 열녀와 동일시하는 것은 지배담론의 영향력을 과대평가하는 일이다. 여기서는 유교적 규범과 제도가 강조되고 과부 재가에 대한 부정적 시선이 지배적이던 당시에 다른 남자를 다시 만나서 살았던 여성들을 보고자 한다. 유교적 규범이 삶의 영역에 어떻게 스몄는지, 이에 조선후기에 재혼은 사람들에게 어느 정도나 흠으로 여겨졌는지, 초혼인 경우와 어떻게 다른 조건으로 작용했는지, 성별과 신분, 나이 등이 어떻게 그 조건에 작용했는지 알아보자.

1. 과부의 재혼에 대한 이야기들

정조 21년 5월 18일, 다음과 같은 기사가 보인다. "풍덕 사람인 김택신의 딸이 일찍 과부가 되어 절개를 지키며 살았는데, 이웃 사람인 김유봉이라는 자가 길에서 기다렸다가 강제로 겁탈하려고 하자, 김씨 여인이 따르지 않겠다고 맹세하고 도망쳐서 10여 일 동안 음식을 끊다가 죽었다."[8] 정절을 지키기 위해 목숨을 버린 과부에 대한 이야기이다. 엄밀하게는 정절을 지키는 것에 대해 자신이 얼마나 강한 의지를 가지고 있는지를

7 김용덕, 「婦女守節考」, 『亞細亞女性研究』 3호, 숙명여자대학교 아세아여성연구소, 1964; 이영미, 「조선조 여성의 전통상에 관한 연구: 규범류에 나타난 수절관을 중심으로」, 『생활문화연구』 5, 1991; 이혜순, 「열녀상의 전통과 변모: 『三綱行實圖』에서 조선후기 「烈女傳」까지」, 『震檀學報』 85, 1998.

8 『정조실록』 권46, 21년 5월 18일(정사); 47집 23면.

보여주기 위해 목숨을 버린 이야기인지도 모르겠다.

위의 사건에 대한 보고를 듣고, 이어서 왕은 "열열(烈烈)하도다, 김씨 여인이여! 일찍이 부끄러워하는 빛이 없이 청춘(靑春)에 절개를 지키어 죽기를 맹세코 다른 뜻이 없더니, 대낮에 강도를 만나자 삶을 버리고 거절하여 10일 동안 음식을 끊다가 조용히 절의(節義)를 성취하였다. 그의 정절이 추상같이 늠름하니, 빨리 지방관에게 명령을 내려 그가 살던 마을에 정포(旌褒)하도록 하고, 흉신(兇身) 김유봉은 다시 신문하여 해당 형벌을 시행하여 열부의 혼을 위로하게 하라"[9]고 지시하였다. 정절을 지킨 여인에 대한 칭송과 함께 실질적인 포상을 내린 것이다.

그런데 위의 기록을 보면, 그녀는 정절을 지키기 위해 김유봉이 겁탈하려고 한 직후에 자결한 것이 아니라 10일 동안 음식을 끊고 죽었다고 한다. 정조는 그녀에 대해 '조용히' 절의를 성취했다고 했지만, 사실 김씨 여인은 '추상같이 늠름하게' 10일에 걸쳐서 단식하여 적극적으로 자신이 열녀임을 사람들에게 드러내고 증명한 뒤에 죽었다. 과부들은 열녀가 되기 위해 어떤 방식으로 자신을 드러내야 하는지 알고 있었다. 국가는 그녀들에게 아무도 모르게 수절하는 것이 아니라, '정절'을 표현하고 자신이 정절을 수행하는 것을 밝혀서 열녀임을 증명하고 공지하는 것을 원했다. 그러한 포상을 받을 만한 여성에 대한 기록은 『조선왕조실록』, 각종 읍지(邑誌)[10] 등의 사료에 충실하게 남아 있다.

연암 박지원은 「열녀함양박씨전」에서 과부들이 재가하지 않고 수절하는 실정을 다음과 같이 설명했다.

---

9 위와 같음.

10 여러 읍지(邑誌)에 나와 있는 정표의 현황에 대해서는 朴珠, 앞의 책, 1990을 참고.

> 나라의 법에 개가한 여자의 자손은 정직(正職)에 임용되지 못하도록 했다. 이것이 어찌 일반 백성을 위해 만들어진 것이겠는가. 그런데 국조 400년이 이어지는 동안 백성은 이미 오랫동안 이루어진 교화에 물들어서, 여자의 귀천이나 가문의 높낮이를 가리지 않고 수절하지 않음이 없어서 마침내 풍속을 이루었다. 옛날에 열녀라고 칭한 바는 바로 오늘날의 과부이다.[11]

이에 따르면 조선후기의 여성이라면 가문의 높낮이에 상관없이 과부가 되어도 재가하지 않고 수절하는 것이 일반적이었다고 한다.

달레의 『한국천주교회사』에는 다음과 같이 전한다.

> 평민에게는 재혼이 법률이나 관습으로 금지되어 있지 않다. 부자 집안에서는 이 점에 있어서도 다른 점에 있어서와 마찬가지로, 자존심에서 양반들을 본받으려고 하는 일이 꽤 있다. 그러나 가난한 집안에서는 남자는 음식을 만들어줄 사람이 있어야 하는 필요에서, 여자는 굶어 죽지 않으려는 필요에서 이런 종류의 결혼을 하는 일이 꽤 흔하다.[12]

이 두 기록을 보면, 양반 여성들에 대해서는 실질적으로 재가를 금지했지만, 평민에 대해서는 그러한 금지가 적용되지도 않았다. 조선후기가 되면서 양반이 아닌 여성들 가운데 집안이 부유한 경우에는 양반처럼 되기 위해 양반의 관행을 따르는 경우가 꽤 있었다. 하지만 가난한 경우에는 생계를 이어가기 위해 재혼을 하는 일이 많았다고 조선후기 재혼의 상황을 정리할 수 있다.[13]

11 『연암집』 권1, 32b, 열녀함양박씨전.

12 샤를르 달레 원저, 안응렬·최석우 역주, 『한국천주교회사(상)』, 한국교회사연구소, 1987, 198~197쪽. 샤를르 달레가 그 책을 프랑스에서 출판한 것은 1874년의 일이다.

13 위의 두 기록은 시기를 달리한다. 달레의 기록이 더 후대의 것임을 생각하면, 평민 여성들이

한편 『정조실록』을 보면 선산(善山)의 유학(幼學) 강치휴(康致休)가 상소하여 열 가지 폐해를 지적하였는데, 그 가운데 "개가(改嫁)를 금지하여 막고 있는 폐단"이 들어 있었다. 정조는 개가 문제에 대해서 다음과 같은 이유로 개정할 수 없다는 뜻을 밝혔다. "새로 법을 엄격하게 세워 개가할 수 있도록 하자는 일에 대해서 말하겠다. 사서(士庶)의 여자들이 두 번 시집가지 않음은 3백 년 동안에 스스로 이루어진 습속으로서 당초에 법을 세워 금지한 경우가 없었는데, 지금 무슨 법을 세워 허락하겠는가"[14]라고 하였다. 법으로 금지한 적은 없지만, 재혼하지 않는 것이 사대부와 서인들 사이에 습속이 되었다는 것이다.

정조의 말대로 열녀 되기는 '정절'에 대한 규범이 강조된 사회 속에서 과부들이 존재의 가치를 '인정'받기 위해 '스스로' 한 선택적 행동이었다. 그녀들은 당시에 통용되는 '바람직한 모습'을 수행하는 것으로 자신의 존재를 확인하고자 한 것이다. 그것은 물론 현실 속에 처한 위치들에 대한 복잡한 고려 속에 선택되었다. 이 때 과부들이 수절의 규범을 내면화한 결과인지 아닌지는 그다지 중요하지 않다. 그녀들은 자신에게 요구되는 것이 무엇인지 잘 알고 있었다. 절개를 지키는 일은 조선 정부에서 과부들에게 장려한 일 가운데 하나이다. 때로는 그러한 장려책을 따르는 것밖에 다른 길을 찾기 어려운 과부도 있었을 수 있다. 국가적 차원의 포상의 정치와 그 포상의 각본에 맞는 과부의 열녀 되기 수행을 통해 수절은 차츰 습속이 되었다. 조선후기 국가에서 정립하고자 한 '질서'를 바로잡는 데 수절을 위해 극적으로 죽는 몇몇 과부는 그 매개가 되었다. 하지만 과부들은 이러한 열녀 되기를 과시적으로 실행하는

재혼을 하는 일이 조선 말기에 많아졌을 수도 있다.

14 『정조실록』 권1, 원년 6월 13일(임자); 44집 588면.

한편, 다른 쪽에서는 보이지 않게 재혼의 길을 선택하기도 했다.

설화로 남은 이야기들은 조선후기에도 재혼을 권하는 부모, 또 재혼하기 원하는 과부들이 꽤 있었음을 보여준다. 그 가운데 하나를 들어보자. 경성 남촌에 사는 이용묵은 소나기를 피하려고 들어간 집에서 한 과부를 만난다. 그 과부는 이용묵에게 접근하면서 다음과 같은 이야기를 한다.

> 부잣집의 양가 여자로 열세 살에 시집와서 열네 살에 과부가 되어 이제 3년이 지났습니다. 부모가 가엾게 여겨 개가를 권하는데, 생각해보니 어린 나이로 청상과부가 되어 남녀 음양의 이치를 모르고 하늘의 호생지덕(好生之德)을 어기면서 수절하기보다는 차라리 개가해 천리인정(天理人情)에 부합되게 삶이 합당하다고 생각되어 개가를 결심했습니다. 제 배필은 제가 선택하겠다고 마음먹고, 부모님께 말씀드려 큰길가에 집을 짓고 지나가는 남자들을 보아왔습니다. 그런데 매일 지나가는 선비님을 보고 마음이 끌렸는데, 마침 소나기가 내려 들어오시니 천생연분인 듯하오니 저를 받아주십시오.[15]

열네 살에 과부가 되어 3년이 지났으므로 이제 열일곱 살인 어린 과부는 심지어는 재혼의 상대자를 직접 선택하겠다는 생각까지 갖는다. 그녀는 재혼을 하지 않고 수절하는 것은 하늘의 호생지덕(好生之德)을 어기는 일이고, 하늘의 이치와 인정에 맞지 않는 일이라고 주장한다. 그녀의 말에서 하늘의 뜻은 인위적인 정절 규범과 묘하게 대비되었다. 그리고 이용묵에게 자신을 받아달라고 요청한다.

그런데, 이용묵은 집이 가난하고 대과 급제를 못했다는 이유로 거절하

15 <이용묵>(김현룡, 앞의 제3책, 1999, 181~182쪽),『羅孫所藏本』.

였고 그 여자는 자결하고 만다. 그 여인은 자결하면서 이용묵에게 장례라도 지내줄 것을 부탁했으나, 이용묵은 끝내 외면하였다. 그 뒤 이용묵은 과거시험을 볼 때마다 사고가 있어 끝내 급제하지 못하고 떠도는 신세가 되며, 스스로 그 여자에게 원한을 남겨 그렇게 되었다고 생각하고 화병이 나 죽었다고 한다. 이 이야기에 등장하는 과부의 당찬 모습도 흥미롭지만, 이야기의 기록자가 "이 어찌 박절한 인정에 대한 경계가 아니 되겠느냐"라는 말로 마무리한 것도 재미있다. 이 논평에서 스스로 재혼을 하려고 나선 여성에 대한 비난은 전혀 엿볼 수가 없고 오히려 이용묵을 인정이 박절하다고 비난한 것이다. 여성이 재혼을 시도하는 일은 전혀 문제 삼지 않은 것이다.

실제로 『연산군일기』 등 실록의 기록에서 '재가녀자손금고법'을 둘러싼 논쟁을 보면 대부분의 조정 대신들은 과부의 재가를 막는 것은 음양의 조화를 깨는 것이고, 사람의 욕망을 부정하는 것이므로 자연스럽지 못하다고 주장했다.[16] 또 위의 설화에서도 보이듯이 친정식구와 함께 지낼 경우, 재혼을 할 수 있게 친정식구가 주선하는 경우들이 많았다.[17] 현실 속에서 과부 재가는 금기시되기보다는 그저 드러내 놓고 하기는 어려운 일이었을 뿐이다.

---

16 『연산군일기』에 기록되어 있는 '과부재가금고법'의 개정을 놓고 벌어진 조정의 논쟁을 보면, 양반 남성들이 과부의 수절에 대해 엇갈린 의견을 주고받은 것을 볼 수 있다. 그리고 그러한 논쟁에서 과부의 수절을 강조한 사람들은 오히려 소수였다(박남훈, 앞의 논문, 1991).

17 조선후기의 상황을 설명해주는 것은 아니지만, "부인(婦人)은 의리에 있어, 이부(二夫)를 섬길 수 없습니다. 그러나 혹 불행히 일찍 과부가 되었는데, 그 부모(父母)가 그 홀로 사는 것을 두려워하여서 억지로 혼인을 하게 하여 뜻을 빼앗은 자도 있습니다. [……] 이것은 부득이한 데서 나온 것이라 죄줄 수 없는 경우입니다."(『성종실록』 권82, 8년 7월 17일(임오); 9집 473면)라는 기사에서 친가의 부모 등은 남편이 죽은 뒤 홀로 남은 여인을 가능하면 재가시키려고 했다는 것을 알 수 있다.

한편 수절 과부 자신이 과부 수절 문제에 대해 이의를 제기하는 내용의 이야기가 전해져서 흥미를 끈다. <유훈>(遺訓)[18]이라는 이야기 속에 등장하는 평생을 수절한 과부 장씨는 죽기 전에 후세의 며느리들에게 "혹시 불행하여 젊은 나이에 홀로된 때는 자기 스스로 생각해보아 수절할 자신이 있으면 수절하고, 그렇지 못하겠으면 위로 어른께 고하고 개가하는 것도 또한 좋은 방편이니라"라고 전하고 있다. 과부에게 수절을 강요하는 일의 부당함에 대한 공감대가 형성되어 있었던 것이다.

이러한 공감대가 퍼져 있는 조건은 여성이 재혼할 수 있는 여지를 주었다. 남편이 키우던 말을 활용하여 시가 식구를 따돌리고 친정의 도움을 받아 재혼을 스스로 성사시키는 극적인 이야기는 17세에 과부가 된 19세 과부가 재혼을 위해 정절에 대한 관념부터 하늘의 뜻, 그리고 물질적인 조건과 친가의 인적 자원까지 모든 것을 동원하는 모습을 보여준다.[19] 증명할 수 없는 이야기지만, 극적인 모습으로 정절을 지키기 위해 열녀로 죽어간 과부 중에는 이러한 재혼의 기획이 실패하여 작전을 바꾸게 된 경우도 있을지 모른다.

2. 재혼의 사례

1) 남성의 재혼

조선시대에 남성이 재혼하는 일은 자연스러운 일로 받아들여졌다.

---

18 <遺訓>(이우성·임형택 역편, 앞의 책(상), 1973, 249~254쪽), 『동야휘집』 '授簡書老婦垂誡.'

19 앞의 3부 1장에서 자세히 소개하였다. 앞장의 주 53 참조.

법전에서 남성의 재혼에 대해 "사대부는 처가 죽은 경우 3년 뒤에 개취(改娶: 다시 장가듦)할 수 있다. 만약 부모의 명에 따른 경우이거나, 나이가 40이 지났는데 아들이 없는 경우는 기년(朞年: 1주년)이 지난 뒤에 개취(改娶)를 허락한다"[20]라고 규정하고 있다. 남성의 재혼에 대한 규제는 단지 부인이 죽고 나서 3년이 지난 뒤에 해야 한다는 제한에 대한 것뿐이었다. 그리고 부모의 지시에 따른 경우라면 1년 뒤에 새장가를 가는 것을 허락한다는 조항이 달려 있다. 결국 조선시대에 남자의 경우 부인이 죽은 뒤 1년 뒤에는 재취를 허용한 것이 된다. 조선시대에 남성의 경우, 그 시기가 문제였을 뿐 재혼을 한다는 것 자체에 대해서는 부정적 언급이 없는 것이다.

호적에서 재혼한 남성의 사례는 비교적 쉽게 찾을 수 있다. 호주인 남성의 호 안에 처가 두 명 이상 기재되어 있는 경우를 찾으면 되는 것이다.[21] 첫 번째 처가 아닌 경우에 후처(後妻),[22] 가처(加妻)[23] 또는 대처(代妻)[24]라고 기록되기도 한다. 또는 처(妻)[25]라고 되어 있는데

---

20 士大夫妻亡者 三年後改娶 若因父母之命 或年過四十 無子者 許期年後改娶(『경국대전』 권3 예전 혼가). 그런데 『속대전』에서 추가된 조항을 보면, "駙馬無子者 同宗支子立以爲後 勿令再娶"(『속대전』 권3, 예전 입후)라고 하여 왕의 사위에 대해서는 재취를 하지 못하도록 규정해놓았다. 물론 왕의 사위라는 입장은 특수한 것이었겠지만, 그것을 통해서 남성의 재혼에 대해서도 완전히 호의적인 것만은 아니었다는 것을 알 수 있다.

21 그 경우 앞에 기록된 처에는 나이가 없는 경우가 많다. 이는 죽었거나 동거하지 않는다는 의미이다. 이와 달리 후처의 나이는 기재되어 있다. 한편, 호의 구성원 가운데 혼인관계로 맺어진 사례들이 있지만, 그들에 대한 기록은 자세하지 않은 경우가 많다. 이 글에서는 호주와 그 처를 중심으로 혼인과 재혼 관계를 파악하였다.

22 그 사례 중 하나를 『단성(하)』, 19a, 1759, 현내, 02－11－05에서 볼 수 있다.

23 『단성(상)』, 158a, 1717, 원당, 02－08－02에 보인다.

24 『단성(하)』, 63b, 1759, 도산, 01－06－04.

25 『단성(상)』, 157a, 1717, 원당, 02－04－01. 이 사례는 처(妻)로 기재되어 있지만, 같은 호 안에 전처녀(前妻女)가 있어서 사실은 후처라는 것을 알 수 있는 경우이다. 또, 한

사실은 후처인 경우도 있다. 이렇듯 다양한 사정에 따라 호적에서 남성의 재혼을 추정할 수 있다.

[표 3-2-1]은 호적에 호주로 기재된 남성을 신분에 따라 나누고, 또 그들을 재혼과 초혼으로 나누어서 표시한 것이다. 이때 호주와 처의 관계가 호적에 표시된 것, 곧 결혼한 사실이 분명한 사례만을 뽑아서 작성하였다.

[표 3-2-1] 신분별 남성호주의 재혼과 초혼

단위: 명(%)

연도	양반		양인		천인		합계	
	재혼	초혼	재혼	초혼	재혼	초혼	재혼	초혼
1678	2 (1)	194 (99)	18 (2.7)	674 (97.3)	28 (3.3)	841 (96.7)	48 (2.8)	1,709 (97.2)
1717	2 (0.5)	372 (99.5)	33 (2.7)	1,211 (97.3)	11 (2)	559 (98)	46 (2.1)	2,142 (97.9)
1759	4 (0.7)	551 (99.3)	16 (1.3)	1,263 (98.7)	9 (2.4)	380 (97.6)	29 (1.3)	2,194 (98.7)
1789	2 (0.3)	738 (99.7)	8 (0.6)	1,338 (99.4)	0	139 (100)	10 (0.5)	2,215 (99.5)

[표 3-2-1]의 오른쪽에 제시된 합계를 보면, 재혼을 한 남성의 전체 인원은 1678년에 48명, 1717년에 46명, 1759년에 29명, 1789년에

호에 처가 둘 기재되어 있을 때 앞의 처가 죽었다거나 함께 살지 않는 것으로 표시되어 있다면 뒤에 기재된 처는 후처라고 짐작할 수 있다.

10명으로 시간이 가면서 줄어드는 양상을 보였다. 이러한 수치가 혼인한 것으로 보이는 남성호주 가운데 차지하는 비율은 1678년에 2.8%, 1717년에 2.1%, 1759년에 1.3%, 1789년에 0.5%가 된다. 물론 이 수치만으로 남성 재혼이 줄었다고 단정하기는 어렵다. 실제로 재혼한 수가 줄어든 것일 수도 있지만 호적에 후처에 대한 기재가 누락된 것일 수도 있기 때문이다.

호적에 기재된 것이 재혼 사례의 일부라는 것을 전제로, 재혼한 남성들이 어떤 신분의 사람이었는지 살펴보자.26 양반 남성들이 재혼을 많이 했을 것으로 예상하기 쉽지만, 그와 달리 양인과 천인에서 양반보다 재혼한 사람이 많이 보였다.27 양반이 재혼을 하지 않은 것으로 나온 것은 어쩌면 재혼을 하지 않아도 될 만한 상황에 있었기 때문일 수도 있다. 부유한 양반의 경우는 첩이 있거나, 수발을 드는 여종이 있었다. 물론 양반 남성들의 재혼인 경우 호적 기재만을 갖고 판단하기는 어렵다. 양반집안의 경우 재취를 한 경우라도 '후처'라는 표기 없이 '처'로 그 부인을 기재했을 수도 있다. 또 가난한 양반이라면 재혼을 하지 않은 것이 아니라 못한 것일 수도 있다. 어쩌면 혼례식의 비용을 비롯한 경제적 사정과 관련이 있을지도 모르겠다. 『조선왕조실록』의 조선후기

26 이 표에서 신분별로 재혼한 남성과 초혼의 남성의 수를 파악하여, 재혼과 초혼 남성의 비율을 표시하였다. 재혼 남성을 신분별로 나누어서 비율을 제시하지 않고, 초혼의 남성을 신분별로 나눈 수를 바탕으로 재혼의 비율을 표시한 이유는 식년별로 전체 호주의 신분 구성비가 변화하기 때문이다. 만일 어느 신분에서 재혼한 사람의 수가 늘었다고 하더라도, 그 신분의 호주의 수 자체가 그만큼의 비율로 늘었다면 그 신분에서 재혼이 늘었다고 단순하게 볼 수 없다. 『단성호적』의 호주를 신분별로 분석해본 바에 따르면, 시간의 흐름에 따라 양반으로 기재된 호주는 증가하며, 천인으로 기재된 호주는 감소하였다(서론의 [표 2] 참조). 점차 양반 호주가 증가한 것으로 나타났다.

27 양반의 재혼이 많이 찾아지지 않는 것은 실제로 재혼을 하지 않은 경우가 많았을 수도 있지만, 단지 호적자료에 그들의 재혼 여부가 자세히 나타나지 않은 것일 수도 있다.

기록에는 혼례식을 사치스럽게 하는 관습이 있어서 그 비용 때문에 혼인하지 못하는 사람이 많음을 우려하는 내용이 종종 보인다.[28] 혼례식의 비용 때문에 결혼하지 못하는 경우는 대체로 양반층에 해당되는 문제일 것이다. 처녀와 총각이 혼례의 비용 때문에 결혼하지 못하는 사례가 많다면, 재혼의 경우도 마찬가지였을 수 있다.

남성이 재혼을 할 때 반드시 전처가 죽은 뒤에 후처를 들였을까, 아니면 처가 두 명인 경우도 있었을까.[29] [표 3-2-2]는 재혼한 것으로 보이는 남성호주의 '(전)처'에 대한 기재사항을 표시한 것이다.

호적에서 '처'에 대해 금고(今故) 또는 고(故)라고 표시되어 있는 것은 본처가 이미 사망한 것이 분명한 경우이다. 이것은 [표 3-2-2]의 '사망'에 넣었다. 그러한 표시는 없지만 본처의 나이가 기재되지 않은 경우는 사망한 것인지 다른 곳에서 살고 있는지 분명히 알 수 없으므로, '사망·이거'에 넣었다. '이거' 난에 표시한 경우는 호적에 이거(移去) 또는 도망한 것으로 기재된 경우를 모은 것이다. '동거'는 본처의 나이가 기재되어 있어서 여전히 그 호 안에 동거하는 것으로 기재되어 있는 경우이다. [표 3-2-2]를 보면 대부분의 경우는 본처가 이미 사망했거

28 그 내용은 다음과 같다. "下敎하기를, '[……] 三代 이후로 人文이 점차 번성하여 儀節이 상세히 갖추어졌으나, 근세의 사치스러움과 같은 적은 있지 않았다. 아! 사람의 부모가 되어 子孫이 있으니 남자는 장가들이고 여자는 시집보내는 것이야말로 禮 중에서 큰 것이고 情에 있어서 당연한 것이다. 그러나 혹 過年해서도 시집가지 못하고 늙어서도 장가가지 못하니, 그 폐단의 이유는 곧 사치스러운 데에는 오는 소치이다. [……]' 하였다" (『영조실록』 권36, 9년 12월 22일(기사); 42집 402면).

29 여기서 추출한 경우는 "妻"라고 표기된 것만을 모은 것이다. 조선시대 처와 첩의 분간이 엄격했던 것이 반영되어, 호적에서도 '처'(妻)와 '첩'(妾)은 대체로 엄격히 구분하여 표시되었다. 이 글에서도 '첩'이라고 표기된 경우는 '처'와 구분하여, 재혼한 것으로 보지 않았다. 조선시대 처첩 분간에 대해서는 裵在弘, 「朝鮮前期 妻妾分揀과 庶孼」, 『大丘史學』 41, 1991 참조.

나, 함께 살지 않는 상태에서 재혼을 했다는 것을 알 수 있다.

[표 3-2-2] 남성의 재혼과 본처의 존재 여부

단위: 명

연도	본처 동거하지 않음				동거함	합계
	사망	사망·이거	이거	계		
1678	23	17	2	42	6	48
1717	34	6	1	41	5	46
1759	24	4	0	28	0	28
1789	7	2	0	9	1	10

처가 이거 또는 도망한 것으로 표시된 사례가 재미있다. 이러한 사례를 보면, 1717년 호적에 양인(良人) 박자룡(朴自龍)이 호주로 기재된 호에 그 아들인 병인 사노 명석(病人私奴命石)이 28세로 기재되어 있다. 그리고 자부 덕녀(子婦德女: 25세)가 가현(加現: 새로 나타남)한 것으로 되어 있다. 그 밑에 손자가 12세와 3세로 기재되어 있다.[30] 손자로 기재된 12세와 3세의 아이들은 명석의 아이들이고, 덕녀는 최근에 명석의 후처로 들어온 것으로 추정된다. 그런데 다음 식년(1720년)의 호적을 찾아보면 명석은 31세로 나이가 들었을 뿐 그대로 기재되어 있는데 "부 비

30 『단성(상)』, 181b, 현내, 09－04－03. 호적대장에 '가현'한 것으로 기재된 경우, 엄밀하게 말하면 그가 이 집에 새로운 구성원이 되어서 새로 기재된 것인지, 아니면 실제로는 이미 가(家) 구성원이지만, 다른 이유로 호적에서 누락되어 있다가 새로 기재되기 시작한 것인지를 정확히 알 수는 없다.

덕녀 도망"(婦婢德女逃亡)이라고 되어 있다.[31] 덕녀는 그 사이에 명석을 버리고 다른 곳으로 도망한 것이다.

다음으로 본처가 함께 살고 있는데도 재혼을 한 경우는 많지 않은 수이지만 관심을 끈다. 이 경우를 신분별로 살펴보면, 양반에서는 전혀 보이지 않았다. 1678년에는 본처가 생존해서 함께 살고 있지만, 후처를 들인 경우가 양인과 천인의 사례에서 6건 보인다. 1717년에는 5건으로 나타난다. 그런데 1759년 이후로는 양인과 천인에서도 그러한 사례는 거의 발견되지 않는다.[32] 1789년에 1건의 사례[33]가 보이는데, 사비를 두 번째 처로 둔 경우이다.

2) 여성의 재혼

재혼한 여성은 비가시적 존재로 당시의 자료 속에서 그 사례를 찾기도 쉽지 않다. 조선시대에 재혼한 여성이 부른 가사가 「덴동어미 화전가」

---

31 『단성(상)』, 329a, 1720, 현내, 09－04－02. 호주인 박자용의 손자로 기재된 아이들은 나이가 15세와 6세로 기재되어 그대로 그 집에 살고 있다. 그 아이들이 덕녀가 낳은 아이라면 덕녀는 아이를 버리고 도망한 것이 된다. 명석의 첫 번째 처가 낳은 아이일 가능성이 높다고 생각된다.

32 1759년에 '처'가 기재되어 있는 상태에서, '화처'(花妻)가 기재된 사례가 보이지만 '화처'는 '첩'과 유사한 의미로 보는 것이 적절할 듯하여 '동거'에 포함시키지는 않았다.이 경우, 호주인 강상망은 46세로 되어 있고, 그의 처는 남성(南姓)으로서 40세로 기재되어 있으며 그들은 양인으로 추정된다. 그런데 그 밑에 화처 貴正이라는 여인이 기재되어 있다. 귀정도 40세이며 그녀의 신분은 사비이다. 누가 낳았는지 정확히 알 수 없지만, 7세의 강삭부리라는 아들과 2세의 소사로 표기된 딸이 있다. 그 뒤에 의자(義子) 한쥐가 기재되어 있는데 20세이다. 귀정이 데리고 온 아들로 생각된다(『단성(하)』, 21b, 현내, 03－04－05). 한편, '화처'의 용법은 『각사수교』에서 찾을 수 있다. 사민(徙民)을 피하기 위해 본처를 화처라고 칭탁한다는 내용이 그것이다(『각사수교』, 형조수교, 기유년(1549, 명종 4) 5월 21일자 전교).

33 『단성(하)』, 760b, 도산, 10－04－03.

라는 제목으로 남아 있어서 흥미를 끈다. 조선후기의 어느 꽃이 핀 봄날, 한 과부가 화전놀이에 와서 시무룩한 얼굴로 앉아 있었다. 그 모습을 본 덴동어미가 자신의 인생을 담은 길고 긴 노래를 부른다. 덴동어미는 함께 살던 남편을 잃고 다시 재혼하기를 여러 번 되풀이했던 여인이다. 그리고 불에 데어 화상을 입은 아들 '덴동이'를 키우며 살아가고 있었다. 그녀의 노래 속에는 그녀 자신뿐 아니라 재혼을 선택한 여성들이 여럿 등장한다.

> [……] 청춘과부 가려 하면 양식 싸고 말릴라네, 고생팔자 타고나면 열 번 가도 고생일레, 이팔청춘 청상들아 내 말 듣고 가지 말게, 아무 동네 화령댁은 스물하나에 혼자되어 단양으로 갔다더니 겨우 다섯 달 살다가 제가 먼저 죽었으니 그건 오히려 낫지마는, 아무 동네 장임댁은 갓 스물에 청상 되어, 제가 춘광을 못 이겨서 영춘으로 가더니만, 몹쓸 병이 달려들어 앉은뱅이 되었다네, 아무 마실에 안동댁도 열아홉에 상부하고, 제가 공연히 발광 나서 내성으로 갔다더니, 서방 놈에게 매를 맞아 골병이 들어서 죽었다네, 아무 집의 월동댁도 스물둘에 과부 되어, 제집 소실을 모함하고 예천으로 가더니만, 전처 자식을 몹시 하다가 서방에게 쫓겨나고, 아무 곳에 단양이네 갓 스물에 가장 죽고, 남의 첩으로 가더니만 큰어미가 사나워서, 삼시 사시 싸우다가 비상을 먹고 죽었다네 [……][34]

「덴동어미 화전가」에 나오는 재가한 여성은 다섯 명이다. 그리고 위 인용문에는 언급되지 않았지만 덴동어미 자신은 네 번이나 남편을 먼저 여의고 다시 결혼해야 했던 기구한 사연이 있다.[35] 그리고 덴동어미

34 임형택·고미숙 엮음, 『한국고전시가선』, 창작과비평사, 1997, 196~219쪽.

35 대체로 하층민이 재혼을 할 때 혼례식을 갖는 경우는 드물고 함께 사는 것을 재혼으로

는 과부의 재혼을 권하지 않노라고 한탄한다. 이러한 이야기는 재혼이 부정적으로 여겨진 문화를 반영하는 것이면서, 그러한 분위기 속에서 재혼을 선택한 여성들의 처지가 열악해질 수밖에 없는 조건을 말해준다. 그리고 그럼에도 불구하고 재혼한 여성들이 존재했음을 전해준다.

과연 과부의 개가를 부정적으로 보는 인식이 얼마나 실제로 효력을 발휘했으며, 그 인식을 무릅쓰고 개가를 단행하는 과부들은 얼마나 되었는지를 『단성호적』의 재혼 사례를 통해 확인해보기로 하자. 그런데 호적자료에 재혼 사실이 분명하게 기재된 여성은 한 명도 없다. 남성이 재혼을 한 경우는 두 번째 처를 '후처' 등으로 표시한 경우가 있어서 분명하게 알 수 있다. 그러나 여성이 재혼을 한 경우, 그 상대 남성을 '후부'(後夫)라고 기재해놓지 않았다. 후처 또는 가처로 표시된 여성들이 보이지만, 이는 호주인 남성이 재혼을 했다는 증거는 되지만, 후처인 여성이 재혼인지 아닌지는 분명치 않다.

재혼 여성을 호적대장에서 찾으려면 고고학자가 유물을 발굴하듯 호적에 기재된 수많은 사람들의 흔적을 들추며, 그들의 가족 관계와 나이, 자녀의 나이 등을 자세히 살펴야 한다. 그 결과 가능한 한 억측을 하지 않으려고 노력하면서 찾아낸 수는 매우 적었다.[36] 아마도 실제로

생각했을 것 같다. '덴동어미'의 경우도 다섯 번 재가를 했다고 하지만, 사실 그때 형식적인 절차를 밟았다는 설명은 없다. 이와 관련하여, 노비의 혼인과 부부생활을 다룬 연구를 참고할 수 있다. 그 연구에 따르면, 노비의 주인인 양반의 일기를 보면 노비의 혼례에 대한 언급은 고작 '어느 노가 어느 비를 아내로 맞이했다'는 정도로 기재되어 있다고 한다. 그리고 1841년의 경상도 예천 박씨가의 일기를 보면, 노비가 혼인에 쓰기 위해 2냥 2전을 가져갔다고 되어 있는데, 그 정도의 금액은 옷 한 벌을 짓고, 솥 하나를 살 수 있는 정도이다(이영훈, 앞의 논문, 2000, 108~109쪽).

36 재혼한 여성을 찾는 가장 정확한 방법은 호적에 '과부'로 표시되어 있는 여성들을 다음 식년의 대장에서 확인해보는 것이다. 그렇게 해서 다음 식년에도 여전히 그 집에 '과부'로 있는지, 아니면 다른 곳으로 재혼했는지를 확인할 수 있다면 가장 정확한 정보를 얻을

재혼이 이루어진 것보다 더 적은 수일 것이다.

재혼의 흔적이 없는 것은 여성들이 재혼을 할 때 원래 살던 지역을 떠난 것과도 관련된다. 「덴동어미 화전가」에도 재혼을 할 때 살던 지역을 떠났다고 나온다. 화령댁은 단양으로, 장임댁은 영춘으로, 안동댁은 내성으로, 월동댁은 예천으로 갔다. 마지막에 나오는 단양이네는 첩으로 갔다고 되어 있고 지역은 나와 있지 않다. 그녀도 다른 지역으로 떠난 것일 가능성이 높다. 단성에 살던 여성들도 단성이 아닌 다른 지역에서 새로운 남편을 만났을 수 있다. 예를 들면, 1717년 생비량면에 살던 피장 김백(皮匠 金百)의 호에는 31세의 백금이라는 딸이 살고 있었다.[37] 그런데 1720년 호적에 피장 김백의 호의 기재 내용을 살펴보면, 백금의 이름 아래 "삼가 이거"(三嘉 移去)라고 기재되어 있다.[38] 과부가 된 뒤 친정에 와서 살다가 '삼가'로 떠난 것으로 되어 있는데, 재혼하여 떠난 것일 수 있다. 이 경우, 그녀의 재혼한 이후의 기록은 『단성호적』에 남을 수가 없다. 그러므로 재혼 여성에 대한 기록이 좀처럼 남아 있지 않는 것이다. 그런데, 이렇듯 재혼하기 위해 단성 지역을 떠난 여성이 있다면, 반대로 다른 지역에서 단성으로 와서 재혼하여 사는 여성도 있었을 것이다. 그 여성들의 재혼에 대한 흔적이 호적대장의 기록 속에

수 있다. 그러한 방법으로 과부의 흔적 찾기를 시도하였지만, 1678년과 1717년의 경우와 같이 거의 40년의 간격을 두고 호적이 남아 있을 경우는 동일 인물이라는 것을 확신할 수 있는 사례를 찾기가 매우 어려웠다. 1717년에서 1720년, 1729년으로 가는 동안에는 시간의 간격이 길지 않아서 그들을 확인할 수 있다고 생각했지만, 여성의 경우는 이름 없이 성(姓) 다음에 씨(氏), 소사(召史), 성(姓) 등을 붙이는 경우가 많아서 그 존재를 명확히 알기 어렵다. 또한 과부가 된 여성이 다음 식년에서 더 이상 보이지 않는다고 해서, 그들이 재혼을 했다고 확신하기는 어려웠다. 그들은 단지 다른 가족과 동거하기 위해 이사를 한 것일 수도 있는 것이다.

37 『단성(상)』, 244b, 생비량, 04－01－05.

38 『단성(상)』, 385a, 생비량, 04－01－05.

어떤 식으로든 남아 있지는 않을까.

재혼한 여성을 찾으려면, 호적에 처로 기재된 여성들에 대해 집중하여, 그 기재 방식 및 가족구성원의 내용을 자세히 들여다보는 것을 통해 적극적인 추정을 할 수밖에 없다. 이에 호적에 처로 기재된 여성들을 먼저 후처인지 아닌지, 데리고 온 자식이 있는지 없는지, 처로 기재될 당시의 나이가 몇 살인지 등을 기준으로 하여 분류하였다. 그렇게 해서 재혼이라고 추정하게 된 근거를 나누어 보았다. 단, 이 경우 네 개의 식년에 모두 같은 기준을 적용하였다.

[표 3-2-3] 여성의 재혼과 그 산출 과정

단위: 명

연도	義子(女)의 존재를 통한 추정		재혼 연령을 통한 추정		재혼 여성 계
	A	B	C	D	
1678	6	3	18	4	31
1717	13	1	11	6	31
1759	9	3	8	5	25
1789	7	1	1	2	11

A: 호적에 의자(녀)로 표시된 경우.
B: 의자(녀)로 추정되는 경우.
C: 후처의 연령이 30세 이상이고 가현(加現)으로 표시.
D: 후처의 연령이 30세 이상이고 본처가 금고(今故)로 표시.

[표 3-2-3]은 『단성호적』에서 재혼한 여성을 찾아낸 경위를 나타낸 것이다.[39] 이에 아버지가 다른 자녀[의자/녀]가 있는 경우, 후처로 들어온 여성의 나이로 추정한 경우 둘로 크게 나누어보았다.

그 가운데 재혼한 여성을 찾아내는 가장 확실한 방법은 아버지가 서로 다른 아이들이 기재되어 있는 경우를 찾는 것이다. 이러한 사례는 호적에 '이부자녀'(異夫子/女) 또는 '이부자/녀'(異父子/女)라고 기재된 것을 통해 알 수 있다.[40] [표 3-2-3]에서 A와 B로 기재한 경우가 이에 해당된다. 이부자(異夫子), 이부녀(異夫女)는 때로 의자(義子), 의녀(義女)라고 표현되기도 했다.[41] '남편이 다른 자녀'라는 뜻으로 풀이되는데, 호주를 기준으로 가족 관계가 기재되므로, 호주에게 의자라면 친자녀가 아니라 그의 처가 전남편의 사이에서 낳아 데리고 온 자녀가 된다. 이렇듯 다른 남편과의 사이에서 낳은 자녀가 있는 경우라면 그녀에게 혼인 경력이 있는 것으로 볼 수 있다. 이부자녀 또는 의자녀가 있는 경우, 처가 후처라면 남성과 여성 모두가 재혼을 한 사례로 이해할 수 있고 처가 후처가 아니라면 초혼의 남성에게 재가한 것이라고 생각할 수가 있다. 이렇듯 호적에 이부자·이부녀, 의자·의녀로 표시된 경우를 A로 묶었다.

B는 남편이 다른 자녀 등이 명확하게 표시되지 않았지만, 그렇게 추정되는 경우를 모은 것이다. 의자 등으로 호적에 명시되지 않은 경우라도, 후처가 새로 기재되고, 이미 10세가 넘은 자녀가 그 후처와 함께 새로 기재된 경우에 그 자녀도 의자일 가능성이 높다고 보았다. 따라서 그 후처도 역시 재혼한 여성일 가능성이 높다고 추정하였다. 곧 가처

---

39 필자가 사용한 기준이 '재혼'을 확증할 수 있는 것이 못 된다 하더라도 최소한 재혼을 추정할 수 있는 요인은 될 수 있지 않을까 한다.

40 『단성(상)』 26a의 1678년 호적에서 현내면 1리 11통 4호를 보면, 호주인 관노 호룡(43세)의 호에 처는 양녀 이소사(44세)로 되어 있고, 그녀에 대한 기록 바로 아래, "率異父女千業年拾參 [……]"이라고 하여 그녀가 데리고 온 것으로 보이는 딸, 천업에 대한 기록이 나와 있다.

41 이러한 '의자'와 '의녀' 등의 사례는 뒤의 [표 3-2-11]을 참조.

또는 후처로 표시된 여성이 있는 집에 나이가 10세가 넘었는데 가자(加子), 가녀(加女)로 표시된 자녀를 두고 있는 경우이다. 이렇듯 후처와 자녀가 동시에 '새로 나타난'[42] 것으로 표시된 경우는 후처로 들어온 여인이 전남편의 아이를 데리고 들어와서 새로이 기재된 것으로 짐작된다. 이러한 사례는 물론 호적에 기재하는 것이 단순히 늦어졌거나 또는 기재를 피하려는 경향에서 나온 것이라고 볼 수도 있을 것이다.[43] 그러나 다른 자녀들의 나이와 크게 차이가 나는 경우, 또는 호주의 나이가 연로하여 그 나이에 아이를 낳았을 것 같지 않은 경우 등을 추렸다. 그래서 여성이 재혼하면서 전남편[前夫] 사이에 낳은 자녀를 데리고 온 것으로 생각하였다.

다음으로, 후처로 들어온 여성의 연령을 통해 재혼을 추정해보았다. C의 경우는 후처이면서 그 호에 새로 나타난 것으로 기재된 여성의 나이가 30세[44]를 넘은 경우를 모은 것이다.[45] 예를 들면, 1678년 호적의

42 '가현'(加現)은 지난 식년(3년 전)의 호적에 기재되어 있지 않던 사람이 새로 기재되는 경우를 가리킨다. 그러므로 가현이라는 표시가 된 경우는 3년 이내, 즉 새로 처가 되었다는 의미가 된다. 가현이라는 표시가 없는 경우는 후처라고 하더라도 이미 오래전에 후처가 되었다고 생각할 수도 있으므로, 몇 살 때 후처로 들어왔는지를 가늠하기 어렵다. 그러므로 초혼인지 재혼인지를 추정할 수도 없는 것이다.

43 그러나 후처라고 기재되어 있는 것과 함께 가자(加子), 가녀(加女)가 보인다는 점, 또 그들의 나이가 많다는 점을 함께 고려해보면 그들이 단순히 호적에서 누락되었던 것이 아니라 실제로 그때 그 집에 새로 들어왔던 것이라고 보아도 큰 무리는 없을 것이라는 생각이다.

44 당시에 혼기를 놓친 남녀에게 진휼(賑恤)하는 기사를 보면, 남자는 30세, 여자는 23세를 넘은 자를 기준으로 하고 있다. 그것을 통해서 대체로 여자의 경우 23세 이전에 혼인을 했음을 알 수 있다. 이를 근거로, 이 글에서는 30세를 넘은 여성은 기혼이거나, 혼인을 했다가 과부가 된 것으로 보고자 한다. 그와 관련하여 다음 사료를 참고할 수 있다. "시기가 지나도록 婚娶하지 못한 자에게 진휼청에서 쌀과 돈을 지급하여 혼인하게 하되, 남자는 30세로 한정하고 여자는 23세로 한정하여 혼인하기를 기다린 뒤에 부관이 진휼청에 보고해서 거짓이든 사실이든 서로 혜택을 받는 폐단이 없게 하라고 명하였다"(『영조실록』

법물야면 6리 8통 3호에는 양녀 예우라는 여인이 65세에 후처로, 새로 나타났다고 기재되어 있다.[46] 그 내용을 그대로 믿는다면, 그녀는 65세에 후처가 된 것이고, 그녀 역시 재혼한 여성일 가능성이 크다고 생각된다. 또 1759년 호적대장의 도산면 1리 6통 4호를 보면, 호주는 이돌이로 기재되어 있는데, 그의 처 김소사는 죽은 것으로 되어 있다. 그리고 대처(代妻)라는 관계로 60세의 영화라는 비가 가현한 것으로 되어 있다. 영화는 58세에서 60세 사이에 이돌이에게 시집을 온 것이며, 나이를 볼 때 그녀도 재혼이었을 것으로 생각된다. 이와 같이 나이가 30세를 넘었는데 가현한 것으로 되어 있는 경우를 '재혼'한 것으로 간주하였다.

D는 후처가 기재되어 있는데 본처는 '금고'한 것으로 표시된 경우를 찾은 것이다.[47] 후처에 대해 가현이라는 표현은 하지 않았지만 본처가 최근 3년 이내에 죽었다면 후처도 최근 3년 이내에 그 집에 들어왔을 가능성이 매우 높다. 결국 후처가 새로 기재되었다는 의미일 수 있다.[48]

권89, 33년 2월 5일[정묘]; 43집 639면). 물론 현실 속에는 30세를 넘었지만 혼인하지 않은 경우들이 얼마든지 있었을 것이다.

45 『단성(하)』, 63b.

46 그녀의 남편은 호주로, 그녀는 그 밑의 동거 가족으로 다음과 같이 기재되어 있다. "第三戶正兵金德先年柒拾肆乙巳 [……] 乙卯戶口相準加現後妻良女禮右年陸拾伍 [……]" (『단성(상)』, 137a).

47 이와 관련하여, '금고'(今故)로 기재된 것과 '고'(故)라고만 기재되어 있는 것을 구별하여 해석하였다. 호적대장은 3년마다 작성되었으므로 금고(今故)는 지난 식년에서 이번 식년 사이, 즉 3년 이내에 사망한 경우를 가리키는 것이다. 반면, 고(故)는 '죽었다'는 의미만을 드러내는 것으로 죽은 지 3년이 넘은 경우이며 또 언제 죽었는지 알 수 없는 것이다.

48 그러한 사례 가운데 재혼한 여성의 수에서 제외한 사례가 있다. 1678년 호적의 현내면 5리 3통 1호(『단성(상)』, 43b)에 기재된 후처 이소사는 22세이다. 원래의 처는 '금고'(今故)라고 되어 있으며, 이소사 본인은 '가현'(加現)한 것으로 되어 있다. 그러므로 이소사는 그 집에 후처로 새로 들어온 것이 분명하다. 당시 그녀의 나이는 22세이므로, 혼인 경력이

이 경우 후처의 나이가 30세가 넘었는지, 그리고 10세가 넘었는데 가현으로 표시된 아이들이 있는지를 살펴서 그 두 가지를 함께 고려하였다.[49]

그렇게 해서 찾아낸 재혼한 여성의 수는 1678년에 31명, 1717년에 31명, 1759년에 25명, 1789년에 11명으로 재혼한 남성의 수와 크게 차이를 보이지는 않는다.[50] 이를 바탕으로 부부 가운데 한 명이라도 재혼인 경우를 추려보면, 1678년에 52쌍, 1717년에 52쌍, 1759년에 34쌍, 1789년에 15쌍이 된다. 그것이 전체 호주 부부[51] 가운데 차지하는

없었을 가능성이 더 높다고 생각된다.

49 1678년 호적의 생비량면 2리 2통 4호(『단성(상)』, 92a)를 보면, 호주인 박연세는 36세인데 그의 처 윤소사가 최근 3년 안에 사망하였다(今故). 후처로 기재된 여인은 득옥이라는 이름의 사비인데 나이는 28세이다. 이때 후처인 득옥은 '가현'한 것으로 되어 있지 않다. 이는 '가현' 표기가 누락되었거나, 어쩌면 본처 윤소사가 죽기 전에 이미 그 집에 들어와서 살고 있었던 것 같다. 그런데 그 집에 13세의 홍달이라는 '권자'(券子)가 있다. 그리고 7세의 귀임과 2세의 귀철이 기재되어 있다. '권자'라고 기재된 13세의 홍달을 득옥이 낳아서 데리고 온 아이라고 생각할 수도 있을 것이다. 그러나 그렇게 되면 득옥이 15세에 출산을 한 것이 된다. 홍달은 무슨 사정에 의해 박연세의 양자가 되었을 것이다. 그리고 득옥이 귀임과 귀철을 낳은 것으로 생각된다. 그렇다면 득옥은 귀임을 21세에 낳은 것이 된다. 어쨌든 양자인 홍달의 존재가 득옥이 재혼녀라는 확실한 증거가 될 수 없는 경우이다. 이렇게 의심이 가는 요인이 들어 있는 경우는 여성의 재혼 사례에서 제외하였다.

50 선행 연구에서 하층민의 재혼과 관련하여 주의 깊게 논의한 연구는 이영훈에 의해 이루어졌다. 그 연구에서 규장각에 소장된 강원도 원주 권씨 양반가에 남은 1678~1885년 간의 호구단자 46종에 기재된 노비의 부모에 대한 기록을 통해 184쌍의 노비 부부를 검출하였다. 일부일처제의 경우 107쌍(58%), 아내 1명에 남편 2명 이상인 경우 15쌍(8%), 아내의 이름은 밝혀졌지만 남편의 이름이 '부지'(不知)인 경우 37쌍(20%), 남편의 이름은 밝혀졌지만 아내의 이름이 '부지'인 경우가 25쌍(14%)이라고 밝힌 바 있다. 아내에 남편이 둘 이상인 경우 가운데 5쌍이 확실한 '재혼'의 경우이며, 그밖에 부부 중 어느 한쪽이 '부지'인 경우 속에는 혼인관계를 경과하지 않은 채 출산한 경우 등에서 복수의 남자와 관계하여 출산한 경우 등이 포함되었을 것으로 보았다(이영훈, 앞의 글, 2000, 116~117쪽).

51 『단성호적』에서 재혼한 사례를 찾아서 그 의미를 이해하려면 우선 정상적인 혼인관계가 어떠한지를 알아보아야 한다. 그래서 『단성호적』에 보이는 호주와 그의 처로 기재된 경우만을 우선 추려서 부부의 수를 찾아보았다. 물론 전체 부부의 수를 알려면 호주와 그 처뿐 아니라, 호주가 아닌 사람들, 즉 호주의 아들과 며느리 또는 호주의 부모 등

백분율(%)을 계산하면, 1678년에 3%, 1717년에 2.5%, 1759년에 1.6%, 1789년에 0.8%가 된다.

그러면 이렇게 추출한 재혼한 여성의 수를 남편이 죽고 나서 혼자 살아가는 과부의 수와 비교해보자.

[표 3-2-4] 과부와 재혼 여성

단위: 명(%)

연도	재혼한 여성의 수	과부의 수
1678	31 (8.4)	369 (100)
1717	31 (4.3)	715 (100)
1759	25 (3.5)	706 (100)
1789	11 (1.8)	600 (100)

[표 3-2-4]를 보면, 1678년에 재혼한 여성은 과부의 8.4% 정도이다. 과부의 수 대비 재혼한 여성의 비율은 17세기에서 18세기로 넘어가면서

모든 부부의 수를 산출해야 한다. 하지만 이 글에서는 '재혼'의 관계를 호주 부부에서만 추출했으므로, 초혼부부의 상황에 대해서도 호주와 그 처만을 다루기로 한다. 그렇다고 하더라도 대세를 이해하는 데 큰 무리는 없을 것이라는 생각이다. 이 경우 호주와 그의 처가 생존해 있는 사례를 모두 제시한 것으로 그 속에는 초혼인 경우와 어느 한쪽이라도 재혼인 경우가 모두 포함되어 있다.

부부의 수

단위: 명(%)

연도	호주와 그의 처	전체 호의 수
1678	1,718 (81.6)	2,118 (100)
1717	2,115 (82.5)	2,564 (100)
1759	2,160 (78.1)	2,764 (100)
1789	2,146 (80.0)	2,683 (100)

줄어드는 쪽으로 바뀐다.

재혼한 여성을 신분별로 나누어보면 1678년에는 양인 12, 천인 19, 1717년에는 양인 24, 천인 7, 1759년에는 양인 19, 천인 6, 1789년에는 양인 9, 천인 2명이다. 양반 여성이 재혼을 한 흔적을 호적대장에서 찾는 것은 불가능했다. 양반 여성의 재혼이 드물었기 때문이고, 재혼을 했다 하더라도 그 흔적을 남기지 않았기 때문일 것이다. 또 하층민의 경우에도 호적대장에 기재된 내용은 현실의 재혼 사례의 증감보다는 호적대장의 기재 내용이 달라지는 등 기재상의 문제일 가능성이 더 높다. 그러므로 그 수치 자체에 의미를 부여하기보다는 재혼한 사례들을 통해 어떤 상대자와 재혼하게 되는가, 재혼의 조건이 무엇인가를 알아보면서 그러한 조건들이 어떻게 변화했는지를 알아보는 것이 더 의미 있는 작업일 수 있다.

3. 재혼의 조건

남성과 여성의 재혼 사례를 세밀하게 분석하여 재혼 남녀 사이의 혼인 경력, 신분, 연령의 상관관계를 알아보자.

1) 혼인 경력과 신분

남성과 여성의 재혼 사례를 혼인 경력에 따라 구분해보면 세 가지 유형으로 나눌 수 있다. 부부가 모두 재혼인 경우, 남자는 재혼이고 여자는 초혼인 경우, 여자는 재혼이고 남자는 초혼인 경우가 그것이다. [표 3-2-5]는 재혼부부를 이 세 가지 유형으로 나누어본 것이다.

[표 3-2-5] 재혼부부의 유형

단위: 명(%)

연도	남재혼, 여재혼	남재혼, 여초혼	남초혼, 여재혼	합계
1678	27 (51.9)	21 (40.4)	4 (7.7)	52 (100)
1717	25 (48.1)	21 (40.4)	6 (11.5)	52 (100)
1759	20 (58.8)	9 (26.5)	5 (14.7)	34 (100)
1789	6 (40.0)	4 (26.7)	5 (33.3)	15 (100)

[표 3-2-5]를 보면 남녀 모두가 재혼인 사람끼리의 결합이 가장 많았다. 남성이 재혼할 때 초혼 여를 만난 경우보다는 여성이 재혼할 때 초혼남을 만난 경우가 적다. 남성은 재혼할 때 초혼의 상대를 만날 수 있었지만, 여성은 대체로 재혼의 상대를 만나야 했던 것이다.

하지만 여성이 재혼할 때 초혼의 남성과도 혼인한 경우가 있었다는 것은 그 처지에 따라 재혼의 조건도 달랐음을 보여준다. 경제적으로 풍족한 여성들은 초혼의 남성과 재혼했다. 1678년의 단성현 현내면 1리 11통 4호[52]를 보면, 관노(官奴) 호룡이 43세로서 44세의 양녀 이소사와 함께 살고 있다. 호룡의 호에는 이소사가 '데리고 온 딸'이 기재되어 있어서 이소사가 재혼녀라는 것을 알 수가 있다. 그들 부부가 사는 호에는 33세의 고공 한 명과 3명의 비가 함께 기재되어 있다. 30세의 비 두 명과 2세의 비 한 명은 모두 '가현'으로 표시되어 있어서, 최근

52 『단성(상)』, 26a.

3년 안에 그들의 호에 들어왔음을 알려준다. 아마도 이소사가 데리고 온 사람들일 수도 있다. 이러한 사례를 보면, '돈 많은 과부'와 결혼하여 복 받은 '머슴의 행운'에 대한 이야기가 떠오른다. 이는 착한 머슴이 오랫동안 장가를 못 가다가 나중에 복을 받게 된다는 것이 공통 줄거리인데 나중에 받게 되는 복의 내용이 바로 돈 많은 과부에게 장가를 드는 것이다.[53]

과부의 재산 증식과 관련해서는 『차산필담』(此山筆談)에 「수은식화」(受恩殖貨)라는 이야기가 남아 있다. 이는 젖먹이 아이가 있는 과부가 헐벗고 굶주리다가 김기연(金基淵)이라는 사람을 만나 그로부터 얻은 두 꿰미의 돈으로 장사를 하여 부자가 되는 이야기이다. 그 일부를 인용해보면, "그 여자도 돈이 많이 벌려 여러 만 냥에 이르렀고, 아이도 이제 오 척 소년이 되었다. 그리하여 객점(客店) 옆에 큰 집을 사서 발을 내리고 가게에 앉아 술을 많이 팔며 부족함이 없이 살았다. 양주, 광주의 술꾼들이 그 여자가 재산이 많은 과부라는 말을 듣고 얻어서 살아보려고 객점 주인과 모의하고서 직접 통정을 했다."[54] 이러한 내용에서 과부가 돈이 많을 때, 주위에 남성들이 많이 접근했음을 알 수 있다.

다음으로는 재혼과 신분의 상관관계를 알아보자. [표 3-2-6]에서는 혼인 경력을 기준으로 부부의 유형을 나누고 같은 신분 사이의 혼인과 다른 신분 사이의 혼인 비율이 어떻게 달라지는지를 표시해보았다.

---

53 이러한 이야기는 조동일 외, 『한국구비문학대계 별책부록 2 한국설화색인집』(한국정신문화연구원, 1989)에서 그 제목만으로도 쉽게 찾을 수 있다. 예를 들면, <돈 많은 과부에게 장가 든 노총각(2-8)>, <꾀로 부자에게 장가 든 머슴(5-7)>, <지혜로 과부 얻은 노총각(6-4)>, <부자과부 얻은 총각(6-6)>, <배짱으로 돈 많은 과부 얻은 총각(6-8)> 등이 그것이다.

54 <巨余客店>(李佑成·林熒澤 譯編, 앞의 책(상), 1973, 58~65쪽).

[표 3-2-6] 혼인 경력과 교혼(交婚)의 비율[55]

단위: %

연도	초혼부부		재혼부부							
			A		B		C		계(A+B+C)	
	같음	다름	같음	다름	같음	다름	같음	다름	같음	다름
1678	83.3	16.7	77.8	22.2	76.2	23.9	75.5	25.0	76.9	23.1
1717	86.9	13.1	92.0	8.0	23.8	76.2	50.0	50.0	59.6	40.4
1759	88.8	11.2	60.0	40.0	88.9	11.1	80.0	20.0	67.6	32.4
1789	95.3	4.7	66.7	33.3	100	0	100	0	86.7	13.3

A: 남녀 모두 재혼인 부부의 경우.
B: 남성은 재혼이고 여성은 초혼인 경우.
C: 여성은 재혼이고 남성은 초혼인 경우.

[표 3-2-5]에서 보았듯이, 재혼부부의 수가 많지 않으므로 그 적은 수치로 시기별 추세를 알아보기는 어렵다. 다만, 초혼의 부부와 재혼인 사람이 포함된 부부를 놓고 비교해보면, 초혼의 경우에 비해 재혼인 경우에 신분이 다른 사람들끼리 결합하는 비율이 높았음을 알 수 있다. 또 초혼부부는 같은 신분 안에서 혼인을 한 경우가 83%에서 95%로

55 제시된 수는 각각의 혼인 경력에 따른 관계(초혼 / 모두 재혼 / 남자는 재혼, 여자는 초혼 / 남자는 초혼, 여자는 재혼)를 100%로 설정하고, 신분이 같은 경우와 다른 경우의 비율을 표시한 것이다.

시간이 흐르면서 점차 증가하는 것을 볼 수 있다. 그러나 재혼인 사람이 포함된 경우는 그 수치에 오르내림이 있을 뿐 일관된 흐름을 보이지 않는다.[56]

조선후기에 양반집 딸이 재혼을 하면서 자신보다 낮은 신분의 남자를 만나는 이야기가 설화로 전해진다. 한 재상의 딸이 청상과부가 되어 친정에 와 있는데, 그 딸의 슬퍼하는 모습을 보고 안타깝게 여긴 재상이 가족 없이 가난하게 혼자 사는 젊은 무변(武弁)에게 딸을 시집보내고 그 사실을 세상에 비밀로 한다는 내용이다.[57] 이 이야기에서 재상의 딸은 재혼이지만 그 상대 남성은 초혼인 것으로 나온다. 하지만 그 남자의 신분은 낮았다.

그렇다면, 다른 신분과 혼인할 때 재혼 여부와 신분의 높낮이는 어떻게 결합되어 그 조건을 상쇄했을까. 재혼할 때 어떤 요인을 가장 중요하게 생각했는가를 가려내려면 재혼하는 당사자의 성별에 따라 상대가 초혼인가 재혼인가, 그 신분이 어떠한가의 조건을 비교해보아야 한다. 그런데 재혼 관계의 양상을 분석하기 위해서는 먼저 초혼부부의 신분 관계를

56 재혼인 경우 어떤 형태의 결합이 가장 교혼 비율이 높았는지 살펴보면 1678년의 경우 세 가지 재혼의 유형 모두 75～76% 정도가 같은 신분끼리의 혼인인 것으로 나와서 큰 차이를 보이지 않았다. 1717년에는 남녀 모두 재혼인 경우는 같은 신분끼리 결합하는 경우가 92%로 매우 많아졌다. 반면 남자나 여자 어느 한쪽만이 재혼인 경우에는 23%, 50%만이 같은 신분과 혼인하였다. 특히 남자가 재혼이고 여자가 초혼인 경우의 교혼 비율이 매우 높았다. 1759년이 되면 부부 모두가 재혼인 경우는 반대로 교혼의 비율이 늘어나고, 부부 가운데 한 사람만이 재혼인 경우에는 같은 신분끼리의 혼인이 증가한다. 그리고 그 경향은 1789년까지 계속된다. 하지만 이는 매우 적은 사례를 통해 나온 결과이므로, 그것을 통해 경향을 추정하기는 어렵고, 초혼과 재혼의 경우를 크게 묶어서 대비하는 정도로만 참고할 수 있다.

57 <一宰相女>(김현룡, 앞의 제3책, 1999, 168쪽), 『계서야담』 146, 『청구야담(김556)』, 『청야담수(540)』.

알아볼 필요가 있다.

[표 3-2-7] 초혼부부의 신분 관계

단위: 부부의 수(%)

연도	같은 신분	다른 신분		합계
		남자가 높음	여자가 높음	
1678	1,424 (83.3)	140 (8.2)	145 (8.5)	1,709 (100)
1717	1,861 (86.9)	156 (7.3)	125 (5.8)	2,142 (100)
1759	1,949 (88.8)	105 (4.8)	140 (6.4)	2,194 (100)
1789	2,111 (95.3)	63 (2.8)	41 (1.9)	2,215 (100)

[표 3-2-7]은 초혼부부가 서로 다른 신분으로서 결합한 경우에 남자가 높은 신분인 경우와 여자가 높은 신분인 경우를 나누어서 비교한 것이다. 1759년을 제외하면 대체로 남자가 여자보다 높은 신분인 경우가 더 많거나, 남자가 높은 쪽과 여자가 높은 쪽의 수치가 비슷하게 나온다.

그렇다면, 이러한 신분 사이의 결합이 재혼한 부부에서 어떻게 나타나는지 알아보기 위해, 신분별·성별로 재혼 당사자를 나누고 그 상대의 혼인 횟수, 신분을 모두 고려하여 다시 표를 작성해보았다.58

58 이 표는 이 장의 끝에 붙인 <별표> 가운데 양반 신분이 포함된 재혼을 제외하고 양인과 천인의 관계를 중심으로 작성되었다. 양반 남성의 재혼 사례는 남성이 재혼이고 여성은 초혼인 경우에서 1678년에 2건, 1717년에 2건, 1759년에 3건, 1789년에 2건이 찾아졌으며, 대체로 같은 신분 사이의 혼인으로 나온다.

[표 3-2-8] 재혼 남성의 배우자(혼인 경력과 신분)

단위: 명

연도	양인 남성의 재혼					천인 남성의 재혼				
	초혼의 여성		재혼의 여성		합계	초혼의 여성		재혼의 여성		합계
	양인	천인	양인	천인		양인	천인	양인	천인	
1678	6	3	**6**	3	18	1	9	3	**15**	28
1717	1	14	**18**	0	33	2	2	2	**5**	11
1759	4	1	**10**	2	16	0	1	6	**2**	9
1789	2	0	**4**	2	8	0	0	0	**0**	0

재혼 여성의 배우자(혼인 경력과 신분)

단위: 명

연도	양인 여성의 재혼					천인 여성의 재혼				
	초혼의 남성		재혼의 남성		합계	초혼의 남성		재혼의 남성		합계
	양인	천인	양인	천인		양인	천인	양인	천인	
1678	2	1	**6**	3	12	0	1	3	**15**	19
1717	2	2	**18**	2	24	1	1	0	**5**	7
1759	3	0	**10**	6	19	1	1	2	**2**	6
1789	5	0	**4**	0	9	0	0	2	**0**	2

이 표를 보면, 재혼부부는 같은 신분 및 같은 혼인 경력을 가진 상대를 만난 경우가 많은 편이다. 그 다음으로는 남자는 재혼, 여자는 초혼이면서 같은 신분이거나 남자의 신분이 높은 경우가 상대적으로 많은 편이었다. 재혼 관계를 파악할 수 있는 수치가 워낙 적기 때문에, 그 수치를 통해 비교한다는 것은 의미가 없겠지만 몇 가지 양상을 비교해보는 것은 재미있다. 양인 남녀 모두 재혼하면서 초혼의 양인 신분 상대자를 만난 경우는 1~6건으로 적다. 또 재혼의 천인 신분 상대자도 2~6건 사이로 양쪽 모두 적은 편이다. 다만, 양인 남성이 재혼하면서 초혼의 천인 여성을 만난 경우는 1~14건이지만, 양인 여성이 재혼하면서 초혼의 천인 남성을 만난 경우는 1~2건 정도로 거의 없었다.

천인의 경우에도, 남녀 모두 초혼의 양인 신분 상대자를 만난 경우는 1~2건 정도로 극히 적다. 재혼 남성이 초혼의 천인 여성을 만난 경우는 1~9건으로 꽤 많았다. 하지만 천인 여성이 재혼하면서 초혼 남성을 만난 경우는 1건뿐이다. 천인 남성이 재혼할 때 초혼의 천인 여성과 재혼의 양인 여성을 대체로 비슷하게 선택한 편인데, 천인 여성은 초혼의 천인 남성보다는 재혼의 양인 남성을 조금 더 많이 선택한 것으로 나왔다. 일반화할 수 없는 이야기이지만, 남성은 상대가 혼인 경력이 없는 경우를 선호하고, 여성은 신분 또는 경제력 등의 조건을 좀 더 고려한 것일 수도 있다.

2) 나이

이제 부부의 나이 차이는 어떠했는지 알아보자. 재혼이라는 것이 큰 하자로 여겨지는 분위기였다면 재혼을 할 때 자신보다 나이 많은 상대를 만나야 했을 수도 있다. 혼인에 있어서 연령은 그 신분, 경제력만큼이나 중요한 조건이 된다.

조선시대 부부의 나이 차이에 대한 지침을 법전에서 찾을 수 있다. 그 규정을 인용하면 다음과 같다.

○ 남자의 나이 15세, 여자의 나이 14세가 되면 바야흐로 혼인을 허용한다. [자녀의 나이가 13세가 되면 혼사를 의논하는 것을 허락한다.] 만약 두 집 부모 중 한 사람에게 오랜 병이 있거나 혹은 나이가 50이 되었고, 그 자녀의 나이가 12살 이상인 경우에는 관청에 신고하여 혼인을 하도록 한다.[59]

○ 종실(宗室)인 경우에는 그 자녀의 나이와 정혼(定婚)한 집 주인의 관직·성명을 갖추어 종부시(宗簿寺)에 신고한다. […] [두 집의 자녀(子女) 나이 10세가 되면 바야흐로 혼인을 의논하도록 허용하며, 나이가 6세 이상 차이가 나는데, 서로 진정으로 원하는 바가 아닌 경우에는 혼인하는 것을 허락하지 아니한다. 나이를 가감(加減)하거나 사실을 숨겼다가 뒤에 발각된 경우에는 가장을 위혼망모률(爲婚妄冒律: 혼인하려고 남을 속인 죄에 대한 처벌 조항)으로 논죄한다.][60]

이에 따르면 남자는 15세, 여자는 14세에 혼인을 허락하며 예외적으로 12세 이상인 경우에 혼인할 수 있다. 종실인 경우에는 그보다 더 어린 나이 10세가 되면 혼인을 의논하도록 허락했다. 그리고 종실에 대한 규정이므로 일반화하기는 어렵지만, 혼인할 사람들 간에 6세 이상 나이 차이가 나는 경우에 서로 진정으로 원하는 바가 아니라면 혼인을 허락하지 않았다. 조선시대의 정서에서 남녀 사이에 6세 이상 나이 차이가 나는 것을 바람직하게 여기지 않았던 것이다.

---

59 『경국대전』 권3, 예전 혼가.

60 『대전회통』 권3, 예전 혼가.

『단성호적』에 보이는 재혼이 포함된 부부의 나이 차이를 살펴보면, 그 차이가 가장 크게 벌어진 경우는 남자가 39세 더 많은 경우였다. 이 경우는 1759년에 보이는데 호주인 양처영(57세)의 밑에 18세의 이씨가 기재된 경우이다.[61] 그런데 그 다음에는 25세의 딸이 기재되어 있고, 나이를 알 수 없는 아들과 며느리가 '별호'를 꾸려나간 것으로 되어 있다. 이어서 16세의 딸이 기재되어 있는데, 5세의 아들 '승담'이 그 밑에 또 기재되어 있다. 자녀들의 나이를 고려해볼 때, 틀림없이 양처영은 18세인 이씨와 재혼을 한 것이다. 전 부인과 사이에 최소한 1남 2녀의 자녀를 두었는데, 그 부인은 오래전에 사망한 것인지 모르겠지만 어쨌든 현재 호적에 기재되어 있지 않고 새로 맞이한 부인 이씨가 기재되어 있을 뿐이다. 이 호에는 44세의 비 례옥이 기재되어 있으며, 호주 부부의 신분은 하층 양반 정도로 생각된다. 이씨의 경우, 초혼인지 재혼인지 알 수는 없다.

여자의 나이가 더 많은 경우 중 가장 큰 차이를 보인 것은 11세였다. 1789년에 보이는 이 경우를 살펴보면, 호주인 김명록은 44세로 양인 신분이다. 그 처는 55세의 '양성'(梁姓)으로 기재되어 있으며 역시 양인 신분이다. 선(24세), 이랑(16세)이라는 이름의 '의자'가 2명 기재되어 있다. 이들은 '양성'이 낳아서 데리고 온 자녀일 것이다. '여'로 기록된 이름 없는 딸은 6세로 되어 있어서, 이 딸은 김명록과 양성 두 명 사이에서 태어난 아이라고 생각된다.[62] 양성은 재혼인 것이 확실하지만, 김명록은 초혼인지 재혼인지 알 수 없다.

61 『단성(하)』, 86a, 생비량, 01－02－02.

62 『단성(하)』, 750a, 도산, 02－05－04.

[표 3-2-9] 혼인 경력과 부부 연령 차이

단위: 세

연도	남녀 초혼	남재혼, 여재혼	남재혼, 여초혼	남초혼, 여재혼	전체 평균
1678	5.3	10.5	11.6	−4	5.5
1717	4.5	13.0	9.7	1.6	4.7
1759	4.9	10.8	18.1	1.4	5.0
1789	4.7	14	16.5	4	4.8

[표 3-2-9]는 초혼과 재혼의 조건에 따른 유형을 기준으로 부부의 나이 차이를 평균 내어 제시한 것이다.[63] 이 표에서 초혼인 경우, 부부 나이 차이의 전체 평균은 5세 안팎으로 나타났다. 앞의 『경국대전』의 종실에 대한 규정에서 나이 차이가 6세가 넘지 않도록 하라는 지침은 이러한 나이 차이를 볼 때 적절한 것이었던 듯하다. 남녀 모두가 재혼인 경우, 모두 초혼인 경우보다 나이의 격차가 2배 정도 크다. 초혼인 경우 시간의 흐름에 따라 점점 부부의 나이 차이가 줄어드는 데 비하여 재혼인 경우는 차이가 더 커진다. 남자가 재혼이고, 여자가 초혼인 경우에 나이 차이는 더 크게 벌어졌다. 여성이 재혼이고 상대도 재혼일 경우는 대부분 남성의 나이가 많았다. 이에 비해 재혼하는 여성이 초혼의 남성을 만날 때, 여성이 연상이거나 남성이 연상이더라도 다른 경우보다 적은 나이 차이를 보였다.[64]

63 이 수치는 남자의 나이에서 여자의 나이를 뺀 것이다. 그러므로 (+)는 남자가 여자보다 나이가 많은 경우. (−)는 여자가 남자보다 나이가 많은 경우를 나타낸다.

64 초혼·재혼의 관계에 남녀 간의 신분 차이를 더하여 부부 사이의 나이 차이가 어떻게

이와 관련하여, "고양현(高陽縣)의 한 사족(士族) 부녀가 나이 40이 넘어서 개가(改嫁)했다. 그런데 얼굴에 이미 주름살이 있어서 새 남편이 보고 좋아하지 않을 것을 걱정했다 [……]"는 설화 속의 한 대목을 떠올리게 된다.[65] 사족의 부녀가 나이가 40이 넘어서 재혼을 하면서 얼굴에 있는 주름살을 걱정했다는 것이다. 이 경우에 어쩌면 재혼 상대인 남성은 그녀보다 나이가 적었을지도 모른다.

이러한 조건들의 관계를 좀 더 자세히 보기 위해 부부 나이 차이와 재혼 관계, 신분의 높낮이가 어떻게 분포하는지를 [표 3－2－10]에 나타내보았다. 이 표에서 나이가 '－10~0'인 경우, 곧 여성이 남성보다 연상인 경우를 보면,[66] 남성이 재혼이고 여성이 초혼인 경우는 1717년의

다른지 알아보기 위해 다음 표를 만들었다.

혼인 경력 및 신분 관계에 따른 부부 연령 차이 평균

단위: 세

연도	남녀 모두 재혼			재혼 남성과 초혼 여성			재혼 여성과 초혼 남성		
	같은 신분	남자 높음	여자 높음	같은 신분	남자 높음	여자 높음	같은 신분	남자 높음	여자 높음
1678	11.4	13.7	8.3	11.4	13.5	17	－5	·	－1
1717	13.6	·	－7	10.1	22	0.5	6.3	3	－3.5
1759	9.9	9.5	12	18.1	18	·	－0.8	－2	·
1789	14.8	12.5	·	16.5	·	·	4	－2	·

이 표를 보면, 남성이 재혼인 경우 가운데 특히 남성이 자신보다 낮은 신분의 여성을 맞이할 때는 같은 신분일 때보다 더 어린 여성과 재혼하였다. 여성이 더 높은 신분인 경우는 일관된 경향을 찾기는 어려웠지만, 1717년에 남녀가 모두 재혼일 때 여성이 남성보다 7세 더 많은 것으로 나타나서 흥미롭다.

65 <高陽縣婦人>(김현룡, 앞의 제3책, 1999, 191~192쪽), 『太平閑話』, 笑叢 56번.

66 여성이 연상인 수가 초혼부부인 경우와 재혼부부의 경우 어떻게 다르게 나타나는지 다음과 같이 정리해보았다. 먼저 초혼부부를 살펴보면, 여성이 연상인 경우는 20~30% 정도로 적지 않은 수치이다. 재혼한 경우를 포함한 부부의 경우, 초혼보다 여성이 연상인 경우는 적은 편이었다. 하지만, 여성의 신분이 높은 경우에 여성이 연상인 경우가 꽤

두 사례가 보일 뿐이다. 대체로 여자는 재혼이고 남성은 초혼인 경우에 여성의 연상이 많았다. 이러한 경우는 1678년에 4건, 1717년에 2건, 1759년에 3건, 1789년에 1건이다. 이때 대체로 부부의 신분은 같거나, 여성의 신분이 더 높다. 유일하게 1759년에 여성은 재혼이고 남성은 초혼인데 남성이 나이는 어리면서 신분은 높은 경우가 보인다. 이는 현내면 2리 5통 2호[67]에서 보이는데 호주 양철주의 직역은 양인이며 연령은 34세로 되어 있다. 그의 처는 사비(私婢) 정시랑(36세)인데, 그 밑에 의자 '손□재'가 13세로 기재되어 있어서 정시랑이 재혼한 것을 알 수 있다.[68]

많아서 흥미롭다.

혼인 경력 및 신분 관계와 여성 연상 부부의 수

단위: 부부의 수(%)

연도	초혼부부				재혼부부			
	같은 신분	남자 높음	여자 높음	계	같은 신분	남자 높음	여자 높음	계
1678	322＼1424 (22.6)	29＼140 (20.7)	37＼145 (25.5)	388＼1709 (22.7)	7＼40 (17.5)	0＼7 (0)	2＼5 (40.0)	9＼52 (17.3)
1717	548＼1861 (29.4)	34＼156 (21.8)	42＼125 (33.6)	624＼2142 (29.1)	3＼31 (9.7)	0＼15 (0)	5＼6 (83.3)	8＼52 (15.4)
1759	575＼1949 (29.5)	27＼105 (25.7)	39＼140 (27.9)	641＼2194 (29.2)	5＼24 (20.8)	1＼4 (25)	0＼6 (0)	6＼34 (17.6)
1789	649＼2111 (30.7)	19＼63 (30.2)	10＼41 (24.4)	678＼2215 (30.6)	1＼13 (7.7)	0＼2 (0)	0 (0)	1＼15 (6.7)

* 이 표 안에 기재되어 있는 수의 의미는 이렇다. '＼'를 기준으로 왼쪽에는 여성이 연상인 부부의 수를 기재하였다. 오른쪽에는 해당 신분 관계의 부부 총수를 기재하였다. (　) 안에는 각 경우에 해당하는 부부의 총 수 가운데 여성이 연상인 부부가 차지하는 백분율(%)을 낸 것이다.

67 『단성(하)』, 18a.

68 이 경우, 양철주가 초혼이라고 정확히 판단하기는 어렵다. 다만, 양철주의 전처에 대한 정보가 전혀 없고, 전처에서 낳은 것으로 보이는 자녀가 없다는 점을 기준으로 하여 '초혼'으로 추정할 뿐이다.

[표 3-2-10] 재혼 관계에 따른 부부 연령 차이

단위: 부부의 수

연도	재혼 관계	-10~0	1~10	11~20	21~30	31~	합계
1678	남 재혼, 여 재혼	5 (4, 0, 1)	9 (6, 2, 1)	8 (7, 0, 1)	4 (3, 1, 0)	1 (1, 0, 0)	27 (21, 3, 3)
	남 재혼, 여 초혼		9 (7, 2, 0)	9 (7, 1, 1)	3 (2, 1, 0)		21 (16, 4, 1)
	남 초혼, 여 재혼	4 (3, 0, 1)					4 (3, 0, 1)
1717	남 재혼, 여 재혼	4 (2, 0, 2)	7 (7, 0, 0)	8 (8, 0, 0)	5 (5, 0, 0)	1 (1, 0, 0)	25 (23, 0, 2)
	남 재혼, 여 초혼	2 (1, 0, 1)	9 (8, 0, 1)	9 (9, 0, 0)	1 (0, 1, 0)		21 (18, 1, 2)
	남 초혼, 여 재혼	2 (0, 0, 2)	3 (2, 1, 0)	1 (1, 0, 0)			6 (3, 1, 2)
1759	남 재혼, 여 재혼	3 (3, 0, 0)	7 (3, 1, 3)	6 (4, 1, 1)	3 (1, 0, 2)	1 (1, 0, 0)	20 (12, 2, 6)
	남 재혼, 여 초혼		2 (2, 0, 0)	5 (4, 1, 0)	1 (1, 0, 0)	1 (1, 0, 0)	9 (8, 1, 0)
	남 초혼, 여 재혼	3 (2, 1, 0)	1 (1, 0, 0)	1 (1, 0, 0)			5 (4, 1, 0)
1789	남 재혼, 여 재혼		2 (2, 0, 0)	3 (1, 2, 0)	1 (1, 0, 0)		6 (4, 2, 0)
	남 재혼, 여 초혼			4 (4, 0, 0)			4 (4, 0, 0)
	남 초혼, 여 재혼	1 (1, 0, 0)	4 (4, 0, 0)				5 (5, 0, 0)

* 괄호 안에는 신분 관계에 따른 각 유형별 수를 표시하였다. 괄호 안에 있는 수를 기재한 원칙은 다음과 같다(부부의 신분이 같음, 남성의 신분이 높음, 여성의 신분이 높음). 괄호 밖에 있는 수는 괄호 안에 기재한 세 가지 신분 관계의 유형의 합계이다.

남성이 여성보다 연상이며 그 나이 차이가 10세 이상인 경우를 보면, 남자가 재혼인 경우에 집중적으로 나타나고, 남자는 초혼이고 여자는 재혼인 경우도 드물게 보인다. 남성들은 재혼을 하면서 자신보다 낮은 신분의 여성 가운데 나이가 어린 여성을 배우자로 선택하는 경우가 많았던 것 같다. 또 남성이 30세 이상 나이가 많은 경우는 모두 4건이지만, 대부분은 재혼하는 남성이 같은 신분의 재혼하는 여성을 만난 경우이다. 한 사례만이 남성은 재혼인데 여성은 초혼인 경우로 나타나서, 초혼의 여성이 30세 이상 나이 차이 나는 남성과 결혼한 사례는 흔하지 않았다는 것을 알 수 있다. 여성의 입장에서는 재혼을 하면서 그 상대도 재혼이고 신분이 같은 경우에 30세가 넘게 나이가 많은 남성을 만나기도 했다.

조선후기의 야담에는 남자는 재혼이고 여자는 초혼일 때 나이 차이까지 많이 나서, 그것을 여자가 싫어하여 자살한 이야기가 실려 있다. 그 내용을 보면, "한 재상이 늙어서 시골 처녀에게 재취 장가갔더니, 첫날밤에 처녀가 자살했다. 사람들 말로는 신랑 나이 장인보다 더 많아 그게 싫어 자살했다고 하는데, 그 말이 꼭 맞는지는 알 수 없다"는 사연이 나온다. 이에 재상이 만시를 지어서 슬픔을 표현했다는 것이다. 처녀가 나이 많은 재혼의 남성과 혼인하는 것은 그가 아무리 '재상'이라고 하더라도 쉽게 성사될 수 있는 일이 아니었다.

재혼하는 남성이 초혼의 여성과 만난 경우는 조선후기에 전해지는 안동 권모의 사연에서도 볼 수 있다. 이 이야기는 60대 노인이 35세의 처녀와 혼인한 사정을 보여준다. 안동의 권모는 경학과 덕행으로 도천을 받아 휘릉 참봉을 하였다. 그때 나이가 60세였다. 원래 가세는 넉넉했으나 곧 배우자를 잃고 슬하에 자녀가 없을뿐더러 밖으로 유복지친(有服之親)도 없었다. 그러던 어느 날 능소를 범한 나무꾼을 잡았다. 그러자 그 나무꾼은 "소생은 사부가(士夫家)의 자손으로 일찍 홀로 되신 노모가 올해 일흔이시고, 저의 누이는 서른다섯 살이 되도록 출가하지 못했으며, 소생 역시 나이 삼십에 장가도 못 갔습니다. 저희 남매가 나무하고 물을 길어 봉양하는데 움막 같은 집에 혹한을 당하여, 멀리 나무하러 가지도 못하고 이렇게 능소를 범하였으니 죄를 받아 마땅하옵니다."라고 하였다. 그러자 옆에 있던 김우항이 권모와 나무꾼의 누이로 짝을 정하도록 주선한다. 이에 나무꾼의 늙은 어머니는 "우리 집이 누대(累代) 문벌로서 몰락하여 이제 이 모양이 되었으니 비록 선대에 없는 일이기는 하나 인륜을 폐하는 것보다야 낫지 않겠느냐"라고 하면서, 눈물을 흘리며 허락했다고 한다.[69] 이 이야기에서 60세의 권모와 35세의 처녀가 혼인을 하는 것은, 여자의 부모 입장에서 안타까워하는 일이었음을 알 수 있다.

남녀가 모두 재혼이지만 남성의 나이가 많고 여성이 젊은 사례에 대한 사연은 『청구야담』(青邱野談)에 실려 있는 김견신(金見臣)의 어머니에 대한 이야기에서도 볼 수 있다. 이 이야기는 실화를 바탕으로 한 것으로, 실존 인물인 김견신의 어머니는 15세에 동향의 총각과 혼인을 맺어 폐백을 받았는데 결혼식 전에 그 총각이 사망하였다. 그 뒤 시부모를 3, 4년 동안 극진히 받들고 나서, 친정에 왔다. 그런데 이웃의 나이 많은 김부자가 처를 여의었다. 홀아비가 된 김부자는 1만 냥을 줄 테니 딸을 자신에게 개가시켜달라고 그 부친에게 제안했다. 그러자 부친은 거절했는데, 김견신의 어머니는 혼인을 허락하고, 김부자와 결혼하여 김견신을 낳았다.[70] 김견신의 어머니는 19세에 이웃집의 나이 많은 김부자와 결혼한 것이다.

69 이 이야기는 <續絃>(李佑成·林熒澤 譯編, 『李朝漢文短篇集(中)』, 一潮閣, 1973, 284~289쪽), 『海東野書』. 그 앞에 인용한 늙은 재상에 대한 이야기는 <노옹후취>(김현룡, 앞의 제3책, 1999, 390쪽), 『記聞叢話』.

70 이 설화는 앞의 3부 1장에서도 인용한 바 있다. 3부 1장의 주 23 참조.

과부의 재혼을 부정적으로 생각하는 사회적 인식은 과부가 불리한 조건에서 재혼하게 하는 요인이 되었다. 김견신의 어머니의 사연과 비슷한 이야기로, 인조 때 재상을 지낸 목내선(睦來善)의 부모가 결합하게 된 사연을 들어보면 다음과 같다. 어느 결혼식 날 신랑이 오다가 사망하였다. 신부(뒷날 목내선의 어머니) 부모가 딸을 시집으로 보내 상복을 입고 장례를 치르게 하려니까 신부는 시집가서 상주 노릇하기를 거절했다. 이때 혼례식에 손님으로 참가했던 목서흠(睦敍欽)이 나서서 신부에게 청혼을 했다. 목서흠은 70세가 넘은 상태였다. 신부의 부모는 신부의 의사를 존중하겠다며 딸에게 의사를 물었다. 신부는 "내 칠십 노인에게 시집가는 것에 대해 여탐(女耽: 음탕함을 즐긴다는 뜻)의 혐의는 안 받겠지요"라고 하면서 허락했다. 이후 신부는 네 아들을 낳았는데, 그 한 아들이 목내선이었다는 이야기이다.[71]

이 이야기의 주인공인 신부는 목서흠이 손님으로 참가한 혼례식의 주인공이었던 것을 볼 때 양반 가문의 여성이다. 그녀는 수절하며 혼자 살기보다는 나이가 많은 홀아비와 혼인하는 것을 스스로 선택했다. 그리고 나이 많은 홀아비인 목서흠은 젊은 과부를 맞이하기 위해 적극적으로 노력했다. 과부의 재가에 대한 부정적인 논의가 있는 상황에서 그녀는 연로한 목서흠과 혼인함으로써 재혼을 하면서도 큰 비난을 면하는 줄타기를 한 것이다.

하지만, 과부의 입장에서도 나이 많은 홀아비와 혼인하는 것이 반가운 일은 아니었던 것 같다. 그것은 다음의 설화에서도 찾아볼 수 있다. 선비 정씨가 상처하고 남원 과부를 소개받아 후처로 맞으려 했다. 약속한 날 선비는 남원부에 도착해 여러 가지 예물을 갖추며 준비하고 있었다.

71 <睦敍欽>(김현룡, 앞의 제3책, 1999, 184쪽), 『松泉筆譚』 461.

이때 과부가 몰래 여자 종을 시켜, 가서 살펴보고 오라 했다. 갔다 온 여자 종이 "수염이 길게 나고 가죽 모자를 썼는데 꼭 늙은 병자 같았습니다"라고 보고했다. 과부는 "내 젊고 건장한 남자 만나 말년을 즐기려 했는데 이런 늙은 것을 무엇에 쓰리" 하고 한탄했다. 과부는 밤에 찾아온 정씨에게 문을 열어주지 않았다.[72] 재혼하는 과부들도 나이 많은 사람과 혼인하는 것을 원치 않았던 것이다. 재혼하는 여성이 초혼의 어린 남성을 만난 것으로 나타난 『단성호적』의 사례들이 흥미로운 이유가 여기에 있다.

4. 아이를 데리고 재혼한 여성들

재혼을 하는 것은 남녀 모두에게 그다지 긍정적인 조건으로 작용하지는 않았지만 만일 젊은 나이에 혼자가 되어 자녀가 없는 경우라면 홀가분하게 재혼을 할 수도 있었을 것이다. 하지만, 전배우자에게서 낳은 자녀가 있는 경우에는 어땠을까. 이러한 사정은 『콩쥐팥쥐』 설화에서도 읽을 수 있다. 『콩쥐팥쥐』의 두 주인공인 콩쥐와 팥쥐는 혈연관계가 아니다. 콩쥐의 아버지와 팥쥐의 어머니가 재혼을 하면서 각기 전 배우자와의 사이에 낳은 아이를 데리고 결합했던 것이다. 팥쥐 엄마처럼 아이를 데리고 재혼한 여성들은 『단성호적』에서도 찾을 수 있다.

전남편의 아이를 데리고 재혼하는 일에 대해 조선시대 법전 등에서 따로 지침을 만들어놓은 것을 찾기는 어렵다. 다만, 『속대전』에 "어머니

72 <老翁後娶>(김현룡, 앞의 제3책, 1999, 389쪽), 『慵齋叢話』 171.

는 같고 아버지는 다른 자매를 간통한 사람은 목을 매달아 죽인다"[73]라는 규정이 있는 것을 볼 수 있다. 어머니는 같고 아버지는 다른 자매가 있다는 것은 어떤 경우일까. 아들의 입장에서 볼 때, 친어머니가 재가를 가서 아버지가 다른 자매를 낳았거나, 계모가 재가해 오면서 전남편과의 사이에서 낳은 자매를 데리고 온 경우일 것이다. 어느 경우이든 어머니가 재혼을 했음을 의미한다.

또 『연산군일기』를 보면, 과부가 재가하면서 아이를 데리고 온 경우 그 아이와 새 아버지의 관계에 대해 다음과 같이 설명한 것을 찾아볼 수 있다.

> 전교하기를, '성인이 예법을 제정할 때, [……] 계모(繼母)의 상에는 아버지를 위하여 복(服)을 입고, 양부(養父)의 상에는 그 은혜를 위하여 복을 입으며, [……] 계부(繼父)의 상 같은 것은 비록 예문에 실려 있다 할지라도 어찌 영구한 법이라 하여 변통이 없겠는가. 계부의 복이 있으면, 무릇 과부된 자가 개가한 지아비를 위하여 자식이 복을 입을 수 있다 하여 실행(失行)하면서 사람을 따라가는 자가 많을 터이니, 의부(義父)의 상사에는 임시변통하여 복을 입지 말도록 하라' 하였다.[74]

위의 기록은 계모·계부(의부)의 상복에 대한 논의를 담고 있다. 이를 통해 과부의 재혼과 그 자녀에 대한 몇 가지 사실을 알 수 있다. 첫째, 어머니의 새로운 남편을 계부·의부라고 부른다는 것이다. 둘째, 조정에서 의부·계부를 위해 상복을 입는 문제를 거론해야 할 정도로, 과부들이

73 "姦同母異父姉妹者絞"(『속대전』 권5, 형전 간범).

74 『연산군일기』 권55, 10년 8월 20일(정축); 13집 657면.

전남편의 아이를 데리고 재혼하는 일이 드물지 않았다는 것이다. 셋째, 연산군대 이전에는 의부의 상사에 의자가 상복을 입는 일이 일반적이었지만, 의부의 상사에 복을 입지 못하게 하는 규정이 새롭게 마련되었다는 것이다.[75] 계부의 복이 있으면, 과부가 재가하는 일이 많아질 것이라는 이유에서였다. 계모의 상에는 아버지를 위하여 복을 입는 것을 그대로 허용하면서, 계부의 상에는 복을 입지 못하게 했던 것은 무엇 때문일까. 과부들이 새로운 남편을 만나서 살 때, 상례 절차에서 아무런 차별 없이 첫 번째 혼인과 같은 입지에 설 수 있을 경우, 거리낌 없이 재가하게 될 것이기 때문이었다. 결국 과부들의 재혼을 막기 위한 제도적 장치들이 다각도에서 마련된 것이었다.

『단성호적』에서도 의부·의자·의녀 등의 재혼한 어머니를 통해 맺어진 관계를 보여주는 사례들을 찾을 수가 있다.[76] 이러한 사례를 통해, 재가를 하는 과부들이 전남편의 아이를 데리고 올 때 아이가 있다는 것은 어떠한 조건으로 작용하는지, 또 만일 상대인 홀아비에게도 전처(前妻)가 낳은 자녀들이 있다면 그들과의 관계는 어떻게 되는지, 의부와 의자는 같은 성을 쓰는지 등의 문제를 알아보자.

75 이와 관련된 법전의 조문을 보면 다음과 같다. "동거하는 계부가 자식이 없고 자신도 백숙부나 형제가 없으면 기년이고, 동거하는 계부에게 자손이 있거나 자신도 백숙부나 형제가 있으면 齋衰3월이다. 현재 동거하지 않는 계부에게는 齋衰3월이다. 적모에게는 齋衰3년, 계모에게는 齋衰3년, 부가 죽고 계모가 개가할 때에 자신이 따라 갔으면 齋衰杖朞, 계모의 보복은 不杖朞 [……]"(『경국대전』 권3, 예전 오복). 위의 조항에서, 계모와 계부를 차별하였지만 계부의 복을 입도록 규정되었음을 볼 수 있다.

76 『단성호적』에서 '의' 관계가 등장하는 흥미로운 사례를 소개하면 다음과 같다. 1717년 생비량면 9리 2통 4호(『단성(상)』, 253b)의 호주는 양녀 김소사(60세)이고, 그 아래 자석수백 24세, 며느리 배소사 27세, 의모 덕례 60세 사비가 기록되어 있다. 이는 60세의 양녀 김소사가 의모, 곧 아버지의 후처인 60세의 사비 덕례를 모시고 사는 경우이다. 이와 같이 의자·의녀·의부·의모 관계에 대한 다양한 사례들이 『단성호적』에 담겨 있다.

『단성호적』에 기재된 아이를 데리고 재혼한 여성의 사례를 [표 3-2-11]에 정리해보았다. 1678년에는 6개 사례, 1717년에는 13개 사례, 1759년에는 9개, 1789년에는 7개로 모두 35개의 사례를 볼 수 있다. 그 아이들은 의자, 의녀, 이부녀(異父女), 처녀(妻女) 등으로 표시되어 있다. 의자 또는 의녀가 주로 쓰였는데, '이부녀'라고 쓴 경우는 1678년에 '천업'의 사례([표 3-2-11]의 3번)이다. '처녀'라고 쓴 경우는 1759년의 2번 사례로, 사노 화득이 71세로 호주이고 처는 57세의 임소사이며 그들의 호에는 26세의 세군이라는 이름의 아들이 있다. 그 뒤에, 13세의 '처녀' 세금이 기재되어 있다. 처의 딸이라는 의미로 세금은 임소사가 화득의 처가 되기 전에 다른 사람 사이에서 낳은 딸인 것이다.

이들 아이를 데리고 재혼한 여성이 포함된 부부의 신분 관계를 보니, 여성이 전남편의 아이를 데리고 재혼을 할 때, 자신보다 높은 신분의 남성을 만난 경우는 없었다. 6건 가운데 2건은 양녀가 사노 또는 관노와 혼인한 경우로 여성의 신분이 더 높았고, 나머지 4건은 양쪽의 신분이 같았다. 나이의 조건을 보면, 남성과 여성이 모두 재혼일 때는 역시 남성의 나이가 13세, 17세 더 많은 것으로 나타났다.

그 가운데 남녀 모두가 재혼인 것이 확실해 보이는 경우는 2건인데, 나이 차이는 13세와 17세이다. 1678년에 남녀 모두가 재혼인 경우의 평균 나이 차이인 10.5세보다 더 많은 차이가 난다. 아이를 데리고 재혼하는 여성들이 좀 더 나이 든 상대와 혼인해야 했던 것일 수도 있겠다. 반면 여성만이 재혼이고 남성은 초혼일 때는 여성의 나이가 평균 4세 더 많은 것으로 나왔다. 아이까지 딸린 여성이 재혼을 하면서 초혼에 나이도 어린 남성을 만났다는 것은 매우 흥미롭다.

1717년에도 역시 아이를 데리고 재혼하는 여성의 경우, 자신보다 높은 신분의 상대를 만난 경우는 없었다.[77] 모두 13건 가운데 4건은 남녀가 함께 재혼인 경우이고, 나머지 9건은 여성만이 재혼인 것으로 드러난 사례였다. 남녀가 함께 재혼인 경우는 모두 남녀의 신분이 같았다. 그 경우 부부의 나이 차이는 두 건은 남성이 연상인 경우로 20세와 30세의 나이 차이를 보였고, 한 사례만이 여성이 연상으로 4세의 차이를 보였다. 그것을 평균을 내어보면 15.3세가 되어 남녀 모두 재혼인 경우의 전체 평균보다 3세가 더 높았다. 아이를 데리고 결혼하는 여성의 경우 나이 차이라는 점에서는 좀 더 불리한 입장에 처하게 되었다고 볼 수 있다.

[표 3-2-11] 아이들 데리고 재혼한 여성의 사례 (1678년)

번호	남-직역	여-직역	재혼 관계	나이 차이	의자녀	비고	출처
1	관노	사비 가현	남녀 재혼	13	의자 일선 13세 가현	자 후동 매주 김릉 호거	(상) 25a 현내 01-07-05
2	사노	양녀	남녀 재혼	17	의자 교노 애립 14세	여 2명 동거. 3명 별거	(상) 69a 오동 05-05-05
3	관노	양녀	여 재혼	-1	이부녀 천업 13세		(상) 26a 현내 01-11-04
4	수보	양녀	여 재혼	-6	의자 수군통영 조한생 23세	의자 姓 다름	(상) 124b 법물야 06-06-01
5	수보	양녀	여 재혼	-5	의자 역보 조점학 20세	의자 姓 다름	(상) 136b 법물야 06-06-01
6	우병영군 (사노)	사비	여 재혼	-4	의자 금발 12세 가현		(상) 136b 법물야 06-07-01

77 단, [표 3-2-11] 1717년의 10번에 보이는 사례는 사비가 맹인과 혼인한 것으로 되어 있는데 맹인의 신분은 정확히 알 수 없다. 양인이었을 수도 있다고 생각되지만, 이 표에서는 사비와 맹인의 결합을 신분이 같은 것으로 처리하였다. 어쨌든 남성이 맹인이라는 것은 그 신분의 고하를 떠나서 그 남성을 불리한 조건에 서도록 했을 것이다.

[표 3-2-11] 아이들 데리고 재혼한 여성의 사례 (1717년)

번호	남-직역	여-직역	재혼 관계	나이 차이	의자녀	비고	출처
1	사노	?	남녀 재혼	6	의녀 애진 15세. 강진 7세	처 사량 1715년 사망. 여 기량 1717년 도망	(상) 172a 현내 01-02-01
2	양인 피장	양녀 가현	남녀 재혼	20	의녀 분례 12세 가현	전처와 자녀 도망. 전처도 재혼녀	(상) 179b 현내 08-01-01
3	양인	양녀 가현	남녀 재혼	30	의자 어리박지 3세 가현	전처 1716년에 사망	(상) 182b 현내 09-09-02
4	관노	사비	남녀 재혼	−4	의자 필개 33세	처모 70세 동거	(상) 183a 현내 09-11-04
5	사노	양녀 가현	여 재혼	−4	의녀 덕지 14세. 의자 종발 6세 가현		(상) 172b 현내 02-02-02
6	가관노	관비	여 재혼	7	의녀 수영대 12세		(상) 181a 현내 09-01-03
7	사노	사비	여 재혼	12	의자 막남 17세		(상) 181a 현내 09-02-01
8	관노	양녀	여 재혼	−3	의자 사노 석돌이 8세		(상) 182b 현내 09-09-04
9	사노 쇄장	?	여 재혼	0	의자 관노 월을석 17세	의자 호주로 기재	(상) 183a 현내 09-11-03
10	맹인	사비	여 재혼	3	의자 노 선이 16세		(상) 184a 현내 10-02-01
11	노제 정병	양녀	여 재혼	4	의자 수보 만필 30세		(상) 195a 북동 01-06-02
12	보인	양녀	여 재혼	3	의자 보인 오개지 21세	의자 姓 다름	(상) 195b 북동 02-02-04
13	가관노	관비	여 재혼	0	의녀 영채 관비 27세		(상) 265a 신등 01-28-02

[표 3-2-11] 아이들 데리고 재혼한 여성의 사례 (1759년)

번호	남-직역	여-직역	재혼 관계	나이 차이	의자녀	비고	출처
1	관노	양인*	남녀 재혼	1	의자 맹갑 21세. 의녀 맹금 18세, 맹정 16세, 의자녀 가현	전처소생 자녀 별호거	(하) 20a 현내 02-15-01
2	사노	양인*	남녀 재혼	14	처녀(妻女) 세금 13세		(하) 48b 북동 11-07-01
3	향교 보상	사비	남녀 재혼	21	의자 의생보상 이걸 18세	전처 도망	(하) 53b 오동 02-05-05
4	양인	사비	여 재혼	−2	의자 손□재 13세	의자 姓 다름	(하) 18a 현내 02-05-02
5	원노	사비	여 재혼	−10	의자 노 돌이 16세		(하) 19a 현내 02-10-03
6	일수	양인*	여 재혼	−6	의자 일부 16세		(하) 20b 현내 02-16-05
7	향교 서원	사비	여 재혼	6	의자 한취 20세	본처 40세로 동거. 花妻 사비 귀정	(하) 21b 현내 03-04-05
8	역리	양인*	여 재혼	1	의자 김원택 23세		(하) 43b 북동 09-05-01
9	향교 서원	양인*	여 재혼	12	의자 김금이 33세	의자 姓 다름	(하) 78a 도산 11-01-04

[표 3-2-11] 아이들 데리고 재혼한 여성의 사례 (1789년)

번호	남-직역	여-직역	재혼 관계	나이 차이	의자녀	비고	출처
1	?	양인*	여 재혼	0	의자 문석재 36세	의자 호주로 기재. 의자의 부: 응상	(하) 719b 현내 11-01-03
2	보인	양인*	여 재혼	7	의자 가서리 20세		(하) 721b 현내 16-03-02
3	업무	양인*	여 재혼	−11	의자 선 24세, 이량 16세		(하) 750a 도산 02-05-04
4	금보	양인*	여 재혼	4	의녀(이름 없음) 6세		(하) 763b 도산 12-03-05
5	양인	양인*	여 재혼	9	의자 류서갑 43세	의자 姓 다름	(하) 777a 생비량 05-02-05
6	양인	양인*	여 재혼	10	의자 조맹철 25세	의자 姓 다름	(하) 818a 법물야 16-11-03
7	업무	양인*	여 재혼	5	의자 군관 강시삼 13세	의자 姓 다름	(하) 818a 법물야 16-12-03

'*' 표시는 직역이 표시되지 않아 신분을 추정한 경우임.

여성만이 재혼인 9건 가운데 4건은 신분이 같거나 남성의 신분이 높고, 나머지 2건은 여성의 신분이 높은 경우였다. 여성의 신분이 더 높은 2건 모두 여성이 더 나이가 많아서 각각 3세와 4세 차이가 났다. 여성만이 재혼인 것으로 보이는 경우 가운데 신분이 같은 경우를 보면, 대체로 남성의 나이가 더 많은 경우로 12세, 4세, 3세 정도의 차이를 보였다. 그 평균을 내보면 5.5세 차이가 났다. 일반적으로 재혼 여성과 초혼 남성이 결합한 경우의 나이 차이가 1717년에 1.6세였던 것과 비교된다.

1717년의 2번을 보면, 처가 두 명으로 기재되어 있다. 첫 번째 처 김소사(30세)는 의녀 분덕 및 자녀 2명을 데리고 이미 도망했다고 되어 있다. 두 번째 처 박소사(33세)는 함께 거주하는데 의녀 분례(12세)가 가현으로 표기되어 있다. 곧 호주인 양인피장 허영수(53세)의 첫 번째 처 김소사는 분덕을 데리고 시집을 왔고, 허영수와의 사이에서 귀분과 득창이라는 아이 둘을 낳았는데 그들 모두를 데리고 '도망'을 했다. 두 번째 처 박소사를 맞았는데 그녀도 분례라는 딸을 데리고 온 것이다. 전처와 후처 모두가 재혼하면서 아이를 데리고 온 사례다.

1759년에 남녀 모두 재혼인 경우는 3건인데, 그 가운데 한 건은 남성의 신분이 높았고, 다른 한 건은 여성의 신분이 더 높았다. 남성의 신분이 높은 경우는 나이 차이가 무려 21세로 나타났고, 여성의 신분이 높은 경우는 그보다는 나이 차이가 적어서 7.5세로 나타났다. 평균을 내면 12세가 되므로, 1759년에 남녀 모두가 재혼인 경우 평균 나이 차이가 10.8세였던 것을 보면, 역시 아이를 데리고 결혼하는 여성들이 좀 더 나이가 많은 상대와 결합했던 것 같다. 여성은 재혼이고 남성은 초혼인 경우는 6건인데, 그 가운데 3건이 남녀의 신분이 같은 경우이고, 남성의 신분이 높은 경우가 3건이다.

1789년에는 아이를 데리고 결혼한 사례를 보니 모두가 여성만이 재혼인 경우였다. 모든 경우가 남녀의 신분은 같은 것으로 나타났다. 그때, 나이 차이는 평균 5세로 나왔다. 역시 여성은 재혼이고 남성은 초혼인 경우의 전체 평균보다는 1세가 더 많다.

아이를 데리고 재혼한 경우에 남성의 신분이 높은 경우는 모든 연도에서 4~5개의 사례만을 찾을 수 있을 뿐, 나머지는 모두 신분이 같거나 여성이 더 높은 신분인 경우이다. 상대 남성의 결혼 경력을 보면, 전체 35개 사례 가운데 남성이 초혼인 경우가 26개이고 재혼인 경우가 9개로 나타나서 아이가 있는 과부들은 상대를 만날 때 홀아비보다는 총각을 선호했다는 것을 알 수 있다. 물론 이는 재혼하는 남성 쪽에서 아이가 있는 과부를 선호하지 않았기 때문일 수도 있다.

어쨌든 아이가 딸린 과부가 어린 총각과 재혼한 경우를 찾을 수 있었던 것은 흥미롭다. 그렇지 못한 과부들은 대략 자신보다 10세 또는 20세 더 늙은 홀아비와 재혼해야 했다. 이때 여성들은 자신보다 신분이 낮은 남성을 만날 때 좀 더 젊은 상대를, 신분이 같거나 높은 남성을 만날 때 더 늙은 상대를 만났다. 신분과 나이를 놓고 견주어 합리적인 선택을 했던 것이다.

요컨대 전남편의 아이를 데리고 재혼을 하는 여성들은 오히려 초혼의 남자와 혼인하는 경우가 재혼의 남성과 혼인하는 경우보다 많았다. 그리고 남자의 신분이 높은 경우보다는 여자의 신분이 높은 경우가 대부분이었다. 아이가 딸린 여성들은 신분은 높지 않더라도 초혼인 경우를 선호했던 것 같다. 초혼의 남성을 선호했던 것은, 남자 쪽에 전부인과의 사이에서 낳은 아이들이 있을 경우를 생각해서였을지도 모르겠다.

그렇다면, 남녀가 모두 재혼이라는 조건에서 결합했을 때 전처, 또는 전남편의 사이에서 낳은 자녀들은 어떤 상태에 놓이게 되었을까. 먼저 의부와 의자의 관계를 보면, 의자는 예전의 성(姓)을 그대로 쓰고 있어서 의부와 의자가 서로 성을 다르게 쓰고 있는 것을 볼 수 있다.78 앞에서 살펴 본 문일만과 오개지의 경우도 '의자' 관계라고 되어 있고, 성은

78 성(姓)을 쓰지 않는 천인의 경우를 제외하고, 성을 쓰는 경우에는 모두가 새 아버지와 의자(義子)의 성을 달리하여 호적에 분명하게 기재하였다. [표 3-2-11]의 '비고' 내용 가운데 '의자 성 다름' 표시 참조.

다르게 썼다(1717의 12번 사례). 다른 예를 더 보면, 1759년의 9번 사례도 향교서원 방만세(68세)가 호주이고 그의 처 김소사(56세)가 기재되어 있고, 그 뒤에 의순, 귀삼, 의성의 자녀가 보인다. 맨 마지막에 33세의 '의자'가 나오는데, 그가 김귀삼(金貴三)에서 김이(金伊)로 개명했다고 나온다. 이름은 바꿨지만 그의 성 '김'은 그대로 유지하여 어머니의 새 남편인 방만세와는 다른 성을 쓰고 있는 것이다. '성'의 표기만으로 보면 어머니의 새 남편을 새로운 아버지로 여기기보다는 원래의 아버지와의 연결을 중요시하였다고 볼 수 있겠다. 새로운 부부관계를 통해 부자(녀)로 맺어진 관계는 '의'(義)로 맺어진 것일 뿐, 성(姓)을 바꿀 수 있는 문제는 아니었던 것이다.

그러면, 새아버지 또는 새어머니를 맞이하게 된 자녀들은 어떻게 되었을까. 새어머니가 들어온 경우 전모(前母)의 소생은 새어머니와 '의자녀' 관계가 되는데, 이때 자기 소생을 편애하는 경우가 많았던 것 같다. 이와 관련하여 『수교집록』에 실린 전교를 보면 다음과 같다.

> 계모가 한 집안의 권한을 멋대로 휘둘러 자기 소생을 편애하여 남편의 소유물 모두를 혹은 별급했다고 하거나 혹은 팔아버렸다 하여 명목을 바꾸어 [자기 소생에게] 주면 전처의 자식은 빈손으로 하나도 얻지 못하게 된다.

> 의자녀가 전모나 계모에게서 자기 재물을 나누어 받을 때 비록 나누는 몫에는 차이가 있더라도 어미와 자식의 대의는 친모와 마찬가지여서 경중을 따질 수 없으나 [재물을 나누는] 기한은 정해둔다. 단 원래 재주가 이미 처분한 재물을 다시 변경하는 것은 허락하지 않는다.[79]

---

79 위의 두 사료의 출처는 『수교집록』 刑典 私賤(1554년[명종 9, 가정 갑인]에 받은 전교); 한국역사연구회 법전연구반 역주, 2001, 298쪽 참조.

이는 주로 재산의 상속과 관련된 내용이지만, 계모가 전처의 자녀보다는 자신의 소생을 우선시하는 경우에 대해 짐작하게 한다.[80] 계모가 자기 소생을 편애하거나, 전처의 재산 분배를 변경하여 자신의 소생에게 나누고자 했던 것이다.

이러한 경우를 호적대장에서 찾아보자.[81] 1678년에 현내면 1리 7통 5호[82]에 사는 관노 수룡은 43세인데 얼마 전에 옥이라는 이름의 30세의 젊은 후처를 맞이하였다. 그녀는 전남편의 아들인 13세가 된 일선을 데리고 와서, 일선은 수룡이 호주인 호에 '의자'로 기재되었다. 수룡에게도 전처와의 사이에서 낳은 후동이라는 아들이 있었다. 그런데 후동은 더 이상 함께 살지 않는다. 그는 매부 김릉의 호로 갔다고 기재되어 있는 것이다. 결혼한 누나의 집에서 함께 살게 된 것이다.

또 다른 사례를 보자. 1678년에 오동면 제5리 5통 5호에 살던 호주는 사노 영룡이다.[83] 영룡은 55세였으며, 38세의 후처 점녀를 맞이해서 살고 있다. 점녀의 신분은 양녀이며, 그녀는 전남편과의 사이에서 낳은 14세의 아들 애립을 데리고 재혼을 해서 영룡의 집으로 들어오게 되었다. 그런데 영룡의 호에는 5명의 딸의 이름이 기재되어 있다. 그중에 9세의

80 이에 대해서는 <장화홍련전>과 같은 이야기에서 흥미롭게 표현되어 있다. 필자는 <장화홍련전> 이야기 속에 전모의 재산 상속에 대한 규정이 달라지게 된 사정이 담겨 있다는 분석을 시도한 바 있다. 정지영, 「문학 속의 사회사 — 장화홍련전: 조선후기 재혼 가족 구성원의 지위」, 『역사비평』 61, 2002.

81 앞에서 살펴본 1717년의 2번의 사례도 양인피장 허영수의 첫 번째 처인 김소사는 허영수의 호를 떠나면서, 당초에 자신이 데리고 온 아이뿐 아니라 허영수와 사이에서 낳은 것으로 보이는 두 아이까지 데리고 갔다. 그 호에 두 번째 처로 기재된 박소사가 분례를 데리고 온 것으로 되어 있는데, 어쩌면 박소사가 아이를 데리고 들어오게 되자, 김소사는 자신이 낳은 아이들을 모두 데리고 나간 것일 수도 있다.

82 『단성(상)』, 25a. [표 3-2-11] 1678년의 1번 사례.

83 『단성(상)』, 69a. [표 3-2-11] 1678년의 2번 사례.

이랑과 1세인 끝랑은 함께 살고 있지만, 애녀·삼랑·사랑은 다른 곳에 살고 있다. 애녀는 현내거라고 되어 있는데, 1678년의 호적을 모두 찾아보아도 아버지를 영룡이라고 표시한 애녀는 찾을 수 없었다. 다만, 양반으로 보이는 유영업의 호에 기재된 비 가운데 나이도, 부의 이름도 기재되어 있지 않은 애녀를 발견할 수 있었다.[84] 그 호적에는 애녀에 대해 막연하게 단성현 안에 있다는 식으로 얼버무린 것으로 보아 애녀는 어디론가 도망하여 새로운 삶을 꾸리고 있을 것이라는 생각이 든다. 삼랑은 교비로 표시되어 있는데, 신안(新安)의 산복의 호로 갔다고 되어 있다. 『단성호적』에서 그 자취를 다시 찾을 수 없었다. 아마도 산복과 혼인을 한 것이라고 생각된다. 다음으로 사랑은 "이운호거"(李云戶去), 곧 '이운'이라는 사람의 호로 갔다고 표시되어 있다. 호적에서 '이운'이라는 이름을 찾아보았다. 이운은 현내면 2리 4통 5호에 호주로 기재되어 있다.[85] 그는 27세로 교노이다. 처는 24세의 순진으로 되어 있다. 그들은 아직 자녀가 없다. 그의 호에 사랑은 13세의 매(妹)로 기재되어 있다. 13세라면 아직 어린 나이인데 사랑은 재혼한 아버지의 호에 함께 살지 않고, 결혼한 지 얼마 되지 않은 것으로 보이는 오빠의 집에서 동거하였던 것이다. 이렇듯 영룡의 전처의 딸들은 아버지가 재혼한 뒤 그 집에서 함께 살지 못하고 오빠의 호 등으로 나가서 살아야 했다. 영룡의 후처가 된 여인이 데리고 온 전남편의 아들인 애립은 의자로서 영룡의 호에 동거하는 것과 비교되어 흥미롭다.

이러한 사정은 조선후기의 『계서야담』(溪西野談)에 실려 있는 <북관인 상배후 후취>(北關人喪配後後娶)라는 이야기와 견주어볼 수 있다.

---

84 『단성(상)』, 133a, 법물야 04－08－04.

85 『단성(상)』, 34a.

북관 사람이 상처하고 후처를 들였는데 전처 아들과 딸에게 어찌도 지독하게 하든지 견딜 수가 없었다. 그래서 [전처의 아들, 딸인] 오누이는 집을 나오게 되었다. 열두 살 먹은 누이동생을 외가에 맡기고, 서울 친척집을 찾아가는 열세 살의 오빠는 슬픈 사연을 담아 시를 지었는데 매우 처량했다. 내가 평안 감사 때 그 오빠가 거기를 지나갔다고 들었다. 그 시는 다음과 같다. "훌륭하신 순임금은 부모 원망 않았는데, 태자 신생 슬픈 노래 죽음을 재촉했네, 어디서 어떻게 살아갈 길 모르니, 사생간의 나의 운명 가련하구나, 하늘 끝엔 외로운 짝 잃은 기러기요, 고목엔 울고 있는 쌍쌍의 까마귀라, 하늘 아래 장안은 어디 있는고, 아득한 앞길을 길손에게 묻노라."

1717년과 1759년의 사례들을 보아도, 후처를 얻으면 전처의 자녀는 도망한 것으로 기재되거나, 별호(別戶)에 거주한다고 표현되어 있다. 1759년 현내면 2리 15통 1호를 보면 47세의 호주 전대우의 호에 46세의 처 김소사와 의자 맹갑(21세), 맹금(18세), 맹정(16세)이 '가현'한 것으로 기재되어 있다.[86] 그런데 처 김소사에 대한 기록 앞에 전대우의 아들 갑이, 진갑, 말갑이 나오는데 그들은 '별호'(別戶)하였다고 되어 있다. 또 딸 모단은 하동으로 출가하였으며, 아들인 갑신, 기갑, 묘삼 등도 강생원의 호로 갔다고 기록되어 있어서, 그들이 함께 살고 있지 않음을 표시하였다. 모단의 경우는 이미 출가해 있었던 것 같지만, 다른 아들들은 어쩌면 김소사가 새로 들어오자 그녀들과 함께 살기보다는 이곳저곳으로 떠난 것이 아닐까 한다. 후처와 전처의 자녀 사이도 새어머니와 자녀라는 의식을 갖고 함께 어우러져 살기보다는 아마도 불필요한 대립을 피하기 위해 다른 집에서 사는 쪽을 택했던 것 같다.[87]

86 『단성(하)』, 20a. [표 3-2-11] 1759년의 1번 사례.

87 후처로 들어온 여인이 데리고 온 아이가 없을 때는 전처(前妻)의 자녀들이 함께 사는

이 대목에서, 재혼한 남성과 여성의 관계를 짚어볼 필요가 있다. 남성이든 여성이든 누구나 상대방이 전 배우자와 낳은 아이를 키우기보다는 자신의 아이와 함께 살기를 원할 것이다. 또 부계질서를 강조하는 사회라면, 재혼할 때 여성은 아이를 다른 집에 두고 오더라도 남성은 자신의 아이와 함께 살 것이라고 생각할 수가 있다. 하지만 재혼하는 여성이 아이를 데리고 온 경우가 드물지 않다. 심지어 남성은 재혼한 뒤 전처 소생을 다른 집으로 보내는 등 함께 살지 못한 반면 여성이 데리고 온 아이만이 재혼 가정에서 함께 거주하는 경우도 찾을 수 있다. 재혼하는 남성과 여성의 경우 앞에서 살펴본 내용을 볼 때, 신분이나 나이의 조건에서 대체로 남성보다는 여성이 불리한 입장에 섰던 것은 사실이다. 그러나 여성들은 자신의 아이를 데리고 재혼하기도 했다. 전남편과 관계에서 낳은 아이를 데리고 오는 것과 신분, 나이의 조건을 낮추는 것을 둘러싸고 어떤 협상이 이루어졌던 것이다.

지금까지 재혼의 흔적을 『단성호적』에서 찾아보았다. 호적대장에 재혼한 것으로 나타난 사례는 많지 않다. 호적에 드러난 경우는 재혼한 사람의 극히 일부일 뿐이다. 그러므로 그 수치 자체에 많은 의미를 부여하기는 어렵다. 이에 재혼한 사람의 수 자체보다는 재혼한 것으로 파악된 경우에서 보여주는 복잡한 조건들, 곧 재혼 상대의 혼인 경력,

---

경우가 많았던 것 같다. 1717년 호적의 원당면 2리 4통 1호(『단성(상)』, 157a)를 찾아보면, 속량인 김태우가 45세로 호주로 기재되어 있다. 그의 처는 사비(私婢) 귀진이다. 단지 처(妻)로 기재되어서 그녀가 후처라는 표시는 하지 않았지만, 그 밑에는 17세인 칠금이 '전처녀'(前妻女)라고 기재되어 있어서 귀진이 후처임을 알 수 있다. 그리고 김금학이라는 8세가 된 아들이 또 기재되어 있다. 금학이는 귀진이가 데리고 온 아이가 아니고 김태우와의 사이에서 낳은 아이라고 생각된다. 김금학은 호주와 같은 성을 쓰고 있으며, 그 앞에 의자(義子) 또는 이부자(異夫子)라는 표시도 없기 때문이다.

신분, 연령 등의 관계를 통해 당시 사람들에게 재혼이 어떤 일로 여겨졌는지 알아보았다.

남성과 여성 모두 재혼일 경우 상대방도 역시 재혼이면서 같은 신분인 사람과 결합하는 경우가 가장 많다. 또 남성은 상대의 혼인 경력과 연령을, 여성은 상대의 신분 또는 경제력을 더 고려한 것으로 보인다. 남성이 재혼을 할 때는 자신보다 어린 상대를 만났지만, 여성이 재혼을 할 때는 대체로 나이가 많은 남성을 만났다. 하지만 상대의 혼인 경력이나 신분에 따라, 나이 차이도 다른 양상으로 나타났다. 과부들은 젊은 남성과 재혼하기를 원하기도 했는데, 『단성호적』에서 찾은 사례 가운데 나이 어린 초혼의 남성과 재혼한 경우도 있다.

남성과 여성 모두 재혼을 해서 양쪽에 모두 이전의 혼인 관계에서 낳은 아이들이 있는 사례도 있다. 어떤 경우에는 남성의 아이들은 다른 집으로 가고, 여성이 데리고 온 아이들만이 함께 살기도 했다. 남성보다는 여성이 재혼을 할 때, 그것이 좀 더 불리한 조건으로 작용했던 경향이 보인 것은 사실이다. 하지만 재혼의 관계는 신분, 연령, 아이의 유무 등 매우 다양한 조건에 맞는 적절한 조정을 통해 맺어졌다.

소결

제3부에서는 『단성호적』에 기재된 과부들의 삶의 궤적에 초점을 맞추어 보았다. 과부의 수절 경향, 재혼하지 않고 과부로 남았을 때 가족 안에서 또는 사회 안에서 어떤 자리를 가졌는지, 재혼할 때 어떤 입장에 서게 되었는지 등의 질문을 통해 과부의 삶을 읽어보고자 했다.

또 당시 사람들의 과부에 대한 인식, 가족 사이의 관계, 경제적 조건, 규범적 가치관들이 교차하는 상황 속에서 17, 18세기에 살았던 과부가 선택한 생애전략을 엿보았다.

과부로서 호주로 기재된 경우와 호 구성원으로 기재된 경우 모두를 파악해보니 과부는 1678년에 약 370명, 1717년과 1759년에 700명이 넘었다가 1789년에는 600명으로 조금 줄어든 것으로 나왔다. 1717년 이후의 호적에서 과부의 수가 늘어난 것은 호적에 파악된 여성인구가 늘었기 때문으로, 여성 인구 중 과부의 비율은 6~8% 사이에서 오갔다. 과부의 신분별 비율을 보면 수치 자체는 양인이 가장 많았지만, 신분별 20대 여성 인구 가운데 과부의 비율은 양반이 30% 정도로 가장 많아서 양인의 2배이고, 양인의 수치는 천인의 2배로 산출되어 양반 과부의 상대적 비율이 높은 것으로 나타났다.

조선후기에 '재가한 여자들'에 대한 사회적 시선이 곱지 않았기에 과부인 채로 지내는 수도 늘어난 경향이 있으며, 재혼하는 여성들이 불리한 입장에 서게 된 것으로 보인다. 재혼의 상대를 선택할 때는 경제력·신분·연령 등 다양한 요소들이 고려되고, 호적대장에 드러나지 않는 복잡다기한 조건들이 작동하였다. 어린 청상과부가 늙은 상대를 만나는 경우도 많지만, 나이 많은 과부가 어린 총각을 만나 재혼한 경우도 있다. 전 배우자와의 사이에서 낳은 아이를 데리고 재혼하는 여성들도 있는데, 대체로 그들은 그 아이와 함께 살 수 있었다. 심지어 재혼 상대인 남성의 전처가 낳은 아이들을 다른 집으로 보내고, 여성이 데리고 온 전남편의 아이들은 새로 이룬 가정의 일원으로 살아간 경우도 보인다. 데리고 온 아이의 성은 새 아버지와 다르게 표시되었다. 아이의 양육에 대해 책임과 권한을 어머니가 갖는 것은 조선 사회의 근저에서 유지되어온 오랜 관습이었을 것이다.

조선후기에 과부의 재가에 대한 인식은 긍정과 부정 사이에서 오갔다. 국가적 차원에서 열녀에 대한 포상이 강조되었지만, 민간에서는 그러한 인위적인 제도에 대해 비판적이었다. 과부들은 그 사회적 처지에 따라 살아남기 위한 선택들을 했다. 사회적 신분이 다를 때, 대체로 경제적인 조건도 다르므로 그들이 의식적이든 무의식적이든 선택한 삶의 관행은 미묘하게나마 달랐다. 조선후기에 수절 관념이 강화되는 사회 분위기 속에서 하층 신분에서도 재혼을 한다는 것에 대한 인식이 달라졌을 수 있다. 하지만 다양한 처지 속에 있었던 과부들은 유교 규범의 희생자도 아니고, 사회 규범에 수동적으로 순종하는 존재도 아니다. 과부들은 유교적 규범이 강조되는 과정 속에서 그러한 흐름을 읽고 그것에 공모하거나 예전 것을 고수하거나 또는 그 사이를 오가면서, 자신의 여건에 따라 적절한 틈새를 비집고 자리를 마련하며 살았다.

[별표 1] 남성과 여성이 모두 초혼인 경우

단위: 명(%)

연도	양반-양반	양반-양인	양인-양반	양인-양인	양인-천인	천인-양인	천인-천인	합계
1678	181 (10.6)	13 (0.8)	0	547 (32.0)	127 (7.4)	145 (8.5)	696 (40.7)	1,709 (100)
1717	362 (16.9)	10 (0.5)	7 (0.3)	1,058 (49.4)	146 (6.8)	118 (5.5)	441 (20.6)	2,142 (100)
1759	547 (26.6)	4 (0.2)	6 (0.3)	1,156 (56.1)	101 (4.9)	134 (6.5)	246 (11.9)	2,060 (100)
1789	731 (33.0)	7 (0.3)	1 (0.05)	1,281 (57.8)	56 (2.5)	40 (1.8)	99 (4.5)	2,215 (100)

* 이 표에 제시한 수치에는 재혼남의 초혼 때 처와의 관계를 포함하였음.
* 첫째 줄에 표시한 신분은 '남성의 신분, 여성의 신분'임. 곧 '양반-양인'은 양반 남성과 양인 여성의 결합을 의미함. 아래도 이와 같음.

[별표 2] 남성은 재혼이고 여성은 초혼인 경우

단위: 명(%)

연도	양반-양반	양반-양인	양인-양반	양인-양인	양인-천인	천인-양인	천인-천인	합계
1678	1 (4.8)	1 (4.8)	0	6 (28.6)	3 (14.3)	1 (4.8)	9 (42.9)	21 (100)
1717	2 (9.5)	0	0	1 (4.8)	14 (66.7)	2 (9.5)	2 (9.5)	21 (100)
1759	3 (33.3)	0	0	4 (44.4)	1 (11.1)	0	1 (11.1)	9 (100)
1789	2 (50.0)	0	0	2 (50.0)	0	0	0	4 (100)

* 1678년의 양반-양인에 기재된 "1"은 양반과 천인이 결합한 경우이다.

[별표 3] 남성은 초혼이고 여성은 재혼인 경우

단위: 명(%)

연도	양반-양반	양반-양인	양인-양반	양인-양인	양인-천인	천인-양인	천인-천인	합계
1678	0	0	0	2 (50.0)	0	1 (25.0)	1 (25.0)	4 (100)
1717	0	0	0	2 (33.3)	1 (16.7)	2 (33.3)	1 (16.7)	6 (100)
1759	0	0	0	3 (60.0)	1 (20.0)	0	1 (20.0)	5 (100)
1789	0	0	0	5 (100)	0	0	0	5 (100)

[별표 4] 남성과 여성이 모두 재혼인 경우

단위: 명(%)

연도	양반-양반	양반-양인	양인-양반	양인-양인	양인-천인	천인-양인	천인-천인	합계
1678	0	0	0	6 (22.2)	3 (11.1)	3 (11.1)	15 (55.6)	27 (100)
1717	0	0	0	18 (72.0)	0	2 (8.0)	5 (20.0)	25 (100)
1759	0	0	0	10 (50.0)	2 (10.0)	6 (30.0)	2 (10.0)	20 (100)
1789	0	0	0	4 (66.7)	2 (33.3)	0	0	6 (100)

결론

불안정한 질서, 동요의 흔적들

호적대장을 만드는 일은 통치를 위한 자료를 확보하기 위한 것이면서, 사람들의 관계에 대한 새로운 질서를 만드는 과정이기도 했다. 조선후기 호적대장에 보이는 변화는 유교화의 결과일 뿐 아니라 유교화 추진한 제도적 장치의 한 단면이다. 현실 속의 다양한 삶들은 호적이라는 공식적인 문서 속에 일정한 규칙에 따라 배치되었다. 조선후기 국가에서는 호 기재의 방식을 조정함으로써 부계적 질서에 따른 위계를 구축하고자 했다. 이는 새로운 성별 질서를 설정하는 일이었다. 그런데 질서는 동요(動搖)를 품고 있었다. 새로운 질서의 파장 속에서 다기한 질문들이 제기되고 상이한 입장에 놓인 사람들의 이질적인 반응들이 교차했다. 조선후기에 호적의 기재에서 큰 흐름의 변화가 보였지만, 대세에서 벗어난 '주변적'인 모습들에서 예상치 못한 균열과 불안정한 흔들림을 볼 수 있다.

이제 마무리를 위해, 먼저 호적대장의 기재 내용에서 읽은 관계 맺기의 양상과 그 변화의 과정을 정리해보기로 하자. 제1부에서는 조선후기 호적제도와 호의 기재 내용, 호주로 기재된 사람들이 누구인지에 대해 알아보았다. 호적대장은 국가에서 정한 호적 기재의 지침에 따라 만들어졌다. 그것은 당시의 사람들이 실제로 살고, 관계를 맺고 있던 가호(家戶)의 모습을 기초로 작성되었다. 현실 속의 가호의 모습은 국가에서 설정한 '호'의 틀에 따라 호적에 담겼다. 호적대장은 그 기재의 과정에서 다양한 이해관계들이 개입한 결과가 반영된, 두터운 층위의 의미가 쌓여 있는 자료이다. 그러므로 그 기재 내용이 인구의 실상을 있는 그대로 보여주는 것은 아니다. 하지만 그 속에서 국가가 지배의 대상이 되는 사람들을 파악하고 배치한 구조의 현실, 그리고 하나의 호 속에 담긴 사람들의 관계와 삶의 일단을 읽을 수 있다. 이러한 호적대장은 수취의 근거일 뿐 아니라, 국가의 인민에 대한 다양한 통치의 근거로 활용되었다.

호적대장의 호를 기재할 때 국가에서 만든 기본 원칙은 호주와 그 배우자 및 자녀 및 노비 등을 포함하는 것이었다. 하나의 호 단위 속에 기재된 사람들, 그 기재 순서와 내용 등을 통해 국가에서 '호'라는 것을 어떠한 단위로 설정했는지 읽을 수 있다. 이른바 '가족' 관계와 거주, 소속의 관계 등이 기재되는 단위가 '호'였다. 조선후기의 국가는 혼인한 부부와 자녀 및 그 조부모가 함께 기재되는 직계가족의 모습으로 하나의 호를 구성하고 기재하고자 했다.

이에 『단성호적』에서 노비 등의 예속인을 제외하고 호 안에 함께 기재된 사람들의 관계를 살펴보니, 대체로 '부부와 그 자녀' 또는 '부모와 아들부부와 그 자녀'로 이루어져 있다. 부부와 그 자녀로 이루어진 호, 곧 근대적 용어로 '소가족'이라고 할 수 있는 구성이 60% 정도로 가장 많았다. 또 조부모를 포함한 '직계가족'의 형태를 띤 호가 18세기 이후 모든 신분에서 증가한 것을 볼 수 있다. 이는 조선의 국가에서 호적에 할아버지－아버지－손자가 함께 살면서 하나의 호로 묶여서 기재되는 것을 바람직하게 여기고 추진한 것과 관련된다. 이렇듯 소가족과 직계가족이 대세이긴 했지만, 하나의 호 안에 기재된 사람들의 관계는 다양하고 또 유동적인 것이었다. 호주 단독으로 기재된 호도 있고 기혼의 형제자매, 처가의 가족, 사위 등이 함께 기재된 호도 있었다.

호의 구성이 다양한 만큼 당시에 호주가 되는 사람들도 다양했다. 대부분은 아버지이자 남편이 호주였지만, 아들이 있는 과부 또는 아버지가 있는 아들이 호주로 기재되기도 했다. 아버지와 장남이 각기 다른 호의 호주로 기재된 경우도 있다. 조선후기의 호주는 직계혈통의 대표가 아니라 하나의 호에 기재된 다양한 구성원의 대표였다. 한편, 호주의 성비를 보면 남성호주가 대부분이었지만 17세기 중반에 여성호주는 10%에 달할 정도로 상당히 많았다. 하지만 18세기 초에 여성호주는 6% 정도로 감소한 뒤 다시 늘고 줄어드는 등의 변화 양상을 보였다.

제2부에서는 호주의 성비가 달라진 것이 무엇 때문인지를 알아보기 위해 '호주가 바뀐 사정'이 기재된 호를 추적하여 17~18세기 호적에서 호주승계가 이루어진 방식, 또 그 방식이 변화된 양상과 그것이 의미하는 바가 무엇인지를 살폈다. 대체로 호주의 부인 또는 아들이 이어받았지만, 때로는 사위나 며느리, 형제 등 다양한 관계 사이에 이어받기도 하였다. 그런데 이러한 호주승계 방식은 17세기의 호적과 18세기의 호적에서 뚜렷하게 달라진 모습을 보였다. 1678년 호적대장에서는 전 호주의 부인이 다음 호주로 기재되는 일이 대부분이었지만, 1717년의 호적을 보면 호주가 죽은 뒤 그 아들이 다음 호주로 기재된 경우가 신분의 구분 없이 크게 늘었다.

이러한 호주승계방식의 변화는 국가의 호주 기재에 대한 지침에서 과부가 아닌 아들을 호주로 기재하도록 하는 내용이 강조된 데 따른 것이었다. 조선전기에 만들어진 『경국대전』의 규정에서 호주가 누구인가에 대한 설명은 없다. 호주 다음에 그의 '처'를 기재하는 것으로 나오므로 아버지이자 남편인 존재가 호에 첫머리에 기재되는 것을 당연한 전제로 삼았다. 그런데 호적제도가 강화되는 17세기 후반에 이르러 그러한 아버지이자 남편인 존재가 부재할 때 누가 호주로 기재되는지 등에 대해 새로운 논의가 이루어졌다. 호주승계와 관련한 원칙들이 특정한 원리에 맞게, 또 이전보다 세밀하게 구축되는 중이었다. 이에 전 호주의 부인이자 집안의 어머니인 존재보다는 그 아들을 호주로 기재하도록 하는 지침들이 만들어졌고, 호적의 기재에 반영되었다. 호적대장에서 '아들'을 중심으로 호주를 기재하게 된 것은 부계 중심의 질서가 국가 행정 문서의 기재원리에 반영되어 사회 전반의 운영원리로 적용되기 시작했음을 의미한다.

이렇듯 새로운 규정들이 만들어지고 있었지만 조선시대 호주승계는 국가에서 규정한 배타적이거나 절대적인 순서에 따른 것이 아니었다. 부계를 중심으로 한 호주 기재가 일관되게 관철되거나 단선적인 흐름의 변화를 보인 것은 아닌 것이다. 1717년 호적에서 남성을 호주로 기재하는 변화가 뚜렷하게 나타났지만, 1759년과 1789년에도 그러한 변화의 추세가 같은 정도로 지속된 것은 아니었다.

신분별로 보면, 큰 흐름에서는 모든 신분층에서 비슷하게 변화했지만 그 구체적인 양상에서 다른 움직임을 보였다. 17세기 말에서 18세기로 넘어가는 사이에 양반과 양인, 천인 모두 남성을 호주로 기재하는 쪽으로 변하였다. 그러나 18세기 초까지 같은 방향으로 변화하는 듯이 보였던 양반과 양인 또는 천인은 18세기 중·후반에 행보를 달리한다. 양인과 천인 신분에서 특히 18세기 중반 이후에 여성이 호주로 기재되는 경향이 증가하였다. 또한 양반 호에서조차 아들이 함께 기재되어 있는데도 과부가 호주로 기재된 경우가 적지 않았다.

제3부에서는 이러한 변화 속에서 점차 호주로 기재되지 않게 된

과부의 삶이 어떻게 달라졌는지 알아보기 위해 호의 구성원으로 기재된 과부들 및 재혼한 여성의 흔적을 찾아보았다. 이에 호주로 기재된 과부와 호의 구성원으로 기재된 과부의 수를 아울러서 전체 과부의 수를 추산해 보니, 과부의 수는 18세기에 점차 늘어난 것으로 나타났다.

신분에 따라 나누어 보면 양반 과부의 비율이 양인에 비해 상대적으로 높았다. 이는 양반층에서 재혼하지 않고 사는 과부인 채로 사는 경우가 많았기 때문일 수 있다. 과부들은 대개 본인이 호주로 기재되기도 하고, 아들이 호주인 호에 어머니로 기재되기도 했지만, 그런 여건이 안 될 경우 다른 친인척의 호 구성원이 되기도 했다. 적은 수치이긴 하지만 그 관계를 살펴보면, 18세기에 경향이 달라진 것을 볼 수 있다. 1678년의 경우 친가의 친척집에 사는 과부가 시가에 사는 과부보다 오히려 더 많았다. 양인뿐 아니라 양반도 그러했다. 그런데 18세기 이후 양반은 점차 시가 쪽에서 사는 경향이 많아진다.

한편 남편이 죽은 뒤 혼자 살거나 친가에서 살게 된 양인, 천인 여성들은 재혼을 하는 일이 꽤 있었다. 호적에서 이들의 재혼 사례를 발굴하여 나이, 신분 등 재혼의 조건을 살펴보았다. 남성, 여성 모두가 재혼을 할 때, 자신보다 낮은 신분의 상대를 만나는 경우가 높은 신분의 상대를 만나는 경우보다 많았다. 조선후기에 재혼을 할 때 초혼보다는 불리한 입장에 서게 된 것은 사실이지만, 그것은 여성에게만 그러했던 것은 아니며, 재혼의 관계를 맺는 방식도 다양했다.

호적대장의 기재 내용을 바탕으로 호의 구성, 호주의 기재, 과부의 처지 등을 알아본 결과 1678년과 1717년 사이에 눈에 띄는 변화가 나타난 것을 볼 수 있다. 18세기 초의 호적대장에서는 '부계질서', 곧 아버지와 아들을 중심으로 한 관계가 강조된 모습을 보였다. 이전에 비해 직계가족으로 구성된 '호'가 늘었고, 또 아버지에서 아들로 호주를 잇도록 하는 경향이 나타났다. 과부가 된 뒤에 누구의 호에 속하는지를 보아도 친가보다는 시가 쪽 친척의 호에 기재되기도 했다.

하지만, 18세기 이후에 지속적으로 그러한 변화의 추세가 강화되었는지에 대해서는 단언하기 어렵다. 변화는 매끄럽고 단선적으로 이루어진 것이 아니었다. 호주가 바뀐 호의 호주승계 경향만을 놓고 보면, 부계질서에 따른 호주승계가 늘었다. 하지만 18세기에 여성호주 호는 급감한 뒤에 다시 증가하고 감소하는 등 굴곡을 보였다. 남성을 중심으로 호주를 기재하도록 한 지침이 있었지만, 아들이 있어도 호주로 기재된 과부는 사라지지 않았다. 국가에서는 지침들을 만들어 질서를 세우고자 했지만, 호적의 기재는 그 지침대로만 이루어진 것이 아니었다. 이제 이러한 내용을 바탕으로 조선후기의 호적제도와 유교적 부계질서, 신분별 차이, 여성의 지위 등 몇 가지 쟁점들을 정리해보자.

1. 조선 호적제도의 특징

호의 구성 내용 및 여성호주의 존재는 조선시대 호적대장의 특징을 보여준다. 호적대장은 국가에서 인구를 파악하고 배치한 틀이 무엇인지를 보여준다. 그 기재의 형식과 내용은 하나의 '호' 안에 기재되는 사람들의 관계, 호 구성원의 위계적 배치, 조선시대 '가호'의 형태 등에 대한 다양한 정보를 전달해준다.

조선 국가는 호적대장에 인구를 파악하여 기재할 때 법 규정을 통해 원칙을 정하여 시행하였다. 호적대장에는 전국의 호구를 조사하여 현·면·리·통·호의 단위로 편제한 내용이 담겨 있다. 조선시대 호적대장은

3년에 한번 전국에 걸쳐 작성되었는데, 이는 중앙정부에서 파견된 호적 업무를 담당한 관리가 각 지역에 가서 지방의 관아 및 양반들의 협조를 받아 호적 작성 업무를 진행하는 방식으로 추진되었다. 이때 중앙에서는 호적 작성을 할 때 주의할 점 등을 명시한 '호적사목'을 만들어서 그에 따라 작성하도록 통제하였다.

이러한 호적대장은 국가의 통치를 위한 기본 자료였다. 조선후기의 국가는 호적법을 강화하고 호적대장에 기재된 내용을 근거로 한 '호패'를 소지하도록 하고, 호적에 기재되어 있지 않는 경우 국가의 제도적 보호를 받지 못하도록 하는 규정들을 마련하였다. 조선후기 사회에서 호적대장은 단순히 세금의 수취를 위한 근거일 뿐 아니라, 국가의 인구에 대한 관리 곧, 구휼, 소송, 범죄자의 처벌, 과거시험의 자격 부여 등 다양한 행정의 기초자료로 활용되었다.

하나의 호 안에는 호주와 혼인 또는 혈연 등의 관계로 연결되었거나, 단순히 그 호에 거주한 사람들 또는 예속인 등 어떤 이유에서든 그 호에 소속되어 있다고 여겨진 사람들이 기재되어 있다. 거주하지 않는 호에 기재된 경우도 있을 수 있고, 실제로 거주하지만 누락된 경우도 많았다. 하나의 호에 기재되는 것이 어떤 상황과 조건에 의하여 이루어지는지를 정확히 알기는 어렵다. 대개 호주와 그 배우자 및 자녀를 기본으로 하지만, 호주의 먼 친인척 등이 기재된 경우도 적지 않게 보인다. 가족 관계로 엮인 사람들에 대한 정보를 모두 기재한 뒤, 호에 소속된 고공이나 노비 등의 예속인에 대한 정보는 호의 마지막 부분에 기록하였다. 조선시대 호적의 호는 가족 관계와 거주 상황, 노비 등의 소속 등이 복합적으로 반영된 기재 단위였다.

한편, 호를 구성하는 국가의 원칙은 '현실의 가족, 거주, 소속'을 그대로 기록하는 것이었지만, 실제로 호가 기재될 때는 호를 파악하는 행정기관과 파악 대상이 되는 사람들 사이에 긴장이 만들어지고, 다양한 양상의 조작이나 변조가 이루어졌다. 때로는 하나의 호를 나누어 기재하기도 하고, 나누어 살고 있는 사람들을 하나의 호로 묶어 기재하기도 했다. 중앙정부의 호구 정책이 움직이면 지방의 관아에서는 그에 대해 반응하곤 했다. 호적의 기재 대상이 되는 사람들이나 호적을 작성하는 책임을 가진 사람들 사이에서 다양한 방식의 개입이 일어났을 수 있다. 호적대장이 당시의 '실상'을 흥미롭게 보여주는 자료인 것은 그것이 당시의 사람들이 살고 있던 실태를 그대로 보여주기 때문이 아니라, 그러한 다양한 개입이 이루어진 결과로서의 현실을 담고 있다는 의미에서 그러하다.

여기서 분석한 호적 기재의 내용을 보면, 조선시대의 호적과 20세기 한국의 호주제에서 만들어진 호적은 국가 주도로 인구를 파악하여 기재한 문서라는 점에서는 같지만, 그 구체적인 기재 내용이나 방식은 뚜렷하게 다르다. 조선시대 호적제도와 근대 호주제의 차이를 설명하면 다음과 같다. 첫째, '호'를 단위로 기재된 구성원들의 관계가 다르다. 조선시대 호적에서 하나의 호로 묶인 호 구성원을 보면, 노비를 제외한다고 하더라도 직계가족뿐 아니라 혼인한 딸과 사위, 장인, 장모, 호주의 혼인한 누나와 그 남편 등 다양한 방계의 친족들 또는 막연히 '동거'하는 것으로만 기록된 혈연과 무관한 사람이 섞여 있다. 조선시대 호적의 호는 실제의 거주 또는 소속 등 가구가 구성된 구체적 상황을 바탕으로 기재된 것이다. 이는 20세기 한국의 호주제가 실제의 거주상태와 무관한 추상적인 직계가족 단위의 '가'를 설정하고, 그것을 단위로 하여 호를 구성한 것과 비교된다. 근대 호주제는 부계직계의 원리에 따라 설정된 가족관계를 표현하며, 그에 따른 지위를 설정하고 배치한 제도로 호의 구성원에 포함되고 호주로 기재될 수 있는 사람들의 범위가 제한적이었다.[1]

둘째, 호주 기재에서 차이를 보인다. 조선시대 호적에는 아버지와 아들이 하나의 호에 기재되어 있는데도 아들이 호주인 경우가 있다. 또 장남이 분가한 경우, 장남과 아버지는 각각 호주로 기재되었다. 동생이 호주로 기재되고 형이 그 호의 구성원으로 기재된 경우도 있다. 아들이 있는 과부도 호주로 기재되었다. 조선후기에 호주를 잇는 방식은 다양했다. 호주의 승계에 절대적인 순서가 있는 것이 아니었다. 아버지에서 아들로, 남편에서 부인으로 이은 경우가 많긴 하지만 때로는 사위가 다음 호주를 잇기도 하고 형제 사이에도 호주를 이었으며, 며느리가 호주를 잇기도 하였다.

이는 2005년에 폐지가 결정된 근대 한국의 '호주제'에서 아들·손자, 딸(혼인한 딸 제외), 처-어머니-며느리 등으로 호주승계의 순위가 정해져 있었던 것과 비교된다.[2] 20세기의 호주제는 아들이 없더라도 손자가 있으면 할머니와 어머니 등이 그 손자가 호주인 호의 구성원이 되는 방식으로, 남성 위주의 호주승계 순위가 정해져 있었다.

조선시대 호적제도는 20세기 초에 제국 일본에 의해 창안되고, 한국에

1 호주제에서는 부계직계의 원리에 따라, 직계가족의 최고 연장자가 호주로 기재된다. 그리고 직계가족원이라면 실제 거주하는가 여부에 상관없이 한 호주 밑에 기재된다. 이에 "자는 부의 성과 본을 따르고 부가에 입적한다"(민법 제781조 1항)는 규정에 의해 이혼 후 어머니가 양육자 및 친권자가 된 경우에도 어머니와 자녀가 같은 호적에 기재될 수 없는 것으로 규정되어 있었다.

2 이는 1989년 개정된 민법 제984조에서 정한 호주승계의 순위인 "① 직계비속남자 ② 가족인 직계비속여자 ③ 처 ④ 가족인 직계존속 여자 ⑤ 가족인 직계비속의 처"를 기준으로 한 것이다. 개정 전 1960년 시행된 민법에서 호주 상속의 순위는 "① 직계비속남자 ② 직계존속여자 ③ 처 ④ 가족인 직계비속의 처 ⑤ 가족인 직계비속여자"라고 되어 있었다. 이때 호주의 직계비속장남자의 임의분가를 금지하고(제788조 제1항 단서), 호주상속권은 이를 포기하지 못하도록 함으로써(제991조), 호주라는 법적 지위를 장남을 중심으로 승계하도록 되어 있었다.

이식되어 2008년에 폐지될 때까지 유지되었던 근대 '호주제'와는 그 규정과 내용에서 상이한 구조로 되어 있으며 근본 원리부터 달랐다. 조선시대의 호적대장은 실제의 거주자 및 실제로 소속된 예속인을 기재하고 호주의 상속에 대한 배타적인 규정이 없었다. 반면, 20세기 호주제는 실제 거주가 아닌 '직계 가족'의 원리에 맞게 추상적으로 구성된 호의 틀 속에 관계를 기입하는 형태로서 호주 상속의 위계가 명확한 것이었다.

이렇듯 조선후기 호적은 일제의 호주제와는 전혀 다른 원리 속에 만들어졌지만, 그 내용 가운데 일부는 근대적 제도가 정착하는 징검다리로 활용될 수 있는 것이었다. 무엇보다도 국가가 인민의 상태를 파악하여 통치의 기반으로 작성한 '호적'이라는 점에서 연속성을 갖는다. 조선시대 호적은 단순하게 조세수취를 위한 장부인 것이 아니라 국가에서 호를 단위로 인민을 통제하는 다양한 행정의 매개였다. 사실 조선후기 사회에서 이러한 호적대장이 만들어진 것은 어떤 의미에서 '근대적'인 것이다.

한편 조선시대 호적제도는 고정된 형태로 유지된 것이 아니라 그 자체가 구축 중인 상태로 변화를 보였다는 점에 유념해야 한다. 조선후기에 호적 기재에서 나타난 어떤 요소는 근대적 호주제로 넘어가는 징검다리로 활용될 수 있었다. 특히 18세기 이후 호주 기재 방식에서 부계 중심의 호주승계 지침이 만들어진 것은 20세기 호주제와 겹치는 요소이다. 식민지기에 도입된 호주제는 조선후기의 부계질서에 따른 호적제도 위에 접목된 것이다. 일본의 호주제가 무리 없이 도입될 수 있었던 것은 조선시대의 호적제도의 일부 요소를 활용하고 변화시키는 교묘한 변용이 있었기 때문이다.

2. 호적제도와 유교화: 국가의 기획과 제도화된 이념

17세기에서 18세기로 넘어가는 동안 호적제도는 새롭게 개편되었다. 호적에 기재된 호의 구성을 보면 조부모, 부모, 자녀로 구성된 직계가족 호가 늘었고, 또 아버지인 호주가 사망한 뒤에 어머니보다는 아들을 호주로 기재하는 경향이 나타났다. 이러한 변화는 양반뿐 아니라 양인·천인에서도 대체로 같은 방향으로 나타났다. 호적이라는 행정문서의 기재 방식에 부계의 원리가 적용되었음을 보여준다.

그렇다면, 조선후기 사회의 '유교화'는 어떻게 이해될 수 있을까. 앞선 연구에서 조선후기는 유교적 변환이 이루어진 시기로 논의되었다. 곧 조선 건국 이후 유교적 질서에 따라 사회를 바꾸기 위해 제도들이 만들어졌고, 마침내 조선후기에 그 목표를 달성하게 되었다는 것이다. 이러한 연구들은 조선전기에 유교적 질서가 토착적 관습과 어떻게 충돌하였는가를 다루면서 유교적 질서라는 것이 조선사회에서 이질적인 문화임을 논의하였다. 이에 그것이 사회의 지배적 질서로 자리 잡기까지 오랜 시간이 걸렸음을 밝혔다. 하지만 이런 연구들에서 조선전기의 각축이 역동적으로 논의된 것과 달리 조선후기의 유교화는 조선전기의 제도화의 여파가 파급된 것으로 단순하게 이해되었다. 과연 조선후기에 유교 문화가 점차 퍼져서 자리 잡게 되었다고 보는 것은 타당한 것일까. 또 조선후기의 호적 기재에서 나타난 변화가 조선전기부터 추진된 유교화의 파장이 조선후기 사회에 도달한 결과라고 볼 수 있을까.

18세기 초에 호주를 기재하는 방식에서 나타난 극적인 변화는 그것이 점진적인 파급의 결과가 아님을 말해준다. 17세기 후반까지의 호적에서 호주가 죽은 뒤 그 처가 다음 호주로 되었지만, 18세기 초의 호적에서는 그 아들이 다음 호주로 기재된 경우가 크게 늘었다. 이러한 점에서 보면 17세기 말부터 18세기 초라는 시기를 조선후기의 유교적 전환이 이루어진 뚜렷한 기점으로 볼 수 있을 것이다.[3] 그런데, 만일 이러한 변화가 나타난 것이 조선전기의 유교화가 확산된 결과라면, 왜 18세기 초라는 특정한 시기에 그러한 큰 변화가 나타난 것일까. 사실 호적대장에서 나타난 부계적 관계가 강조된 모습은 유교적 문화가 확산된 결과가 아니라 유교적 원리를 활용한 제도적 장치를 새롭게 도입한 조선후기 국가의 기획에 말미암은 것이다. 국가에서 인구를 파악하는 문서에 부계질서를 도입함으로써 조선후기의 유교화가 촉발된 것이다. 부계질서가 강조되어 호적의 기재를 바꾼 것일 뿐 아니라, 국가의 공식 행정 문서인 호적의 기재를 바꿈으로써 부계질서를 전 인민의 관계맺음의 원리로 적용하게 된 것이다. 조선이라는 국가에서 주자학적 질서에 따라 사회를 재편하는 과정은 구체적인 국면 속에서, 필요에 따라 새로운 방식으로, 유교의 여러 요소 가운데 특정한 내용을 채택하고 강조하는 방식으로 시도되었다. 조선후기 호적대장에서 호주를 기재하는 방식에서 나타난 변화는 이러한 기획 가운데 하나였다.

17~18세기 조선은 전후의 혼란을 복구해야 하는 상황이었다. 호적제도를 강화한 것도 인민에 대한 통치 체제를 정비하기 위한 것이었다. 전쟁으로 국가의 질서가 흔들린 상황에서 동요를 잠재우고 국가를 재건해야 했다. 이를 위해 사람들 사이의 위계를 강조하고 정교한 방식으로 설정하고자 했다. 그것은 조선이라는 국가의 기본 이념인 유교적인 질서를 강화하는 방식으로 나타났다. 부계에 맞게 상하의 원리를 강조하

3 마르티나 도이힐러는 유교화의 기점으로 17세기 중반을 그 전환의 시기로 논의하였다. 이에 대해서는 서론의 주 35 참조.

는 질서는 인민을 파악하여 호를 단위로 기재하는 문서인 호적대장의 기재 방식에 도입되었다. 곧 호적을 작성하는 것과 관련하여 유교적인 요소를 채용한 제도적 지침이 만들어졌고, 그것이 호적대장에 기재된 내용을 바꾼 것이다. 남성이 호를 대표하도록 함으로써 '호'를 단위로 한 수취와 통제가 효율적으로 이루어지도록 한 것이기도 하다. 17~18세기에 국가에서 호적정책을 통해 '호'라는 단위를 매개로 한 질서의 재편을 추진한 것이다.

부계질서에 맞게 호주를 기재하는 일은 18세기 이후의 호적에서 확연하게 나타난 변화이다. 이러한 큰 전환은 그것이 행정문서의 기재이기 때문에 가능했다. 사실 호적대장의 기재는 기재 대상의 의지보다는 국가에서 제시한 호적 작성의 지침들에 따라 호적을 작성하는 과정에 참여한 다양한 주체들, 특히 지방의 관리 및 양반들의 지식과 해석이 녹아들어 있는 것이다. 어쩌면 호적의 호주 기재 자체가 행정문서의 기재를 바꾸는 것일 뿐 직접적으로 일상의 관계를 바꾸는 것은 아니었으므로, 갈등을 일으키지 않고 무리 없이 진행될 수 있었을 것이다.

그렇다고 해서 그것이 형식에 지나지 않는다고 단정할 수 있는 것은 아니다. 당시의 호적대장은 기본적으로 수취를 위한 대장이면서 죄인 신문, 과거 응시 자격, 법규의 위반 등을 통제하기 위한 근거가 되는 것으로 그것이 갖는 사회적 구속력은 적지 않았다. 호주의 기재를 바꾸는 것은 국가의 주도로 행정문서에 기재되는 관계의 형식에 새로운 질서를 설정하는 과정이었다. 그것은 실제의 관계에서 위계를 재설정하는 효과를 갖는 것이다. 그것이 어느 정도 전면적으로 적용되었는지를 떠나서, 호적대장이 양반뿐 아니라 모든 신분층을 기재하는 국가의 공식적인 행정 문서라는 점에서 볼 때 호적대장의 호주 기재에 변화가 있었다는 것은 특별한 의미를 지닌다. 전 인민을 기재하는 공식 문서에 유교적 원리가 전면적으로 도입되었다는 점에서 의미 있는 전환이었다. 주자학적인 질서, 부계를 중심으로 한 지배 질서가 양반의 상속 관행이나 규범의 차원을 넘어서 전 신분층을 대상으로 한 통치의 원리로 작동하기 시작한 것이다.

한편, 국가 정책과 유교 문화의 작용을 이분법적으로 구분하여 우선순위를 정할 수는 없다. 조선 국가는 유교를 지배이념으로 표방했고, 정책과 이념은 교차하고 얽혀 있었다. 정책을 통한 유교화, 유교를 기반으로 한 정책의 수립이 서로를 견인했다고 보아야 한다. 하지만, 적어도 호적 기재에서 호주의 성별의 위계를 정하는 문제만을 놓고 보면, 유교화의 결과로 관행적 차원에서 호적 기재가 점차 바뀐 것이 아니라 국가의 주도로 만들어진 정책에 따라 바뀐 것이었다.

다시 말해서, 조선후기에 막연하게 '유교화'라고 설명하는 것만으로는 부족한 정교한 장치들이 국가 주도로 만들어지고 제도적으로 추진되었다. 이러한 점을 고려할 때 조선후기 사회를 유교적 관습, 이념의 확산으로 보는 것은 다소 단순한 분석이다. 특히 '유교'라는 문화가 스스로 움직이고, 스스로 확산된 것으로 논의하여 조선후기 사회에 유교적 변환이 일어났다고 설명하는 방식은 조선사회의 '변화'를 논의하는 것 같지만, 사실은 변화 없는 사회로 조선을 바라보는 것이다. 또 조선전기의 기획이 후기에 도달한 것이라는 설명은 조선시대의 국면들마다 다르게 만들어진 다양한 국가적 기획과 다기한 대응들에 주목하지 않는 것이다. 조선후기 사회의 정책과 그것이 만들어내는 효과들, 그리고 그 안에 구체적으로 '유교'의 여러 요소 가운데 구체적으로 무엇이 활용된 것인지에 대해 세밀하게 볼 필요가 있다.

3. 다층적 현실과 균열들

조선후기에 국가의 정책적 방향전환의 결과 호적의 기재는 부계적 질서와 어울리는 모습으로 바뀌었다. 유교적 원리가 호적대장의 기재에 적용되었다는 것은 그것이 양반의 생활 관행, 또는 양반의 규범으로 활용된 것을 넘어 양인, 천인 등의 하층민을 포함한 전 인민에 대한 국가의 통치에 도입되었음을 의미한다. 그렇다면 조선후기에 유교적 질서가 하층민에게까지 확산되었다고 할 수 있을까? 아니라면 어느 정도 확산되었을까. 이는 간단하게 측정될 수 있는 문제가 아니다. 그것이 무엇에 대한 것인가, 어떤 신분인가, 어느 시기인가 등 다양한 기준들에 따라 다를 수 있다.

호적대장의 호주를 아들을 중심으로 기재하는 변화가 나타났다고 하지만, 그 속에 기재대상인 사람들의 의지가 어느 정도 반영되었는지, 그래서 그 변화된 제도를 당시 사람들이 어느 정도 인식하고 수용했던 것인지는 알 수 없다. 호적대장에 기재되어 남은 것은 호적 작성에 개입한 다양한 주체들, 곧 조정의 지침, 지방관의 의지, 호적 작성에 참여한 양반들, 호적 기재 대상인 민간의 이해관계와 입장이 역동적으로 작용한 결과로 보아야 한다. 국가의 지침이 얼마나 강력한 효과를 낼 수 있었는지, 또 호적 작성에 참여한 사람들이 그에 대해 어떻게 반응했는지, 호적에 기재되는 사람들은 어떻게 기재되길 원했는지 등의 여러 요소들이 작용한 결과가 담긴 것이다. 무엇보다도 호적에 기재된 내용은 호적 작성의 권한을 가진 사람들의 견해가 반영된 것이라고 볼 수 있다. 그러므로 행정적 문서인 호적에 호주 기재 양상이 달라진 것만으로는 사람들의 삶의 변화에 대해 속단하기는 어렵다.

더욱이 양인·천인 신분의 경우 아들 중심으로 호주를 기재하게 되었다고 해서, 곧 그들이 그 질서를 일상의 삶 속에 받아들였음을 의미하는 것은 아니다. 물론 일부 상층 양인들은 양반층의 문화에 따라 생활을 바꾸었을 수도 있겠지만, 그러한 경우는 드물었다. 여기서 기본적으로 유교는 양반층의 사상이고 문화였다는 점에 대해 유념할 필요가 있다. 제사를 지내고, 재산을 상속할 수 있는 경제적 기반과 사회적 지위를 갖춘 사람들에게나 주자학적인 질서 또는 종법질서가 현실적인 의미를 가질 수 있었을 것이다. 양반에게는 이미 종법질서에 따라 부계를 중시하는 생활관행이 퍼져 있었다. 이렇듯 부계질서를 강조하는 것과 아버지가 죽은 뒤 아들을 호주로 기재하는 일은 잘 맞아떨어지는 것이었다. 양반의 경우 자신들의 삶의 문화와 호적의 호주 기재 및 호 구성 방식 등이 적절하게 어우러지는 상태가 된 것이다. 하지만 하층민들의 호주 기재는 생활관행의 변화보다는 호적 정책의 완급 또는 호적을 만든 사람들의 개입 정도를 보여주는 것일 수 있다. 호주 기재 방식의 변화 추세에 신분 사이의 차이가 크지 않은 것도 그러한 이유에서 말미암은 것으로 생각된다.

반면에 문서의 지위가 아닌 실질적인 삶의 영역에서 나타난 변화는 신분에 따른 차이가 좀 더 컸다. 수절이나 재혼, 과부가 된 뒤 소속된 호의 관계 등을 보면 양반과 양인 사이의 차이가 선명했다. 부계질서가 강조되면서 수절에 대한 규범도 함께 강조되었지만, 하층민들이 그에 맞게 삶의 양식을 변화시키는 경향은 크지 않았던 것이다. 양반 신분의 여성이 과부인 채로 살아가는 비율은 하층 신분보다 많았고, 또 18세기 이후에 점차 증가하는 경향을 보였다. 하지만 하층 신분의 과부는 그보다 적었다. 다시 다른 남자와 함께 살게 된 경우가 많기 때문이다.

그녀들이 재혼하는 모습과 그 조건도 다양했다. 18세기 이후 하층 여성들은 재혼을 할 때 자신보다 나이가 많은 홀아비를 만난 경우가 대부분이지만, 자신보다 어린 초혼의 남성을 만나기도 했다. 또 재혼한 뒤에 전남편과 낳은 자신의 아이들을 함께 데려다 키우기도 하였다. 심지어는 남성과 여성 모두 재혼을 해서 양쪽에 모두 전 부인 또는 전 남편 사이에서 낳은 아이들이 있는 경우도 있었는데, 어떤 경우에는 여성이 데리고 온 아이들만이 함께 거주하는 것으로 기재되기도 했다. 이는 대체로 하층민에게서 보이는데, 조선이라는 유교 국가가 중시한 '부계질서'와는 다른 오랫동안 이어져온 습속을 보여준다. 조선후기에 주자학적 질서에 따라 부계를 강조하는 관념이 강화되었다고 하지만 그 영향은 신분에 따라, 또 그것이 관련된 문제의 성격에 따라 달랐다.

이러한 신분별 차이에 대한 논의, 비유교적인 관행이 유지되는 상황에 대한 논의는 조선후기 사회를 '유교화'로 설명하는 것과는 다른 지점을 밝힌 것이다. 앞선 연구에서 조선후기에 유교화가 확산되었다고 이야기할 때 양반층의 재산 및 제사의 상속 등을 둘러싼 관행의 변화를 분석의 대상으로 삼은 것이 사실이다. 그리고 그것을 근거로 하여 '조선후기'는 거의 의심할 것 없는 유교화가 이루어진 사회라고 간주된 것이다. 조선후기 유교화가 하층신분의 사람들에게 어떤 의미였는지 등 조선후기 사회의 다층적이고 다기한 상황에 대한 논의는 충분히 이루어지지 않았다.

물론 양인들도 양반들의 관행의 영향을 어느 정도 받았으리라는 것까지 부정하고자 하는 것은 아니다. 그러나 그것이 파급되는 속도는 매우 늦었으며 조선후기에 주자학적 질서에 맞게 재편되는 과정은 지속적으로 매끄럽게 진행된 것이 아니었다. 또 사회의 지배층에서 주도하여 유포한 이념과 하층민의 생활관습 사이에는 간극이 있었다. 뿐만 아니라 양반층에 대해서도 '내면화'한 것이라고 단순하게 결론내리기 어려운 흔적들이 남아 있다.

주자학적인 규범에 맞게 사회의 질서를 재편하고자 한 국가의 지침이 강조된 것은 사실이지만, 그것이 일률적이거나 강제적인 방식으로 적용된 것은 아니다. 17세기 말에 호적제도가 강력히 시행될 때 아들을 호주로 기재하는 등 부계적 질서가 뚜렷하게 작동하는 듯 했지만, 18세기 중반 이후 국가의 제도적 강제력의 정도가 약해지면서 다시 흐릿해졌다. 신분에 따라서 나눠 보면, 큰 흐름에서는 모든 신분층에서 유사한 방향으로 움직였지만 자세히 보면 다른 양상이 나타났다. 호적대장에서 부계질서에 맞게 호주를 기재하는 일은 매끄럽게 진행된 것이 아니며 불균질적인 모습으로 이루어진 것이다.

한편, 질서가 구축되는 과정은 모순을 노출하는 과정이기도 했다. 이러한 질서를 만들기 위해 세밀한 원칙과 지침을 만들고 현실에 적용하는 과정에서 새롭게 설명해야 할 질문들이 제기되었다. 조선시대의 호적대장은 조선시대에 국가가 민을 통제하고 지배력을 발휘하기 위한 기초적 자료였다. 호적에 호를 기재하는 것은 결국 호를 국가의 지배력이 미치는 하나의 단위로 설정하는 것이었다. 이에 개별 '가'(家)에 사는 구성원들을 파악하여 호를 단위로 기재하면서 그 구성원들을 배치하고 위계를 만들어내었다. 국가의 지침에 따른 호적대장이라는 문서에서 호주를 기재할 때 부계질서에 따른다는 것은 새로운 기획이었다. 그런데 조선시대의 법전에 규정된 바에 따르면 가를 책임지는 역할은 호주가 아닌 '가장'에게 있었다. 가장은 '가'의 대표였다. 조선후기에 호주를 남성으로 기재하고자 한 국가의 기획은 호적의 호주와 가의 대표인 가장을 명실상부하게 일치하는 것으로 만들고자 한 것이다. 이렇게 질서를 정비하려고 하자, 호적대장의 '호주'와 법전에서 가를 책임지는 존재로 설정된 '가장'이 같은 것인지, 다르다면 어떻게 다른지에 대해 혼란스러운 질문들이 던져졌다.

조선시대의 법전에는 호적대장의 '호주'의 지위나 승계의 순서 등에 대한 별도의 규정이 없었다. 남편이자 아버지인 사람이 호주로 기재되고, 남편이 없을 때 그 부인이 호를 잇는 것은 특별히 논의될 필요도 없는 문제였다. 하지만, 17세기 후반에 호주를 남성 중심으로 기재하도록 하는 지침들이 마련되면서 호적대장에 '호주'로 기재되는 것이 현실에서 무엇을 의미하는지에 대한 질문이 던져졌다. 만일 한 호가 부부와 그 자녀로 이루어진 소가족의 형태일 때, 호주와 가장은 일치하게 되어 문제가 없었다. 하지만 실제의 호의 구성은 그보다 복잡한 경우가 많았다. 아버지이자 남편인 호주가 죽거나 늙었을 경우 '누가 호주로 기재되는가', 그리고 '누가 가장인가'를 명확하게 가르는 것은 쉽지 않았다.

국가에서는 원칙적으로 가장과 호주를 일치하는 것으로 만들고자 했다. 이에 아무리 연로했더라도 아버지가 가장이며 호주라고 밝혀서 부자의 위계를 명확히 했다. 그리고 과부는 그 아들이 있는 한 호주나 가장이 될 수 없다고 밝혔다. 그런데 이러한 규정에도 불구하고 호적대장에서는 늙은 아버지 대신 그 아들을 호주로 기재하기도 하고, 아들이 있는 과부가 호주로 기재되기도 했다. 이 경우, 아들이 호주라도 가장은 늙은 아버지인가? 아니면 아들이 호주이므로 곧 가장인가? 또 호주로 기재된 아들이 과부의 가장이 될 수 있는가? 과부가 호주인 경우 그 과부가 가장인가? 모호하고 복잡한 관계에 대한 질문이 얽혀 있었다.

호적대장의 호주 기재에 새로운 규칙을 도입한 것은 남성 가장이 호주가 되는 말끔한 체계를 세우기 위한 것이었다. 하지만 가장과 호주의 권한을 일치하는 것으로 만들고 질서를 정연하게 하고자 하면 할수록 현실 속에 존재하는 다양한 어그러짐, 매끄럽게 정리될 수 없는 관계들이 표면화되는 역설이 만들어졌다.

4. 성별 위계와 여성의 지위

조선후기에 호적대장의 호주 기재에 부계적 질서가 적용되는 과정에서 성별 관계 또한 새롭게 설정되었다. 호적의 기재 방식을 통해서 세밀한 성별적 질서가 만들어지고 호적에 기재되는 전 인민의 배치에 적용된 셈이다. 그것이 특정 신분과 관련한 규제가 아니라 호적의 기재에 도입되었다는 것은 공식적인 영역에서 사회의 구성원들이 맺는 관계의 질서에 대해 국가가 개입한 것이라는 점에서 의미를 지닌다.

조선후기 호주 기재의 변화는 조선후기 국가가 만들고자 한 위계의 내용을 보여준다. 이는 아버지와 아들, 어머니와 아들 사이에 '온당한 질서'가 무엇인지를 설정한 것이다. 남편이 죽은 뒤에 호주로 기재되던 과부는 18세기 초 이후에는 아들의 호에 '어머니'로 기재되는 경우가 많아졌다. 그것이 비록 문서상의 위치에 지나지 않는다 하더라도, 이러한 재편 과정 속에서 과부들은 '호주'보다는 아들의 호에 소속된 '어머니'로 호명되는 것이 적절한 존재로 구성되었다.

이러한 지침에서 여성이 호주가 될 수 없는 이유로 『예기』의 한 대목인 "부인은 남에게 복종하는 존재이다. 그러므로 '전제지의'는 없고, '삼종지도'가 있을 뿐이다"의 '전제지의'가 없다는 것이 근거로 제시되었다. 여성은 스스로 판단하여 결정하여 일을 처리할 수 있는 자격이 없으며, 아버지, 남편, 아들을 따르는 도리를 지키면 되는 존재라는 것이다. 유교의 경전은 조선후기에 국가에서는 호적의 호주에서 과부를 배제하는 근거를 제공하였다. 그보다는 조선 국가에서 과부를 배제하기 위해 유교의 경전의 내용에서 근거가 될 만한 내용을 꺼내어 유포했다고 보는 것이 더 정확할 수도 있다. 이러한 성차별적 인식을 활용하여 조선후기 국가에서는 과부를 호주의 자리에서 배제했고, 과부를 호주의 자리에서 배제하는 일은 다시 그 성차별적 지배이념을 사람들에게 설파하는 매개가 되었다.

그런데 호적대장의 호주를 '아버지에서 아들로' 이어지도록 하는 것은 단순하게 남과 여 사이의 성별 위계를 설정하는 것이 아니었다. 아버지와 아들, 어머니와 아들 사이에 세대와 성별의 중첩적인 위계를 설정한 것이다. 아버지와 아들 사이에는 세대의 위계가, 어머니와 아들 사이에는 성별 위계가 적용되었다. 동일한 세대인 부부 사이에 성별 위계를 두는 것과는 차원이 다른 문제였다. 아들이 어머니 사이에 아들이 어머니보다 앞서는, 세대를 거스르는 위계를 설정한 것이다. 아버지에서 아들로 이어지는 부계질서를 강조하기 위해 호적의 기재에서 세대를 넘어선 성별 위계가 설정된 것이다.

조선시대 17세기까지 남편이 죽은 뒤에 그 부인으로서 다음 호주로 기재되었다. 누군가의 '부인'이라는 위치가 중요했던 것이다. 하지만 18세기 이후에 호주 기재의 방식의 변화로 '남편의 부인'이라는 위치보다는 '아들의 어머니'라는 자리가 강조되었다. 남편과 사별한 뒤에 여성은 '아들의 어머니'의 위치에 배치되는 것이 '죽은 남편의 부인'의 위치에서는 것보다 자연스러운 일이 되었다. 아들의 어머니가 되는 것은 부계질서가 강조되는 사회 속에서 여성이 자신의 입지를 세울 수 있는 확실한 길이었다. 조선후기에 양반 과부들이 수절하는 경향이 높아진 것도 아들의 어머니로서 위치를 유지하는 문제와 관련된 것이었다.

한편 아들의 어머니로 여성의 위치가 설정된다는 것은 아들을 낳지 않은 여성의 입지는 그만큼 좁아지게 됨을 의미한다. 조선후기에 재산 상속에서 적장자 상속 관행이 자리잡아가면서 딸에 대한 상속이 줄어든 것과 연결해서 생각하면, 조선후기 여성들은 딸이나 부인이 아닌 아들의 어머니일 때 가장 안정적으로 그 지위를 보장받을 수 있게 되었다. 조선후기에 이르러 여성들 사이의 위계는 세밀하게 구성되었다. 그녀들에 대한 선택적 보호와 배제, 차등적 대우를 통해 성별 질서는 효과적으로 유지될 수 있었다.

'어머니'로 호명 받게 된 여성들, 보호받을 자격을 갖춘 여성들은 조선후기에 부계의 원리가 유지되는 매개이기도 했다. 아버지이자 남편인 존재가 부재하게 되면, 안정적으로 작동하던 가 구성원의 질서가 동요하고, 가의 재산 등에 대한 권한이 재편되어야 하는 국면이 만들어졌다. 이때 과부는 죽은 전남편을 대신해 집안을 이끌게 된다. 과부는 여성이지만 제한적이나마 남성의 영역에 걸쳐 있는 경계 위치에 놓여 있었다. 이러한 이중적 위치에 놓인 과부들은 부계질서의 유지를 위해 보호하고 통제해야 하는 대상이었지만, 쉽게 장악되지 않는 존재이기도 했다. 과부들이 부계질서가 강조되는 추세에 떠밀려 자신의 몫을 빼앗기기만 한 것도 아니다. 어떤 조건에서 자신의 지위가 인정받고, 또 배제되는 것인지를 알고 있었고 때로는 그 질서에 합류하기도 하지만, 한편으로는 교묘하게 그 질서를 활용하고, 위반하며 유리한 지점에 서기도 했다.

국가의 입장에서는 주자학적 원리에 따라 부계적 질서를 강화하는 과정에서 과부들을 수절하게 해야 했다. 조선후기에 막연하게 수절하며 사는 것이 아니라, '열녀'임을 알리고 과시하며 죽음을 선택할 경우에 포상이 주어졌다. 어떤 소수의 과부들은 그러한 지배적 규범을 수행하면서 규범을 나르는 매개가 되기도 했다. 열녀로 포상하고 포상을 받는 것은 하나의 기획이었다. 하지만 그녀들은 상황과 조건에 따라 다른 선택지를 고를 수도 있었다. 재혼하는 길을 스스로 기획한 과부들의 이야기들은 공식 문서에서는 볼 수 없는 현실의 흔적을 보여준다.

뿐만 아니라 호주 기재의 문제를 보더라도, 국가는 남성을 중심으로 호주를 기재하는 것으로 행정에 전면적으로 성별 질서를 도입하고자 했다. 그래서 18세기 이후 양반층에서 특히 아들을 중심으로 호주를 기재하는 경향이 급격히 증가했지만, 그런 중에도 여전히 아들이 있는 과부 자신이 호주로 기재되는 경우도 있다. 심지어 18세기 말에는 증가한다. 호주 기재는 성별에 따른 위계질서를 재편하는 방향으로 변화했지만 현실에서는 각 호가 처한 구체적인 상황과 맥락 속에서 조정이 이루어졌고, 호주로 기재되는 사람이 누구인가는 다양한 이해관계 속에서 적절하게 선택되었다. 국가의 새로운 질서를 위해 과부는 '배제'되어야 했지만, 그들은 쉽게 물러서지 않았다. 그녀들이 호주로 기재되는 상황은 호주와 가장을 남성으로 기재하려는 국가의 기획을 교란시켰다.

과부는 부계 중심의 새로운 질서를 구축하거나 유지하는 '매개'이기도 하고, 그러한 질서에 틈을 만드는 있는 걸림돌이기도 했다. 그들은 사회의 지배적 규범의 제약을 받으며 그 안에서 행동하지만 그러한 지배규범이 제시한 질서를 온전히 따르지 않고, 경계를 넘나들기도 하는 의심스러운 존재들이었다. 아들이 있는데도 호주로 기재되고, 남편이 없는 집을 떠나고, 재혼을 하고, 아이를 데리고 가는 여성들의 희미한 흔적에서 '보호'와 '배제'의 울타리 밖으로 나와야 했던, 그리고 그 밖에서 새로운 전략을 찾아야 했던 그녀들의 삶을 짐작할 수 있다.

5. 나가며

이제 조선후기 호적대장 및 여성사 연구의 진전을 위한 몇 가지 제안으로 글을 마무리하고자 한다. 먼저 호적대장의 기재 방식 등 그 기재 내용에 대한 다양한 방식의 검토가 이루어질 필요가 있다. 이 책의 논의와 관련해서는 호적에 기재된 여러 용어의 의미, 시기별 기재 방식의 미묘한 차이, 분가의 관행 등에 구체적 기재 양상에 대한 상세한 검토를 시도해 볼 수 있을 것이다. 또 신분에 따른 차이뿐 아니라 특정 '직역'(職役) 또는 생활조건이 같은 사람들을 묶어서 그들이 기록되어 있는 방식이나 관행의 차이를 자세히 살펴보는 것도 흥미로운 작업이 될 것이다. 이러한 다양한 분석들을 통해 호적대장 속에 담겨 있는 조선후기 향촌사회에 살았던 사람들의 삶의 흔적과 그 의미에 다가설 수 있을 것이다. 이러한 작업은 다양한 위치에 처해 있었던 여성들의 생활 조건에 대한 논의로 여성사 연구를 확장하는 것으로 이어질 수 있다.

호적대장의 기재 내용에서 현실의 변화를 읽기 위해서는 조선후기 사람들의 일상적 관계에 대한 연구들의 뒷받침이 필요하다. '호적대장'이라는 문서의 기재 내용을 읽는 것은 지배의 이념과 그것의 작동을 읽는 작업이라는 점에서 의미를 지니며, 그러한 기재가 이루어졌다는 것 자체도 당시의 실상을 보여주는 것이다. 특히 하층민의 구체적인 모습을 담은 자료라는 점에서 호적대장은 특별한 의미를 지닌다. 하지만 그것이 당시 사람들의 삶을 묘사하듯 그대로 담은 것이 아니라는 것도 분명하다. 호적의 기재 내용은 현실 속의 삶을 여러 각도에서 굴절시킨 것이다. 그러므로 호적대장을 통해 현실의 일단을 읽고자 한다면, 그것이 올록볼록하고 불투명한 유리창 넘어 삶의 모습을 엿보는 것과도 같은 것임을 인식해야 한다. 예를 들면 호의 구성 등 기재 내용이 바뀌었을 때 그것이 실제의 거주 관계와 '가' 구성의 방식이 바뀐 것인지, 아니면 18세기로 넘어가면서 강화된 호적제도 그리고 그 속에서 변화한 호적 기재의 원리, 부계를 강조하는 원리에 따라 부모와 아들 부부를 하나의 호로 묶어서 기재하는 경향이 나타난 것인지는 호적 기재만으로는 알 수 없다. 물론 그 두 가지, 곧 실제의 거주 및 소속 관계와 호적에 기재된 내용과 방식이 상호작용하며 연동했으리라 생각된다. 그 과정은 구체적인 생활사 연구를 통해 다각도에서 해명될 필요가 있다.

또 국가의 수취체계의 변화와 호적 기재의 변화가 갖는 상관관계 등에 대해서 본격적으로 조명해 볼 필요가 있다. 이 책에서 다룬 호적이라는 자료에 기재된 내용을 이해하기 위해서는 궁극적으로 분석 대상이 되는 시기의 제반 정치, 경제, 사회적 변화 및 대동법, 균역법의 시행 등 부세 수취와 관련한 제도의 변화 등에 대한 종합적인 이해가 필요하다. 특히 경제적 생산 및 소비 체계에 대한 논의는 조선후기의 사회문화적 변화를 이해하기 위해 중요한 바탕이 된다. 조선후기 사회의 체계가 총체적으로, 유기적으로 검토될 때 이 책에서 다룬 사례들의 의미가 명료해질 수 있을 것이다. 조선후기 사회경제사 연구가 활성화되고 국가의 제도가 현실 속에 작동되는 양상에 대한 다양한 측면의 구체적인 연구 성과들이 축적되기를 바란다.

단성뿐 아니라 울산, 대구 등 다른 지역의 호적자료에 대해서도 성별과 호 구성원의 관계 등에 대한 새로운 분석이 이루어질 필요가 있다. 이 글은 '단성'이라는 지역의 사례이므로, 그것이 당시 조선사회를 대표한다고 할 수 없다. 물론, 그 어떤 사료를 분석한다고 해도 그 결과가 전체를 대표하는 것은 아니다. 모든 사료는 그 시기, 그 지역, 그 글을 쓴 사람의 특수한 위치에 의해 만들어진 것이기 때문이다. 근대적인 매체를 갖고 있지 않았던 조선 사회는 지금과 비교할 때, 지역과 문화권에 따른 차이가 더욱 뚜렷했을 것이다. 단성과 같은 향촌지역이 아니라 상대적으로 도시화되었다고 하는 대구와 같은 지역에서는 또 다른 특징을 보일 수 있을 것으로 생각된다. 이러한 점을 유념하면서 각각의 자료가 특수한 것임을 명확히 인식하고 그 결과의 의미를 제한할 필요가 있다. 이는 지역에 따른 생활관습이나 문화의 차이를 읽어내는 연구들을 바탕으로 할 때 가능하다.

마지막으로, 조선후기라는 시대에 대한 근대적 전유 방식에 대해 비판적 거리를 둘 필요가 있다. 근대 지식 체계 속에서 조선후기 사회는 하나의 덩어리와 같은 통합체, 또는 균질적이고 공허한 연속적 공간[4]으로 논의되는 경향이 있다. 하지만 그것은 근대사회에서 상상적으로 구성된 모습일 뿐이다. 조선후기 사회 또한 불연속적이며 단절이 있고 다기한 관계들의 각축이 벌어지고 있었다. 조선후기 사회를 단순하게 설명하는 것은 그 시대의 모습을 전유하여 근대사회를 특정한 방식으로 만들고자 한 근대적 지식의 문제와 관련된다.

이에 대해 비판적 거리를 두기 위해서 근대의 지식체계 속에서 구성된 '언어'를 사용하여 조선시대를 설명하는 연구자 자신의 위치를 인식해야 한다. 이 책에서도 또한 국가, 법, 여성, 가족, 호주 등 근대의 '언어', 근대의 지식 체계 안에서 정의된 개념들을 통해서 조선시대의 자료를 해석한 것이 사실이다. 근대사회의 언어로 조선사회의 모습을 표현하는 것은 일종의 번역 작업인데 근대적 언어를 사용하는 순간 조선의 제도와 체계는 근대적 지식의 틀 속에서 재단될 수밖에 없다. 이렇게 되면 조선시대의 것은 근대적인 것에서 언제나 '미달'되는 것처럼 보일 수 있다. 이러한 점을 논의한다고 해서 조선시대가 근대 못지않게 번창했다던가, 체계적이었음을 주장하자는 것은 아니다. 다만 근대적 언어와 가치 기준의 잣대로 조선시대의 모습을 읽는 일을 경계해야 함을 강조하

4 이는 발터 벤야민의 표현이지만, 베네딕트 앤더슨이 '상상의 공동체'로서의 근대 국가를 논의할 때 채택하여 사용한 것이기도 하다. 발터 벤야민 저, 최성만 역, 「역사의 개념에 대하여」, 『역사의 개념에 대하여, 폭력비판을 위하여, 초현실주의 외』, 길, 2008, 344쪽; 베네딕트 앤더슨 저, 윤형숙 역, 『상상의 공동체』, 나남, 2004.

고자 하는 것이다.

조선시대의 호적제도, 여성의 지위, 가족의 구성, 그리고 국가의 의미는 그 용어에서부터 '근대'로부터 빌려온 것들이며, 근대의 '기준'에 따라 평가되었다. 근대의 타자로, 근대사회의 필요에 부응하기 위해 부름을 받을 때, 과거의 시간들은 특정한 방식의 고착된 설명 틀 속에 짜 맞추어지게 될 수 있다. 이러한 언어들을 사용할 때 조선이라는 시대는 그 사회의 맥락 속에서 조명되는 것이 아니라, 근대의 정의와 기준을 통해 평가되는 대상으로 단순화될 수 있다. 과거를 단순하게 보는 것은 현실을 분석하는 방식으로 이어진다. 조선후기 사회를 근대적 지식의 체계 속에 배치함으로써 근대사회의 여러 세력들은 그 존재의 근거를 확보하였다.[5]

한편, 조선후기 사회를 단일한 통합체로 보는 것은 조선후기 여성을 움직임이 없는 단순한 존재들로 보는 시선으로 연결된다. 여성의 지위에서 나타난 근대의 변화를 설명할 때, 조선시대 여성의 지위와 활동 범위가 제한적이었다는 것은 당연한 전제처럼 활용되곤 한다. 조선의 여성을 '열녀'와 같은 낙후된 이미지로 설정하거나 근대사회에서 나타난 모든 가부장제의 체계와 문제점의 기원으로 논의하는 것은 그 전형적인 방식 중 하나이다.[6] 그런데 과연 어떤 여성의 어떤 억압인가. 그들의 다기한 모습 가운데 억압의 흔적은 왜 그토록 강조된 것인가. 근대사회에

5 19세기 말 20세기 초 한국에서 역사를 논의하고 과거를 활용하는 것을 통해 민족이라는 단위로 자기를 인식하는 지식이 만들어지는 과정이 면밀하게 분석된 바 있다(앙드레 슈미드 지음, 정여울 옮김, 『제국 그 사이의 한국 1895~1919』, 휴머니스트, 2007).

6 조선시대 여성의 '억압'에 대한 인식이 구성된 과정은 그 자체가 하나의 연구주제가 되어야 한다. 이러한 문제의식 속에서 필자는 조선 여성의 이미지가 근대사회에서 재구성된 방식에 대한 연구를 진행한 바 있다. 정지영, 「1970년대 '이조여인'의 탄생: '조국근대화'와 '민족주체성'의 타자들」, 『여성학논집』 24-2, 2007 참조.

서 만들어진, 그다지 정교하지는 않으나 광범위한 성 차별의 체계와 비교할 때 과연 조선의 그녀들이 더 억압받았다고 단순하게 평가할 수 있을까. 근대사회에서 조선시대 여성의 역사를 그러한 방식으로 구성한 것은 아닌가. 이러한 질문을 던지는 것은 단순하게 조선시대 여성의 지위가 높았다거나, 그녀들이 억압받지 않았고 존중받았다고 주장하기 위한 것이 아니다. 그보다는 억압 또는 해방이라는 이분법적 논의는 역사 속의 존재들의 삶을 설명하는 데 적절한 것이 아니라는 점을 말하고자 한다. 오히려 그러한 단정적 판단이 무엇을 위한 것인지에 대해 반성적으로 논의할 필요가 있다. 한국의 근대사회에서 성차별적 체계가 만들어질 때 조선 여성에 대한 인식이 하나의 기반으로 활용되었다고 보기 때문이다.

또 조선시대의 '가족'에 대해 충분한 연구가 충분히 진행되지 않은 상태인데도, 조선의 가족은 '전통 가족'이라는 이름으로 '대가족'으로 구성된 것으로 이야기되었다. 이는 조선사회를 한국 '전통'의 근원으로 보려는 태도와 관련된 근대적 상상의 결과물일 수 있다. 이 책에서 살펴본 '호의 구성'을 보면, 적어도 호적대장에 기재된 내용으로 볼 때 '대가족'이라고 할 만한 호의 비율은 높지 않았다. 그렇다면 조선시대의 가족을 대가족으로 설명한 근거는 무엇이며, 그것이 어떤 의미인지에 대해 자세히 논의할 필요가 있다.

근대사회의 지식은 조선시대를 '관습'과 '사상'의 시대로 설정하였다. 이에 조선 국가와 법, 통치의 구조가 어떤 의미를 지니는지에 대해서도 그다지 중요하게 다뤄지지 않았다. 조선의 국가는 '전통 국가'라는 이름 밑에서, 국가에서 주도하는 제도나 국가의 기획은 조선 사회를 변화시키는 주요한 추동력으로 인식되지 않고, '양반의 문화' 또는 '유교라는 이념'이 더욱 중요하게 논의되었다. 이 또한 '조선' 사회를 '전통사회'로 단순화하는 근대적 사유 체계의 한계와 관련된다. 이 책에서 다룬 조선후기의 국가는 호적대장 속에 전국의 호구를 조사하고 기록하며 통치의 근간으로 삼았으며, '가장'의 권한과 역할에 대한 법적인 규정들을 통해 국가와 통치의 대상인 사람들 사이를 통제하는 제도적 장치들을 만들어 갔다. 조선이라는 국가의 역사적 성격을 이해하기 위해서는 유교라는 이념에 대한 논의에 머물기보다는 조선의 국가와 법률의 성격에 대한 검토가 다각도에서 이루어질 필요가 있다.

한 사회의 지배적인 가치, 질서가 만들어지고 그것이 문화적 토양으로 굳어지게 되는 과정은 단순하지 않다. 어떤 특정한 가치가 한 사회에서 주류 담론으로 만들어지고 작동하게 되는 데는 그 속에서 살았던 사람들이 살아남기 위해, 또는 더 잘 살기 위해 그 질서 속에 맞추어 살고, 그 질서를 확장하는 매개로 움직이고 동시에 그 질서를 벗어나기도 했던 과정들이 얽혀 있다. 그 변화 과정은 매끄럽고 단순한 것이 아니라 울퉁불퉁하고 복잡하게 진행된다. 국가의 지배력을 강화하기 위한 질서를 세우는 일은 남성을 중심으로 한 구체적인 정책들을 도입하는 것을 통해 이루어진 것이고, 그러한 시도는 관철되면서 동시에 실패하는 다기한 과정 속에 있었다.

이러한 문제들에 대해 추적한 이 책의 작업은 조선후기 사회를 하나의 통합체로 설명하는 것에 대한 의문에서 출발한 것이다. 이러한 의문의 바탕에는 근대사회에서 조선후기의 '전통'을 논의하는 방식에 대한 재성찰이 필요하다는 생각도 깔려 있다. 전통에 대한 인식이 구성된 방식을 논의하고 비판하기 위해, 조선후기 사회의 모습을 기존의 역사 서술과 다른 각도에서 들여다 본 것이라고 할 수도 있다. 곧 조선후기 사회를 '유교 질서가 강화된 사회'로 논의하는 단선적인 역사 서술에 대한 비판이면서 동시에 '산포된 현실'을 드러내기 위한 시도이기도 했다. 역사 속의 다층적 모습에 주목하는 것은 단일한 총체로 과거를 보는 것에서 벗어나, 다기하고 불안정한 움직임들이 갖는 정치적 가능성을 여는 일이기도 하다.

조선후기에 남성을 중심으로 사회를 운영하기 위해 여성의 위치는 어머니로 좁게 설정되었다. 과부의 위치를 조정하는 것으로 새로운 위계 구조가 설정된 것은 사실이다. 하지만 그 효과는 미지수다. 조선후기의 여성들은 새로운 규범에 맞추기도 하고 어긋나기도 하며 경계를 넘나들었다. 질서를 구축하면서 장악되지 않는, 예상치 못한 틈이 벌어지고, 말끔하게 정리될 수 없는 혼란, 균질적이지 않은 움직임이 일어나며, 새로운 모순이 드러나는 역설이 만들어졌다. 질서는 균열을 내포한 것이다. 그 틈새를 읽고자 한 이 책의 작업이 조선후기 역사를 특정한 방식으로 설명하여 사회의 경계들을 단단하게 하는 데 기여하는 허구적 지식의 구조물에 균열을 내기를 바란다. 그리고 현재 한국 사회의 '성별'에 대한 인식의 구조를 탈구축하는 작업으로 이어지게 되길 기대한다.

참고문헌

I. 사료

『各司受教』, 한국역사연구회 중세2분과 법전연구반, 청년사, 2002.

『甲午式戶籍事目』(규장각, 규12318).

『經國大典』, 법제처 역주, 일지사, 1978.

『慶尙道丹城縣戶籍大帳 (上) (下)』, 한국정신문화연구원, 1980. [영인본]

『求禮柳氏家의 생활일기 1851~1915 上·下』, 한국농촌경제연구원편, 1991.

『大戴禮記』, 孔子文化大全編輯部 編輯, 山東友誼書社, 1991.

『大明律直解』, 법제처, 1964.

『大典會通』, 보경문화사, 1985.

『里鄕見聞錄』, 유재건/실시학사 고전문학연구회 역주, 민음사, 1997.

『牧民心書』, 정약용 저, 다산연구회 역주, 창작과비평사, 1978.

『備邊司謄錄』, 국사편찬위원회 한국사데이터베이스. (http://db.history.go.kr/)

『性理大全』, 孔子文化大全編輯部 編輯, 山東友誼書社, 1989

『星湖僿說』, 이익 저, 민족문화추진회 역, 1976.

『續大典』, 민족문화, 1983, 조선왕조법전집 3책.

『受教輯錄』, 한국역사연구회 중세2분과 법전연구반, 청년사, 2001.

『受教定例』, 법제처, 1970.

『勝聰明錄』, 구상덕 저, 한국정신문화연구원, 1995.

『新補受敎輯錄』, 한국역사연구회 중세2분과 법전연구반 역주, 청년사, 2000.
『燕巖集』, 박지원 저, 김명호·신호열 역, 돌베개, 2007.
『頤齋亂藁』, 황윤석 저, 한국정신문화연구원, 2002.
『朝鮮王朝實錄』, 국사편찬위원회 한국사데이터베이스. (http://db.history.go.kr/)
『朱子家禮』, 주희 저, 임민혁 옮김, 예문서원, 1999.
『秋官志』, 법제처, 1975.
『韓國口碑文學大系』, 한국정신문화연구원편, 1980.
『韓國天主敎會史』, Charles Dallet 저, 안응렬·최석우 역, 분도출판사, 1979.

II. 저서

1. 국내

임형택·고미숙 엮음, 『한국고전시가선』, 창작과비평사, 1997.
고영진, 『朝鮮中期 禮學思想史』, 한길사, 1995.
琴章泰, 『한국유교의 이해』, 민족문화사, 1989.
김경미, 『가와 여성: 18세기 여성 생활과 문화』, 여이연, 2012.
金斗憲, 『朝鮮家族制度研究』, 乙酉文化社, 1948; 『韓國家族制度研究』, 서울大學敎出版部, 1969.
金錫亨, 『朝鮮封建時代 農民의 階級構成』, 1957; 신서원, 1993.
金泳謨, 『韓國社會階層研究』, 一潮閣, 1982.
金容燮, 『朝鮮後期農業史研究: 農村經濟·社會變動』 1, 一潮閣, 1970.
金用淑, 『한국女俗史』, 民音社, 1989.
김주수, 『친족, 상속법: 가족법』, 법문사, 2002.
김필동, 『차별과 연대: 조선사회의 신분과 조직』, 문학과지성사, 1999.
김현룡, 『한국문헌설화 1~7책』, 건국대학교 출판부, 1998~2000.
金炫榮, 『朝鮮時代의 兩班과 鄕村社會』, 集文堂, 1999.
——, 『고문서를 통해 본 조선시대 사회사』, 신서원, 2003.
문숙자, 『조선시대 재산상속과 가족』, 경인문화사, 2004.

朴珠,『朝鮮時代의 孝와 女性』, 國學資料院, 2000.
朴秉濠,『韓國法制史攷: 近世의 法과 社會』, 法文社, 1974.
——,『韓國의 法』, 敎養國史叢書 10 世宗大王紀念事業會, 1974.
박병호교수환갑기념논총발간위원회 편,『박병호교수환갑기념논총 I: 가족법학논총』, 1991.
朴容淑,『朝鮮後期社會史硏究』, 늘함께, 1994.
朴容玉,『李朝女性史』, 한국일보사, 1976.
朴容玉 외,『한국여성연구 1』, 청하, 1988.
박용옥 엮음,『여성: 역사와 현재』, 국학자료원, 2001.
裵慶淑,『韓國女性私法史』, 仁荷大出版部, 1988.
白承鍾,『韓國社會史硏究』, 一潮閣, 1996.
宋俊浩,『朝鮮社會史硏究』, 一潮閣, 1987.
亞細亞女性問題硏究所,『李朝女性硏究』, 韓國女性硏究叢書 제1집, 1976.
양현아,『한국 가족법 읽기: 전통, 식민지성, 젠더의 교차로에서』, 창비, 2011.
歷史學會 編,『韓國親族制度硏究』, 一潮閣, 1992.
오영교,『조선후기 향촌 지배정책 연구』, 혜안, 2001.
尹用出,『조선후기의 요역제와 고용노동: 요역제 賦役勞動의 解體, 募立制 雇傭勞動의 發展』, 서울대학교 출판부, 1998.
李光奎,『韓國家族의 構造分析』, 一志社, 1975.
———,『韓國家族의 史的 硏究』, 一志社, 1977.
———,『韓國의 家族과 宗族』, 民音社, 1990.
李能和,『朝鮮女俗考』, 東文選, 1990.
李範稷,『韓國中世禮思想硏究: 五禮를 중심으로』, 一潮閣, 1991.
李成茂,『朝鮮兩班社會硏究』, 一潮閣, 1995.
이성무,『한국의 과거제도』, 집문당, 2000.
李樹健 編,『慶北地方古文書集成』, 영남대학교 출판부, 1981.
李樹健,『嶺南學派의 形成과 展開』, 一潮閣, 1995.
———,『朝鮮時代 地方行政史』, 民音社, 1989.
이수건 외,『16세기 한국 고문서 연구』, 아카넷, 2004.

李榮薰, 『朝鮮後期社會經濟史』, 한길사, 1988.
李佑成·林熒澤 譯編, 『李朝漢文短篇集(上)』, 一潮閣, 1973.
李俊九, 『朝鮮後期身分職役變動硏究』, 一潮閣, 1993.
李泰鎭, 『韓國社會史硏究』, 지식산업사, 1986.
이해준, 『조선시기 촌락사회사』, 민족문화사, 1996.
梨花女子大學校 韓國女性史編纂委員會 編, 『韓國女性史』, 이화여자대학교 출판부, 1972.
이이효재, 『조선조 사회와 가족』, 한울, 2004.
임돈희 외, 『성, 가족, 그리고 문화: 인류학적 접근』, 집문당, 1997.
張炳仁, 『조선전기 혼인제와 성차별』, 일지사, 1997.
전경목, 『고문서를 통해 본 우반동과 우반동 김씨의 역사』, 신아출판사, 2001.
전경목 외, 『호서지방의 고문서』, 한국학중앙연구원, 2012.
全炯澤, 『朝鮮後期奴婢身分硏究』, 一潮閣, 1989.
鄭光鉉, 『韓國親族相續法硏究』, 서울대학교 출판부, 1967.
정구복·박병호·이해준·이영훈·김현영, 『호남지방 고문서 기초연구』, 韓國精神文化硏究院, 1999.
정구복, 『고문서와 양반사회』, 일조각, 2002.
鄭杜熙, 『미국에서의 한국사 연구』, 國學資料院, 1999.
鄭奭鍾, 『朝鮮後期社會變動硏究』, 一潮閣, 1983.
정승모, 『조선후기 지역사회구조 연구』, 민속원, 2010.
조한욱, 『문화로 보면 역사가 달라진다』, 책세상, 2000.
지두환, 『조선전기 의례 연구: 성리학 정통론을 중심으로』, 서울대학교 출판부, 1994.
崔承熙, 『韓國古文書硏究』, 韓國精神文化硏究院, 1981.
崔在錫, 『韓國家族制度史硏究』, 一志社, 1983.
崔弘基, 『韓國戶籍制度史硏究』, 서울대학교 출판부, 1975.
최홍기·김주희·김태현·윤택림·윤형숙·이배용·조은·조희선 공저, 『조선전기 가부장제와 여성』, 아카넷, 2004.
하영휘, 『양반의 사생활』, 푸른역사, 2008.

한국고문서학회, 『조선시대 생활사』, 역사비평사, 1996.
한국고문서학회, 『조선시대 생활사 2』, 역사비평사, 2000.
한국여성연구소 여성사연구실, 『우리 여성의 역사』, 청년사, 1999.
한국유교학회, 『유교와 페미니즘』, 철학과 현실사, 2001.
許興植, 『高麗社會史研究』, 亞細亞文化社, 1981.
호적대장연구팀, 『단성호적대장 연구』, 성균관대학교 대동문화연구원, 2003.

2. 국외

久武綾子, 『氏と戸籍の女性史』, 世界思想社, 1988.
武田幸男, 『學習院大學藏朝鮮戶籍大帳の基礎的研究: 19世紀慶尙道鎭海縣の戶籍大帳を通じて』, 學習院大學東洋文化研究所, 1983.
——— 編, 『朝鮮後期の慶尙道丹城縣における社會變動の研究(I): 學習院大學藏朝鮮戶籍大帳の基礎的研究(2)』, 學習院大學 東洋文化研究所, 1990.
——— 編, 『朝鮮後期の慶尙道丹城縣における社會變動の研究(II): 學習院大學藏朝鮮戶籍大帳の基礎的研究(3)』, 學習院大學 東洋文化研究所, 1997.
石井良助, 『家と戸籍の歴史』, 1981.
岸辺成雄 編, 『儒教社會の女性たち』, 評論社, 1977.

Anderson, Benedict. *Imagined Communities: Reflections on the Prigins and Spread of Nationalism*. 2nd ed. London: Verso, 1991(윤형숙 옮김, 『상상의 공동체』, 나남, 2002).
Schmid, Andre. *Korea Between Empire 1895～1919*. New York: Columbia University Press, 2002(정여울 옮김, 『제국 그 사이의 한국 1895～1919』, 휴머니스트, 2007).
Braidotti, Rosi. *Nomadic Subjects: Embodiment and Sexual Difference in Contemporary Feminist Theory*. New York, Chichester, West Sussex: Columbia University Press, 1994(박미선 옮김, 『유목적 주체』, 여이연, 2004).
Chatterjee, Partha. *The Nation and Its Fragments: Colonial and Postcolonial Histories*. Princeton, New Jersey: Princeton University Press, 1993.

de Bary, William Theodore and JaHyun Kim Haboush, eds. *The Rise of Neo－Confucianism in Korea*. New York: Columbia University Press, 1985.

Deuchler, Martina. *The Confucian Transformation of Korea: A Study of Society and Ideology*. Cambridge: Harvard University Press, 1992(이훈상 역, 『한국사회의 유교적 변환: 사회와 이데올로기 연구』, 아카넷, 2003).

Davis, Natalie Zemon. *Women on the Margins*. Cambridge: Harvard University Press, 1995.

Ebrey, Patricia Buckley. *The Inner Quarters: Marriage and the Lives of Chinese Women in the Sung Period*. Berkeley and Los Angeles: University of California Press, 1993(배숙희 역, 『중국여성의 결혼과 생활: 송대 여성을 중심으로』, 三知社, 2000).

Felski, Rita. *The Gender of Modernity*. Cambridge: Harvard University Press, 1995(김영찬·심진경 옮김, 『근대성과 페미니즘: 페미니즘으로 다시 읽는 근대』, 거름, 1998).

Fujitani, Takashi. *Splendid Monarchy: Power and Pageantry in Modern Japan*. University of California Press, 1996(한석정 옮김, 『화려한 군주: 근대 일본의 권력과 국가의례』, 이산, 2003).

Gittins, Diana. *The Family in Question: Changing Households and Familiar Ideologies*. Houndmills, Basingstoke, Hampshire: Palgrave Macmillan, 1985 (안호용 역, 『가족은 없다: 가족이데올로기의 해부』, 일신사, 1998).

Haboush, JaHyun Kim, and Martina Deuchler, eds. *Culture and the State in Late Chosŏn Korea*. Cambridge, Massachusetts, and London: Harvard University Asia Center, 1999.

Hobsbawm, Eric J., and Terence Ranger eds. *The Invention of Tradition*. Cambridge: Cambridge University Press, 1983(박지향·장문석 옮김, 『만들어진 전통』, 휴머니스트, 2004).

Kim, Elaine, and Chungmoo Choi, eds. *Dangerous Women: Gender and Korean Nationalism*. New York and London: Routledge, 1997(박은미 옮김, 『위험한 여성』, 삼인, 2001).

Ko, Dorothy, Jahyun Kim Haboush, and Joan Piggott, eds. *Women and Confucian Culture in Premodern China, Korea, and Japan*. Berkeley and Los Angeles: University of California Press, 2003.

Peterson, Mark A. *Korean Adoption and Inheritance: Case Studies in Creation of a Classic Confucian Society*. Ithaca, NY: Cornell University, 1996(김혜정 옮김, 『儒敎社會의 創出: 조선 중기 입양제와 상속제의 변화』, 一潮閣, 2000).

Scott, Joan Wallach. *Gender and the Politics of History*. New York: Columbia University Press, 1988.

———. *Only Paradoxes to Offer: French Feminists and the Rights of Man*. Cambridge: Harvard University Press, 1996(공임순·이화진·최영석 옮김, 『페미니즘 위대한 역설』, 앨피, 2006).

Scott, Joan Wallach, ed. *Feminism and History*. Oxford·New York: Oxford University Press, 1996.

Thorne, Barrie, and Marilyn Yalom, eds. *Rethinking the Family: Some Feminist Questions*. Longman, 1982(권오주 외 역, 『페미니즘의 시각에서 본 가족』, 한울아카데미, 1991).

III. 논문

1. 국내

고동환, 「조선후기 서울의 인구추세와 도시문제 발생」, 『역사와 현실』 28, 1998.

高英津, 「15·16世紀 朱子家禮의 施行과 그 意義」, 『韓國史論』 21, 1989.

곽동헌, 「戶主制度에 관한 硏究」, 영남대학교 박사학위논문, 1980.

具玩會, 「朝鮮 中葉 士族孼子女의 贖良과 婚姻: 『眉巖日記』를 통한 사례 검토」, 『慶北史學』 8, 1985.

權斗奎, 「高麗時代의 別籍異材禁止法과 家族規模」, 『慶北史學』 13, 1990.

———, 「高麗時代 戶主의 機能과 地位」, 『大丘史學』 43, 1992.

———, 「高麗時代의 家族形態와 戶의 構造」, 경북대학교 박사학위논문, 1995.

權純馨,「高麗時代 婚姻制度 硏究」, 이화여자대학교 박사학위논문, 1997.
權泰煥·愼鏞廈,「朝鮮王朝時代 人口推定에 관한 一試論」,『東亞文化』14, 서울대학교, 1977.
김기형,「口碑說話에 나타난 寡婦의 形象과 意味」,『한국민속학』26, 1994.
金東栓,「18·19世紀 濟州島의 身分構造硏究: 大靜縣戶籍中草를 中心으로」, 단국대학교 박사학위논문, 1995.
김두섭,「조선후기 도시에 대한 인구학적 접근」,『한국사회학』24, 1991.
———,「조선시대 漢城府人口에 대한 인구학적 접근」,『한국사회학』26, 1993.
김상용,「다시 호주제 폐지를 말한다」, 법무부,『호주제도 관련토론회 자료집: 호주제도, 무엇이 문제인가』, 2000.
金相助,「朝鮮後期 野談에 나타난 再嫁의 樣相과 意味」,『漢文學論集』4, 1986.
김상준,「온 나라가 양반되기: 조선후기 유교적 평등화 메커니즘」,『사회와 역사』63, 2003.
金錫禧,「朝鮮王朝 後期의 慶尙道 丹城縣 戶籍帳籍에 對하여」,『文理大論文集』14, 부산대학교, 1975.
———,「慶尙道丹城縣戶籍大帳에 關한 硏究: 18世紀 逃亡·移去戶를 中心으로」,『人文論叢』24, 부산대학교, 1983.
———,「18·19世紀 戶口實態와 身分變動: 新例 彦陽縣戶籍大帳을 중심으로」,『人文論叢』26, 부산대학교, 1984.
金錫禧·朴容淑,「18世紀農村의 社會構造: 慶尙道丹城縣의 경우」,『釜大史學』3, 1979.
———,「朝鮮王朝後期 丹城縣戶籍帳籍에 關하여(2)」,『文理大論文集』17, 부산대학교, 1978.
김선경,「조선후기 여성의 성, 감시와 처벌」,『역사연구』8, 2000.
金性叔,「李朝初期의 祭祀相續法理와 冢婦法」,『論文集』15, 숭전대학교, 1985.
金英夏·許興植,「韓國中世의 戶籍에 미친 唐宋戶籍制度의 影響」,『韓國史硏究』19, 1978.
金龍德,「婦女守節考」,『李朝女性硏究』1, 1976.
金容晩,「朝鮮時代 均分相續制에 關한 一硏究: 그 변화 요인의 역사적 성격을 중심으로」, 『大丘史學』 23, 1983.
———, 「朝鮮時代 在地士族의 財産所有形態(1): 주로 16·17C 良洞孫氏家門의 경우를 중심으로」, 『大丘史學』 27, 1985.
金容燮, 「朝鮮後期 身分構造의 變動과 農地所有: 大丘府 租岩地域 量案과 戶籍의 分析」, 『東方學志』 82, 연세대학교, 1993.
김은경, 「한국전쟁 후 재건윤리로서의 '전통론'과 여성」, 숙명여자대학교 아시아여성연구소, 『아시아여성연구』 45-2, 2006.
金仁杰, 「조선후기 신분사 연구 현황」, 『韓國中世史會 解體期의 諸問題(下)』, 근대사연구회 편, 한울, 1987.
金一美, 「朝鮮後期의 財産相續 慣習: 日帝時 舊慣習 調査報告書를 中心으로」, 『梨大史苑』 11, 1973.
金疇洙, 「韓國近代 女性의 法律上의 地位」, 『韓國近代女性硏究』, 숙명여자대학교 아세아여성문제연구소, 1987.
金俊亨, 「18세기 里定法의 全開: 村落의 기능강화와 관련하여」, 『震檀學報』 58, 1984.
———, 「조선후기 丹城지역의 사회변화와 士族層의 대응」, 서울대학교 박사학위논문, 2000.
金翰奎, 「朱子家禮와 大明律의 東傳」, 『한중관계사』 II, 아르케, 1999.
金咸得, 「口傳說話文學의 考察: 說話 속의 女性을 中心으로」, 『檀國大學校論文集』 15, 1981. 8.
金玄操, 「丹城民亂에 대한 연구」, 『韓國의 社會와 文化』 10, 한국정신문화연구원, 1989.
김혜숙, 「조선시대 권력과 성: '예치'개념 중심으로」, 『한국여성학』 9, 1993.
김흥주, 「가족사 연구의 동향과 이론적 쟁점」, 『한국사회사학회 논문집: 가족과 법제의 사회사』 46, 1995.
盧明鎬, 「山陰帳籍을 통해 본 17世紀初 村落의 血緣樣相」, 『韓國史論』 5, 1979.
———, 「高麗時代 戶籍記載樣式의 成立과 그 사회적 의미」, 『震檀學報』 79, 1995.
盧鎭英, 「17世紀初 山陰縣의 社會身分構造와 그 變動」, 『歷史敎育』 25, 1979.

嶋陸奥彦, 「大丘帳籍試掘: 方法論的 試圖」, 『斗山金宅圭博士華甲紀念文化人類學論叢』, 1989.
문숙자, 「家長으로서의 마지막 당부: 松巖 權好文 유언」, 『문헌과 해석』 12, 2000.
朴南勳, 「朝鮮前期의 再婚禁止法과 實際」, 『한국의 사회와 역사』, 최재석정년기념논총간행위원회, 1991.
朴秉濠, 「韓國의 傳統家族과 家長權」, 『韓國學報』 2, 1976.
———, 「韓國家父長權法制의 史的 考察」, 『한국여성학』 2, 1986.
———, 「일제시대 법제상의 가부장권」, 『민법학의 현대적 과제』(매석 고창현박사화갑논집), 박영사, 1987.
———, 「日帝時代의 戶籍制度」, 『古文書硏究』 3, 1992.
———, 「일제하의 가족정책과 관습법 형성과정」, 『법학』 33－2, 서울대학교, 1992.
朴性植, 「18世紀 丹城地方의 社會構造: 丹城戶籍 所載 職役別統計를 중심으로」, 『大丘史學』 15·16合, 1978.
박연호, 「조선전기 士大夫禮의 변화 양상」, 『청계사학』 7, 1990.
朴容淑, 「朝鮮後期의 婚姻實態: 1717年의 丹城戶籍을 中心으로」, 『釜山史學』 4, 1980.
———, 「18·19世紀의 雇工: 慶尙道 彦陽縣 戶籍의 分析」, 『釜山史學』 7, 1983.
———, 「18·19世紀의 奴婢와 雇工: 慶尙道彦陽縣戶籍의 分析」, 『論文集(人文科學)』, 부산대학교, 1984.
———, 「朝鮮後期의 挾戶: 彦陽戶籍의 事例를 중심으로」, 『師大論文集』 14, 부산대학교, 1987.
朴珠, 「18세기의 旌表政策」, 『국사관논총』 22, 국사편찬위원회, 1991.
朴惠仁, 「婿留婦家婚俗의 變遷과 그 性格: 朝鮮時代 家族制度 變化를 中心으로」, 『民族文化硏究』 14, 1979.
———, 「女家에서의 婚禮式의 淵源 및 그 變遷」, 『女性問題硏究』 12, 1983.
裵在弘, 「朝鮮時代 妾子女의 財産相續과 存在形態」, 『大丘史學』 39, 1990.
———, 「朝鮮前期 妻妾分揀과 庶孼」, 『大丘史學』 41, 1991.
白承鍾, 「高麗後期의 '八祖戶口'」, 『韓國學報』 34, 1984.
———, 「戶籍이 말하는 민중의 삶」, 『한국사시민강좌』 22, 一潮閣, 1998.

———, 「慶尚道 丹城縣 都山面 文太里의 私奴 興宗과 興龍 一家: 1678년부터 1789년까지」, 『震檀學報』 70, 1990.
宋俊浩, 「韓國에 있어서의 家系記錄의 歷史와 그 解釋」, 『歷史學報』 87, 1980. 9; 『朝鮮社會史硏究: 朝鮮社會의 構造와 性格 및 그 變遷에 관한 硏究』, 一潮閣, 1987.
孫晋泰, 「朝鮮婚姻의 主要形態인 率婿婚俗考」, 『開闢』 2, 1934; 『朝鮮民族文化의 硏究』, 1948.
———, 「寡婦 掠奪婚俗에 就하여」, 『朝鮮民族文化의 硏究』, 을유문화사, 1948.
宋讚燮, 「19世紀 丹城縣의 還穀問題와 釐正策」, 『擇窩許善道先生紀念韓國史學論叢』, 1992.
신영숙, 「한국 가부장제의 사적 고찰: 고려시대와 조선 전·후기를 중심으로」, 『여성·가족·사회』 창간호, 1991.
申正熙, 「五家作統法 小考」, 『大丘史學』 12·13, 1977.
안승준, 「1689년 鄭氏夫人이 禮曹에 올린 한글 所志」, 『문헌과 해석』 8, 1999.
———, 「자식없이 죽은 딸과 사위에 대한 分財」, 『문헌과 해석』 9, 1999.
———, 「祭祀輪行과 여성의 재산상속에 관한 분재기」, 『문헌과 해석』 11, 2000.
안호용, 「조선시대 가족 형태의 변화」, 『한국의 사회제도와 사회변동』, 한국사회사학회논문집 50, 1996.
楊普景, 「朝鮮時代 邑誌의 性格과 地理的 認識에 관한 硏究」, 서울대학교 박사학위논문, 1987.
양현아, 「한국의 호주제도」, 『여성과 사회』 10, 1999.
오명석, 「1960−70년대의 문화정책과 민족문화담론」, 『비교문화연구』 4, 서울대학교 비교문화연구소, 1998.
劉承源, 「朝鮮初期의 "身良役賤" 階層: 稱干稱尺者를 중심으로」, 『韓國史論』 1, 1973.
殷棋洙, 「조선후기 호적과 족보를 이용한 인구와 가족의 재구성: 단성현 안동권씨 상암 선생파를 한 예로」, 『韓國의 社會와 文化』 25, 한국정신문화연구원, 1998.
———, 「조선후기 인구자료로서의 호적에 관한 일연구」, 『한국사회사연구회논문

집』 14, 1987.
李光麟, 「號牌考」, 『庸齋白樂濬博士還甲紀念 國學論叢』, 1955.
李基淳, 「鳳山李氏 族譜를 통해 본 朝鮮時代의 가족규모」, 『弘益史學』 6, 1996.
———, 「朝鮮後期 泗川睦氏의 家族規模」, 『民族文化』 19, 1996.
李相佰, 「再嫁禁止習俗의 由來에 대한 硏究」, 『東洋思想硏究』 1, 1937; 『李相佰著作集 1권』, 을유문화사, 1978.
이상용, 「다시 호주제 폐지를 말한다」, 『호주제도 관련 토론회 자료집: 호주제도, 무엇이 문제인가』, 법무부, 2000.
李相旭, 「일제하 호주 상속 관습법의 정립」, 『법사학 연구』 9호, 1988.
———, 「日帝下 家族法制의 整備에 따른 傳統的인 家族制度의 歪曲·變容」, 『韓國傳統文化硏究』 5, 1989.
李成茂, 「朝鮮初期 身分史硏究의再檢討」, 『歷史學報』 102, 1984.
李樹健, 「朝鮮初期 戶口硏究」, 『論文集(인문과학편)』 5, 영남대학교, 1971.
———, 「朝鮮前期 姓貫體系와 族譜의 편찬체제」, 수촌박영석교수화갑기념논총간행위원회, 『韓國史學論叢』, 1992.
이숙인, 「특집: 유교와 페미니즘의 만남: '차이' 해석의 유교적 특성」, 『유교사상연구』 12, 1999.
李舜九, 「朝鮮初期 朱子學의 普及과 女性의 社會的 地位」, 『청계사학』 3, 1986.
———, 「朝鮮初期 內外法의 成立과 展開」, 『청계사학』 5, 1988.
———, 「朝鮮初期 宗法의 수용과 女性地位의 변화」, 정신문화연구원 박사학위논문, 1995.
———, 「朝鮮中期 冢婦權과 立後의 강화」, 『古文書硏究』 9·10, 1996.
———, 「조선후기 양반가 여성의 일상생활 일례: 丙子日記를 중심으로」, 朝鮮時代의 社會와 思想, 집문당, 1998.
李舜九·韓嬉淑, 「조선시대 여성사 관련 연구의 현황과 과제」, 『수촌 박영석 교수화갑기념 한국사학논총』, 1992.
李順炯, 「조선시대 가부장제의 유학적 재해석」, 『한국학보』 71, 1993.
이영구·이호철, 「조선시대 인구규모 집계」, 『경영사학』 2, 1987.
李迎春, 「宗法의 원리와 한국사회에서의 전통」, 『가족과 법제의 사회사』, 한국사회사학회 논문집 46, 1995.
李榮薰,「朝鮮時代 社會經濟史 硏究의 最近 動向과 古文書의 意義」,『정신문화연구』 15-1, 1992.
———,「韓國經濟史 時代區分 試論: 戶의 歷史的 發展過程의 觀點에서」,『韓國史의 時代區分에 關한 硏究』, 한국정신문화연구원, 1995.
———,「朝鮮社會 經濟史 硏究의 現況과 課題」,『朝鮮時代 硏究史』, 1999.
———,「조선시대의 주호-협호관계 재론」,『고문서연구』 25, 2004.
李銀順,「조선시대 성리학 정착과 여성의 신앙활동」,『史學硏究』 54, 1997.
이재경,「조선전기 혼인규제와 성의 정치」,『사회와 역사』 58, 2000.
李鍾日,「朝鮮時代 庶孼身分變動史 硏究」, 동국대학교 박사학위논문, 1987.
———,「朝鮮後期의 士庶族의 身分構造變動에 관한 事例硏究: 大丘府河北面·河西面을 중심으로」,『何石金昌洙敎授華甲紀念史學論叢』, 1992.
李俊九,「朝鮮後期 都市地域에서의 身分職役構成과 商人의 存在: 大邱를 중심으로」,『九谷黃鍾東敎授停年紀念史學論叢』, 1994.
———,「19세기의 幼學層 확대와 身分制 변동」,『國史館論叢』 68, 1996.
———,「18·19세기 身分制 변동추세와 身分 지속성의 경향」,『韓國文化』 19, 서울대학교, 1997.
———,「朝鮮後期 慶尙道 丹城地域 白丁의 存在樣相」,『朝鮮史硏究』 7, 1998.
李泰鎭,「朝鮮後期 兩班社會의 變化: 신분제와 향촌사회 운영구조에 대한 연구를 중심으로」,『韓國社會發展史論』, 一潮閣, 1992.
李海濬,「朝鮮後期 鄕村社會 秩序의 變化와 基層民의 問題」,『大丘史學』 37, 대구사학회, 1989.
———,「조선후기 사회사 연구의 성과와 전망(1989~1993)」,『韓國史論』 24, 國史編纂委員會, 1994.
林學成,「朝鮮後期 戶籍臺帳에 보이는 私奴婢의 二重登載相에 대하여」,『古文書硏究』 3, 1992.
———,「조선후기 漢城府民의 戶口文書에 보이는 '挾戶'의 성격」,『朝鮮史硏究』 7, 1998.
———,「17·18세기 丹城地域 住民의 身分變動에 관한 硏究」, 인하대학교 박사학

위논문, 2000.

張成鎭, 「長時調에 나타난 朝鮮後期의 女性」, 『女性問題研究』 12, 1983.

全炅穆, 「19세기 말에 작성된 南原 芚德坊의 戶籍中草와 그 성격」, 『古文書研究』 3, 1992.

全宇哲, 「18世紀 前半期 農村의 社會相에 관한 一研究: 丹城戶籍大帳을 중심으로」, 인하대학교 석사학위논문, 1982.

———, 「朝鮮後期 鄕村社會에 있어서 吏書階層研究: 丹城戶籍의 分析을 통한 事例 研究」, 『震檀學報』 60, 1985.

鄭求福, 「古文書를 통해 본 朝鮮朝 兩班의 意識: 光山 金氏 烏川古文書를 中心으로」, 『한국사학』 10, 1989.

鄭肯植, 「朝鮮初期 祭祀承繼法制의 成立에 관한 연구」, 서울大學校 法學科 博士學位論文, 1996.

정기웅, 「호주제의 역할: 호주제폐지론에 대한 검토를 중심으로」, 『고시계』 2000년 10월호.

鄭德基, 「朝鮮後期 戶口制度 考察」, 『魯山劉元東博士華甲紀念論叢 韓國近代社會經濟史研究』, 1985.

鄭東鎬, 「麗末鮮初의 家族法規範: 宗法制의 繼受와 관련하여」, 『민족문화』 5, 1979.

鄭杜熙, 「朝鮮後期 戶籍研究의 現況과 課題」, 『韓國史研究』 101, 1998.

鄭勝謨, 「朝鮮後期 丹城縣의 身分構成比 變化와 그 動因: 특히 兩班戶 增加現狀과 관련하여」, 『泰東古典研究』 9, 1993.

———, 「한국 가족, 친족제도에 관한 김두헌의 연구」, 『한국의 사회와 문화 40: 한국사회사연구의 전통』, 1993.

———, 「가족과 친족」, 『한국사회사의 이해』, 문학과지성사, 1995.

鄭演植, 「17, 18세기 良役均一化 政策의 推移」, 『韓國史論』 13, 서울대학교 국사학과, 1985.

———, 「조선후기 '役摠'의 운영과 良役變通」, 서울대학교 박사학위논문, 1993.

정지영, 「장화홍련전: 조선후기 재혼 가족 구성원의 지위」, 『역사비평』 61, 2002.

———, 「변강쇠전: 조선후기 성 통제와 하층여성의 삶」, 『역사비평』 65, 2003.

———, 「제국의 유산: 호주제와 직계가족의 신화」, 『내일을 여는 역사』 13, 서해문집, 2003.
———, 「조선시대 변두리 여성들: 과부, 재혼녀, 첩, 독신녀」, 『젠더, 경험, 역사』, 서강대학교 출판부, 2004.
———, 「조선후기의 첩(妾)과 가족질서: 가부장제와 여성의 위계」, 『사회와 역사』 65, 2004.
———, 「조선시대 혼인장려책과 독신여성: 유교적 가부장제와 주변적 여성의 흔적」, 『한국여성학』 20－3, 2004.
———, 「조선시대 부녀의 노출과 외출: 규제와 틈새」, 『여성과 역사』 2, 2005.
———, 「1970년대 '이조여인'의 탄생: '조국근대화'와 '민족주체성'의 타자들」, 『여성학논집』 24－2, 2007.
鄭鉉在, 「丙午式年(1606년) 丹城戶籍에 대한 기초적 검토」, 『慶尙史學』 9, 1993.
조성윤, 「조선후기 서울주민의 신분구조와 그 변화: 근대 시민 형성의 역사적 기원」, 연세대학교 사회학과 박사학위논문, 1992.
조성윤·조은, 「한말의 가족과 신분: 한성부 호적 분석」, 『한국의 사회제도와 사회변동』, 한국사회사학회논문집 50, 1996.
조옥라, 「가부장제에 관한 이론적 고찰」, 『한국여성학』 2, 1986.
조은, 「한말 서울의 가족 구조: '전산업 사회 핵가족설'에 대한 재검토」, 『한국 근현대 가족의 재조명』, 한국사회사연구회논문집 39, 1993.
———, 「모성·성·신분제: 『조선왕조실록』 '재가금지' 담론의 재조명」, 『사회와 역사』 51, 한국사회사학회, 문학과지성사, 1997.
———, 「모성의 사회적·역사적 구성: 조선전기 가부장적 지배구조의 형성과 '아들의 어머니'」, 『사회와 역사』 55, 1999.
———, 「가부장적 질서화와 부인권의 약화: 조선전기 재산상속 분쟁 사례를 중심으로」, 『한국여성학』 16, 2000.
池承鍾, 「傳統社會와 社會史硏究: 家族·鄕村社會·身分 硏究를 중심으로」, 『韓國學報』 80, 1995.
崔虎, 「朝鮮後期 驛村에 대한 一考察: 丹城縣戶籍大帳을 중심으로」, 『中央史論』 4, 1985.

崔權默·韓基範, 「17世紀의 同姓婚: 丹城戶籍을 中心으로」, 『인문과학연구소논문집』 9－2, 충남대학교, 1982.
崔承熙, 「朝鮮後期 鄕吏身分移動與否考: 鄕吏家門 古文書에 의한 事例硏究」, 『金哲埈博士華甲紀念史學論叢』, 1983.
———, 「朝鮮後期 鄕吏身分移動與否考(2): 草溪卞氏 鄕吏家門 古文書에 의한 事例 硏究」, 『韓國文化』 4, 서울대학교, 1983.
———, 「戶口單子 准戶口에 대하여」, 『奎章閣』 7, 서울대학교, 1983.
———, 「朝鮮後期 身分變動의 事例硏究: 龍宮縣 大邱白氏家 古文書의 分析」, 『邊太燮博士華甲紀念史學論叢』, 1985.
———, 「朝鮮後期 '幼學'·'學生'의 身分史的 意味」, 『國史館論叢』 1, 1989.
崔允榛, 「17·18世紀의 慶尙道 丹城縣의 住民構成(1): 위 시기에 작성된 丹城縣 戶籍에서 발견되는 몇 가지 특징」, 『全羅文化硏究』 5, 전북향토문화연구회, 1991.
韓基範, 「17世紀初 丹城縣民의 身分構成: 戶籍分析을 중심으로」, 『湖西史學』 10, 1982.
———, 「17世紀 驛屬人의 身分的 地位: 丹城戶籍 分析을 中心으로」, 『大田實專 中京工專 論文集』 13, 1984.
———, 「朝鮮後期 鄕村社會의 族的結合: 慶尙道 丹城縣의 實態分析」, 『湖西史學』 19, 20, 1992.
———, 「17世紀 女性의 宗法的 地位」, 『忠南史學』 9, 1997.
韓榮國, 「朝鮮 中葉의 奴婢結婚樣態(上): 1609년의 蔚山戶籍에 나타난 事例를 중심으로」, 『歷史學報』 75·76합, 1977.
———, 「朝鮮 中葉의 奴婢結婚樣態(下): 1609년의 蔚山戶籍에 나타난 事例를 중심으로」, 『歷史學報』 77, 1978.
———, 「朝鮮後期의 雇工: 18·19世紀 大邱府戶籍에서 본 그 實態와 性格」, 『歷史學報』 81, 1979.
———, 「朝鮮王朝 戶籍의 基礎的 硏究」, 『韓國史學』 6, 1985.
———, 「朝鮮後期의 挾人·挾戶: 彦陽縣戶籍大帳의 挾人口를 中心으로」, 『千寬宇先生還 曆紀念韓國史學論叢』, 1985.

———, 「朝鮮初期 戶口統計에서의 戶와 口」, 『東洋學』 19, 단국대학교, 1989.
———, 「朝鮮後期 어느 士族家門의 子女生産과 壽命」, 『擇窩 許善道 정년기념 한국사학논총』, 1992.
———, 「조선왕조 호적대장의 탐구」, 『韓國史市民講座』 24, 一潮閣, 1999.
許興植, 「國寶戶籍으로 본 高麗末의 社會構造」, 『韓國史硏究』 16, 1977.
———, 「고려 女性의 지위와 역할」, 『韓國史市民講座』 15, 1994.
洪順民, 「조선후기 法典 編纂의 推移와 政治運營의 변동」, 『韓國文化』 21, 1998.

2. 국외

宮原兎一, 「十五·六世紀朝鮮の雇工について」, 『朝鮮學報』 11, 1957.
———, 「李朝軍役制度 '保'の成立」, 『朝鮮學報』 28, 1963.
吉田光男, 「大韓帝國期ソウルの住民移動: 『漢城府戶籍』の分析を通して」, 『朝鮮文化硏究』 1, 1994.
———, 「一六六三年『漢城府北部戶籍』に見える身分標識と身分職役」, 『朝鮮社會の史的展開と東アシア』, 山川出版社, 1997.
———, 「戶籍から見た20世紀初頭ソウルの『人』と『家』: 京都大學所藏『漢城府戶籍』の基礎的分析」, 『朝鮮學報』 147, 1993.
渡邊業志, 「朝鮮に於ける戶籍制の變遷(1)~(9)」, 『戶籍』 4-6~9, 11~12, 1944~1945.
稻葉岩吉, 「麗末鮮初における家禮傳來び意義」, 『靑丘學叢』 23, 1936.
嶋陸奧彦, 「大丘戶籍にみる朝鮮後期の家族構造とその變化: '父母と同居する子'を中心に」, 『朝鮮學報』 144, 1992.
馬淵貞利, 「李朝後期の戶口動態」, 『東京學藝大學紀要(社會科學)』 30, 1979.
武田幸男, 「19世紀鎭海縣の社會構造とその變動」, 『學習院大學藏朝鮮戶籍大帳の基礎的硏究』, 學習院大學 東洋文化硏究所, 1983.
———, 「朝鮮戶籍大帳とその硏究動向」, 『學習院大學藏朝鮮戶籍大帳の基礎的硏究』, 學習院大學 東洋文化硏究所, 1983.
———, 「學習院大學藏の丹城縣戶籍大帳とその意義」, 『朝鮮後期の慶尙道丹城縣における社會變動の硏究(I): 學習院大學藏朝鮮戶籍大帳の基礎

的研究(2)』, 學習院大學 東洋文化研究所, 1991.
四方 博,「李朝人口に關する一研究」,『朝鮮社會法制史研究』, 京城帝國大學法學會論集 第九冊, 1937;『朝鮮社會經濟史研究(中)』, 1976.
———,「朝鮮に於ける大家族制と同族部落」,『朝鮮』第270号, 1937;『朝鮮社會經濟史研究(中)』, 1976.
———,「李朝人口に關する身分階級別的觀察」,『朝鮮經濟研究』第3, 京城帝國大學法學會論集 第十策, 1938;『朝鮮社會經濟史研究(中)』, 1976.
———,「李朝時代の都市と農村に關する一試論: 大丘戶籍の觀察を基礎として」,『京城帝國大學法學會論集』第十二冊, 1941;『朝鮮社會經濟史研究(中)』, 1976.
山內弘一,「工匠の行方: 丹城縣戶籍大帳へよる生鐵匠 水鐵匠の事例研究」,『朝鮮後期の慶尙道丹城縣における社會變動の研究(I): 學習院大學藏朝鮮戶籍大帳の基礎的研究(2)』, 學習院大學 東洋文化研究所, 1990.
———,「李朝後期鄕吏身分移動與否考: 丹城縣戶籍大帳による鄕吏系家門の事例研究」,『尙智史學』33, 上智大, 1988.
———,「李朝後期の戶籍編成について」,『朝鮮後期の慶尙道丹城縣における社會變動の研究(II): 學習院大學藏朝鮮戶籍大帳の基礎的研究(3)』, 學習院大學 東洋文化研究所, 1997.
西川孝雄,「十七·八世紀安東 星州兩班「戶籍」の一檢討: 率居及び外居奴婢の分析」,『名古屋大學 東洋史研究報告』1, 1972.
有井智德,「李朝初期の戶籍法について」,『朝鮮學報』39, 40, 1966.
仁井田陞,「高麗及李氏朝鮮の財産相續法と中國法」,『朝鮮學報』30, 1964.
井上和枝,「丹城邑誌の編纂とその特色」,『朝鮮後期の慶尙道丹城縣における社會變動の研究(II): 學習院大學藏朝鮮戶籍大帳の基礎的研究(3)』, 學習院大學 東洋文化研究所, 1997.
———,「李朝後期慶尙道丹城縣の社會變動: 學習院大學所藏丹城縣戶籍大帳研究」,『學習院史學』23, 1985.
———,「李朝後期鄕村支配權の變動と在地士族－慶尙道丹城縣の場合を中心に」,『朝鮮史研究論文集』28, 1991.

———,「朝鮮後期における洞契の運營と機能: 晉州丹城餘沙洞契を中心に」,『朝鮮文化研究室紀要』 5, 東京大學校, 1998.

Benjamin, Walter. "Über den Begriff der Geschichte"(최성만 역,「역사의 개념에 대하여」,『역사의 개념에 대하여, 폭력비판을 위하여, 초현실주의 외』, 길, 2008).

Foucault, Michel. "The Subject and Power." *Critical Inquiry* 8, 1982(이진우 옮김,「주체와 권력」,『포스트모더니즘의 철학적 이해』, 서광사, 1993).

Haboush, JaHyun Kim. "The Confucianization of Korean Society." In *The East Asian Region: Confucian Heritage and Its Modern Adaptation*, edited by Gilbert Rozman. Princeton: Princeton University Press, 1991.

Haraway, Donna. "Situated Knowledges: The Science Question in Feminism and the Privilege of Partial Perspective." *Feminist Studies* 14, no.3, 1988.

Hekman, Susan. "Subjects and Agents: The Question for Feminism." In *Provoking Agents: Gender and Agency in Theory and Practice*, edited by Judith Kegan Gardiner. Urbana: University of Illinois Press, 1995.

Kawashima, Fujiya. "Clan Structure and Political Power in Yi Dynasty Korea: A Case Study of the Munhwa Yu Clan." Ph. D. dissertation, Harvard University, 1972.

Kim, Jisoo. "Voices Heard: Women's Right to Petition in Late Chosŏn Korea." Ph. D. dissertation, Columbia University, 2010.

Michell, Tony. "Fact and Hypothesis in Dynasty Economic History: The Demographic Dimension." *Korean Studies Forum* 6, 1979(金惠貞 譯,「조선시대의 인구변동과 경제사: 人口統計學的 측면을 중심으로」,『釜山史學』 17, 1989).

Shin, Susan. "The Social Structure of Kumhwa County in the late Seventeenth Century." *Occasional Papers on Korea*, June 1974(이화여자대학교 사학과연구실 편,「17세기 金化地域의 社會構造」,『朝鮮身分史研究』, 1987).

Sommerville. John N. "Success and Failure in Eighteenth Century Ulsan: A Study in Social Mobility." *Korean Studies Forum* 1(Autumn－Winter 1976/77).

Wagner, Edward. "Social Stratification in Seventeenth Century Korea: Some Observation from a 1663 Seoul Census Register." *Occasional Papers on Korea* 1, June 1972(이화여자대학교 사학과 연구실 編, 「17세기 朝鮮의 社會階層: 1663년의 서울 北部戶籍을 중심으로」, 『朝鮮身分史硏究』, 1987).

Wagner, Edward. "Two Early Genealogies and Women's Status in Early Yi Dynasty Korea." In *Korean Women: View from the Inner Room*, edited by Laurel Kendall and Mark Peterson. New Haven: East Rock Press, 1983.

이 책을 구성하는 데 주로 참조한 저자의 연구논문

「조선후기 寡婦의 守節과 再婚: 『慶尙道丹城縣戶籍大帳』에서 찾은 과부들의 삶」, 『고문서연구』 18, 2000.

「朝鮮後期의 女性戶主 硏究: 慶尙道丹城戶籍大帳의 분석을 중심으로」, 西江大學校 大學院 史學科 博士學位論文, 2001.

「조선후기 과부의 또 다른 선택」, 『역사와 문화』 5, 문화사학회, 2002.

「17, 8세기 丹城戶籍에 기재된 戶의 성격」, 『경제사학』 32, 경제사학회, 2002.

「조선후기 종법질서의 확산과 호주승계관행의 변화: 17, 8세기 丹城戶籍의 과부와 그 아들」, 『한국여성학』 18－2호, 2002.

"Widows' Position and Agency in the late Chosŏn Dynasty." *The Journal of Korean Studies* vol. 14, no. 1, Rowman & Littlefield Publishers, Inc., December 2009.

「조선시대 '가장'의 지위와 책임: 법전의 규정을 중심으로」, 『가족과 문화』 25－1, 2013.

「조선시대 가장 지위의 구축과정과 국가: <조선왕조실록>의 가장 관련 기사를 중심으로」, 『한국고전여성문학연구』 26, 2013.

찾아보기

ㄱ

ㅇ

ㅈ

ㅊ

ㅌ

ㅎ